巴比伦怪物

魏玛共和国犯罪鉴证实录

陆大鹏 —— 著

上海译文出版社

《别了,柏林》作者克里斯托弗·伊舍伍德,1938 年

传奇侦探恩斯特·甘纳特

第一支现代刑警队伍——法国国家警察建立者欧仁·弗朗索瓦·维多克

甘纳特的老师汉斯·冯·特雷斯科

柏林王宫,大约 1900 年

议会大楼前的武装革命者

社会民主党领导人奥托·韦尔斯

魏玛"黄金二十年代"的化妆品广告

阿德龙饭店，1926年

行刺艾斯纳的安东·冯·阿尔科-瓦莱伯爵

"十一月罪人"马蒂亚斯·埃茨贝格尔,1919年

指挥交通的治安警察

1926年国际警察展,德国计划采用的女警制服(右)

记者、作家保罗·施莱辛格,约 1927 年

著名的辩护律师埃里希·弗赖博士

1900 年柏林亚历山大广场上的柏林警察局,也叫红堡

柏林警察局鉴定科在犯罪现场勘查

法尔肯哈根湖连环杀人案凶手弗里德里希·舒曼的肖像

"西里西亚火车站的屠夫"卡尔·格罗斯曼

欣特凯费克灭门悬案案发地点附近的纪念碑

被谋杀的谋杀研究者特奥多尔·莱辛

"汉诺威狼人"弗里茨·哈尔曼住所内的炉子，他用它焚烧部分尸块

“明斯特贝格的食人妖”登克的房子，大约 1925 年

Zugeführt

Am 29. Januar 1939 wurde der nebenstehend abgebildete Schlosser Johann (Hans) Eichhorn, geb. 8. Oktober 1906, zuletzt wohnhaft gewesen in Aubing, Hindenburgstraße Nr. 2 und bis Ende 1937 in Neuaubing, Adolf-Hitler-Straße Nr. 48, wegen Sittlichkeitsverbrechens festgenommen.

Im Zuge der Ermittlungen wurde Eichhorn überführt, eine größere Anzahl schwerster Sittlichkeitsverbrechen und Raubüberfälle ausgeführt zu haben. Die Tatzeiten erstrecken sich auf die letzten 12 Jahre.

Die nebenstehend abgebildeten Gegenstände wie **Polobluse, Weste, Geldtasche, Opernglas, Ring und Kamm** wurden unter anderem bei Eichhorn vorgefunden. Es ist von Wichtigkeit, zu erfahren, wem diese Gegenstände gehören bzw. gehört haben. Die Eigentümer wollen sich umgehend melden.

Insbesondere ist es aber von Bedeutung, festzustellen, was für eine **Schußwaffe**

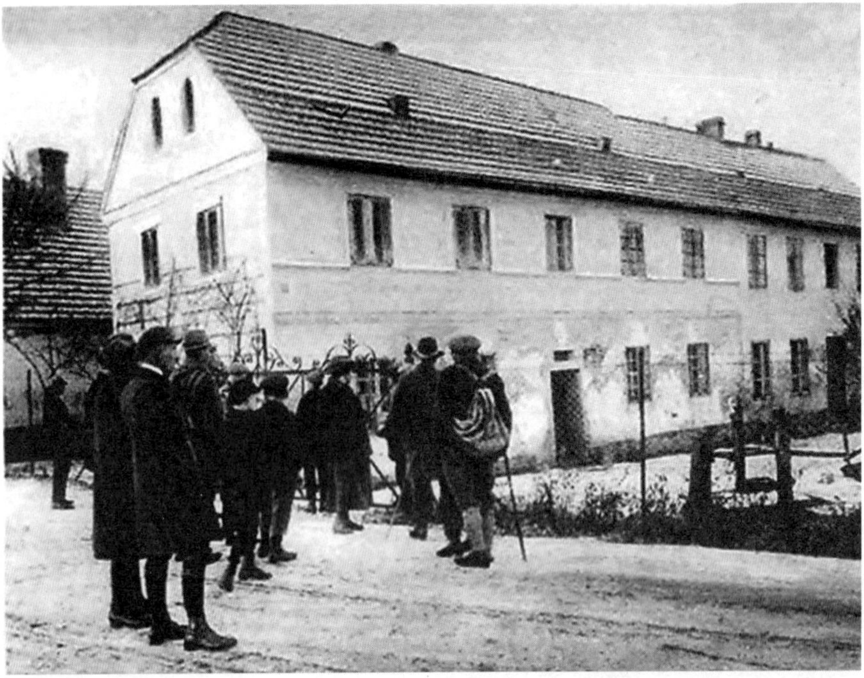

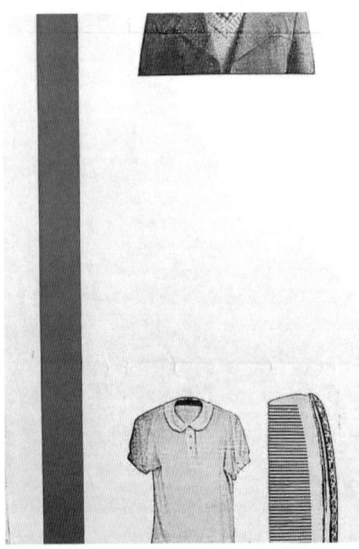

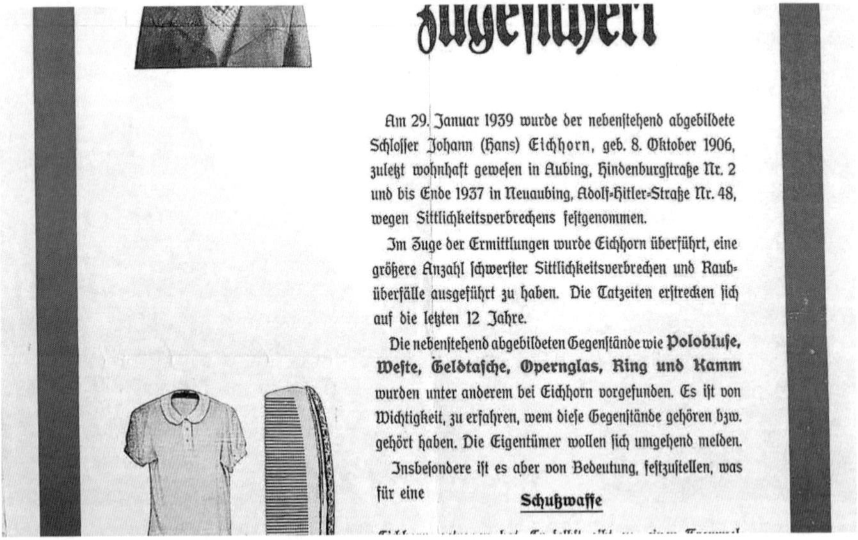

“奥宾的野兽”约翰·艾希霍恩被捕的新闻

奥皮茨抢劫杀人案案发地不伦瑞克，1900年左右

"杜塞尔多夫吸血鬼"彼得·屈滕，1931年警方拍摄的照片

"杜塞尔多夫吸血鬼"受害人之一，九岁的克里斯蒂娜·克莱因

流亡的土耳其领导人塔拉特帕夏　　　专攻亚美尼亚民族历史的德国神学家和东方学家约翰内斯·莱普修斯

1933年希特勒上台后纳粹党人准备洗劫性学研究所

法庭上,弗赖(立者)为保罗·克兰茨(坐者)辩护

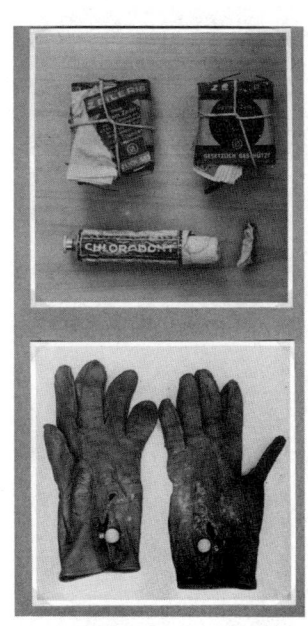

丹麦警方查抄的萨斯兄弟的作案工具　　皇宫酒店,1931年

投资人要求马克斯·克兰特还钱　　　德国侠盗"剥皮匠汉内斯"

对"永远忠诚"帮会的审判，前排戴单片眼镜者为辩护律师埃里希·弗赖

BERLINER MORGENPOST

Nr. 241 — Mittwoch, 9. Oktober 1929 — 10 Pfennig

Nur keine Verschleierung!

Wo bleibt die Liste der Vorzugskunden? — „Ein Herr Böß junior." — Böß senior kommt noch nicht zurück. — Vernehmungen in Moabit und neue Haussuchungen.

Am meisten genannt:

Fern in Amerika:

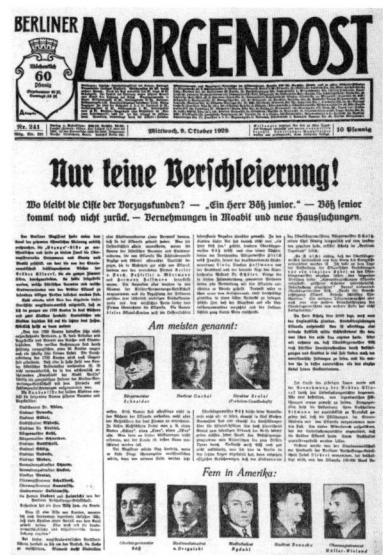

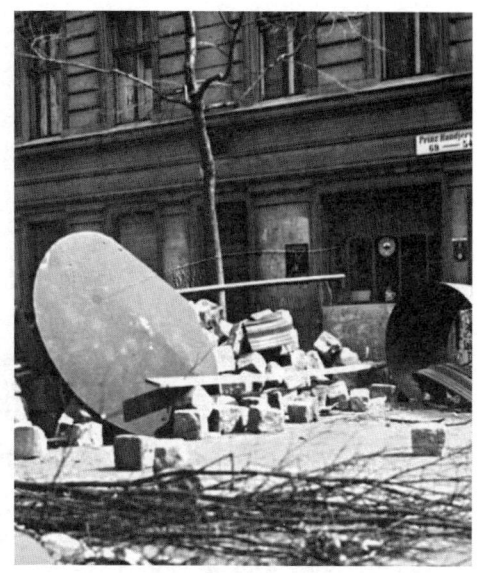

当时关于斯科拉雷克兄弟案件的报道

“血腥五月”期间的柏林街垒

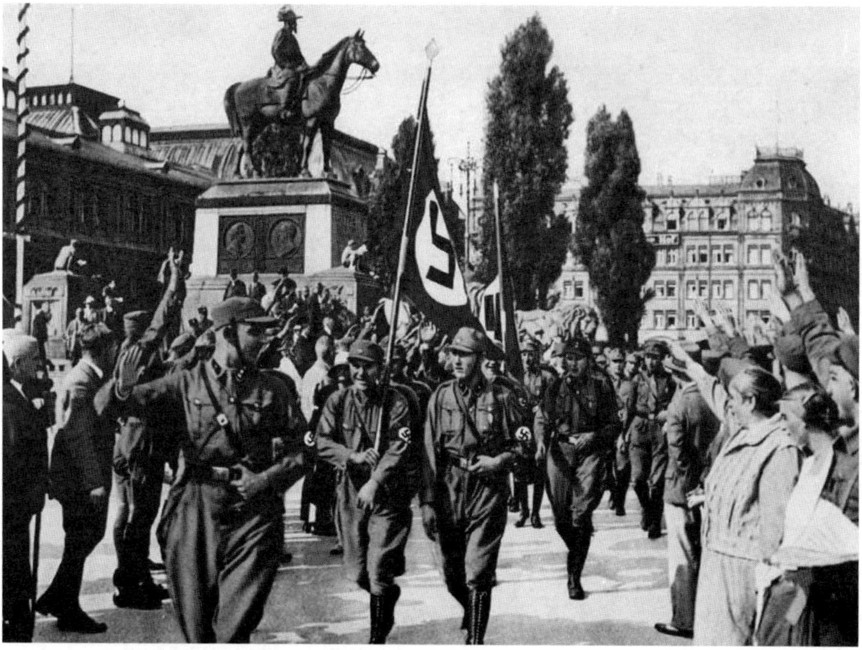

1929 年纽伦堡，霍斯特 · 威塞尔率领他的小队游行

1932年柏林,一群警察站在纳粹党报纸《进攻报》的展示橱窗前

比洛广场遇害警察的葬礼

犹太裔的柏林警察局副局长伯恩哈德·魏斯官邸纪念铭牌

德国秩序警察总长库尔特·达吕格，1933年

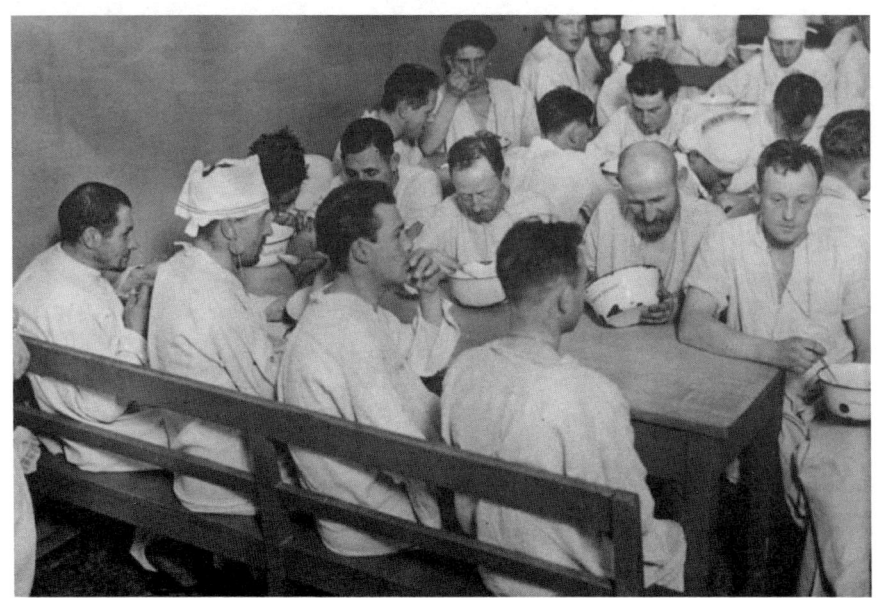

1932年大萧条期间柏林一家流浪汉收容所的食堂

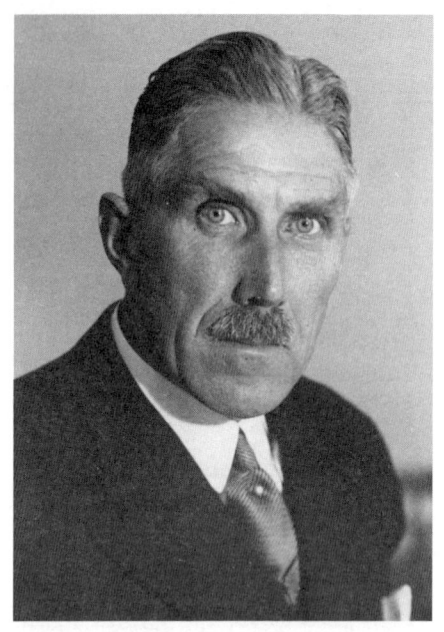

德国总理弗朗茨·冯·巴本，1933 年　　　　纳粹时期的刑警总长阿图尔·内贝，1942 年

很多所谓的"职业罪犯"和"惯犯"被投入了弗洛森比格集中营

序

作为德国史爱好者,我最感兴趣的话题之一便是魏玛共和国。在《德意志贵族:一个群体的生活、历史与命运》里,我用了不少篇幅探讨魏玛共和国时期德意志贵族的生存状态,其中也包括他们的反革命犯罪活动,比如,谋杀民主派人士、藏匿军火或者参加企图颠覆共和国的极右翼准军事组织,等等。偶然看了德国电视剧《巴比伦柏林》(Babylon Berlin)之后,我又对魏玛共和国时期更广泛的犯罪活动与相应的刑侦工作产生了兴趣。

《巴比伦柏林》是一部以魏玛共和国为时代背景的刑侦犯罪剧,注重准确地还原历史,细节相当考究,比如,对恩斯特·甘纳特(Ernst Gennat)——柏林警察局谋杀调查科德高望重的老领导——的刻画就非常忠于史实:历史记录中,甘纳特是一个酷爱吃甜食的大胖子;在电视剧里,当男主人公、年轻的侦探格里安·拉特去找领导谈事情的时候,我们可以看到甘纳特面前就摆满了花样繁多的蛋糕甜点,诸如此类的细节让人会心一笑。格里安·拉特是虚构角色,但甘纳特是真实存在的历史人物,而且是不局限于柏林、在德国乃至世界刑侦史上都有一席之地的重要人物。

电视剧中另一个引人注目的形象是风度翩翩、亦正亦邪、有着神秘背景的黑帮老大——"亚美尼亚人"埃德加·卡萨维扬（Edgar Kasavian）。20世纪20—30年代的柏林是很多人（包括希特勒）眼中的罪恶渊薮，是"巴比伦""索多玛""蛾摩拉"，有活跃的有组织犯罪自然不奇怪。当时的德国人喜欢把柏林对标芝加哥。同时期的芝加哥有阿尔·卡彭（Al Capone，1899—1947）这样的黑手党大佬，那么柏林呢？真的有"亚美尼亚人"那样的地下世界帝王吗？柏林的黑帮和同时期芝加哥或纽约的黑帮相比，谁更厉害？

我一度不知天高地厚地以为，自己对魏玛共和国时期的德国历史已经有比较深的理解，但看了《巴比伦柏林》之后，却发觉自己对魏玛德国的一些重要方面——刑事犯罪、警察和黑社会——知之甚少。为了补课（当然，也是为了娱乐），我首先狼吞虎咽地阅读了《巴比伦柏林》的原著小说，即福尔克尔·库切尔（Volker Kutscher）的"格里安·拉特"系列。该系列目前有八部长篇和若干短篇。库切尔的作品算不上文学经典，但称得上不错的历史小说和侦探小说，尤其是如果你碰巧（像我一样）对20世纪20—30年代柏林"十里洋场"的历史感兴趣的话。不过，电视剧的情节和小说相差很大，二者几乎可以算是各自独立的作品。

欣赏了格里安·拉特在电视剧和小说中惊心动魄的冒险之后，我下决心从头到尾梳理一下魏玛德国的刑事犯罪史、警察史和有组织犯罪史，于是就有了这本书。我对它的定位是：历史+犯罪纪实（true crime）。和《德意志贵族：一个群体的生活、历史与命运》一样，我想写一本我自己作为读者会愿意读的书。

在寻找资料的过程中，我惊喜地发现，这些领域最重要的学术专著之一，居然出自华人之手。

美籍华人历史学家梁锡辉[1]（Hsi-Huey Liang，1929—2004）出身于外交官之家。他的父亲梁龙（Lone Liang）自1928年起任职于中华民国驻德国使馆。梁锡辉出生于德国，人生的头几年在柏林、布拉格和布达佩斯等地度过，抗日战争期间随父母回国，经历过重庆大轰炸。他在剑桥大学获得学士学位，又在耶鲁大学师从德裔历史学家哈约·霍尔本（Hajo Holborn，1902—1969）。很多华人学者主要研究中国，梁锡辉却将目光投向他从小熟悉的德国，尤其是柏林。他的博士论文研究的便是第二帝国时期的柏林工人。他后来在美国的巴德学院、加州大学洛杉矶分校和瓦萨学院任教。[2] 他的著作《魏玛共和国时期的柏林警察》(The Berlin Police Force in the Weimar Republic) 是相关领域的经典名著，我在很多地方都依赖于这本书，不过因为没有找到英文版，我用的是德译本。

值得注意的是，德语中"警察"一词（Polizei）在20世纪上半叶仍然保留了一些较古老的含义，所以德语 Polizei 不能与我们今天理解的"警察"画等号。Polizei（旧的拼法有 Policey、Polizey 等）可能源自亚里士多德著作中的希腊语 politeía。已知的德语文献中，最早出现该词之处是1451年德意志国王弗里德里希三世（Fredrich III，后于1452年加冕为神圣罗马皇帝）关于维也纳手工业管理的文

---

1 他的中文名字存疑。这里参考了卡罗尔·芬克《为历史而生：马克·布洛赫传》中文版（郑春光等译，北京师范大学出版社，2019年）对 Hsi-Huey Liang 的译法。芬克在序言（第3页）中对她的老师 Hsi-Huey Liang 表示了感谢。
2 https://www.historians.org/publications-and-directories/perspectives-on-history/february-2005/in-memoriam-hsi-huey-liang.

书。16 世纪起，Policey 的概念广为应用，意指良好的公共秩序和建立这种秩序所需的管理，包括水和粮食的供应、关于服装的规定、济贫事业、公共建筑事业、消防，以及对通奸、渎神或高利贷等行为的惩罚。到了 17 世纪的启蒙时代，Policey 主要包括两大类职能，一是公共卫生、济贫等，二就是今天意义上的维护公共安全和秩序的警察。差不多到了法国大革命时代，Policey 才逐渐转化为今天的警察的概念。这一转变的过程很长，且在各地的进展速度也不一致，所以到了 20 世纪上半叶，德国还设有"卫生警察""建筑警察"，而别的国家通常会将其职能纳入卫生局、城管局之类的机关，并不会将其算作警察。[1] 从我们今天的角度看，当时的德国警察管得未免有些太宽了，例如，1915 年，柏林警察局长"颁布规章制度，规定了汽车的颜色、帽针的长度以及买鱼和家禽的方法。他规定，顾客不得触摸河鲀以判断其体内是否有鱼卵，不得触摸家禽以判断其肉质是否像小贩说的一样鲜嫩"。[2]

梁锡辉的《魏玛共和国时期的柏林警察》概述了魏玛共和国时期柏林警察的发展史，将"卫生警察""建筑警察"之类忽略不计，而主要分成两部分，分别研究柏林的治安警察（Schutzpolizei，缩写为 Schupo）和刑事警察（Kriminalpolizei，缩写为 Kripo，本书中简称为"刑警"）。

---

[1] Vera, Antonio: Von der, Polizei der Demokrate 'zum, Glied und Werkzeug der nationalsozialistischen Gemeinschaft'. Die Polizei als Instrument staatlicher Herrschaft im Deutschland der Zwischenkriegszeit (1918-1939). Nomos Verlagsgesellschaft, 2019. S. 41-43.
[2] Beachy, Robert. *Gay Berlin: Birthplace of a Modern Identity.* Alfred A. Knopf, 2015. p. 54.

大部分国家的警察系统都有类似的职能区分。简单地讲，魏玛德国的治安警察是穿制服的常规警察，负责民政管理（如户籍登记）、交通管理、维护治安和镇压暴动，相当于我们熟悉的 21 世纪初中华人民共和国的民警、交警、武警等的综合体。治安警察是国家的暴力机关，管理民众、维护国家统治；而刑警主要负责调查刑事案件，一般不需要穿制服。

魏玛时期，作为维护国内安全的武装力量，治安警察在社会生活中扮演了非常重要的角色，特别是在共和国初期和末期，政治局面非常动荡，治安警察的地位更是举足轻重，是各种政治势力争取和渗透的对象。看过《巴比伦柏林》的朋友，想必记得这些场景：治安警察一会儿殴打共产党游行群众，一会儿又暴打上蹿下跳的纳粹分子。治安警察的历史固然重要，但我在本书中对其仅一笔带过，因为我的兴趣不在于介绍魏玛共和国时期的政治史[1]。更令我感兴趣的是：在那样一个动不动就发生街头斗殴、政治光谱上从极左到极右各种势力犬牙交错的高度政治化的社会里，"普通的生活"还在继续吗？

用"普通"来形容魏玛德国的"生活"似乎有点奇怪，但我想知道，在通货膨胀、经济危机、外辱内乱、暴力革命、纳粹崛起的魏玛德国，发生了多少非政治性或低政治性的普通犯罪。我指的是那些动机凡俗的偷鸡摸狗、诈骗、谋财害命，以及上不了政治书但可能要上

---

[1] 这样的书已经有不少，我特别推荐理查德·J. 埃文斯爵士（Sir Richard J. Evans）的"第三帝国三部曲"的第一部《第三帝国的到来》（The Coming of the Third Reich），以及海因里希·奥古斯特·温克勒（Heinrich August Winkler）的《魏玛1918—1933：德国第一个民主政权的历史》（Weimar 1918-1933: Die Geschichte der ersten deutschen Demokratie）。

心理学书的由精神异常导致的罪行，还有社会的制度性缺陷和结构性不公酿成的各种悲剧。换句话说，我主要想关注的，是魏玛共和国时期与平头百姓息息相关的"日常"案件，以及警方的应对。当然，完全摆脱政治是不可能的，问题在于某个案子更像一起刑事案件还是一场政治事件。只是，本书不探讨诸如希特勒啤酒馆政变这样纯粹的政治犯罪。本书所关注的案件，在地域上遍及全德，包括"朱门酒肉臭，路有冻死骨"的国际大都市柏林，也包括知名度很低的村庄和荒原；在犯罪类型上同样多样，包括最骇人听闻的连环杀人，也包括诈骗、抢劫等。另外，"亚美尼亚人"将柏林的地下世界引入我的视野，我着力复现魏玛时期柏林的黑道景况，看看柏林的"黑手党"是什么样子的，最后又是谁镇压了他们。

正是因为主要关注普通刑事案件，所以我对治安警察着墨不多，而主要关注警方内部（自诩）的精英——刑事警察，也就是我们一般所说的"侦探"。魏玛共和国时期恰好处于刑警发展史和刑侦技术发展史的一个关键阶段，刑侦工作由此变得更科学化、理性化、系统化，指纹鉴定、血型鉴定、痕迹鉴定、信息管理等技术已经开始发挥重要作用，心理学、精神病学等学科也对刑侦和审判产生了不可忽视的影响……但奇怪的是，恰恰在追求科学和进步的魏玛共和国时期，怪力乱神却在全国风靡一时，甚至影响和干涉了刑侦工作。

梁锡辉书中关于柏林刑警的章节对我非常有帮助。说柏林刑警是当时德国全国刑警当中的佼佼者、对其他地方的刑警起到示范作用，应当没有什么争议。因此，我在介绍魏玛德国的刑警时主要关注柏林。既然主要关注柏林，那就必然会花不少篇幅介绍那位身宽体胖的明星侦探甘纳特。在这方面，我主要参考了德国历史学家雷吉娜·斯蒂里科（Regina Stürickow）的著作。

除了后世历史学家的研究著作，我还参考了很多当时作者的作品。和今天世界各地的人们一样，魏玛时期的公众也对犯罪问题非常敏感，热衷于阅读报刊上关于江洋大盗、连环杀人狂和名侦探的报道。这些犯罪报道，或者说犯罪题材的纪实文学，一方面满足了读者的猎奇欲，起到娱乐大众的作用，另一方面也针砭时弊，并将人们的注意力引向政治斗争、失业、贫困、与性别有关的社会问题等。该时期涌现了一大批优秀的非虚构写作者，他们报道和分析各种案件的作品成了我们今天仰赖的重要史料。这些非虚构写作者当中，有著名的记者、作家和学者，如约瑟夫·罗特（Joseph Roth）、特奥多尔·莱辛（Theodor Lessing）、保罗·施莱辛格（Paul Schlesinger）和莫里茨·戈尔德施泰因（Moritz Goldstein），也有埃里希·弗赖（Erich Frey，我们下文会经常提到他）这样叱咤风云的大律师，甚至还包括甘纳特、恩斯特·恩格尔布雷希特（Ernst Engelbrecht）、伯恩哈德·魏斯（Bernhard Weiß）和伯恩哈德·魏纳（Bernhard Wehner）这样的警务工作者。其中有些人的作品是在流亡期间写下的（如弗赖）；有的人写作是为了教育公众和维护警民关系（如甘纳特和魏斯）；而在战后的联邦德国，有的人则为了给德国刑警的黑暗面辩护、洗白而写作（如魏纳）。除了罗特这样在德语文学史上已拥有稳固地位的大文豪，还有很多有故事的作者，他们虽然知名度不高，但也值得一书，我会在适当的篇章介绍其中一些人。在这种意义上，本书是关于非虚构写作的非虚构写作。

值得一提的是，1924—1925年，德国的左翼出版社"铁匠铺出版社"（Die Schmiede）推出了一个雄心勃勃的非虚构或者说"犯罪纪实"书系——"社会边缘人：今日的犯罪"系列（Außenseiter der Gesellschaft. Die Verbrechen der Gegenwart）。主编鲁道夫·莱昂哈德（Rudolf Leonhard，1889—1953）聘请了当时德语文坛的一批顶级作家来写作，包括阿尔弗雷德·德布林（Alfred Döblin）、埃贡·埃尔温·基施（Egon Erwin Kisch）、恩斯特·魏斯（Ernst Weiß）、伊万·戈尔（Yvan Goll）和特奥多尔·莱辛。这个非虚构系列的内容，都是当时德国有名的罪案和庭审，比如，德布林写了埃拉·克莱因（Ella Klein）与玛格丽特·内贝（Margarete Nebbe）投毒谋杀各自丈夫的著名案件[1]，莱辛写了哈尔曼连环杀人案[2]。"铁匠铺出版社"的广告里，还一度预告会邀请其他一些重磅作家来写作，包括托马斯·曼（Thomas Mann）、约瑟夫·罗特等，可惜未能实现。最后"社会边缘人：今日的犯罪"系列一共出版了十四卷，轰动一时，对德语文学史和犯罪文学史都很有意义。[3] 一大批一线作家愿意写罪案，也足以证明当时社会对犯罪的高度关注。值得注意的是，这个系列里的一些作品在文学体裁上跨越了虚构与非虚构的界线，比如德布林的《两个女朋友和她们的投毒谋杀案》（Die beiden Freundinnen und ihr Giftmord）和魏斯的《乌科布朗科维奇案件》（Der Fall Vukobrankovics）现在一般被认为是小说。

在为写作本书所做的准备工作中，最让我愉快的就是有机会阅读或重读了一些关于魏玛德国，尤其是描绘底层社会生活与犯罪现象的

---

1 详见本书第六章第五节"女同性恋者杀夫案"。
2 详见本书第五章第五节"汉诺威狼人"。
3 Herzog, Todd. *Crime stories: criminalistic fantasy and the culture of crisis in Weimar Germany.* Berghahn Books, 2009. p. 35.

经典文学作品。比如，德语文学大师阿尔弗雷德·德布林的《柏林，亚历山大广场》(Berlin Alexanderplatz)，汉斯·法拉达（Hans Fallada）的《小人物，怎么办？》(Kleiner Mann–was nun?)和《用洋铁罐吃饭的人》(Wer einmal aus dem Blechnapf frisst)，埃里希·凯斯特纳（Erich Kästner）的《法比安》(Fabian)，以及克里斯托弗·伊舍伍德（Christopher Isherwood）的《别了，柏林》(Goodbye to Berlin)和《诺里斯先生换火车》(Mr Norris Changes Trains)。我真诚地向外国文学爱好者和德国历史爱好者推荐这些作品。

在工作间歇，休息的时候，我喜欢听播客。在写作本书的过程中，我一直在追几个与德国历史或真实案件有关的德语播客，它们也很值得向大家推荐："黑色档案"（Schwarze Akte）、"聆听谋杀"（Mordlausch）和"历史犯罪现场"（Tatort Geschichte）。其中"历史犯罪现场"的理念和本书最接近：历史＋犯罪纪实。我不想简单地讲一些耸人听闻的犯罪故事来刺激或者吓唬大家，而更希望将犯罪故事与魏玛共和国的历史结合起来，进而提供一个观察那个年代的德国乃至世界的角度。当然，本书里的很多故事本身的确惊心动魄，甚至令人毛骨悚然。我想，这也没什么不好，毕竟讲故事和听故事是编码在人类 DNA 里的基本需求。

关于本书的写作，还有诸多感谢要说。首先要感谢我的家人对我的爱和支持。华东师范大学的孟钟捷教授审读了全书并提供了很多宝贵意见，我对他非常感激。郭建龙先生热心地为我提供了悉心指导和中肯的建议，尤其是全书的结构方面，让我领略到一位优秀作家的风采。还要感谢我的多位学识渊博、严谨认真的朋友：（按照姓名拼音排列）陈南羽、李杰晟、梁剑、刘欣然、邵妍、王怡娜、杨梦宇、张静雅、张诗坪、张姝妍、朱可伦,他们阅读和审校了部分或全部草稿,提供宝贵意见,或者帮助我搜集资料,对我帮助甚多。感谢慕尼黑的丁娜博士帮助我搜寻和购买资料。感谢当初帮助我学德语的桑德拉·措尔格。当然,书中难免有纰漏,期望得到读者的批评指正。

目 录

楔子　指纹鉴定破悬案　　　　　　　　　　　001

第一章　从普鲁士王国到德意志帝国

一　狱长的儿子　　　　　　　　　　　014
二　从普鲁士王国到第二帝国的建立　　016
三　战前岁月　　　　　　　　　　　　020
四　万里追凶　　　　　　　　　　　　026
五　行李箱女尸案　　　　　　　　　　028

第二章　革命年代

一　社会主义阵营的分裂　　　　　　　038
二　革命党人成了警察局局长　　　　　040
三　"血腥圣诞节"　　　　　　　　　　044
四　柏林警察局被围攻　　　　　　　　046
五　阿德龙饭店谋杀案　　　　　　　　050

第三章 战后初期

- 一 贫困、犯罪与狂欢　　056
- 二 艾斯纳之死与慕尼黑苏维埃共和国的灭亡　　066
- 三 "十一月罪人"遇刺案　　071
- 四 公民卫队私刑案　　079
- 五 我是巴比伦！　　085

第四章 "黄金二十年代"的柏林刑警

- 一 德国警察的重建　　090
- 二 柏林刑警的组织架构　　094
- 三 甘纳特领导下的谋杀调查科　　097
- 四 刑警与媒体　　106
- 五 法庭记者　　109
- 六 刑辩律师　　114
- 七 突击搜查　　120
- 八 女刑警　　123
- 九 用通灵术破案？　　128

第五章 披着人皮的恶魔

- 一 断臂连环杀手　　134
- 二 法尔肯哈根湖连环杀人案　　137

三　西里西亚火车站的屠夫	142
四　欣特凯费克灭门案	149
五　汉诺威狼人	155
六　明斯特贝格的食人妖	168
七　奥宾的野兽	173
八　奥皮茨抢劫杀人案	176
九　杜塞尔多夫吸血鬼	184
十　杀妻杀子骗保案	197
十一　甘纳特的一次大失败	201

第六章　天涯沦落人

一　流亡的土耳其领导人	210
二　入室抢劫之王	219
三　爱书如命的绅士	223
四　百货商场里的女贼	227
五　女同性恋者杀夫案	235
六　英俊的警察	238
七　施泰格利茨学生悲剧	251
八　萨斯兄弟	259
九　黑尔佳伯爵小姐	268
十　胡斯曼与道贝案	277
十一　雪茄、红宝石戒指与伯爵小姐	284

第七章　江湖骗子

一　诈骗的艺术　294
二　一夜暴富　300
三　女骗子安妮·萨内克　304

第八章　黑道世界

一　胡斯克谋杀案　314
二　以合法社团身份示人的黑帮　316
三　西里西亚火车站大战　331

第九章　左与右

一　三起腐败案　342
二　马格德堡冤案　349
三　"血腥五月"　352
四　冲锋队员谋杀案　355
五　大萧条时期的连环火车爆炸案　362
六　比洛广场袭警案　373
七　犹太裔警察高官与纳粹斗法　382

第十章　第三帝国的到来

一　镇压普鲁士　392
二　波滕帕私刑案　395
三　魏斯与格热辛斯基的流亡　402
四　职业罪犯与预防性监禁　405
五　投机分子和老纳粹　411
六　纳粹对警察系统的改造　414
七　黑帮在第三帝国　416
八　甘纳特在第三帝国　423
九　名侦探沦为罪犯　426

余音　430
西文参考文献　434
中文参考文献　441
译名对照表　443

楔子

指纹鉴定破悬案

1917年9月10日,柏林诺瓦利斯大街(Novalisstraße)7号的小酒馆。六十岁的老板娘拉埃尔·雅各比(Rahel Jakobi)死在了自家酒馆的内室。

现场看上去像是抢劫杀人。死者脖子上有掐痕。柜台后的橱柜被撬开,收银柜被洗劫一空,卧室内的衣橱被翻得乱七八糟。桌上摆着一个几乎全空的葡萄酒瓶,还有两个用过的玻璃杯。[1] 难道死者认识凶手,在遇害前曾与凶手一起喝酒?

到了战争末期,酒馆之类娱乐场所的生意应当很清淡了。原因很简单:大家太穷了,没钱消费。德国国内物资供应困难,连吃饭都成了问题,有多少人会去泡酒吧呢?尤其是1916年到1917年的冬季,被称为"芜菁之冬"(Steckrübenwinter 或 Kohlrübenwinter)或"饥饿之冬"(Hungerwinter)。柏林人的饥饿可怕到了什么程度?著名的丹麦女明星阿斯泰·尼尔森(Asta Nielsen)回忆说,在当时的柏林,她

---

[1] 拉埃尔·雅各比谋杀案,主要参考了 Stürickow, Regina: Kommissar Gennat ermittelt: Die Erfindung der Mordinspektion. Elsengold Verlag, 2016. S. 36-41。

亲眼看见大街上有一匹老马体力不支跌倒，立刻有一群家庭妇女扑上去，将它当街屠宰并哄抢马肉："她们互相殴打，抢夺最好的部分，她们的脸上和衣服上都血淋淋的。其他形销骨立的人匆匆跑过来，用杯子和手帕舀起地上的血。直到老马变成了一具光秃秃的骨架，这些人才散去，把一点点马血捧在自己干瘪的胸口。"甚至连布吕歇尔（Blücher）侯爵这样的大贵族也说："我们现在全都瘦骨嶙峋了，都有了黑眼圈，我们主要琢磨的事情就是，下一顿吃什么。"[1]

文学作品对战争末期德国国内的贫困和由此产生的种种丑恶现象也有生动的反映。魏玛共和国时期旅居柏林的英国作家伊舍伍德在具有自传性质的小说《别了，柏林》里以令人战栗的笔触写道：

> 大战的最后时期，火车车厢窗户上的皮带不见了，叫人割去卖皮子了。你甚至能见到男男女女穿着用车厢上的皮子做的衣服走来走去。有天晚上克兰普夫的几个同学爬进了一家工厂，把所有的传送皮带偷走了。每个人都偷，能卖什么就卖什么——包括自己在内。克兰普夫班上有个十四岁的同学还在课余时间到街上卖过可卡因。
>
> 农民和屠户无所不能，你想得到肉和菜，就得满足他们最荒谬的怪想。克兰普夫家认识一个屠户，住在柏林城外一个小村里。那人总有肉卖，他有一种奇特的性变态，他的最大性快乐就是揪一个高贵敏感的小姐或夫人的脸蛋，或抽她耳光。能够如此侮辱克兰普夫夫人那样的妇女，给了他非常强烈的刺激。除非你让他

---

[1] Large, David Clay. *Berlin*. Basic Books, 2001. pp. 133-134.

实现幻想，否则他就绝对拒绝交易。于是，每个星期天克兰普夫的妈妈就带了几个孩子到那村里去，耐心伸出脸蛋，让他揪，让他抽，换来一点烧肉片或是烤肉片。[1]

前线炮火连天，血肉横飞。德军日渐吃紧，不得不想方设法地搜刮人员，充当炮灰。许多警察也被送上了前线，柏林警察局人手奇缺。但刑事犯罪不会因为战争而停歇。后方承受的压力非常大，物资紧缺，人民的生活水准一落千丈，盗窃和抢劫案件也大幅增多。小偷小摸、打砸抢等犯罪活动屡见不鲜。1917年4月16日，柏林警察局局长海因里希·冯·奥彭（Heinrich von Oppen, 1869—1925）向普鲁士内政部部长报告了市内的骚乱和抢劫情况："约100到150名青少年，包括学龄儿童，企图抢劫多条街道的多家商店。在五六家面包店，橱窗被砸碎，面包被偷走……（边疆伯爵大街的一家糕点店的）糕点被偷走，一名罪犯被捕。下午4点，约150名男女青少年在塞巴斯蒂安大街和布考大街砸毁三家面包店的橱窗，抢走食品。11人被捕……"[2]

青少年犯罪的情况尤为严重，这大概是因为男性长辈要么上了前线，要么在工厂加班，很多青少年失去了管束。为了打击青少年犯罪，1916年2月24日，普鲁士下议院颁布法令，规定酒馆和其他娱乐场所在晚上的打烊时间，并禁止青少年进入舞厅。[3] 这种禁令显然作用

1　克里斯托弗·伊舍伍德:《别了，柏林》，孙法理译，上海译文出版社，2016年，第208页。
2　Stürickow, Regina: Kommissar Gennat ermittelt: Die Erfindung der Mordinspektion. Elsengold Verlag, 2016. S. 33.
3　Ebd., S. 31.

有限。

民怨沸腾，而政府无力应对，国内战线的崩溃和民心的丧失，与帝国最终的覆灭有着直接关系。

在这种乱世里，囤积居奇、猖獗的黑市和随之而来的各种犯罪活动不足为奇。仅举一例。1918年9月，专门负责投递钱款类邮件的邮递员阿尔贝特·韦伯（Albert Weber）偷偷在做黑市买卖。他偶然认识了一个名叫施图本劳赫（Stubenrauch）的黄油批发商，不禁眼前一亮，觉得商机来了：黄油可是紧俏商品。[1] 韦伯也不遮遮掩掩，直截了当地问对方，能不能搞到大宗黄油，价钱如何。施图本劳赫说能搞到10磅，价钱也合适，请韦伯在下周六（9月7日）早晨8点到他家交易，地址是施潘道大街（Spandauer Straße）33号。

韦伯因为早晨要送邮件（主要是现金和邮政汇票），所以迟到了，9点多才到施图本劳赫家。东道主请客人坐下。韦伯问，黄油在哪里？

万万想不到，黄油批发商竟然面露凶相，掏出一把左轮手枪，指着韦伯，勒令他交出邮件袋里的钱。

原来，这是一场蓄谋已久的抢劫。这个人根本就不是什么黄油批发商，也不叫施图本劳赫。他的真名是威廉·布卢默（Wilhelm Blume），是个穷凶极恶的歹徒。他早就密切观察过韦伯每天送邮件的行动规律，知道他身上会携带不少现金，因此将韦伯诱骗上门，企图打劫。

好汉不吃眼前亏，韦伯并不抵抗，交出邮件袋。布卢默也没有放

---

[1] 阿尔贝特·韦伯案件，主要参考了 Stürickow, Regina: Verbrechen in Berlin: 32 historische Kriminalfälle 1890–1960. Elsengold Verlag, 2014. S. 42–47。

松警惕，而是把韦伯牢牢地捆在沙发椅上。布卢默正忙得不可开交，这时门突然开了！布卢默的女房东走了进来，一见屋里的架势就尖叫起来，慌不择路地逃跑。布卢默扑向女房东，将她拖进屋里。女房东拼命抵抗，但一个弱女子怎么是歹徒的对手呢？布卢默挥刀刺向女房东，并割断她的喉管。这一切就发生在韦伯眼皮底下，他肯定吓得魂飞魄散。韦伯想方设法给自己松绑，但为时已晚，布卢默察觉到他的动静，转身便割断了韦伯的喉管。但很遗憾，在费这么大劲杀了两个人之后，收获没有布卢默预想的那么多，只有区区1900马克。

韦伯的常规投递路线不包括施潘道大街，所以他的同事和家人发现他失踪之后根本想不到去施潘道大街寻找。直到9月11日，女房东和韦伯的尸体才被发现。警方毫无线索，一筹莫展。何况在战争年代，警方的资源极为有限，不可能多么认真地去调查。不过，我们下面还会遇到这个"脑子活络"的歹徒布卢默。

酒馆老板娘雅各比遭遇抢劫和谋杀的案件发生时，已经有相当成熟的指纹鉴定技术。英国科学家弗朗西斯·高尔顿爵士（Sir Francis Galton，1822—1911）于1892年出版的关于指纹的著作使得刑侦技术有了新的飞跃，也使得英国刑警跻身世界一流。[1]1897年，英属印度正式采用指纹鉴定技术为刑侦手段，四年后英格兰和威尔士如法炮制，而奥匈帝国于1902年建立了指纹鉴定机构，德国则于1903年开始建立指纹档案，最早试水的德国城市是德累斯顿、柏林和汉堡。[2]

---

1 Wehner, Bernd: Dem Täter auf der Spur. Die Geschichte der deutschen Kriminalpolizei. Lübbe, 1983. S. 29.
2 Ebd., S. 39.

楔子

调查雅各比案件的鉴定人员在现场发现了大量指纹，想必就是凶手留下的。但是将其与柏林警察局的指纹库，乃至整个德国的指纹库对比之后，一无所获。

在战争局势日坏、大厦将倾的大背景下，缺乏人力和资源的柏林警方面对每天发生的各种恶性刑事案件，难免疲于奔命、焦头烂额，能做的实在有限。他们不可能对这样一个缺乏线索的案子穷追不舍。雅各比案件就这样成了悬案。酒馆老板娘的冤魂不知在何处哭泣和游荡。

没过多久，德国就战败了。帝制覆灭，魏玛共和国建立。出人意料的是，在时隔八年之久的1925年8月，雅各比案居然有了转机。

原来，在第一次世界大战结束之后，欧洲各国的警察机关才开始比较紧密地合作，包括信息的分享和交换。柏林警察局谋杀调查科的恩斯特·甘纳特探长将一些悬案的指纹资料发送给外国同行，其中就有雅各比案的指纹。这种努力基本上是死马当活马医，甘纳特也是抱着碰碰运气的想法，并没有寄予多大的希望。

对这位甘纳特探长，我们要多说几句，因为他是本书的主角之一。

提到侦探，大家脑海中总会不约而同地浮现出一些特定的形象：要么是智商超高、性格古怪甚至不近人情的天才，比如福尔摩斯；要么是英俊潇洒、风流倜傥（有时还有艳遇）的硬汉，比如菲利普·马洛（Philip Marlowe）；当然，也有马普尔小姐（Miss Marple）和布朗神父（Father Brown）那样不寻常的神探，以及维兰德（Wallander）那样饱受创伤的疲惫中年男人。

但很少有人会想到一个大胖子。

甘纳特是非常不符合刻板印象的一位侦探。首先在外形上就不符合。前面已经提到，甘纳特爱吃甜食，所以很胖。胖是他的传奇的一部分。据说他的体重达到150公斤[1]，同事给他取的绰号是"佛陀"和"丰满的恩斯特"[2]（Der volle Ernst，这是个文字游戏，也可以理解为"非常严肃、不开玩笑"）。

甘纳特对甜食的嗜好非常有名。无论在同事还是在罪犯面前，他都丝毫不掩饰自己好的"那一口"。甚至在奔赴犯罪现场的途中，他也会命令司机停下车，去糕点店"补充弹药"。经常跟着甘纳特办案的记者弗朗茨·冯·施密特（Franz von Schmidt）在1955年出版的书里回忆道："我们的黑色汽车看上去肯定有点阴森森的，但当我们三人（司机也穿着便服）在车里安安静静地吃蛋糕、舔着手指、车子用蜗牛般的速度慢慢往前爬的时候，那些向我们咧嘴笑的行人绝对想不到我们要去哪里、去做什么。"在另一处，施密特回忆道："他（甘纳特）从抽屉里拿出大堆蛋糕和奶油，躲到自己的办公室里享用，那里是他真正的家。当时他已经有双下巴了，后来至少有三或四个下巴。"[3]

胖子侦探甘纳特自己绝对没想到，他发出悬案指纹资料的不久之后，丹麦警方就回复，有一个在丹麦因为惹是生非而被留了指纹的德国公民，正是德国警方要找的人！

此人名叫库尔特·达尼洛夫斯基（Kurt Danielowski），是但泽人（Danzig，今波兰格但斯克 Gdańsk），目前居住在柏林。此人不仅在

1　Ebd., S. 68.
2　Stürickow, Regina: Kommissar Gennat ermittelt: Die Erfindung der Mordinspektion. Elsengold Verlag, 2016. S. 12.
3　Ebd., S. 11-12.

丹麦留过案底，在瑞士也有，在德国还曾因盗窃而坐牢，只是不知为何在德国警方的系统里没有留下指纹。

虽然新线索令人惊喜，但指纹匹配顶多只能证明达尼洛夫斯基曾经去过诺瓦利斯大街7号的酒馆，还不足以证明他杀了人。

8月27日，达尼洛夫斯基被捕。他说自己绝对不可能是凶手，因为1917年的时候他在前线负伤，在比利时蒙斯附近的军医院度过了夏天。伤愈之后，他获准休假，途经亚琛和柏林去了他所属的第175步兵团补充营所在地格劳登茨（Graudenz，今属波兰，称为格鲁琼兹）。他承认自己在这趟旅途期间在柏林逗留了几天，"耍了一耍"，不过那是8月份的事情了，而雅各比是在9月遇害的。

但是甘纳特查了军队的档案之后，发现达尼洛夫斯基没有完全说实话。根据军队的档案，这位曾经的预备役士官确实曾于1917年5月29日至6月15日在蒙斯的军医院住院，然后获得休假，但接下来他去的不是格劳登茨，而是德国北部的吕讷堡（Lüneburg）。在那里，6月17日至9月19日，他因为皮肤病而住院。

甘纳特立刻联系了吕讷堡警方，希望查清达尼洛夫斯基在那里的行迹。

并且，甘纳特还发现了一条有意思的线索：雅各比太太除了开酒馆之外，还偷偷做珠宝首饰生意，主要是销赃。她在吕讷堡的储蓄银行开了两个账户，分别存了超过1000马克。另外，她与丈夫分居了，而雅各比先生恰恰就住在吕讷堡。虽然分居，但夫妻俩还有联系，还依然在合伙做生意。雅各比先生在战争期间做食品的黑市生意，还从军人那里获取紧俏物资，然后交给在柏林的妻子出手。

那么，达尼洛夫斯基和雅各比夫妇的黑市买卖有没有关系呢？

柏林警察局的刑警总长伯恩哈德·魏斯给甘纳特开了绿灯,批准他去吕讷堡出一趟差。

到了吕讷堡,甘纳特从雅各比先生的妹妹那里得知,雅各比先生早在1919年就去世了。这个妹妹与哥哥联系甚少,对他的情况不得而知,只知道他经常去吕讷堡火车站附近的一家饭馆。

甘纳特顺藤摸瓜,找到了这个饭馆的老板。老板证实,雅各比先生在战争期间经常通过旅行的军人将食品送到身在柏林的妻子手中。但是帮助雅各比先生运货的军人当中有没有叫达尼洛夫斯基的呢?饭馆老板不知道。

甘纳特还从雅各比太太生前的一位女性朋友那里得知,她经常帮助雅各比太太在吕讷堡的报纸上登广告,为她在柏林的酒馆招聘女服务员。

而曾经在达尼洛夫斯基待过的军医院工作的两名医生告诉甘纳特,战争期间军医院的管理不严,轻伤员很容易请到假,医院对请假外出的记录也不严格;甚至他们也可以不请假,直接溜出去娱乐或者走亲访友。也就是说,住院的军人完全可能离开医院好几天,而不留下任何记录。

这些信息都很有帮助,但真正具有突破性的线索是由一个房东提供的,达尼洛夫斯基在吕讷堡出院后租住了他的房子。据房东说,达尼洛夫斯基曾与一个叫罗伯特·赫尔佐格(Robert Herzog)的人过从甚密,两人一起做钻石和黄金买卖,非常有钱,经常在吕讷堡嫖妓。

达尼洛夫斯基哪来的资本做那么大生意呢?甘纳特通过一番努力,找到了认识达尼洛夫斯基的吕讷堡妓女玛丽·博姆(Marie

Böhm）。令人惊讶的是，玛丽曾在雅各比太太的酒馆当服务员！通过玛丽，警方终于能把达尼洛夫斯基和雅各比太太联系起来了。

1925年9月3日，玛丽·博姆在吕讷堡被捕，随即被押往柏林。在第一次审讯中，她就招供了：达尼洛夫斯基得知雅各比夫妇在做非法的珠宝首饰生意，肯定很有钱；他得知玛丽·博姆及其妹妹埃玛（Emma）就在雅各比太太的酒馆工作，于是提议合伙抢劫雅各比太太的酒馆。按照计划，博姆姐妹给达尼洛夫斯基搞了些蒙汗药，然后等待分成。但是达尼洛夫斯基与她们见面的时候说，蒙汗药没有作用，于是他不得不将雅各比太太扼死。

警方拿着玛丽的证词去审讯达尼洛夫斯基的时候，他招架不住，但坚持说抢劫的主谋是博姆姐妹，给雅各比太太下药的也是博姆姐妹。

时隔八年，雅各比谋杀案终于告破。但是埃玛·博姆已经去世，而玛丽·博姆和达尼洛夫斯基又各执一词，说对方才是主谋。可惜记载这个案子最终判决结果的档案没能保存至今，所以我们不知道博姆和达尼洛夫斯基受到了怎样的制裁。

侦破达尼洛夫斯基案件，是甘纳特取得的著名胜利之一。这位颇具传奇色彩的名侦探在三十多年的职业生涯里见证了三种政治制度（第二帝国、魏玛共和国和纳粹德国），不仅破案成功率始终极高（超过90%[1]），还对德国现代刑侦技术的发展与制度建设做出了关键性的贡献。不夸张地说，甘纳特是德国警察史上一个时代的象征。

本书将以甘纳特的人生为线索，介绍魏玛共和国时期德国刑警

1　Ebd., S. 12.

（主要聚焦于柏林刑警）的发展沿革、组织架构、工作方式、成功与失败，并穿插介绍柏林和其他一些城市的有组织犯罪和地下世界，以及魏玛共和国时期一些著名的、有代表性或者有特色的刑事案件。

那么，就让我们追随胖子侦探甘纳特的脚步，踏上一次时空旅行，去参观一下"生于战败，活于纷乱，死于灾祸"（born in defeat, lived in turmoil, and died in disaster）[1]，同时却"富有思想、希望与可能性"[2]、充满富于张力的矛盾感的魏玛共和国吧。

1　Gay, Peter. *Weimar Culture: The Outsider as Insider*. W. W. Norton & Company, 2001. p. 2. 对于魏玛共和国时期德国的文艺和思想，彼得·盖伊的《魏玛文化：作为知情人的局外人》（*Weimar Culture: The Outsider as Insider*）当然是一部极好的入门书。
2　Mohr, Joachim (Hg): Deutschland in den Goldenen Zwanzigern: Von schillernden Nächten und dunklen Tagen. Penguin Verlag, 2021. S. 44.

第一章 从普鲁士王国到德意志帝国

一　狱长的儿子

1880年元旦，柏林市著名的普勒岑湖（Plötzensee）监狱的狱长奥古斯特·甘纳特（August Gennat）喜得麟儿，取名为恩斯特。"家学"的渊源，使恩斯特·甘纳特注定与法律工作结缘。据说，他小时候和父母一起住在普勒岑湖监狱的员工宿舍里，小小年纪就通过观察监狱里的人生百态接触到了柏林这个工业化大城市的诸多社会问题，对底层群众的疾苦也有了一定的认识。高中时，他对犯罪和司法问题有了浓厚的兴趣，经常去旁听庭审。[1]

除此之外，我们对甘纳特的童年和少年时代所知甚少。他就读于柏林的王家路易丝文理中学（Königliches Luisen-Gymnasium）。这所中学在当时算得上非常"进步"：从1896年开始，女生也可以在该校参加准备进入大学的高中毕业考试。甘纳特于1898年从高中毕业，同年随父母搬到柏林夏洛滕堡区（Charlottenburg）的宫殿街35号，并在这里一直生活到去世。高中毕业后，甘纳特没有立刻进入大学，三年后才去柏林弗里德里希·威廉大学（今天的柏林洪堡大学和柏林自由大学的前身）法学系注册。据推测，甘纳特在这三年里应当是去服了兵役。[2]

---

[1] Stürickow, Regina: Kommissar Gennat ermittelt: Die Erfindung der Mordinspektion. Elsengold Verlag, 2016. S. 12-13. 另外，说句题外话，普勒岑湖监狱在纳粹时期是一个执行死刑的重要场所，参加1944年7月20日刺杀希特勒密谋的很多义士后来在这里被处死。

[2] Ebd., S. 13.

在第二帝国时期，对像甘纳特这样资产阶级出身的"国家干部子弟"而言，去军队待一段时间大有裨益。一个可供类比的例子是甘纳特后来的上司、担任柏林警察局副局长的伯恩哈德·魏斯。他与甘纳特同年出生，于 1904 年志愿报名参军，成为"一年志愿兵"。"一年志愿兵"的装备和食宿等要全部自费，这笔费用不小，所以只有经济条件比较好的人才负担得起。但是对魏斯（及甘纳特）这样的资产阶级人士来说，当"一年志愿兵"是很好的选择，因为不仅服役时间短（相比之下，应征入伍的服役时间是两或三年），还可以自己选择兵种和单位，更有机会成为预备军官。[1]

在第二帝国，军官的地位很高，社会威望极高。能干的普鲁士财政大臣冯·肖尔茨出身资产阶级，他原本只能获得上士军服，当他竟然获得国王恩准换得一套少尉制服时，立刻将其视为一生中最幸福的时刻。[2] 第二帝国还用预备军官制度来吸纳忠诚可靠的资产阶级人士进入军队，以确保他们不会对贵族统治构成威胁。"成为攻读博士学位者、大学生联谊会成员和预备军官，意味着已经达到了资产阶级幸福感的顶峰。"[3] 这句描述很有讽刺意味，也很真实。

像魏斯这样家境优渥的犹太人，往往会去当"一年志愿兵"并获取预备军官资格，这既能为个人履历镀金，也构成一重保障。甘纳特应当也去部队为自己镀过金。他的下属伯恩哈德·魏纳在回忆录里说

---

[1] Mertens, Lothar. "Das Einjährig-Freiwilligen Privileg. Der Militärdienst im Zeitgeist des deutschen Kaiserreiches". Zeitschrift für Religions-und Geistesgeschichte 42.4 (1990): pp. 316-329.

[2] 汉斯－乌尔里希·韦勒：《德意志帝国》，邢来顺译，青海人民出版社，2009 年，第 137 页。

[3] 同上，第 111 页。

甘纳特是预备役少尉，而甘纳特的副手路德维希·维尔纳堡（Ludwig Werneburg）博士曾是德皇军队的上尉，[1] 经常与警察系统打交道的著名刑辩律师埃里希·弗赖则在一战中做到海军上尉[2]。第二帝国的警察当中，很多人都有退伍军官身份。显然，政府比较信任这些前军人，相信他们能够在国内治安和司法战线上对国家保持忠诚。

不知为何，甘纳特决定放弃大学学业。他于 1904 年入职警队，在 1905 年 5 月通过了资格考试，并于 1906 年 8 月 1 日正式成为刑警探长（Kriminalkommissar）。[3]

二　从普鲁士王国到第二帝国的建立

在追随甘纳特的脚步走入柏林警察局之前，我们先主要以柏林刑警为例，粗略地追溯一下现代刑警的发展史，看看德国刑警的发展状况。

在这方面，德国落后于西面的邻居——法国。早在 1700 年前后，法国就设置了欧洲第一个由中央政府领导的专职警察机构。[4] 而

1　Wehner, Bernd: Dem Täter auf der Spur. Die Geschichte der deutschen Kriminalpolizei. Lübbe, Bergisch Gladbach 1983. S. 68.
2　Frey, Erich: Ich beantrage Freispruch!: Die Erinnerungen des berühmten Berliner Strafverteidigers. Elsengold Verlag, 2019. S. 15.
3　Stürickow, Regina: Kommissar Gennat ermittelt: Die Erfindung der Mordinspektion. Elsengold Verlag, 2016. S. 13, S. 20.
4　于尔根·奥斯特哈默：《世界的演变：19 世纪史》，强朝晖、刘风译，社会科学文献出版社，2016 年，第 1163 页。

现代刑警的起源可以上溯到拿破仑时代。在当时的法国警务部长约瑟夫·富歇（Joseph Fouché，1759—1820）领导下，曾经的罪犯欧仁·弗朗索瓦·维多克（Eugène François Vidocq，1775—1857）于1812年建立了世界上第一支现代意义上的刑警队伍，即著名的Sûreté（法国国家警察）。维多克利用曾经的罪犯建立线人网络，在打击犯罪和破案方面的成绩十分显著。[1]

刑警发展史上的下一个重要人物也是法国人，即阿方斯·贝蒂荣（Alphonse Bertillon，1853—1914）。他发明了身体测量的识别系统，推行以毫米为单位精准地测量人的肢体等具体措施，成功将人体测量学应用于执法。在此之前，警方只能通过姓名和照片来识别罪犯的身份。不过，人体测量学方法最终被指纹鉴定取代。此外，贝蒂荣还将给罪犯拍照的技术和操作规程标准化。[2]

在英国，现代意义上的警察机构组建得较晚。1829年，内政大臣罗伯特·皮尔爵士（Sir Robert Peel，1788—1850）在伦敦组建了一个警察单位。1842年，伦敦警察的调查部门开始在苏格兰场（Scotland Yard）办公。后来"苏格兰场"这个名字闻名世界。

普鲁士最早的警务部门是著名的军事家帝王弗里德里希二世（Friedrich Ⅱ，被誉为"大王"）在柏林建立的，时间是18世纪中叶（德意志其他邦国建立警务部门的时间也差不多，如慕尼黑的警察局可以追溯到1759年[3]）。弗里德里希二世非常亲法，他阅读和写作都用法语，

---

[1] Wehner, Bernd: Dem Täter auf der Spur. Die Geschichte der deutschen Kriminalpolizei. Lübbe, 1983. S. 28.
[2] Ebd., S. 39.
[3] Münchner Blaulicht e. V. (Hg): Chronik der Münchner Polizei, Hirschkäfer, 2015. S. 15.

与亲信交谈也用法语，无怪乎他建立的柏林警务部门同样效仿法国制度。但是，法国警务制度中，有一点让普鲁士国王不以为然，那就是当时的法国警察高度依赖监视民众的密探网络——虽然当时柏林警务部门也建立了自己的秘密警察队伍。[1] 弗里德里希二世废除了刑讯，并且认识到了司法独立的重要性，在他的"政治遗嘱"中写道："统治者不应当干预司法；在法庭上，应当由法律来发言，统治者应当保持沉默。"[2] 当然，现实与理想总是有距离的。

柏林警察局的建立，是19世纪初拿破仑战争后，被法国打得头破血流的普鲁士不得不进行的全面改革的一部分。众所周知，施泰因男爵（Stein）和哈登贝格（Hardenberg）这两位中兴名臣推行的一系列政治经济政策（包括废除农奴制），极大地推动了普鲁士的现代化，提升了国力。与此同时，伟大的教育家威廉·冯·洪堡（Wilhelm von Humboldt，1767—1835）开展了教育改革。按照洪堡的新人文主义思想，教育不应当像启蒙时代那样只讲求目的和实用，教育的宗旨亦不应当单纯是培养为国家服务的公务人员，而是要全面培养人的精神与品格。在军事方面，由于蓬勃发展的资产阶级要求更多权利，以及军事上的需求（必须放弃旧式的小规模职业军队，改为仿效法国，实行普遍兵役制，建立大规模的国民军队），普鲁士在名将沙恩霍斯特（Scharnhorst）领导下开展了深度的军事改革。

对应到社会治安和警务工作领域，普鲁士的一大改革举措就是史无前例地建立了柏林警察局。1809年，普鲁士国王弗里德里希·威

1　Stürickow, Regina: Pistolen-Franz & Muskel-Adolf: Ringvereine und organisiertes Verbrechen in Berlin. 1920-1960. Elsengold Verlag, 2018. S. 19.
2　Ebd., S. 20.

廉三世（Friedrich Wilhelm III, 1770—1840）任命卡尔·尤斯图斯·格鲁纳（Karl Justus Gruner, 1777—1820）为第一任柏林警察局局长。[1]柏林警察局的历史一般就是从这个时候算起的。后来格鲁纳被册封为贵族，名字就变成了卡尔·尤斯图斯·冯·格鲁纳。1811年4月11日，普鲁士王国政府又组建了刑事警察部门。1830年5月16日，根据"最高指示"，刑事警察被并入柏林警察局，代号为IV处。[2]

柏林警察局于1822年搬入摩尔肯广场（Molkenmarkt）1号[3]，又于1889年搬到亚历山大广场（Alexanderplatz）一座占地面积16000平方米的四层红色大楼内，所以柏林警察局也被称为"红堡"。这座大楼在第二次世界大战期间大部分损毁，1960年被彻底拆除，今天已经不复存在，原址上建起了一家购物中心。[4]

警察局的建立并不能自动地保证治安良好。根据法学家卡尔·威廉·齐默尔曼（Carl Wilhelm Zimmermann, 1782—1856）的统计，在1847年，柏林人口约为30万，其中以犯罪为职业的约有6000人，

---

1 Skalweit, Stephan, "Gruner, Justus von" in: Neue Deutsche Biographie 7 (1966), S. 227-229 [Online-Version]; URL: https://www.deutsche-biographie.de/pnd118719092.html#ndbcontent. 另外，第一任慕尼黑警察局局长应当是安东·鲍姆加特纳（Anton Baumgartner, 1761—1831），就职时间是1799年4月23日。见Münchner Blaulicht e. V. (Hg): Chronik der Münchner Polizei, Hirschkäfer, 2015. S. 15。

2 Stürickow, Regina: Pistolen-Franz & Muskel-Adolf: Ringvereine und organisiertes Verbrechen in Berlin. 1920-1960. Elsengold Verlag, 2018. S. 24. 而慕尼黑建立专门的刑警部门的时间较晚，为1896年7月1日，称"刑事宪兵"。见Münchner Blaulicht e. V. (Hg): Chronik der Münchner Polizei, Hirschkäfer, 2015. S. 18。

3 关于摩尔肯广场时期的柏林警察局，可参考：Dobler, Jens (Hg). Das Polizeipräsidium am Molkenmarkt. Berliner Kriminalgeschichten aus dem 19. Jahrhundert. be.bra verlag GmbH, 2019。

4 Stürickow, Regina: Kommissar Gennat ermittelt: Die Erfindung der Mordinspektion. Elsengold Verlag, 2016. S. 13, S. 21-22.

包括 600 到 1000 名"职业窃贼"。与此同时,还有 1 万名妓女,1 万名乞丐、逃避工作者、流浪汉、盲流、无家可归者等,还有 6000 名对社会有害、需要警方监视的有前科者,在押犯人 2000 人,政府的劳动救济院里有 1000 人,还有 800 人处于拘留状态。这样加起来的话,全城人口有大约 10% 是"可能危害城市安全和风化"的可疑分子。[1] 齐默尔曼的统计也许有时代性偏见和技术性误差,但大致能证明,在柏林这样一座蓬勃发展的重要城市里有相当严重的治安问题。根据另一项统计,到了 1871 年,也就是德国统一的那一年,柏林的人口将近 100 万,其中估计有 4 万人依靠"盗窃、抢劫和卖淫"为生。[2]

三 战前岁月

1871 年,普鲁士统一德意志,建立第二帝国。在帝国时期,伴随着工业化,社会日新月异,传统生活方式和家庭组织结构解体、人口猛增[3]并且流动性增强、城市化蓬勃发展[4]、贫富差距拉大,大城市的犯罪现象也随之大幅增加。

---

[1] Ebd., S. 25.
[2] Ebd., S. 31.
[3] 18 世纪初德意志各邦总人口约为 2500 万,1910 年德国人口为 6500 万。见 Wehner, Bernd: Dem Täter auf der Spur. Die Geschichte der deutschen Kriminalpolizei. Lübbe, Bergisch Gladbach 1983. S. 26.
[4] 1871 年,德国人口为 4100 万,其中三分之二为农村人口。1910 年,德国人口仅有四分之一生活在农村。Ebd.

交通的飞跃式发展也是这个时代的一个重要特征。在1912年，德国铁路总里程达到62700公里，为全欧第一。[1] 犯罪学家欧根·韦施克（Eugen Weschke）认为，铁路的发明和火车旅行的普及，对抢劫等犯罪活动从乡村转移到城市的过程有很大影响。[2] 铁路和火车乘客也成为犯罪分子的目标，比如1926年8月19日的莱费尔德火车袭击案[3]。

　　甘纳特于1904年从警，其时的柏林已经是一座世界性的大都市。柏林人口在1877年达到100万，1900年达到270万。[4] 人口暴涨主要是因为大量移民涌入。当时有一句流行的玩笑话是："每一个真正的柏林人都是西里西亚人。"[5] 这就好比说，每一个南京人都是苏北人或者安徽人。名律师埃里希·弗赖也在回忆录里自嘲："如果说所有好的柏林人都来自西里西亚的话，那么我就是好的柏林人。"[6]

　　移民涌入柏林的一个重要原因是快速而规模庞大的工业化。在当时，工厂雨后春笋般在柏林及其周边地区兴建起来。后来担任德国外交部长的实业家瓦尔特·拉特瑙（Walther Rathenau，1867—1922）这样描绘柏林的工业化："对柏林而言，真正重要的是我们的工业区，它或许是世界上最大的工业区，尽管柏林西区（富人区）的居民不知

---

[1] Ebd., S. 26.
[2] Stürickow, Regina: Pistolen-Franz & Muskel-Adolf: Ringvereine und organisiertes Verbrechen in Berlin. 1920-1960. Elsengold Verlag, 2018. S. 25.
[3] 见本书第九章第五节"大萧条时期的连环火车爆炸案"。
[4] Stürickow, Regina: Kommissar Gennat ermittelt: Die Erfindung der Mordinspektion. Elsengold Verlag, 2016. S. 27.
[5] Large, David Clay. *Berlin*. Basic Books, 2001. p. 9.
[6] Frey, Erich: Ich beantrage Freispruch!: Die Erinnerungen des berühmten Berliner Strafverteidigers. Elsengold Verlag, 2019. S. 7.

道这一点。这座工人之城朝东南西北四个方向伸出它水蛭般的触手，把西区攥得紧紧的。"1895 年，柏林有 2 万名工人在员工超过 50 人的工厂工作；1907 年，这个数字飙升到 7 万。[1]

为了安置大量的工人阶级人口，柏林市北部和东部建起了大量著名的，或者说是臭名昭著的兵营式廉租公寓楼（Mietskaserne），形成了一大批贫民区。这样的贫民区公寓楼的居住人口非常密集，采光和通风不敢恭维，卫生条件也差，一般两层楼才有一个厕所，并且冬冷夏热。[2] 看过《巴比伦柏林》的朋友肯定记得，女主人公一家好几代人蜗居在逼仄的公寓房里，并且时常为了付不起房租要被赶走而苦恼。

不难想象，这样的贫民区很容易成为犯罪的温床，各种犯罪分子轻松地在这里找到藏身之处，而妇女儿童特别容易成为家庭暴力和性侵的受害者。1913 年，柏林贫民区的一名女子因为不堪忍受酒鬼丈夫对她和孩子们的殴打，将 5 个孩子（年龄从一个月到五岁）溺死在浴缸里，然后自杀。[3] 这条社会新闻引起了很大的震动，但不久之后第一次世界大战就爆发了，大家无暇他顾，贫民区的条件没有得到改善。

贫民区还与另外几种犯罪——卖淫、逼良为娼和拐卖妇女——有着千丝万缕的联系。1887 年发生的臭名昭著的"海因策案件"轰动一时，令柏林贫民区的犯罪问题引起了全国关注。在这起案件中，一个叫赫尔曼·海因策（Hermann Heinze）的人因为抢劫杀人被抓获，但更让人震惊的是，他竟然强迫自己的妻子为娼。德国政府甚至专门

1　Large, David Clay. *Berlin*. Basic Books, 2001. p. 99.
2　Stürickow, Regina: Kommissar Gennat ermittelt: Die Erfindung der Mordinspektion. Elsengold Verlag, 2016. S. 28.
3　Ebd., S. 29.

颁布了一部《海因策法》(Lex Heinze)，加大力度打击卖淫、拉皮条等罪行，并查禁任何"有伤风化"的文艺作品。根据《海因策法》，甚至连歌德的名著《威廉·麦斯特》也算是"有伤风化"。[1]

战前的柏林不仅有猖獗的卖淫业，还是拐卖妇女的犯罪活动的重要据点。[2]不过做这门"生意"的主要是东欧人和南美人，德国犯罪分子较少参与。拐卖者的主要猎物是求职的单纯少女。花言巧语的犯罪分子假装安排她们到南美或其他地方当秘书、保姆、教师或演员，用丰厚的条件诱骗她们上钩。曾任柏林警察局高官的汉斯·冯·特雷斯科（Hans von Tresckow, 1863？—1934）在回忆录里谈过帝国时期的妇女拐卖犯罪。据他说，犯罪分子还会登广告引诱潜在受害者，甚至与其"谈恋爱"和"结婚"。因为这种犯罪很猖獗，德国在1899年甚至专门组建了一个"打击拐卖妇女国际犯罪的全德委员会"。[3]

那么，面对这些犯罪活动，甘纳特入职的柏林警察局做得怎么样呢？在那里工作的刑警又是什么样的人呢？

在19世纪末和20世纪初，"红堡"被称为"贵族俱乐部"，刑警警官中有很多是贵族，不过往往是家道中落的贵族。比如甘纳特的老师之一汉斯·冯·特雷斯科就是一位破落贵族，在父亲去世后因为经

---

1 Feraru, Peter: Muskel-Adolf & Co: Die Ringvereine und das organisierte Verbrechen in Berlin. Argon, 1995. S. 13-14, S. 19.

2 Stürickow, Regina: Kommissar Gennat ermittelt: Die Erfindung der Mordinspektion. Elsengold Verlag, 2016. S. 30.

3 Stürickow, Regina: Pistolen-Franz & Muskel-Adolf: Ringvereine und organisiertes Verbrechen in Berlin. 1920-1960. Elsengold Verlag, 2018. S. 34-35. 值得一提的是，汉斯·冯·特雷斯科曾任柏林警察局负责同性恋相关案件的部门主管，见Beachy, Robert. *Gay Berlin: Birthplace of a Modern Identity*. Alfred A. Knopf, 2015. p. 59。

济原因不得不中断在大学的法学和经济学学业，去当了警察。[1] 警察的工资虽然不高，却是吃公粮的铁饭碗。另外，对贵族来说，为国家服务也是比较体面的职业。

柏林警察局在硬件和制度上的配备完善程度，遥遥领先于德国的其他城市。1896年，柏林警察局建立了鉴定科、贝蒂荣档案卡片检索系统、失踪人口档案和犯罪档案，1899年又开设了摄影部门。[2]

但柏林警察局也有很多问题。甘纳特后来以调查谋杀案而闻名，但他于1904年入职的时候，柏林警察局还没有真正意义上的专门的谋杀调查科，因而难以应付这座蓬勃扩张的大城市里激增的暴力犯罪。一般是在发生凶案之后，警察局才临时抽调合适的探员和警力，调查人员可能要几个小时之后方可到现场，不仅会错失很多良机，甚至抵达时现场也极可能已经遭到破坏。而且，警方实际上很缺专业的刑侦人员，比如柏林警察局到1927年才创办了警校，即夏洛滕堡警校。用今天的眼光看，第二帝国末期的柏林警察很不专业。接到凶案报警之后，到现场的警察做的第一件事情往往是打扫和清理现场。这可以说是德国人的洁癖使然。在当时，即便是警察，也往往意识不到这样做就破坏了现场。[3]

因此，破案率长期低迷的警方遭到报界的嘲笑和群众的指责，也就在所难免。警察局局长路德维希·冯·温德海姆（Ludwig von Windheim，

---

[1] Stürickow, Regina: Kommissar Gennat ermittelt: Die Erfindung der Mordinspektion. Elsengold Verlag, 2016. S. 13, S. 20.

[2] Thorwald, Jürgen: Die Stunde der Detektive. Werden und Welten der Kriminalistik. Droemer, 1966. S. 33.

[3] Stürickow, Regina: Kommissar Gennat ermittelt: Die Erfindung der Mordinspektion. Elsengold Verlag, 2016. S. 13, S. 23.

1857—1935)痛定思痛，开始改革，第一次在刑警内部设立了凶案调查值班制度，值班小组一天二十四小时待命，并配备了法医。温德海姆还命令每个辖区的巡警发现凶案之后第一时间报告给刑警。[1]

但是，柏林警察局仍然没有固定的、专门的谋杀调查科。也就是说，术业有专攻是不存在的，任何一位刑警，只要正好有空，都可能被派去调查凶案，而不论他是不是合适的人选。谋杀案的调查非常需要经验，但这样的制度显然不利于经验累积。

甘纳特将这些弊端看得很清楚，入职不久后就开始参与警局的制度建设，从组织和规章制度着手，彻底改革警方对凶案的处理方式。不过，改革还没有真正见到成效，第二帝国就灭亡了，柏林刑警的真正大幅度进步发生在魏玛共和国时期。

我们顺便看一眼帝国的另一座大城市——巴伐利亚王国的首都慕尼黑。在那里，摄政王柳特波德（Luitpold von Bayern，1821—1912）于1898年命令组建"都城慕尼黑王家警队"。此时慕尼黑人口大约有50万。组建之初，慕尼黑警队有1名少校、1名上尉、1名少尉、1名簿记员、1名高级警长、60名警长和518名警员。1912年，慕尼黑警队的人员配置发展为4名警官、176名士官和824名警员。[2]

另外，值得一提的是，在世纪之交，德语世界对刑侦技术的发展做出了重要贡献。奥地利检察官和法学教授汉斯·格罗斯（Hans Gross，1847—1915）在几十年后还被誉为"刑侦学的前辈大师"。他的

1　Ebd., S. 23.
2　Münchner Blaulicht e. V. (Hg): Chronik der Münchner Polizei, Hirschkäfer, 2015. S. 23.

名著《调查法官、警察与宪兵手册》（Handbuch für Untersuchungsrichter, Polizeibeamte, Gendarmen）于1893年问世，到二战之后还在出版，1954年的第九版书名改为《刑侦学手册》（Handbuch der Kriminalistik）。格罗斯的《手册》是几十年来德语世界的警察和其他司法工作者的案头书，可操作性很强，其中详细介绍了以下内容：审讯的技巧、如何勘查现场、获取专家意见的重要性、如何获得媒体的配合、犯罪分子的行为习惯与黑话、群众的迷信、各种类型的武器及其特点、如何绘图、如何勘查痕迹和血迹、密码破译，等等。[1]

格罗斯的贡献在技术层面，而在刑警的组织和筹划层面，德国著名的法学家和犯罪学家罗伯特·海因德尔（Robert Heindl，1883—1958）贡献极大。他设想的刑警组织架构在魏玛共和国时期得以实现。另外，德国引入指纹鉴定技术作为刑侦手段，也有他的一份功劳。[2]

四　万里追凶

在战前，柏林警察局的侦探当中有一位奥托·布斯多夫（Otto Busdorf，1878—1957）。他取得了不错的成绩，后来成为甘纳特有力的竞争对手。

布斯多夫出身低微，父亲是农村的面包师，还当过警察的线人。

---

[1] Wehner, Bernd: Dem Täter auf der Spur. Die Geschichte der deutschen Kriminalpolizei. Lübbe, 1983. S. 37.
[2] Ebd., S.41.

布斯多夫于1907年加入柏林警队，比甘纳特晚一点。但是甘纳特在1906年就成了探长，而布斯多夫一直到1925年才晋升至这个衔级。[1]

1911年，布斯多夫因为一次万里追凶的行动而名声大噪。当时，普鲁士王国西里西亚省的米斯洛维茨（Myslowitz，今属波兰，称为梅斯沃维采）发生了一起银行抢劫杀人案，三名凶手打死了一名银行出纳员，抢走7000马克，越境逃往俄国。布斯多夫在俄国找到了其中一名凶手苏霍洛夫斯基（Sucholowsky）的蛛丝马迹，然后追踪他穿过加利西亚和整个德国，来到了港口城市不来梅。赶到那里的时候，布斯多夫发现凶手已经拿着伪造的身份证件，冒充俄国大学生，登上"齐滕"号轮船，前往美国。[2]

布斯多夫立刻渡海赶往英国的南安普顿，因为他已查明，那里有一艘"圣路易斯"号轮船即将启航前往美国。根据他的计算，尽管"圣路易斯"号启航比"齐滕"号晚了四天，但能够追得上。布斯多夫拿着上级给他的假证件，隐瞒了自己警探的身份，登上了"圣路易斯"号。此时他的行李只有一个硬纸箱，里面装着他在不来梅匆匆购买的必需品。

虽然按理说"圣路易斯"号应当能和"齐滕"号同一天抵达美国

1　Liang, Hsi-Huey: Die Berliner Polizei in der Weimarer Republik. Übersetzt von Brigitte Behn und Wolfgang Behn. De Gruyter, 2013. S. 159.
2　追捕苏霍洛夫斯基的情节，主要参考了Hillebrand, Peter: Der Kommissar aus Köpenick. Otto Busdorf-eine Polizistenkarriere vom Kaiserreich bis zur DDR. SWR2 Feature am Sonntag. Sendung: Sonntag, 8. Februar 2015, 14.05 Uhr (Manuskript). URL: https://www.swr.de/-/id=14793456/property=download/nid=659934/pc2cbs/swr2-feature-am-sonntag-20150208.pdf。

纽约，但不幸的是"圣路易斯"号遭遇风暴，行程耽搁了。布斯多夫心急如焚，担心苏霍洛夫斯基从自己手指缝间溜走，于是向"圣路易斯"号的大副表明了自己的身份和使命。通过无线电报，大副帮助他与"齐滕"号取得了联系，请那边的船员控制住苏霍洛夫斯基。苏霍洛夫斯基在船上接受检疫时，出乎意料地被戴上了手铐。

与此同时，布斯多夫换乘美国政府派来的一艘船，比"齐滕"号早一个半小时抵达了纽约港。苏霍洛夫斯基被引渡回德国。随后，布斯多夫继续追踪苏霍洛夫斯基的两名同案犯，在俄国西伯利亚抓获了其中一人，在西里西亚的监狱里找到了另一个人，此人在潜逃期间又犯了事，所以被抓了起来，但因为他用的是假名，所以西里西亚警方没有发现他就是米斯洛维茨杀人案的凶手之一。在侦破这个案子的过程中，布斯多夫的总行程达到26810公里。

1914年，布斯多夫应邀参加柏林王宫的庆祝活动，得到德皇本人的亲切接见，可见当时布斯多夫已经是赫赫有名。

五　行李箱女尸案

1914年一战爆发的时候，甘纳特已经三十四岁了。他没有上前线，而是继续在警局工作。[1] 不过他的不少同袍或下属都上过前线，

1　Ebd., S. 33.

比如他的同龄人和后来的上司魏斯在前线表现应当不错，晋升为骑兵上尉，荣获一级铁十字勋章；后来在纳粹时期当过德国刑警一把手的阿图尔·内贝（Arthur Nebe，1894—1945）和希特勒一样，在一战期间中过敌人的毒气[1]。慕尼黑警察局的964名警务人员当中有120人主动报名上了前线。[2]

因为史料的限制，我们对甘纳特在战争期间办的案件了解不多，只能推断他应当参与了各种类型的罪案调查，但在凶杀调查中的表现最令人印象深刻。他参与调查的一个比较有名的案子是玛尔塔·弗兰茨克（Martha Franzke）失踪和谋杀案。

1916年3月16日，有几个孩子在柏林市贝格大街（Bergstraße）玩耍。突然，他们听到一阵犬吠，循声而去，发现一只混血狸犬被拴在街角。孩子们很熟悉这只狗，知道它属于田地街（Ackerstraße）35号的玛尔塔·弗兰茨克小姐。这是她最心爱的宠物，怎么会这么随随便便地拴在大街上，人却走了呢？[3]

孩子们等了一会儿，仍然不见玛尔塔小姐来把狗牵走，小狗又叫得可怜，于是孩子们牵着小狗去了玛尔塔家。但是，他们按了很多次门铃，也无人应答。看来玛尔塔不在家，于是孩子们把狗留在了这栋公寓楼的门房太太伊索尔德·门克（Isolde Mönke）那里。

1　Wildt, Michael. *An Uncompromising Generation: The Nazi Leadership of the Reich Security Main Office*. Translated by Tom Lampert. The University of Wisconsin Press, 2009. p. 172.
2　Münchner Blaulicht e. V. (Hg): Chronik der Münchner Polizei, Hirschkäfer, 2015. S. 31.
3　玛尔塔·弗兰茨克案件的主要情节，参考了Stürickow, Regina: Verbrechen in Berlin: 32 historische Kriminalfälle 1890-1960. Elsengold Verlag, 2014. S. 32-37。

第一章　从普鲁士王国到德意志帝国

门克太太起初也没当回事，她相信玛尔塔肯定是有事出门了，很快就会回来。但是一直等到晚上，她也没有回家。次日，仍然不见玛尔塔的踪影。第三天，玛尔塔家依旧没人。

门克太太感到很蹊跷，因为她知道玛尔塔对这只小狗爱得要命，绝不会丢下它不管的！于是，门克太太跑到警察局报警。警察不以为意："您知道每天有多少人口失踪报告到我们这里吗？绝大多数很快就自己露面啦。现在是战时，我们人手紧，不可能每次接警都出去找人。您再等一天试试！"

门克太太拒绝放弃："您要是不接这个案子，我就不走了！"警察叹了口气，开始照章办事，登记玛尔塔小姐的信息。

4月5日，德国波美拉尼亚省的小城斯德丁（Stettin，即今天波兰的什切青），火车站的工作人员在讨论一个问题：有一件巨大的行李箱，重达67公斤，于3月16日由夜车从柏林运到斯德丁，然后一直无人领取，现在已经三周了。

根据火车站的规章制度，如果行李在两周内无人领取，那么火车站有权将它打开。于是大家就这么做了。

打开行李箱之后，在场的人都惊呆了：行李箱内蜷缩着一具女尸！

死者身高约1.6米，金发，头部和颈部有多处割伤，盖着尸体的破布和布料都被血浸透了。凶手显然十分凶残和冷酷，曾试图将死者的头颅割下。法医判断，死者手上的刀伤表明她曾与凶手搏斗。法医判断死者年龄在十七到二十岁之间，尸检表明死者未曾受到性侵害。

因为尸体是从柏林运来的，所以斯德丁方面立刻通知了柏林警察局。柏林警察局将死者的年龄、体貌特征与失踪人口资料比对，发现好几名女子与之相符，其中包括玛尔塔·弗兰茨克。但法医认为死者的年龄在十七到二十岁之间，而玛尔塔已经三十三岁了，所以她被排除了。

但是，玛尔塔的妹妹在报纸上读到发现女尸的新闻后，联系了警方。她被送去认尸体，结果发现死者正是玛尔塔。看来法医对死者年龄的判断出错了。

主办此案的侦探，正是甘纳特。

他很快发现，玛尔塔的生活相当有意思。她似乎非常有钱，经常炫富，对自己的女朋友海伦妮·巴尔（Helene Bahl）出手很大方。没错，玛尔塔是同性恋者。玛尔塔对海伦妮的付出可能比海伦妮对她的付出要更多，因为海伦妮是双性恋者，对男人也有兴趣。玛尔塔经常为此吃醋，与海伦妮吵架。甘纳特对海伦妮产生了兴趣，想把她传唤到警察局问话，但找不到她的下落。

甘纳特还查明，玛尔塔和海伦妮经常去阿尔萨斯大街（Elsässer-straße）17/18号的美发店"沃伊塔斯沙龙"（Salon Woitas）。美发店的女老板约翰娜·埃尔斯纳（Johanna Elsner）是海伦妮的好朋友，但她也不知道海伦妮去哪里了。

另一条侦查路线就是寻找是谁把行李箱托运到了斯德丁。柏林火车站的搬运工起初怎么也想不起来，过了一段时间才想起来，是两个女人让他把行李箱从一处房屋搬到火车站的。搬运工请托运方登记姓名住址的时候，其中一个女人犹豫了很长时间才在登记册上写了字，但又迅速涂抹掉了。甘纳特仔细观察之后发现，那个女人留下的地址正是"沃伊塔斯沙龙"！

甘纳特再次讯问约翰娜。她起初矢口否认，但在甘纳特的耐心审讯之下，最终承认：的确发生了杀人案，但与她无关！

按照约翰娜的说法，玛尔塔与海伦妮在她的美发店里发生争吵，竟然扭打起来，海伦妮将自己的情人杀死，然后将尸体塞进行李箱，最后拜托约翰娜将行李箱寄走。约翰娜为了帮助自己的好朋友，答应了。

现在，海伦妮·巴尔成了头号嫌疑人。街头贴满了悬赏缉拿她的告示，耸人听闻的小报津津有味地报道了这起女同性恋圈子里因争风吃醋引发的杀人案。

但是警方还有一些疑问。比如，搬运工登记册上的地址的字迹，与约翰娜的笔迹不符。她踌躇了一段时间之后承认，字是她的熟人安娜·松嫩贝格（Anna Sonnenberg）写的，约翰娜请她处理了行李箱的托运事宜。

安娜被传唤到了警察局。她说话颠三倒四，犹犹豫豫，一副心虚的模样。她承认登记册上的字是她写的，但坚持说自己不知道行李箱的内容，仅仅是帮了熟人一个忙，帮她寄送行李箱而已。但在甘纳特的耐心盘问之下，安娜招架不住，给出了惊人的证词：不是海伦妮，而是约翰娜杀死了玛尔塔。并且，约翰娜根本就不姓埃尔斯纳，她的真实姓氏是乌尔曼（Ullmann）。

约翰娜随即被捕。她否认自己杀了人，但承认自己三年来一直以假名在柏林居住，之前是基尔港的一名妓女，她的皮条客就是她的未婚夫。因为生活拮据，有一次她偷了一名嫖客的300马克，然后隐姓埋名逃到了柏林。

与此同时，在审讯室里的安娜·松嫩贝格一再说出自相矛盾的话。在甘纳特等侦探的穷追不舍之下,她又改了说法:她与约翰娜·乌尔曼在4月13日合伙杀死了玛尔塔。

约翰娜仍然坚持自己的说法,即海伦妮·巴尔杀害了自己的情人。警察拿着安娜·松嫩贝格的证词与约翰娜对质时,她才号啕大哭起来,然后作了新的供述。

战争爆发以来,美发店的生意就很差,约翰娜快要交不起房租了。安娜·松嫩贝格的处境也很糟糕,她没有工作,却要独立抚养两岁的私生子。两个女人经常在晚上坐在美发店里互相哭诉,抱团取暖。然后不知是谁提出,玛尔塔似乎很有钱,消费起来大手大脚,满不在乎,海伦妮·巴尔成了她的情人之后也是穿金戴银。

约翰娜和安娜狗急跳墙,恶向胆边生,居然想出了谋财害命的坏主意。约翰娜的未婚夫正好留了一支左轮手枪在她身边。两个女人在美发店里练习射击,结果打穿水管,把屋子淹了。于是她们决定暂时放弃手枪。

新的计划是:等玛尔塔来美发店的时候,让她坐在凳子上,然后一个人从背后用绳子勒住她的脖子,另一个人同时用剃刀割断她的咽喉。两个女歹徒还用晾衣绳"演练"和"彩排"了好几次。

如何让玛尔塔来到美发店呢?约翰娜和安娜都知道玛尔塔十分爱吃醋,每次海伦妮外出的时候,玛尔塔都要疑神疑鬼,会到美发店来向约翰娜发牢骚。于是约翰娜和安娜伪造了一封信,以海伦妮的一位老朋友的名义邀请她到夏洛滕堡见面,就这样把海伦妮支走了。

3月16日,玛尔塔牵着狗来到美发店,向约翰娜抱怨女友的不忠。约翰娜和安娜虚情假意地表示同情,然后邀请她多待一会儿,喝杯咖啡。两名阴谋家没有预想到玛尔塔会带狗来，不过约翰娜也有一条小狗，于是把两只狗都放到大街上玩耍去了。

但是随后的行凶没有两名凶手预想的那么顺利。玛尔塔比她们想象的强壮得多，并奋力反抗。两名凶手乱了方寸，拼命用刀子猛刺玛尔塔，直到她倒在血泊中。

但在玛尔塔的钱包里，凶手只找到了两张20马克的钞票和家门钥匙。她们冷静下来，清洗了现场，焚烧了所有带血的衣物，然后买了一个大行李箱。她们把玛尔塔的小狗随便拴在什么地方，之后寄走行李箱。夜间，她们溜进玛尔塔的住所，翻箱倒柜，但是没有找到钱。

5月9日，柏林市莫阿比特区第一地方法院审理了约翰娜·乌尔曼与安娜·松嫩贝格谋杀案。约翰娜只有二十五岁，却已经有四次盗窃和若干次其他罪行的前科；二十三岁的安娜也有前科。

庭审于当天结束，两名被告都被判处死刑。约翰娜·乌尔曼于9月16日在普勒岑湖监狱（也就是甘纳特的父亲任职的监狱）被处决。安娜·松嫩贝格因为被怀疑有精神问题，所以被改判终身监禁，她的儿子被送进了孤儿院。

在战争期间，甘纳特还调查过一起有名的警察遇害的案件。1918年3月5日夜间，正在追踪入室抢劫团伙的柏林便衣警察豪伊泽尔被枪杀。甘纳特也找不到线索。6月，在多特蒙德市发生了类似的案件，警方抓获了凶手埃里希·库尔（Erich Kuhl），此人将小手枪藏在裤兜内，透过裤子向警察放冷枪。甘纳特敏锐地发现两个案件的相似点，专程去了一趟多特蒙德，查明库尔确实是杀害豪伊泽尔的凶手。[1]

甘纳特破获这起案件没过多久，德国在第一次世界大战中战败，德皇出逃，帝制覆灭。1918年11月9日，社会民主党（SPD）领导人菲利普·谢德曼（Philipp Scheidemann，1865—1939）在柏林宣布建立共和国，也就是我们熟知的魏玛共和国。不久之后，左派革命组织斯巴达克同盟（Spartakusbund）的领导人卡尔·李卜克内西（Karl Liebknecht）也在柏林宣布建立"自由的德意志社会主义共和国"。11月11日，德国向协约国投降。

天下大乱。在柏林街头，武装工人和士兵冲击监狱，占领政府机构、火车站、电报局等战略要地。各种势力风起云涌，市区筑起街垒，响起枪声。十一月革命爆发了。

---

[1] Stürickow, Regina: Kommissar Gennat ermittelt: Die Erfindung der Mordinspektion. Elsengold Verlag, 2016. S. 35.

第二章

革命年代

一 社会主义阵营的分裂

要更好地理解柏林警察在魏玛共和国时期的变迁以及很多具体案件，我们有必要先介绍一下虽然领导德国全国时间不长，但在普鲁士邦和柏林市长期执政的社会民主党。

社会民主党是德国老牌的社会主义政党，在第二帝国时期曾经和俾斯麦激烈对抗。随着德国快速工业化，工人阶级飞速成长，到了第一次世界大战末期，社会民主党已经发展壮大为帝国议会的第一大党。

一战期间，社会民主党内部就是否支持德国对外战争的问题发生了分歧，并最终导致分裂。反对战争的那一派脱离出去，建立了一个新的社会主义政党，称为独立社会民主党（USPD）。起初，除了对战争的态度不同之外，这两个社会主义政党的政治纲领差不多；但随着战争继续，独立社会民主党变得更为激进。俄国的十月革命鼓励了独立社会民主党内的许多人，他们不禁思考：也许，可以像俄国布尔什维克党那样，通过暴力夺取政权，建立无产阶级专政？

随着德国战败、皇帝出逃，作为议会第一大党的社会民主党在大厦将倾的危急时刻挺身而出，接管了政府。这个时候，两个社会主义政党间的矛盾就爆发了，因为双方对于德国何去何从有着迥然不同的设想。作家哈里·凯斯勒伯爵（Harry Graf Kessler，1868—1937）对这个问题概括得极好："老的社会民主党要的纯粹是物质上的改变，更公正、更好的物质分配与组织，而不是意识形态上的新东西。而激进派要的是急剧地向左转，他们认为只有这样，在世界大战中的流血牺牲才是值得的。"[1]

社会民主党并没有抓住千载难逢的机会去夺取政权、建立他们梦想中的社会主义国家，因为他们怀有这样一种很理想主义、很高尚（从另一个角度看，是很幼稚）的想法：他们无法代表全体德国人民，只能代表无产阶级的一部分，所以他们暂时获取国家领导权仅仅是为了稳定局势，德国未来的政治形态需要在国家安定之后通过民主选举来决定。所以，十一月革命时期建立起来的社会民主党政权仅仅是一个过渡政府，社会民主党仅仅是国家在危难之际的临时看管人而已。

这种肉到了嘴里还要让出去、权力到手却想着与别人分享的姿态，让很多人感到惊愕和不可思议，让某些人对其冷嘲热讽，也让一些人感到敬佩和惋惜。但从务实的角度看，社会民主党虽然是当时的第一大党，有着丰富的议会斗争经验，却几乎完全没有执政经验，更没有掌握枪杆子，所以独霸政权也是很难实现的。

独立社会民主党的内部则有人认为，既然战争已经结束，独立社会民主党当初之所以独立的意义就已经消失了，所以应当回到社会民主党大家庭里去。但也有一些更激进的人认为，现在就是建立苏维埃德国的好时机了。他们对民主选举根本不感兴趣。独立社会民主党内的这些激进分子，又组成了一个新的政治团体"斯巴达克同盟"。于是，左翼阵营有了三股势力，斯巴达克同盟和独立社会民主党算是激进左翼，而社会民主党算是温和左派。在十一月革命初期，社会民主党和独立社会民主党暂时组成了联盟。

为了防止激进左翼掌权从而发生俄国布尔什维克式的革命，也是

---

[1] Kessler, Harry Graf: Die Tagebücher 1918–1937, LIWI Verlag, 2020. S. 71.

为了掌控十一月革命、稳定局势从而举行全国民主选举，社会民主党在这个关键时刻做了一个命运攸关、备受诟病的决定，那就是与掌控军队的保守派合作，武装镇压激进左翼。在有些人看来，社会民主党这么做就是背叛了社会主义，背叛了革命理想和工人阶级；而在有些人看来，企图颠覆国家、建立苏维埃政权的激进左翼才是叛徒。不管大家如何理解这个问题，结果是一样的，那就是左翼阵营发生了大分裂。这个分裂一直延续到魏玛共和国的终结，使得左翼无力团结起来对抗真正的敌人——以纳粹为代表的穷凶极恶的极右翼势力。

而魏玛共和国时期柏林警察的历史，从一开始就与社会主义阵营内部的争斗纠缠在一起。

二　革命党人成了警察局局长

柏林警察在魏玛共和国的历史，从警察局遭受攻打、一位局长被赶下台开始，以警察局遭受冲击、另一位局长被赶下台结束。一头一尾的两起事件，各自开启了一个新时代。

十一月革命爆发后，柏林警察局和警队成为各方势力争夺的对象。此时柏林的治安警察有6300人（整个普鲁士的制服警察有大约4万人），是一支相当强大的力量。[1]1918年11月9日，革命群众包

1　Leßmann-Faust, Peter: Weimarer Republik. Polizei im demokratischen Rechtsstaat am Beispiel PreuBens. In: Lange, HANS-JÜRGEN (Hrsg.): Staat, Demokratie und Innere Sicherheit in Deutschland (2000). Springer Fachmedien Wiesbaden GmbH 2000. S. 29.

围了亚历山大广场上的警察局,警察局收到上峰的明确命令,要"保卫警察局到最后一兵一卒"。但警察并没有开枪,更没有"战斗到最后一兵一卒"。

警察局为什么迅速向革命群众屈服了呢?有人说,这是因为警务人员希望避免流血冲突。有人说是因为占据警察局的警察人数远远少于外面的革命群众,而且城内的武装力量主要掌握在人民海军师(Volksmarinedivision)等革命武装手中,所以警察的抵抗是徒劳的。也有人说,革命群众以解雇所有警察为威胁,迫使他们在政治上保持中立。还有人认为,是因为当时的警察局领导层无能,局长海因里希·冯·奥彭也不知跑到哪里去了。[1]

在这个时候,一个小人物如流星般出现,在闪耀出不可思议的光辉之后,又迅速地消失在历史的夜幕之中。

他的名字是埃米尔·艾希霍恩(Emil Eichhorn)。他出生于1863年,青年时代就加入了社会民主党,一战期间因为反战而加入独立社会民主党,成为重要干部。从1918年夏季开始,艾希霍恩担任苏俄电报新闻社(ROSTA)在德国的机构领导人,并通过这个机构向苏俄方面提供情报,所以艾希霍恩从苏俄那边领了一份工资。[2] 敌视他的人会说,他是一个与境外势力勾结、企图颠覆祖国的叛徒;支持他的人会说,他是一名国际主义战士。

---

[1] Liang, Hsi-Huey: Die Berliner Polizei in der Weimarer Republik. Übersetzt von Brigitte Behn und Wolfgang Behn. De Gruyter, 2013. S. 39. 注意此处梁锡辉错误地说当时柏林警察局局长是马蒂亚斯·冯·奥本。马蒂亚斯是海因里希的兄弟,未曾担任过柏林警察局局长。

[2] Ostrowski, Marius S. *Eduard Bernstein on the German Revolution: Selected Historical Writings.* Springer Nature, 2019. p. 208.

11月9日，革命群众包围柏林警察局之后，艾希霍恩领导了群众与警方之间的谈判，然后占领了警察局。根据艾希霍恩后来的回忆录，此时警察局内不仅有大量机枪，还加强了一个猎兵连和一个步兵营，但警察仍然毫无抵抗。艾希霍恩写道："大街上越聚越多的群众，他们情有可原的激动情绪，都让警察不仅丧失了最后一点勇气，而且失去了理智。警察多年来凶狠地攻击柏林工人阶级，所以现在很心虚，害怕遭到报复。于是，警员和警官们迅速丢掉了自己身上的军刀和左轮手枪……警察不是被革命者解除了武装，而是自己乖乖缴械，然后尽快溜出了被人山人海的群众包围的警察局。"[1]

就这样，对警务工作并无经验的艾希霍恩，意外地成为革命政府的第一任柏林警察局局长。

大部分警察在短暂的惶恐和观望之后回到了岗位，至少在表面上接受了新政权，愿意"尽其所能地重建和维护公共安全与秩序"，因为德国警察的传统美德是"服从上级和非党派性"[2]。现在既然革命党成了上级，那么不管你内心喜不喜欢，都必须服从。按照历史学家理查德·J. 埃文斯爵士的描述，德国警察"认为自己超越政党政治。他们像军队一样，服务于抽象的概念'国家'或者帝国，而不是服务于新共和国的具体民主机构"[3]。这有助于让大部分警察与共和国达成一定程度的和解，并愿意继续留在岗位上工作。但正是因为警察（以及大多

1　Liang, Hsi-Huey: Die Berliner Polizei in der Weimarer Republik. Übersetzt von Brigitte Behn und Wolfgang Behn. De Gruyter, 2013. S. 40.

2　Ebd., S. 43.

3　理查德·J. 埃文斯：《第三帝国的到来》，赖丽薇译，九州出版社，2020年，第293页。

数政府机关）基本上是原班人马，所以十一月革命显然并不彻底。

既然是革命的警察局长，那么艾希霍恩在工作当中偏向激进派，排斥温和派与保守派，就不足为奇了。社会民主主义理论家爱德华·伯恩施坦（Eduard Bernstein, 1850—1932）认为艾希霍恩是当时企图通过暴力手段建立无产阶级专政的极左分子之一。[1]

并且，即便当了柏林警察局局长，艾希霍恩仍然在领苏俄发的工资。凯斯勒伯爵在回忆录中讽刺道，艾希霍恩仿佛是"奥芬巴赫歌剧中的人物，他维持公共秩序的手段，就是在发生暴乱的时候将暴乱者武装起来；他一边为德国政府服务，一边不放弃从俄国领工资"[2]。后来被右派掌控的专业期刊《警察》在1919年3月13日毫不客气地挖苦艾希霍恩："艾希霍恩局长看上去患有严重的神经衰弱症：柔弱而线条模糊的面庞，被咬得七零八落的稀疏小胡子，手指紧张地颤动，走起路来急促又慌乱。别人叫他一声'局长先生'，他显然十分受用。"[3]

对于柏林警察局的民主化和去军事化，艾希霍恩做了不少工作：赋予警务人员结社与言论自由，取消类似军队的称呼方式，解散治安警察中的军事化单位，取消警衔的军事色彩。他还将工人组织成"保安队"（Sicherheitswehr），协助警察维持治安。1800人的"大柏林保安队"（Sicherheitstruppe Groß-Berlin）就成了一个革命的准军事组织。[4]

---

1 Ostrowski, Marius S. *Eduard Bernstein on the German Revolution: Selected Historical Writings.* Springer Nature, 2019. p. 208.
2 Kessler, Harry Graf: Die Tagebücher 1918-1937, LIWI Verlag, 2020. S. 62.
3 Liang, Hsi-Huey: Die Berliner Polizei in der Weimarer Republik. Übersetzt von Brigitte Behn und Wolfgang Behn. De Gruyter, 2013. S. 47.
4 Ebd., S. 44.

但是，绝大多数警务人员并不是热情的左派革命者，而是保皇派或保守派，所以艾希霍恩并不能将柏林警察局革命化。他任命"自己人"埃里希·普林茨（Erich Prinz）为刑警总长，但此人昏聩无能，并且贪污腐败[1]。艾希霍恩试图解散保守色彩浓厚的政治警察，将其编入刑警，但此举遭到了刑警的坚决反对，因为刑警自认为是政治中立的，拒绝遭到"政治上的滥用"[2]。更严重的是，艾希霍恩缺乏经验，浪费了大量时间在制服和规章制度设计这些琐事上。他似乎全然忘了，革命尚未成功。[3]

三 "血腥圣诞节"

艾希霍恩在警察局局长的位子上没坐几天，左翼阵营内部的争斗就升级成了武装冲突。

当时柏林有一支部队叫作"人民海军师"，由左翼水兵组成，驻扎在霍亨索伦皇族的柏林王宫（Berliner Schloss），它一般被称为"城市宫"（Stadtschloss）。人民海军师是革命政府手中最重要的一支武装力量，大约有3000人。在政治上，人民海军师更接近独立社会民主党和斯巴达克同盟，与社会民主党比较有隔阂。当时担任柏林市卫戍司令的社会民主党领导人奥托·韦尔斯（Otto Wels，1873—1939）打

1　Ebd., S. 139.
2　Ebd., S. 139.
3　Ebd., S. 45.

算解散这支对本党不够忠诚的部队。对右派而言，人民海军师更是眼中钉、肉中刺。

人民海军师内部可能有人盗窃了王宫中的珍贵艺术品，韦尔斯以此为由，命令人民海军师撤离王宫、转移到城外，并要求削减其兵力。为了迫使人民海军师同意，韦尔斯扣押着他们的军饷不发。于是，人民海军师和社会民主党之间的矛盾激化了。韦尔斯遭到水兵们的扣押、殴打和虐待。[1]

在这个时候，社会民主党领导人弗里德里希·埃伯特（Friedrich Ebert，1871—1925，魏玛共和国第一任总统）手里没有足够的武力，所以不惜与右翼军人集团合作，借右翼之手去镇压人民海军师。12月24日，右翼领导下的正规军炮轰了王宫。艾希霍恩领导下的一些民兵赶去支援被包围在王宫内的人民海军师。最终，正规军被打退。双方都有数十人伤亡。[2] 这起事件被称为"血腥圣诞节"。

左翼与右翼联合镇压极左翼的现象，导致社会民主党与独立社会民主党之间的脆弱联盟破裂了。另外，12月30日，斯巴达克同盟与独立社会民主党切断关系，然后与一些来自汉堡和不来梅的极左分子联合，组建了德国共产党（KPD）。[3] 在共产党看来，社会民主党已经背叛了革命。共产党的目标是通过武装斗争来建立苏俄式的无产阶级专政。

---

[1] Ostrowski, Marius S. *Eduard Bernstein on the German Revolution: Selected Historical Writings*. Springer Nature, 2019. p. 179.

[2] Winkler, Heinrich August: Weimar 1918-1933: Die Geschichte der ersten deutschen Demokratie. C. H. Beck, 2018. S. 54.

[3] Ebd., S. 53-55.

所以,"血腥圣诞节"只不过是暴力革命的预演而已,更血腥的冲突还在后面。

四　柏林警察局被围攻

在圣诞节冲突期间,艾希霍恩和他领导下的"保安队"站在人民海军师那边。独立社会民主党退出社会民主党领导的政府之后,艾希霍恩就成了唯一仍然担任高级职务的独立社会民主党人。他还公开主张独立社会民主党与斯巴达克同盟合作。

社会民主党谴责艾希霍恩是收受外国贿赂的政变分子,还指控他非法向平民分发武器、贪污公款,等等。[1] 1919 年 1 月 1 日的社会民主党机关报《前进报》(Vorwärts)写道:"艾希霍恩当警察局局长的每一天,都对公共安全构成了威胁。"

1 月 3 日,艾希霍恩通知普鲁士邦总理兼内政部部长保罗·希尔施(Paul Hirsch,1868—1940,社会民主党人),他将不再服从希尔施的命令。希尔施于次日下令免去艾希霍恩的警察局局长职务。[2] 在很多极左派人士看来,社会民主党背叛了革命,他们将艾希霍恩免职是对革命工人阶级的又一次悍然攻击。

1　Liang, Hsi-Huey: Die Berliner Polizei in der Weimarer Republik. Übersetzt von Brigitte Behn und Wolfgang Behn. De Gruyter, 2013. S. 46.
2　Winkler, Heinrich August: Weimar 1918-1933: Die Geschichte der ersten deutschen Demokratie. C. H. Beck, 2018. S. 56.

艾希霍恩拒绝接受免职，不肯让位给奉命前来接管警察局的社会民主党人欧根·恩斯特（Eugen Ernst，1864—1954）。恩斯特带人走进艾希霍恩办公室的时候，艾希霍恩故意当着他们的面将一把左轮手枪摆在自己面前的办公桌上。[1]此时，有大群持枪的革命群众簇拥着艾希霍恩，而恩斯特没有带兵来，好汉不吃眼前亏，只得狼狈撤退。普鲁士内政部随即在1月5日下令，任何警务人员不得服从艾希霍恩的命令。

1月5日，共产党的《红旗报》（Die Rote Fahne）报道了社会民主党政府奸诈地将艾希霍恩撤职的反革命罪行，号召革命群众起来反抗，结果引发了数万人参加的大规模游行示威，要求政府将艾希霍恩官复原职。游行者高呼"卡尔·李卜克内西万岁！""罗莎·卢森堡（Rosa Luxemburg）万岁！""艾希霍恩万岁！"艾希霍恩在警察局阳台上意气风发地向游行群众发表演讲："我的职位是革命给我的，也只有革命能让我离开这个职位……我信赖无产阶级的力量！"[2]

这场支持艾希霍恩的大游行，引发了"斯巴达克同盟起义"。李卜克内西和卢森堡领导的斯巴达克同盟（此时已经改组为德国共产党，但"斯巴达克同盟"这个名称仍然很常用）发动了武装起义，试图在德国建立苏俄式的无产阶级专政政权。而埃伯特领导的社会民主党政府因为手头无兵，选择与军方合作，去镇压自己的社会主义兄弟。共产党起义者尽管十分英勇，但完全不是正规军的对手，在1月12日被镇压。不久之后，李卜克内西和卢森堡被右翼军人残忍地杀害。

1　Boegel, Nathalie: Berlin-Hauptstadt des Verbrechens: Die dunkle Seite der Goldenen Zwanziger. Deutsche Verlags-Anstalt, 2018. S. 19.
2　Ebd.

共和国得以生存，但它的根基被撼动了。社会民主党的手上沾染了左翼战友的鲜血，而右翼势力并不会因为社会民主党的合作对其感恩戴德，反而会继续仇视社会民主党，随时准备推翻共和国。

斯巴达克同盟起义期间，艾希霍恩及其支持者死守警察局。社会民主党任命的代理局长威廉·里希特（Wilhelm Richter，1881—1976）向占据警察局的人们呼吁道："工人们！你们的荣誉感和你们的良心，能够眼睁睁看着警察局被滥用，失去它原本的职能吗？犯罪分子知道警察局已经瘫痪，于是有恃无恐，每天犯下新的罪行，不怕受到法律制裁！你们难道真的要把柏林拱手让给犯罪分子吗？你们要永远蒙受成为犯罪分子保护者的耻辱吗？请你们尽快撤离警察局，免得一切都太晚了！"[1]

光是晓之以理，打动不了警察局内的"革命者"。1月10日，政府宣布停止向艾希霍恩组建的"保安队"发放工资，但承诺，如果他们离开艾希霍恩，可以给他们一笔"奖赏"。于是，2500名艾希霍恩追随者抛弃了他。[2] 群众就是这么善变。

1月12日凌晨1点半，政府军向警察局发动了进攻。大楼遭到炮轰，被打出许多窟窿，几乎没有一扇窗户还有完好的玻璃。此时警察局内尚有300人，他们开枪还击，但他们当中有内奸，破坏了两挺机枪。警察局内有人试图与政府军谈判，可谈判代表被政府军枪决。艾希霍恩的部下随即投降。[3]

---

[1] Ebd., S. 21.
[2] Ebd.
[3] Ebd.

艾希霍恩逃离警察局，还卷走了警察局的大笔公款。[1] 曾经的柏林警察局局长艾希霍恩的名字上了通缉名单，属于他的时代结束了。凯斯勒伯爵在艾希霍恩下台之后的柏林警察局看到了这样一幅景象："在警察局的天井里，被枪炮打得稀巴烂的大门后面和成堆的碎玻璃之间，共和国安全警卫队的乐队在演奏《罗恩格林》（Lohengrin）。街上人山人海，部分是为了观看警察局的残破，部分是为了听歌剧。"[2]

斯巴达克同盟起义被镇压下去之后，德国在1919年1月19日得以举行全国性的民主选举。艾希霍恩当选为议会议员，于是获得了司法豁免权。他后来退出独立社会民主党，加入共产党。但此后他的政治影响力变得微乎其微，最终于1925年在柏林去世。

社会民主党在1919—1920年独自执政，但随后按照其自己的想法，通过民主选举与其他政党分享权力。社会民主党领导人埃伯特担任国家总统到1925年，可以说是魏玛民主的中流砥柱。但他在这一年去世后，社会民主党在中央政府的政治影响力就日渐减小了。

不过，魏玛共和国是一个联邦制国家，其中普鲁士邦（由帝国时期的普鲁士王国改组而来）是最重要的一个邦。在1919年，德国全国总面积为54万平方公里，普鲁士邦的面积为约35万平方公里，与今天的德意志联邦共和国的面积差不多。1919年的德国总人口为6700万，普鲁士邦的人口为约4200万[3]，占全国总人口的五分之三左

---

[1] Ebd., S. 22.
[2] Kessler, Harry Graf: Die Tagebücher 1918-1937, LIWI Verlag, 2020. S. 71 -72.
[3] Glees, Anthony. "Albert C. Grzesinski and the Politics of Prussia, 1926–1930." *The English Historical Review*, vol. 89, no. 353, 1974. p. 816.

右，另外 2 个较大的邦——巴伐利亚和萨克森加起来占五分之一，剩余的 14 个邦加起来占五分之一。9 个最小的邦总人口只有 300 万，还不及柏林一个市。[1]

除了人口和面积占绝对多数，普鲁士邦还控制着联邦首都柏林，并拥有高度集中的大量工业设施。而社会民主党虽然在 1920 年之后无法在联邦层面主宰政府，但从 1920 年到 1932 年几乎不间断地在普鲁士邦执政，控制了邦总理、内政部、柏林警察局等关键职位和部门。普鲁士曾经是保守和军国主义的代名词，但在魏玛共和国时期却出现了一个相当稳固的"红色普鲁士"，这与普鲁士集中了大量工厂和无产阶级，以及社会民主党在普鲁士数十年的苦心经营不无关系。

五　阿德龙饭店谋杀案

还记得战争末期以做黑市生意为幌子实施抢劫杀人的歹徒威廉·布卢默吗？十一月革命和随之发生的动乱并没有干扰布卢默的"业务"，相反，革命造成的混乱恰好给他提供了绝佳的掩护。他在精心设计打劫邮递员的新行动。为此，他选中了油水可能最丰厚的地区，那就是菩提树下大街（Unter den Linden），这里有很多高档酒店［比如著名的阿德龙饭店（Hotel Adlon）和布里斯托尔饭店（Hotel Bristol）］

1　Leßmann-Faust, Peter: Weimarer Republik. Polizei im demokratischen Rechtsstaat am Beispiel PreuBens. In: Lange, HANS-JÜRGEN (Hrsg.): Staat, Demokratie und Innere Sicherheit in Deutschland (2000). Springer Fachmedien Wiesbaden GmbH 2000. S. 46.

和大公司，所以负责这个区域的邮递员一定会携带大量现金。[1]

1918年圣诞节前不久的几天，多家公司收到匿名信。写信人"善意提醒"这些公司，极左派组织斯巴达克同盟将于1919年1月4日发动暴动，袭击各大银行，没收资本家的资金。所以，写信人"建议"，大家不妨将资金从银行取出，以邮政汇票的形式寄到自己的办公室。

写信人如此清楚斯巴达克同盟的行动计划，又对资本家如此友善，这未免太戏剧性了吧。谨慎的资本家们将匿名信交给了警方，警方又将其公布在报纸上，布卢默的"妙计"就这样破产了。

"足智多谋"的布卢默越挫越勇。12月23日，他乔装打扮，自称贵族地主古斯塔夫·冯·戈森（Gustav von Gossen），入住布里斯托尔饭店。贵族地主当然不能两手空空地入住，于是他用报纸包着沙子，装在行李箱里，制造"我的行李很重"的假象。谁能想到，服务员在帮助这位贵族老爷将行李箱搬进房间时，行李箱的锁居然一下子崩裂，沙子全都漏了出来！

这场面自然是十分尴尬，好在布卢默足够沉着冷静。他发挥高超的随机应变能力，说这是非常贵重的矿物质样品，要送到大学去做研究。服务员看上去还真信了。但为了以防万一，布卢默决定撤退，当天就退房了。

随后，布卢默来到菩提树下大街1号的阿德龙饭店。这是德国最有名的豪华酒店之一，很多名人曾住在这里。这一次，布卢默的化

---

[1] 阿德龙饭店谋杀案的案情，主要参考了 Stürickow, Regina: Verbrechen in Berlin: 32 historische Kriminalfälle 1890–1960. Elsengold Verlag, 2014. S. 42–47。

名是汉斯·冯·温特费尔特（Hans von Winterfeldt）男爵，这是一个比较常见的贵族名字，当时真的有一位汉斯·冯·温特费尔特将军（1862—1931）。

为了与递送现金的邮递员建立联系，布卢默以货到付款的方式买了一些彩票，然后他在酒店里度过了1918年的圣诞节。不过这个圣诞节毫无节日气氛，因为发生了臭名昭著的"血腥圣诞节"事件[1]。我们不知道布卢默对此时柏林的武装冲突是否了解，但他大概不是很有政治觉悟的人，因为他专心致志于自己的犯罪"事业"。

布卢默订购的彩票到了。五十八岁的邮递员奥斯卡·朗格（Oskar Lange）敲了"温特费尔特男爵"的房门。布卢默请他进屋，客客气气地给他烟抽，还送给他一些黄油面包，甚至说，过几天朗格再来时，可以再送他家人一些黄油面包。当时的柏林物资仍然匮乏，黄油面包是非常稀罕的美味。朗格觉得自己遇到了乐善好施的贵人，对布卢默感恩戴德。

不过布卢默这次没有动手，因为他意识到，这个房间的隔音效果不行。为了作案，他需要一个大的套间。于是，他转而订了酒店一楼的一个大套间。

1919年1月2日，街上的骚乱还没有平息，不时有枪声响起，街上筑起了街垒，随处可见持枪人员和招展的红旗。

换了大套间的"温特费尔特男爵"又订了彩票，依旧是朗格送货。这次布卢默的准备十分充分，除了左轮手枪之外，还准备了剃刀和绳索。朗格进屋后，布卢默请他坐下，然后把装有黄油面包的包裹递给

---

1 详见本书第二章第三节"血腥圣诞节"。

朗格。朗格连声道谢，将面包装进自己的口袋。这时布卢默突然掏出枪，命令对方交出装有现金的邮件袋。

朗格立即站起来要逃。布卢默扑上去，用绳索套住他的脖子，将他勒死。布卢默的推测是对的：与韦伯相比，活动在高档酒店区域的朗格确实携带有更多的钱：朗格的邮件袋里装着大约28万马克的现金，还有一些有价证券以及首饰。

为了防止警方从黄油面包那里找到蛛丝马迹，布卢默将面包丢进放了水的浴缸。在他的设想里，面包很快就会像纸巾一样"融化"，顺着浴缸的排水孔流走，消失得无影无踪。随后，他仔细检查了房间的其他地方，确认没有留下痕迹，便带着手杖，锁上门，离开了酒店，仿佛只是出去散个步。酒店的账单他一分钱也没付。

朗格的同事发现他失踪后就报了警。他的投递路线的第一站是布里斯托尔饭店，警察仔细搜查了整个饭店，但一无所获。

当天，阿德龙饭店的理发师向警方提供线索，说曾看见朗格走进"温特费尔特男爵"的套间。警察立刻来到阿德龙饭店，办案的警察当中就有后来扬名四海的恩斯特·甘纳特。警察打开了套间的门，发现了朗格的尸体。打开卫生间搜查时，一幅奇怪的景象映入眼帘：浴缸的水满得溢了出来，里面飘着七八个泡软的面包。原来，布卢默忘了把浴缸的塞子拿走，所以水并没有流光。但是警方也没有找到有价值的线索。

于是，这起"阿德龙饭店抢劫杀人案"似乎成了悬案。为了避免损害饭店的声誉，阿德龙饭店的创始人和老板洛伦茨·阿德龙（Lorenz Adlon，1849—1921）命令将案发的套间彻底重新装修，还换掉了所有的家具。

1922 年 8 月 2 日，布卢默在德累斯顿再次作案。他用的还是诱骗并袭击邮递员的老办法。但这一次他失手了，被警方逮捕。办案的警探想起三年前在柏林发生的类似案件，于是通知了柏林的同事。甘纳特去了德累斯顿一趟，审讯了布卢默。出人意料的是，布卢默爽快地交代了上述全部案情，还讲了自己的人生故事：他于 1876 年出生于阿姆斯特丹，父亲是烟草商人，给他留下一小笔遗产。但他总是不安分，不停地换工作、换女人。他的最大爱好是写作，爱写戏剧。[1]

在被送上法庭之前，布卢默就在狱中自杀了。

同年，在德累斯顿上演了一部戏剧，反响不错。剧情发生在纽约的一家大饭店，讲的是一名投递现金的邮递员惨遭杀害的故事。

这部剧的作者就是威廉·布卢默。

---

[1] Boegel, Nathalie: Berlin-Hauptstadt des Verbrechens: Die dunkle Seite der Goldenen Zwanziger. Deutsche Verlags-Anstalt, 2018. S. 30.

第三章

战后初期

一　贫困、犯罪与狂欢

刚刚经历了战败与革命的德国人，在魏玛共和国初期的日子很不好过。

在一战期间，德国经济遭受重创，战败之后又要向战胜国支付高额战争赔款，因此经济一片凋零。哈里·凯斯勒伯爵在 1920 年 11 月写道："贫困缓慢地向上爬，从流氓无产阶级爬到失业者，从失业者爬到小手工匠人和领退休金的人，从这些又爬到原本处于中等工资水平的工人和雇员。"同一年，柏林某城区的统计局计算得出，一家四口最低限度生存所需的年收入为 19000 马克，而能够达到这个水平的柏林家庭不到 10%。

从牛奶的消费水平也能看出战后柏林的贫困。在战前，柏林每天消费 120 万升牛奶，这个数字在 1922 年 12 月初下降到了 38.5 万升，1923 年 2 月下降到 30 万升。根据柏林市市长古斯塔夫·伯斯（Gustav Böß，1873—1946）的计算，柏林的儿童、孕妇、哺乳期妇女、病人和老年人正常的牛奶消费量应当在每天 60 万升。换句话说，有很多非常需要牛奶的人喝不起。[1]

很多人不仅饥肠辘辘，还没有地方落脚。柏林 70% 的房屋（在有的区达到 80%）除了厨房之外只有两个房间。大量的廉租公寓缺乏卫生设施。很多房屋破损之后，因为缺钱，始终得不到维修。[2] 本

---

[1] Stürickow, Regina: Kommissar Gennat ermittelt: Die Erfindung der Mordinspektion. Elsengold Verlag, 2016. S. 50.

[2] Stürickow, Regina: Mörderische Metropole Berlin: Authentische Fälle 1914-1933. Militzke, 2015. S. 62.

来就很小的住房，往往挤着数量惊人的人口；因为床位不够，大家有时甚至需要轮流睡觉，有时为了贴补家用，还会把床位租给非亲非故的房客。根据1927年的一份统计，柏林的120万处住房里，居住着130万户人家。[1] 社会改革家和犯罪学家们认为，狭小空间内的过度拥挤，与乱伦和性侵儿童之类的性犯罪有着直接联系。[2]

流离失所的人数量之多，令人震惊。弗勒伯尔大街（Fröbelstraße）的收容所在1918年"接待"了大约13000人，1921年到这里过夜的无家可归者就多达71万人，1922年更超过78.2万人。[3] 看一下柏林的总人口（1925年的柏林是仅次于伦敦和纽约的全世界第三大城市[4]，有450万人口[5]），就会发现柏林无家可归的人实在多得可怕。

文豪约瑟夫·罗特在1920年的一篇报纸文章中这样描写弗勒伯尔大街收容所里的景象：

> 赤裸裸的铁床架，铁丝床，供忏悔用。每一个无家可归者都领到一条薄如纸的毯子，不过是干净的，消过毒。他们坐在、睡在、躺在这样的床上，这些无家可归的人，都是些看上去很诡异的人，仿佛来自世界文学的最底层。你简直不敢相信居然会有这

1　Boegel, Nathalie: Berlin-Hauptstadt des Verbrechens: Die dunkle Seite der Goldenen Zwanziger. Deutsche Verlags-Anstalt, 2018. S. 70.
2　Elder, Sace. *Murder Scenes: Normality, Deviance, and Criminal Violence in Weimar Berlin.* University of Michigan Press, 2010. p. 11.
3　Stürickow, Regina: Mörderische Metropole Berlin: Authentische Fälle 1914–1933. Militzke, 2015. S. 63.
4　Mohr, Joachim (Hg): Deutschland in den Goldenen Zwanzigern: Von schillernden Nächten und dunklen Tagen. Penguin Verlag, 2021. S. 18.
5　Elder, Sace. *Murder Scenes: Normality, Deviance, and Criminal Violence in Weimar Berlin.* University of Michigan Press, 2010. p. 3.

样的人。衣衫褴褛的老头,佝偻的脊背上背着五花八门的往昔遗物的乞丐。他们的靴子上沾着几十年的尘土。晒得黝黑的中年人,遭受过饥饿和磨难的打击。穿着鼓囊囊裤子的年轻人,看人的眼神里既有畏惧,也有反抗。穿着棕色破衣烂衫的女人,有的厚颜无耻,有的羞怯,有的好奇,有的木然,有的颤抖,有的听天由命。一间屋里住 100 人。女人、成年男子和青少年分开……下午 4 点到晚上 9 点可以进入。每个人都得到一碗热气腾腾的汤。谁要是看上去格外凄惨,可以得到更多一些。每天早晨检查病员。总是有很多人说自己病了。很多人走得太累了,所以脚痛。有些人已经走了一辈子。大约一半人有性病。大多数人身上有虱子。很难说服他们搞好卫生。他们的衣服经不起消毒。他们宁愿带着完好无损的虱子走来走去,也不愿意让他们的衣服变得比现在更加破烂。[1]

大家可以想象,这样的地方不可能是安全的港湾。后来因冒充威廉王子(威廉二世的长孙)骗倒了很多达官贵人而闻名的冒险家哈里·多梅拉(Harry Domela,1904?—1979),在 20 年代初于柏林街头流浪的时候,也和一位朋友一起住过弗勒伯尔大街收容所。多梅拉的朋友一进去就被抢走了手表,还遭到殴打。多梅拉得知,收容所同样是一个丛林社会,被一群凶残的歹徒主宰着,他们肆无忌惮地从最穷苦的人那里抢走最后一点点东西。收容所的管理方束手无策,也不

---

[1] Roth, Joseph. *What I Saw: Reports from Berlin, 1920-1933.* Edited by Michael Bienert. Translated by Michael Hofmann. W. W. Norton & Company, 2003. pp. 65-66.

愿招惹那些亡命徒。除非发生大规模暴乱，收容所才报警，那时就会有大队警察全副武装地杀到，用暴力平息骚乱。收容所里的盗窃、抢劫、强奸、谋杀司空见惯。多梅拉说收容所是"犯罪的温床"[1]。

祸不单行，柏林还遭遇了1918—1920年的西班牙大流感疫情，有成千上万人死亡，单日死亡人数就超过1700人，停尸房里尸体堆积如山。[2]

雪上加霜的是，由于战时不负责任的经济政策以及战争造成的损失，1919—1923年间德国又发生了严重的通货膨胀，马克大幅贬值，而且贬值速度越来越快。1920年2月，1美元可以兑换99.11马克；1921年11月，1美元可兑换262.96马克。[3]1922年7月，1美元可兑换670马克。1922年12月，1美元可兑换7368马克。随后马克兵败如山倒，到1923年11月末，1美元居然可以兑换4210500000000马克！[4]

随着马克兑换金额后面的"0"越来越多，物价持续飙升。1923年7月16日，柏林一张电车票的价格是3000马克，7月30日涨价到6000马克，8月20日涨价到10万马克。在通货膨胀最严重的时候，一杯啤酒要1500亿马克，一片面包要800亿马克，一块酸菜要40亿马克。马克纸币完全是废纸。柏林人用面值1000马克的钞票点烟，用数百万马克的纸币擦屁股。[5]

---

1 Domela, Harry. *A Sham Prince: The Life and Adventures of Harry Domela.* Wildside Press, 2021. pp. 69–70.
2 Large, David Clay. *Berlin.* Basic Books, 2001. p. 158.
3 Ibid., pp. 172.
4 Ibid., pp. 173–174.
5 Ibid., pp. 175–176.

奥地利大作家斯蒂芬·茨威格（Stefan Zweig）在回忆录里生动地描绘了当时德国的乱象："早晨用 5 万马克买一份报纸，晚上就得用 10 万马克……我给我的出版商寄一部我写了一年的手稿，为了保险起见，我要求立即预付一万册的稿酬，可等支票汇到，面值还不够顶一星期前寄稿件的邮资……十四天以后我就会在排水沟里见到面值 10 万马克的钞票：那是一个乞丐看不上眼而扔掉的。一根鞋带比先前的一只鞋还要贵，不，比先前拥有两千双鞋子的一只豪华商店还要贵……刚刚成年的男孩在港口捡到被人遗忘的一箱肥皂，就可以坐着小轿车兜几个月风，因为只要每天卖出一块肥皂，就可以生活得像贵族一般。"[1]

在如此魔幻的悲惨世界里，犯罪激增难道还是什么奇怪的事情吗？首先，物质上的匮乏导致盗窃案件猛增。1919—1921 年这三年，与 1911—1913 年相比，经过法庭判决的普通盗窃案数量增加了 81%，严重盗窃案增加了 163%，窝赃销赃案件甚至增加了 245%。[2]

含铜的电报线和电话线特别受窃贼的"青睐"。"专业人士"穿着特制的攀登鞋，在夜间攀爬电报杆或电话杆，一口气能"收割"几百米的电报线或电话线，卷起来，然后骑着自行车消失在夜色中。柏林警察起初束手无策，后来在一处贫民窟住房里偶然发现一个背包，里面装着一大卷铜线。房子的主人赫尔曼·沙卢克（Hermann Schalluk）

1　斯蒂芬·茨威格：《昨日的世界：一个欧洲人的回忆》，舒昌善译，生活·读书·新知三联书店，2018 年，第 420—421 页。
2　Liang, Hsi-Huey: Die Berliner Polizei in der Weimarer Republik. Übersetzt von Brigitte Behn und Wolfgang Behn. De Gruyter, 2013. S. 163.

说背包不是他的，而是属于他好心收留的一个流浪汉。但警察发现沙卢克的手上黑乎乎的，于是起了疑心。柏林警察局的化学专家奥古斯特·布吕宁（August Brüning，1877—1965）做了实验，发现沙卢克手上和裤子上有微量的铜。于是，柏林的铜线失窃案告破。[1]

除了电报线和电话线的铜，公墓里墓碑上的铜饰也被"收割"得一干二净。专业的纵火犯生意兴隆，因为很多人雇用他们烧毁自己破产的公司，骗取保险金。纵火骗保生意一般是由柏林的黑帮组织的，黑帮从赔付的保险金里抽成。饥饿的市民甚至拿着手枪和手榴弹去抢劫郊区或农村的农民。[2]

在市区，各色的牌子成为一道奇特的风景。商店纷纷在橱窗外安装"仿佛狮子笼"的铁栏杆和安保设备，还在夜间挂上这样的牌子，警告窃贼不要企图闯入："有枪对外自动射击！"酒类商店的橱窗里摆着琳琅满目、令人垂涎的各式美酒，但旁边也挂着牌子："注意！酒瓶都是空的！"食品店也挂着牌子，告诉窃贼不要白费功夫："木制模型！""硬纸板模型！"看来，商店店主不是把过往行人视为潜在客户，而是将其视作潜在的窃贼或强盗。[3]

上面说的都是财产犯罪，而为了一点点钱就杀人的事情也屡见不鲜。社会学家和记者西格弗里德·克拉考尔（Siegfried Kracauer，1889—1966）在评论1931年的一起谋杀案（三名青少年为了一点点

---

1 Thorwald, Jürgen: Die Stunde der Detektive. Werden und Welten der Kriminalistik. Droemer, 1966. S. 354-355.
2 Large, David Clay. *Berlin*. Basic Books, 2001. pp. 178-179.
3 Loberg, Molly. "The Fortress Shop: Consumer Culture, Violence, and Security in Weimar Berlin." *Journal of Contemporary History*, Vol. 49, No. 4, 2014. p. 680.

钱和几块手表而杀害一名钟表匠）时写道："柏林和德国其他地方的谋杀案在增多……人命变得廉价了。"[1] 有多廉价呢？1920年5月，柏林一名男子被他的妻子买凶杀害。这个案子最令人震惊的不是妻子买凶谋杀亲夫，而是她只花了5马克就能雇到3个杀手。这还是在恶性通货膨胀期间。1931年的一份新闻报道记载了前一年柏林发生的17起抢劫杀人案，涉案金额都不到500马克。[2]

统计数据也能支撑这种印象，即战后的杀人案比以前更加常见。1914年，在全国，法庭判定的预谋杀人案数量为平均每10万人0.17起；1919年，上升到0.35起；1920—1924年，这个数字上升到0.41起。在非预谋杀人方面，1914年的数据是每10万人0.48起，1919年是0.56起，1920—1924年是0.76起。[3]

除了贫困与犯罪之间的直接联系，还有很多人明确地将共和国初期的犯罪激增与战争的负面影响联系起来，认为战争荼毒了人的道德，拉低了人的底线。《魏玛宪法》的执笔者、普鲁士内政部部长胡戈·普罗伊斯（Hugo Preuß，1860—1925）在1919年7月写道："犯罪的增多是四年战争和饥饿的结果。战争让人们变得野蛮，让他们习惯于非法地侵犯他人财产。"[4] 大律师埃里希·弗赖也认为："战争不仅吞噬了千百万人的生命，或者让他们落下终身残废，还伤害了人们的

---

1 Elder, Sace. *Murder Scenes: Normality, Deviance, and Criminal Violence in Weimar Berlin*. University of Michigan Press, 2010. p. 16.
2 Ibid., p. 33.
3 Ibid., p. 21.
4 Vera, Antonio: Von der, Polizei der Demokratie 'zum, Glied und Werkzeug der nationalsozialistischen Gemeinschaft'. Die Polizei als Instrument staatlicher Herrschaft im Deutschland der Zwischenkriegszeit (1918-1939). Nomos Verlagsgesellschaft, 2019. S. 224.

灵魂，将有些人的灵魂彻底地扭曲和摧毁。犯罪的数量激增。从战争中归来的人们在正常社会中再也找不到自己的位置。"[1]

"从战争中归来的人们"主要就是指数百万复员军人。他们当中的很多人在和平年代无所适从，找不到谋生之道。德国与协约国列强签订的《凡尔赛和约》对德国军人来说特别不利，因为德国军队被限制为10万人。很多军官没有其他职业技能，从此失去了职业，有的甚至连生计都成了问题。汉斯－于尔根·冯·阿尼姆（Hans-Jürgen von Arnim，1889—1962）上尉回忆说："有办法的人都在走别的路。有的回到家里的庄园，当农场主；有的……通过朋友的关系进入工业界。而我一直在前线，在工业界一个熟人都没有，所以我只能去上夜校学速记，免得什么技能都没有。"[2]

阿尼姆出身于勃兰登堡古老的贵族军人世家，父亲是普鲁士将军。后来阿尼姆在二战期间表现相当出色，他指挥的第17装甲师是整个德军唯一（有据可查地）拒绝执行希特勒臭名昭著的"政委命令"（即直接处死俘虏的苏联红军政委和共产党员，不接受其为战俘）的师。[3] 他还曾作为集团军群司令接替隆美尔在非洲作战，1943年5月被俘，最终军衔为陆军大将。这样一个相当有成就而且有原则的军人，在魏玛共和国时期竟然困窘到要去上夜校学速记，可见当时德国军官们的彷徨与委顿。

1　Frey, Erich: Ich beantrage Freispruch!: Die Erinnerungen des berühmten Berliner Strafverteidigers. Elsengold Verlag, 2019. S. 42.
2　Demel, Walter; Sylvia Schraut: Der deutsche Adel: Lebensformen und Geschichte, C. H. Beck, 2014. S. 110.
3　Streit, Christian: Keine Kameraden: Die Wehrmacht und die sowjetischen Kriegsgefangenen 1941-1945. DVA, 1978. S. 84.

第三章　战后初期

不过，阿尼姆在退伍军人当中还不算惨。大量的伤残军人（有的是身体伤残，有的患上了战争创伤后应激障碍）、战争寡妇和遗孤在战后的生活更是举步维艰。

乞丐成了柏林街头司空见惯的景象，这其中就有不少是伤残军人。乞丐当中混入不法之徒，也是在所难免。刑警恩斯特·恩格尔布雷希特讲述过自己的亲眼所见：一个衣衫褴褛的乞丐在街头癫痫发作，却无人理睬；这时，一位衣冠楚楚的绅士自称医生，上前搭救，发现该乞丐是曾经为国流血奋战的伤残军人，于是慷慨解囊，并敦促过往行人伸出援手；大家深受感动，纷纷施舍乞丐。但实际上，乞丐和绅士是一对搭档。上面这出戏在柏林不同地段经常上演。[1]

到夏洛滕堡、蒂尔加滕（Tiergarten）等富人区行乞的乞丐当中，甚至有入室抢劫或盗窃团伙的成员，行乞其实是踩点的掩护。比如1921年到柏林闯荡的奥地利蒂罗尔青年本尼迪克特·魏纳（Benedikt Wehner），刚到火车站就被偷走了行李和全部现金，孤身一人流落他乡，又因为交友不慎，进入柏林的犯罪世界。魏纳的"工作"之一就是去富人区行乞踩点。因为魏纳一脸的纯真，所以不少善心人会打开家门，给他施舍一点饭食。他就一边感恩戴德，一边诉说自己的悲惨遭遇，并用眼泪配合，同时仔细观察这一家有没有高档地毯或其他贵重财物。如果他自己不动手的话，就把情报卖给犯罪世界的同行们，从中抽成。[2]

---

[1] Stürickow, Regina: Kommissar Gennat ermittelt: Die Erfindung der Mordinspektion. Elsengold Verlag, 2016. S. 52.
[2] Ebd., S. 74.

除了经济困难和战争的心理创伤造成的刑事犯罪十分猖獗之外，魏玛共和国在政治上也是风雨飘摇：从极左到极右的各种政治派别风起云涌，而且许多政治运动都有自己的准军事组织，最有名的当然是纳粹党的冲锋队，但还有德国共产党的红色阵线战士同盟（Rote Frontkämpferbund），社会民主党、天主教中央党和德国民主党的国旗队（Reichsbanner），以及为右翼政党德意志民族人民党（Deutschnationale Volkspartei）服务的钢盔团（Stahlhelm）。这些五花八门的准军事组织（其中不少是反民主、反魏玛共和国的势力）给社会造成了严重的动荡。政治驱动的街头斗殴、凶杀和暗杀屡见不鲜。

伊舍伍德在小说中非常写实地描绘过魏玛共和国时期柏林街头的政治暴力：

> 柏林已处于内战状态。仇恨没有预兆没有根源地突然爆发，在街道的角落里，在餐厅里，在电影院里，在舞厅里，在游泳池浴池里，在半夜爆发，在早晨爆发，在下午爆发。刀子抽了出来，戴着带刺戒指的拳头挥舞起来，啤酒杯、椅子腿、灌铅的棍子飞舞起来。子弹穿透了柱头上的广告，在厕所的铁皮屋顶上蹦跳。一个青年人可能在一条拥挤的大街上受到攻击，被扒光衣服狠揍一顿，流着血给扔到人行道上。一场暴行不到十五秒钟就结束，暴徒们一哄而散。[1]

---

[1] 克里斯托弗·伊舍伍德：《诺里斯先生换火车》，孙法理译，上海译文出版社，2016年，第95页。

而在战后初期的政治犯罪中最有名的，要数极右翼分子对几位著名左派人士和无辜群众的凶残谋害。

二　艾斯纳之死与慕尼黑苏维埃共和国的灭亡

1919年2月21日，巴伐利亚自由人民邦（Freier Volksstaat Bayern）总理库尔特·艾斯纳（Kurt Eisner）走出巴伐利亚外交部大楼，身后跟着两名职员和两名保镖。此时的艾斯纳已经不是两个多月前那位意气风发的革命领导人了，如今的他满脸乌云、心力交瘁：他刚拟好自己的辞职演讲稿。政治局势错综复杂又十分严峻，他所在的独立社会民主党在选举中惨败，他已无力掌控局势，便做好了离开政坛的准备。

我们把时间倒推几个月。1918年十一月革命期间，德皇威廉二世退位，社会民主党人在柏林宣布建立共和国，即魏玛共和国；而在慕尼黑，巴伐利亚末代国王路德维希三世仓皇出逃，他是德国第一个下台的君主，甚至比威廉二世还早。柏林的革命领导人是弗里德里希·埃伯特和菲利普·谢德曼。而在慕尼黑挑起革命大梁的是独立社会民主党领导人、犹太人艾斯纳。他于11月8日夜间宣布推翻维特尔斯巴赫王朝，建立巴伐利亚自由人民邦。他被工农兵苏维埃选为第一任总理。[1]

---

[1] Evans, Richard. *The Coming of the Third Reich: How the Nazis Destroyed Democracy and Seized Power in Germany*. Penguin Books, 2004. pp. 156-157.

艾斯纳属于政治光谱的左派，但不是极左派。对于未来巴伐利亚的国家形态，究竟是多党制议会民主，还是一党制、苏俄式的无产阶级专政，自由人民邦政府内部发生了激烈冲突。艾斯纳比较温和，没有触犯贵族地主、工商界和资本家的利益，也没有驱逐保王派官员，而是仅仅实施了八小时工作制和妇女选举权等少量进步举措。因此，他和更为激进的德国共产党不是一路人。即便如此，在右翼眼中，他仍然是个"该死的赤色分子"。为了在与西方列强谈判时证明德皇政府的战争责任，从而为巴伐利亚争取宽大条件，艾斯纳还公开了巴伐利亚政府的一些秘密报告[1]，这下子他得罪了右翼把持的军方势力，其后更有反犹分子拿他的犹太人身份大做文章，恶语相向。1919年2月，在左右两边的夹击之下，地位摇摇欲坠的艾斯纳知道自己的政治生命即将结束。

这一天，艾斯纳在街上行走时，一名路过的青年男子突然掏枪，在极近的距离向他的头部和后背各开了一枪。艾斯纳当场死亡。保镖向凶手猛扑过去，把他打得奄奄一息，不过凶手后来被警方送往医院，保住了性命。

凶手是法律系大学生和前巴伐利亚王军近卫步兵团少尉安东·冯·阿尔科－瓦莱伯爵（Anton Graf von Arco auf Valley）。阿尔科是极端民族主义和反犹主义组织图勒协会（Thule-Gesellschaft）的成员，这是当时多如牛毛的敌视共和国的右翼组织之一。阿尔科伯爵行刺艾斯纳，是魏玛共和国初期的动荡岁月里右翼势力反攻倒算、对抗共和国的著名事件之一。

---

1 Ibid., p. 157.

艾斯纳死后，中左派（社会民主党）和极左派（无政府主义者，德国共产党）的斗争愈发激烈。1919年4月7日，极左派宣布成立巴伐利亚苏维埃共和国，组建了约2万人的红军。落败的巴伐利亚社会民主党领导层逃走，寻求魏玛共和国中央政府的支持。社会民主党领导的中央政府运用极右翼的自由团（Freikorps）、其他民兵武装，以及正规军前来镇压。

在高度紧张的气氛里，图勒协会的若干成员和所谓反革命分子被红色武装人员扣押，后来被枪决，其中包括好几名贵族，如海拉·冯·韦斯塔普伯爵小姐（Haila Gräfin von Westarp，秘书）、弗里德里希·冯·塞德利茨男爵（Friedrich von Seydlitz，画家）、弗朗茨·冯·托伊歇特男爵（Franz von Teuchert，自由团志愿兵）和古斯塔夫·冯·图尔恩与塔克西斯公子（Gustav von Thurn und Taxis）。此事在全德引起轩然大波，被右翼视为"红色恐怖"的例证。海因里希·霍夫曼（Heinrich Hoffmann，后成为希特勒的御用摄影师）在现场拍摄的照片被刊登在全德各大报纸上，引起极大关注和愤慨。带有几位死者照片，尤其是韦斯塔普伯爵小姐照片的明信片，一时间传播全国。[1] 后来，纳粹将这几位死者定性为"最初的烈士"。巴伐利亚苏维埃共和国迅速丧失公信力。另外，它的好几位领导人是俄国犹太人出身（虽然获得了德国国籍），这更让畏惧和仇视苏俄的保守派大做文章，攻击这个"外来政权"。何况共产党领导的巴伐利亚政府确实

1　Malinowski, Stephan: Vom König zum Führer. Sozialer Niedergang und politische Radikalisierung im deutschen Adel zwischen Kaiserreich und NS-Staat, Oldenbourg Akademieverlag, 2003. S. 205.

在寻求列宁的支持。[1]

巴伐利亚苏维埃共和国仓促组建的红军远远不是自由团和魏玛正规军的对手。5月初，自由团、其他右翼民兵武装以及共和国正规军血腥镇压了巴伐利亚苏维埃共和国，其手段之残酷，杀人之多（600~1200人）[2]，都远远超过了持续时间仅四周的红色政权。

有意思的是，希特勒当时是慕尼黑驻军的士兵，而慕尼黑驻军支持苏维埃共和国。希特勒曾被选为连队的代表和营级苏维埃候补成员，甚至有人说看到过他戴红袖章。"红军战士希特勒"的形象令人难以置信，当时具体的情形我们已经无从知晓，因为他自己后来对这段岁月很少提及。不过在苏维埃共和国灭亡后，希特勒曾检举自己的战友为共产党。希特勒后来的司机、亲密盟友和党卫队第一任领导人尤利乌斯·施雷克（Julius Schreck，1898—1936）当时也在慕尼黑，曾报名参加红军。[3] 镇压巴伐利亚苏维埃共和国的自由团则包括很多广为人知的右翼人士，如赫尔曼·埃尔哈特（Hermann Ehrhardt，1881—1971）；还有很多后来的纳粹高层人物，如陆军将领和贵族弗朗茨·冯·埃普骑士（Franz Ritter von Epp，1868—1947）和鲁道夫·赫斯（Rudolf Heß，1894—1987）。[4]

在苏维埃政权的短暂登场之后，巴伐利亚急速向右转，在魏玛共和国时期成为保守乃至反动势力的核心基地，也是后来纳粹党的主要

---

1 Evans, Richard. *The Coming of the Third Reich: How the Nazis Destroyed Democracy and Seized Power in Germany*. Penguin Books, 2004. p. 159.
2 Ibid., p. 160.
3 Kershaw, Ian. *Hitler: A Biography*. W. W. Norton & Company, 2008. pp. 69-70.
4 Mitcham, Samuel W., Jr. *Why Hitler? The Genesis of the Nazi Reich*, Westport, Connecticut: Praeger, 1996. p. 34, p. 87.

温床。

刺杀艾斯纳的凶手阿尔科伯爵在审讯中宣扬自己出于爱国主义而行刺"卖国贼"艾斯纳，并写道："艾斯纳是布尔什维克，是犹太人。他不是德国人，没有德国人的思想。他破坏每一种爱国思想和情感。他是卖国贼。"[1] 阿尔科伯爵受到成员多为右翼分子的法庭的祖护，起初被判死刑，后改为无期徒刑，被关押在兰茨贝格要塞监狱，也就是希特勒曾被关押的同一所监狱。1924 年，阿尔科伯爵获假释出狱，1927 年在兴登堡总统八十大寿时获赦免。阿尔科伯爵在此时已经非常右倾的德国被普遍赞誉为英雄。尽管他的母亲是犹太人，纳粹还是称颂他为"民族社会主义运动的英雄"。[2] 不过，阿尔科伯爵其实是君主主义者和联邦主义者，反对希特勒的中央集权倾向；并且因为他有犹太血统，所以他与纳粹也有一些摩擦，曾遭到逮捕和监视。1945 年 6 月，他死于交通事故。

受害者艾斯纳的遗孀和两个女儿却受到巴伐利亚政府的迫害。作为政府领导人的家眷，她们理应得到政府的抚恤金，却一分钱也没有拿到。她们被迫逃离巴伐利亚，生活困苦。希特勒上台后，艾斯纳一家逃往法国。1940 年德军占领法国之后，艾斯纳的妻子走投无路，最终自尽。[3] 这就是魏玛共和国时期司法系统的悲剧和荒诞：杀人放火的右翼分子得到包庇和宽待，左翼人士作为受害者却得不到公道。

1　Ullrich, Volker: Mord in München. DIE ZEIT, 19.02.2009 Nr. 09. URL: https://www.zeit.de/2009/09/A-Eisner.

2　Ebd.

3　Flechtmann, Frank: Das „Haus an der Stirn". Familie Eisner in Gengenbach. In: Die Ortenau. Zeitschrift des Historischen Vereins für Mittelbaden 72, 1992. S. 315–318.

三 "十一月罪人"遇刺案

马蒂亚斯·埃茨贝格尔（Matthias Erzberger）是天主教中央党的政治家，曾任魏玛共和国财政部部长。1920年1月26日，当他走出柏林莫阿比特区（Moabit）法院大楼时，一名年轻男子突然向他开了两枪。所幸埃茨贝格尔运气很好，伤势不重，很快就恢复如初。

行凶者是前陆军候补军官奥尔特维希·冯·希施费尔德（Oltwig von Hirschfeld）。这毫无疑问是一场未遂的政治暗杀，但希施费尔德仅仅被判十八个月徒刑。[1]

埃茨贝格尔逃脱刺杀、并无大碍，但这次与死神的碰撞让他深受震动。他告诉女儿："将要击中我的那颗子弹，已经铸造好了。"[2] 意思是，虽然这次行刺失败，但埃茨贝格尔觉得自己命不久矣，因为敌人肯定还会下手。

那么，埃茨贝格尔是怎么样的一个人呢？他的敌人又是什么人呢？

"十一月罪人"埃茨贝格尔

埃茨贝格尔出生于1875年，在第二帝国时期就是帝国议会议员和颇有影响的政治家。在帝国时期，他曾严厉批评德国的殖民政策，

1　Winkler, Heinrich August: Weimar 1918-1933: Die Geschichte der ersten deutschen Demokratie. C. H. Beck, 2018. S. 117.
2　Sabrow, Martin: Der Rathenaumord. Rekonstruktion einer Verschwörung gegen die Republik von Weimar. R. Oldenbourg Verlag, 1994. S. 17.

并揭露了德国殖民者的一些罪行。在第一次世界大战初期,他是积极支持军事扩张的政治家之一,但到了战争中后期,他变得更为清醒和理智,反对德国的"兼并政策",主张与协约国达成和解、恢复战前国界。[1]

战争结束前后,埃茨贝格尔担任1918年在法国贡比涅签订停战协定的德国代表团团长。[2] 这下子,他成了让德国形形色色的右翼分子咬牙切齿的"十一月罪人"(Novemberverbrecher,右翼分子用这个词来辱骂社会民主党人、共产党人、各种自由派、犹太人等)。右翼分子将"国耻"与埃茨贝格尔紧紧联系在一起,必除之而后快。

等到英法向德国提出条件苛刻的《凡尔赛和约》之后,右翼分子更是坚决拒绝接受。但埃茨贝格尔是更为务实的政治家,深知假如德国拒绝接受和约,那么协约国肯定会出兵占领德国全境,德国孱弱的军力根本无法抵挡。在他看来,不如先接受《凡尔赛和约》,等待重整旗鼓,通过谈判逐步与英法缓和关系。[3]

在右翼看来,与英法的妥协和谈判就是"卖国",因此他们更加仇视埃茨贝格尔。用历史学家埃文斯的话说,"对某些民主派政客而言,签署《凡尔赛和约》其实就等于签署了自己的死刑执行令"。[4]

埃茨贝格尔于1919年6月就任财政部部长,试图推行改革来整顿千疮百孔的德国经济,但阻力重重,他也无能为力;再加上他还遭

---

1 Winkler, Heinrich August: Weimar 1918-1933: Die Geschichte der ersten deutschen Demokratie. C. H. Beck, 2018. S. 19.
2 Ebd., S. 36.
3 Ebd., S. 92.
4 理查德·J. 埃文斯:《第三帝国的到来》,赖丽薇译,九州出版社,2020年,第85页。

到右翼分子的疯狂诽谤和辱骂，最终不得不于1920年3月12日辞职。[1]

但即便辞了职，敌人也不肯放过他。埃茨贝格尔的悲观预言不幸言中。

1921年8月26日，他在德国西南部黑森林地区的巴特格里斯巴赫（Bad Griesbach）疗养，与同属中央党的朋友卡尔·迪茨（Carl Diez, 1877—1969）一起在森林里散步。突然，两名持枪男子袭击他们，向埃茨贝格尔连开六枪。埃茨贝格尔身负重伤，从山坡上滚了下去。其中一名凶手追上去，向他的头部补了几枪。迪茨也被打成重伤。[2]

巴登地区的检察官弗朗茨·施利姆（Franz Schlimm）调查了这起轰动全国的政治谋杀案。根据他的调查，主谋是前海军上尉曼弗雷德·冯·基林格（Manfred von Killinger, 1886—1944），他以书面形式向两名前海军军官海因里希·蒂勒森（Heinrich Tillessen）和海因里希·舒尔茨（Heinrich Schulz）发布了行刺埃茨贝格尔的命令。[3]

这三人都属于一个极右翼恐怖组织，叫作领事组织（Organisation Consul）。这个组织大有来历，值得详细介绍。

领事组织

在第一次世界大战刚刚结束、德国群魔乱舞的时期，有一个最嚣

1　Winkler, Heinrich August: Weimar 1918-1933: Die Geschichte der ersten deutschen Demokratie. C. H. Beck, 2018. S. 118.
2　Sabrow, Martin: Der Rathenaumord. Rekonstruktion einer Verschwörung gegen die Republik von Weimar. R. Oldenbourg Verlag, 1994. S. 18-19.
3　Winkler, Heinrich August: Weimar 1918-1933: Die Geschichte der ersten deutschen Demokratie. C. H. Beck, 2018. S. 161.

张、最有传奇色彩的反革命冒险家，叫作赫尔曼·埃尔哈特。

埃尔哈特是职业海军军官，1904年参加过对德属西南非洲土著的残酷镇压。一战期间，他在鱼雷艇部队服役，最终军衔为少校。战争结束后，德国海军公海舰队被扣押在英国的斯卡帕湾，后来为了避免舰船落入英国人手中，大部分舰船自沉。埃尔哈特指挥的鱼雷艇也被凿沉。他带领水兵乘船返回德国威廉港，但在靠近海岸雷区时，水兵们因害怕触雷而拒绝前进，掀起哗变。埃尔哈特镇压了哗变，带领船只安全抵达港口。此时威廉港和德国大部分地区一样，也爆发了革命。

1919年1月27日，共产党人建立了威廉港苏维埃共和国。埃尔哈特聚集了300人，冲击共产党人控制的兵营，镇压了这个短命的红色政权。2月，他组建了一支志愿兵部队，即所谓埃尔哈特海军旅，麾下兵员约1500人，还拥有一些火炮。埃尔哈特海军旅是当时德国众多反对共和国的右翼准军事组织中比较强大和著名的一个。埃尔哈特海军旅于1919年4月镇压了不伦瑞克地区的革命。随后它横穿德国，参加了对巴伐利亚苏维埃共和国的血腥镇压，大肆杀戮，随意在大街上枪决被他们怀疑是"赤色分子"的人。后来，埃尔哈特海军旅又参加了对柏林罢工工人和上西里西亚波兰民族主义者的镇压。1919年年底，埃尔哈特海军旅得到一些曾在波罗的海地区作战的兵员的补充，实力增强到4000人。

1919年和1920年之交，魏玛共和国政府在西方列强的压力下，决定解散各个自由团，包括埃尔哈特海军旅。1920年3月，该旅在右翼民族主义者沃尔夫冈·卡普（Wolfgang Kapp, 1858—1922）和国防军将领瓦尔特·冯·吕特维茨（Walther von Lüttwitz, 1859—1942）领导下造反，占领了柏林。这就是著名的"卡普政变"。在这个重大时刻，同情右翼的国防军和警察拒绝帮助共和国政府。最后是工人群众发动罢工，让柏林瘫痪，才结束了政变。埃尔哈特仓皇逃跑，埃尔哈特海军旅于1920年5月被解散。[1]

埃尔哈特海军旅的一小部分被纳入魏玛国防军，大部分被解散，其中不少人加入了埃尔哈特新建的右翼恐怖组织——领事组织[2]。该组织约有5000人，具有浓烈的反共、反犹和反民主色彩，目标是通过恐怖活动来推翻共和国。[3] 研究魏玛共和国时期政治犯罪的德国学者埃米尔·尤利乌斯·贡贝尔（Emil Julius Gumbel，1891—1966）在1923年列举了发生在1918—1922年间的三百多起政治谋杀，然后说："毫无疑问，近期德国的政治犯罪没有一起是领事组织没有参与的。"[4]

下令刺杀埃茨贝格尔的基林格就是埃尔哈特麾下的得力大将，是领事组织当中的军事负责人，曾参与武装镇压在西里西亚省起义的波兰人。[5]

埃茨贝格尔案件的余波

埃茨贝格尔的葬礼于1921年8月31日举行，有3万人参加。国

1　Urbach, Karina. *Go-Betweens for Hitler*. Oxford University Press, 2015. pp. 150-151.
2　在中文世界常误译为"执政官组织"。德文 Consul（或 Konsul）有两个意思，一是古罗马共和国的执政官，二是作为外交官职衔的"领事"。Organisation Consul 得名自埃尔哈特在卡普政变失败之后潜逃时用的化名"埃希曼领事"（Consul Eichmann）。见 Stern, Howard. "The Organisation Consul." *The Journal of Modern History*, Vol. 35, No. 1, University of Chicago Press, 1963. p. 21.
3　Urbach, Karina. *Go-Betweens for Hitler*. Oxford University Press, 2015. p. 151.
4　Stern, Howard. "The Organisation Consul." *The Journal of Modern History*, Vol. 35, No. 1, University of Chicago Press, 1963. p. 20.
5　Ibid., pp. 21, pp. 23.

家总理约瑟夫·维尔特（Joseph Wirth，1879—1956）致悼词，称埃茨贝格尔是德意志共和国事业的烈士，并要求民主派和基督徒团结起来，捍卫民主共和。中央政府悬赏 10 万马克缉拿凶手。属于左派的社会民主党、独立社会民主党和工会要求"动用国家的一切手段与极右翼杀人犯作斗争"。右翼则否认自己对埃茨贝格尔的死负有道义责任，甚至诬陷是埃茨贝格尔的本党同志杀害了他。[1]

行凶之后，蒂勒森和舒尔茨在基林格的帮助下逃往国外。1933 年纳粹上台之后，大赦曾经被魏玛共和国追查的政治罪犯，于是蒂勒森和舒尔茨得以回国。在第三帝国时期，蒂勒森加入纳粹党，二战期间在德国海军部工作。舒尔茨也加入了纳粹党，二战期间在武装党卫军担任补给军官，最终衔级是党卫队一级突击队大队长（中校）。

1946 年，蒂勒森和舒尔茨因为谋杀埃茨贝格尔的罪行受到起诉，但法庭以纳粹 1933 年的大赦令为根据，将这两名凶手无罪释放。消息传出，举国哗然。1947 年，蒂勒森再次受审，被德国康斯坦茨地方法庭判处十五年徒刑，舒尔茨于 1950 年被判处十二年徒刑，但这两人都于 1952 年提前获释。蒂勒森于 1984 年去世，终年九十岁。舒尔茨于 1979 年去世，终年八十六岁。

基林格则在 1922 年被法庭宣判无罪，此后再也没有受到追究。[2] 基林格后来加入纳粹党，担任过萨克森邦的总理，后来成为外交官，

---

[1] Sabrow, Martin: Der Rathenaumord. Rekonstruktion einer Verschwörung gegen die Republik von Weimar. R. Oldenbourg Verlag, 1994. S. 19.
[2] Winkler, Heinrich August: Weimar 1918-1933: Die Geschichte der ersten deutschen Demokratie. C. H. Beck, 2018. S. 161.

在二战期间当过德国驻斯洛伐克和罗马尼亚大使。[1]1944年9月，苏联红军逼近罗马尼亚首都布加勒斯特时，基林格为了避免被俘而自杀。[2]

拉特瑙案件

杀害埃茨贝格尔之后，领事组织继续为非作歹，于1922年6月4日企图刺杀前总理菲利普·谢德曼（宣布建立共和国的社会民主党政治家），手段是向谢德曼的面部泼洒氰化氢，但谢德曼幸运地得以逃生。[3]外交部部长瓦尔特·拉特瑙就没有这么幸运了，不久之后，领事组织将他刺杀。

拉特瑙出生于1867年，是实业家、作家和政治家，曾担任通用电力公司（德国最大财团之一）的总裁，于第一次世界大战期间负责改组德国军事工业，影响力很大。他是犹太人，也是坚定的爱国者。拉特瑙在1921年出任重建部部长，1922年2月担任外交部部长，力图与战胜国就赔款达成协议，挽救国家于危局。拉特瑙的一大贡献是与苏俄签订了《拉帕洛条约》(Vertrag von Rapallo)，让德国和苏俄这两个在欧洲受孤立的国家抱团取暖，使德国得以在苏俄境内开展军事训练和研究，这些活动都是被《凡尔赛和约》明令禁止的。但拉特瑙

1　Conze, Eckart, Norbert Frei , et al.: Das Amt und die Vergangenheit: Deutsche Diplomaten im Dritten Reich und in der Bundesrepublik. Karl Blessing Verlag, 2010. S. 284.
2　Ebd., S. 341.
3　Stern, Howard. "The Organisation Consul." *The Journal of Modern History*, Vol. 35, No. 1, University of Chicago Press, 1963. p. 29.

是犹太人，也是主张与英法通过谈判达成谅解的温和派，所以他早就被德国右翼圈子放在了死亡黑名单上。

1922年6月24日上午，拉特瑙部长乘车从家出发，前往外交部办公楼。尽管他已经得到了预警，知道可能有人行刺，但仍然选择乘坐敞篷车，并且没有带保镖。在路上，他和司机都没有注意到后面有一辆车在跟踪他们。在一个S形转弯处，拉特瑙的座车减速，后面的车追了上来。车上有两人用MP-18冲锋枪向拉特瑙扫射，并投掷手榴弹。拉特瑙身中五弹，很快死亡。[1]

警方很快就把埃茨贝格尔遇刺案、谢德曼遇刺案与拉特瑙遇刺案联系起来，在当天就逮捕了领事组织的一些成员，包括卡尔·蒂勒森（Karl Tillessen），他是杀害埃茨贝格尔的海因里希·蒂勒森的哥哥。通过审讯这些嫌疑人，警方发现，凶手果然是领事组织的人。两名凶手赫尔曼·菲舍尔（Hermann Fischer）和埃尔温·克恩（Erwin Kern）藏匿起来，但被警方发现。在随后发生的冲突中，两名凶手一人被警察击毙，一人自杀。希特勒后来赞赏菲舍尔和克恩是"先驱斗士"。[2]

拉特瑙德高望重，他的遇害引起了公愤，很多人上街游行示威，要求政府严办此案。总理约瑟夫·维尔特在议会发表讲话，称："向民族的伤口里投毒的敌人，在右边！敌人就在那里。毫无疑问，敌人在右边！"[3]不久之后，议会通过了《保卫共和国紧急法》。[4]

1　Sabrow, Martin: Der Rathenaumord. Rekonstruktion einer Verschwörung gegen die Republik von Weimar. R. Oldenbourg Verlag, 1994. S. 87-88.
2　Urbach, Karina. *Go-Betweens for Hitler*. Oxford University Press, 2015. p. 152.
3　Winkler, Heinrich August: Weimar 1918-1933: Die Geschichte der ersten deutschen Demokratie. C. H. Beck, 2018. S. 175.
4　Ebd., S. 175.

但是，魏玛共和国的一大弱点就在于，司法系统没有掌握在民主派手中，而基本上仍然被帝国时期遗留的保守派把持。所以，即便有维尔特等人的努力，即便有《保卫共和国紧急法》（它很快就形同虚设），司法系统仍然"一边倒地偏袒那些……以帝国理想的名义行事的右翼被告"。[1] 根据贡贝尔的统计，1919年年底至1922年年中，左翼被告犯下的22宗政治谋杀案中，有38人被定罪，其中10人被执行死刑，余者平均每人服刑十五年。与此形成对照的是，在同时期由右翼犯下的354宗政治谋杀案中，只有24人被定罪，根本无人被执行死刑，平均每人的刑期只有四个月；23名已认罪的右翼凶手竟然被法庭宣判无罪。[2]

维尔特总理说得对，魏玛共和国的敌人主要在右边。最终颠覆共和国的就是身居极右翼的纳粹党。

上面几起政治谋杀案件中，受害者都是左派或支持民主共和的重要政治家。但在极右翼掀起的暴力狂潮中，也有一些普通民众成为牺牲品。

四　公民卫队私刑案

1920年10月6日，在福斯滕里德公园（Forstenrieder Park，今

---

[1] 理查德·J. 埃文斯：《第三帝国的到来》，赖丽薇译，九州出版社，2020年，第149页。
[2] 同上。

慕尼黑市范围内），两个玩耍的男童偶然发现一具尸体。死者是一名大约二十岁的金发女子，脖子被绳子勒在一根树干上，树上还挂着一个牌子，上书："你这可耻的婆娘，背叛了你的祖国。黑手裁决了你。"[1]

死者的身份很快就确定了。她是个农村姑娘，名叫玛丽亚·桑德迈尔（Maria Sandmayr），出生于1901年，在恩斯特·路德维希·菲施勒·冯·特罗伊贝格伯爵（Ernst Ludwig Graf Fischler von Treuberg）家当女仆。

一个年纪轻轻的女仆，怎么谈得上"背叛祖国"呢？"裁决"她的黑手又是什么人呢？

这就需要谈谈当时巴伐利亚乃至整个德国的政治形势。

德国在第一次世界大战中战败之后，被迫签订了《凡尔赛和约》，除了割地赔款之外，德国军队的总兵力还被限制为10万人。在很多自诩为爱国者的德国人看来，《凡尔赛和约》是奇耻大辱，将来等德国"复兴"之后肯定是要撕毁的。另外，1919年1月德国共产党领导的斯巴达克同盟起义虽然失败了，但各路保守派和右翼分子都惊魂未定，害怕共产党发动新的武装暴动、建立"无产阶级专政"。于是，德国各地纷纷组建形形色色的右翼民兵武装和准军事组织，一方面是为了绕过《凡尔赛和约》对德国正规军的限制，训练和培养军人，以此维持军力；另一方面是为了反民主和反共。大量失去军职的退伍军

---

[1] 本节主要参考了 Reithmaier, Sabine: „Das kurze Leben der Maria Sandmayr", Süddeutsche Zeitung, 5 Oktober 2020. URL: https://www.sueddeutsche.de/muenchen/muenchner-geschichte-das-kurze-leben-der-maria-sandmayr-1.5054992。

人纷纷加入这些武装。

这些非正式的武装力量仇视西方,敌视由"卖国"的"十一月罪人"领导的魏玛共和国,反对议会民主制度,更仇视和畏惧共产主义。最有名的右翼准军事组织是所谓的自由团,它参加了不少血腥镇压左派的行动。魏玛共和国时期的德国正规军被牢牢地掌握在保守派手中,他们对这些秘密的准军事组织睁一只眼闭一只眼,甚至暗中支持。

巴伐利亚的公民卫队(Einwohnerwehr)就是这样一个右翼的准军事组织。

作为战胜国的英法当然不傻,知道德国人在偷偷摸摸地维持非法的军事力量,因此多次向德国政府施压,要求解散这样的准军事组织,并收缴散落在民间的大量枪支弹药。于是,在1920年,社会民主党领导的德国左派政府要求民间"解除武装",任何公民若是发现有人私藏军火,有义务检举揭发。

但问题在于,军队和警察都主要掌握在右派手里,左派政府的执行力和控制力不足。并且,魏玛共和国是个联邦制国家,巴伐利亚邦的独立性又格外地强,经常和以普鲁士邦为基地的中央政府发生冲突。所以,解除武装的法令没有办法落到实处,在巴伐利亚尤其尴尬。

玛丽亚·桑德迈尔是个没有受过多少教育的农村姑娘,我们估计她的"政治觉悟"不高,但不妨推测一下她的想法,毕竟这也是广大德国民众可能面临的现实困境:当她发现自己的雇主特罗伊贝格伯爵的庄园里藏匿了一批军火的时候,该怎么办呢?

假如她爱国，并认为政府等于国家，那她就应该服从中央政府的命令，揭发伯爵；但这样做就出现了一个悖论，那就是当政府"卖国求荣"、向英法妥协的时候，不服从政府才是"爱国"壮举和"民族大义"。伯爵大人这样积极投身于"武装斗争"，致力于撕毁《凡尔赛和约》、恢复德国"荣光"的人，难道不是"爱国者"吗？或者，也许会有人说，伯爵大人这样极端、好斗和仇外的思想与行为，恰恰容易招致英法的严厉惩罚，那样的话反而会毁了德国。

我们不知道玛丽亚有没有思考这么多。也许仅仅因为玛丽亚和雇主曾有过纠纷、想要报复，也许是因为政治层面的考虑，也许是因为希望得到奖赏，总之，她决定检举特罗伊贝格伯爵。

1920年9月23日，玛丽亚按照政府的一张要求上缴武器的海报，找到了慕尼黑森德林格大街（Sendlinger Straße）的瓦尔鲍尔印刷厂（Druckerei Wallbauer），向那里的人们询问如何检举她的雇主。印刷厂的人们没有指引玛丽亚去找警察，而是让她去找一个叫阿尔弗雷德·策勒（Alfred Zeller）的人。于是，天真的玛丽亚一五一十地告诉策勒，特罗伊贝格伯爵的庄园里藏着大炮和80支步枪。

玛丽亚去找策勒，简直可以说是羊入虎口，因为策勒其实是公民卫队的干部。他告诉"同志们"，一个叫"桑德曼小姐"的女人企图告发特罗伊贝格伯爵私藏军火。公民卫队的另一名成员汉斯·施魏格哈特（Hans Schweighart）听了，觉得此事对他们的"大业"很有威胁，于是决定斩草除根，以绝后患。

做了一番调查之后，施魏格哈特发现那个要检举伯爵的女子的真名并非桑德曼，而是桑德迈尔，并查到了她的住址。10月5日，施魏格哈特带着两名"同志"[赫尔曼·贝希托尔德（Hermann Berchtold），另一人可能是马克斯·诺因采尔特]，开车来到玛丽亚家，请她上车，去谈谈伯爵的军火之事。随后就发生了本节开头的那一幕，可怜的玛丽亚惨遭杀害。

玛丽亚·桑德迈尔的案件并不难破，调查此案的刑警很快就盯上了施魏格哈特等右翼分子。但此时的慕尼黑警察局局长恩斯特·珀纳（Ernst Pöhner，1870—1925）自己就是亲纳粹的右翼分子。希特勒曾这样赞扬珀纳："与大多数所谓的国家权威捍卫者（指警察）不同，有少数人不仅不害怕，而且乐意招致卖国贼的敌意，认为自己遭受这样的敌意是一种荣誉。（珀纳）就是这样的少数人之一。"[1]

在珀纳及其同党的帮助下，施魏格哈特拿到了一本假名的护照，顺利逃往奥地利。[2] 施魏格哈特的同伙赫尔曼·贝希托尔德于1931年承认，是他勒死了玛丽亚·桑德迈尔。但是，在右翼气氛浓厚的巴伐利亚，杀害玛丽亚的凶手最终没有一个被送上法庭，没有一个受到法律制裁。

施魏格哈特是一战老兵，战后参加过自由团等右翼武装，后来加入了纳粹党的冲锋队，与冲锋队领导人恩斯特·罗姆（Ernst Röhm）过从甚密。但是纳粹掌权之后，希特勒与罗姆发生了冲突，在"长刀之夜"将罗姆杀害。施魏格哈特也被投入达豪集中营，于1934

---

[1] Angolia, John R and Hugh Page Taylor. *Uniforms, Organizations and History of the German Police*, Volume 1. R James Bender Publishing, 2009. pp. 134–135.

[2] Münchner Blaulicht e. V. (Hg): Chronik der Münchner Polizei, Hirschkäfer, 2015. S. 40.

年7月1日或2日被党卫队枪杀，[1]也算是恶有恶报了。贝希托尔德在纳粹时期混得倒是不错，最后的衔级是冲锋队地区总队长（SA-Gruppenführers，级别相当于中将），我们不太清楚他的最终结局，只能说他应当熬过了二战。

玛丽亚·桑德迈尔案件成了两位作家的灵感来源。用德语写作的匈牙利作家厄登·冯·霍瓦特（Ödön von Horváth，1901—1938）根据玛丽亚的真实经历创作了小说《黑色国防军士兵斯拉德克》（Sladek, der schwarze Reichswehrmann）。在小说中，女主角爱上了比自己年轻十五岁的房客斯拉德克。他不顾女主角的反对，要加入黑色国防军（Schwarze Reichswehr）。所谓黑色国防军，是同自由团与公民卫队类似的一个右翼准军事组织，得到正规军的秘密支持。女主角因为反对恋人加入黑色国防军，便威胁要检举他私藏军火。于是，右翼分子"为了祖国的利益"，杀害了女主角。不过，女主角与黑色国防军士兵相恋的情节是霍瓦特虚构的，玛丽亚和特罗伊贝格伯爵应当没有恋情。

20世纪德语文学的另一位重要人物，作家利翁·福伊希特万格（Lion Feuchtwanger，1884—1958）的小说《成功》（Erfolg）中也有一个桥段是根据玛丽亚·桑德迈尔案件改编的。在小说中，女仆阿玛利亚在一位"上校"家中工作，经常有所谓"真正的德国人"（指纳粹分子）在上校家中活动，谈论行军计划和私藏军火的事情。阿玛利

1　Hübinger, Paul Egon: Thomas Mann und Reinhard Heydrich in den Akten des Reichsstatthalters v. Epp, in: Vierteljahrshefte für Zeitgeschichte, 1/1980. S. 128.

亚没有"政治觉悟",听不懂他们的意思。但阿玛利亚将这些事情告诉了一位有共产主义思想的朋友。"真正的德国人"发现自己的秘密被左翼知晓了,于是决定杀死阿玛利亚。

右翼武装的问题将会持续困扰魏玛共和国,而这些持有武器的右翼分子,最后大多流向了纳粹党。

五 我是巴比伦!

不过,在贫困、暴力和犯罪之外,战后初期的柏林还有光鲜花哨的一面。在灯红酒绿的时髦街区和城西的富人区,有的是高档酒店、餐馆、夜总会,随处可见大腹便便的暴发户、身穿毛皮大衣的贵妇人,也有身着奇装异服、醉生梦死的纨绔子弟和留着"男孩头"(Bubikopf)发型的摩登少女。只要有钱,你就可以纵情享受夜夜笙歌的疯狂夜生活,狂饮最高档的酒、抽最昂贵的雪茄,甚至尝试可卡因。不管你是什么样的性取向,不管你有什么样的性癖好,在自由奔放的柏林都能得到满足。[1] 伊舍伍德和其他许多外国人来到魏玛时期柏林的目的之一,就是在性的方面探索新天地。

魏玛时期的人们在当时就对猎奇的犯罪和光怪陆离的社会生活

---

[1] 关于魏玛共和国时期柏林的性自由和千奇百怪的性行为,有一本精美绝伦的书可供参考:Gordon, Mel. *Voluptuous Panic: The Erotic World of Weimar Berlin*. Feral House, 2006。关于魏玛共和国时期柏林的同性恋文化,可参考 Beachy, Robert. *Gay Berlin: Birthplace of a Modern Identity*. Alfred A. Knopf, 2015。

（特别是夜生活）发出了很多感慨和惊呼。作家克劳斯·曼（Klaus Mann）在《转折点》（The Turning Point）中写道："'看我啊！'德国首都呼喊着，'我是巴比伦，是城市当中的怪物！我们曾经拥有一支强悍的军队，如今我们拥有最喧闹、最罪恶的夜生活。女士们先生们，不要错过我们天下无双的演出！那就是普鲁士节奏的索多玛与蛾摩拉。'"[1] 在另一个地方，克劳斯·曼坦然表白对柏林这座罪恶之城的热爱："犯罪世界的浪漫主义令我着迷。人间的渣滓对我有一种磁石般的吸引力。柏林，我眼中的或者我想象中的柏林，具有一种美艳的腐化。"[2]

记者与学者汉斯·奥斯特瓦尔德（Hans Ostwald, 1873—1940）对魏玛共和国时期的柏林作了一番白描："劫掠与暴乱，游行与冲突，枉法与走私……嗜赌如命，对投机上瘾，离婚流行……警察的大搜捕和审判，爵士乐，毒品。"[3]

茨威格固然没有像很多保守派那样咒骂柏林的道德沦丧、纵欲、物质主义和消费主义，但他对柏林热情奔放的那一面大概也是不赞许的吧：

> 一切价值观都变了，不仅在物质方面是如此；国家的法令规定也遭到嘲笑；没有一种道德规范受到尊重，柏林成了世界的巴

---

[1] 转引自 Large, David Clay. *Berlin*. Basic Books, 2001. p. 157。
[2] 转引自 Gordon, Mel. *Voluptuous Panic: The Erotic World of Weimar Berlin*. Feral House, 2006. p. 229。
[3] 转引自 Herzog, Todd. *Crime stories: criminalistic fantasy and the culture of crisis in Weimar Germany*. Berghahn Books, 2009. p. 1。

比伦（罪恶渊薮）。酒吧间、游艺场、小酒馆如雨后春笋般地出现……穿着化纤的紧身衣、涂脂抹粉的年轻男子沿着选帝侯大道游来逛去……纵然苏埃托尼乌斯笔下的罗马也没有像柏林那样一种舞会上穿着异性服装的疯狂放荡场面。成百名男子穿着女性服装，成百名女子穿着男性服装，在警察赞许的目光下跳舞……如果一个女孩子到了十六岁还是处女，会轻蔑地被看作一件不光彩的事。每个姑娘都愿意把自己的风流韵事公开张扬……[1]

而柏林刑警的故事，就在这样一座光怪陆离的城市里展开。

---

[1] 斯蒂芬·茨威格：《昨日的世界：一个欧洲人的回忆》，舒昌善译，生活·读书·新知三联书店，2018年，第421—422页。文字略有改动。

第四章　『黄金二十年代』的柏林刑警

一　德国警察的重建

除了埃米尔·艾希霍恩短暂执掌柏林警察局的风波之外，总的来讲柏林警察在十一月革命期间并没有陷入混乱。戴维·贝利在《欧洲警察制度和社会发展》(*The Police and Political Development in Europe*)一书中指出："警察制度长期以来展示着一种巨大的惯性力，它甚至能经受战争、暴力革命、经济和社会破坏性变化的震荡。"[1] 柏林警察从帝国向共和国过渡的过程印证了这一点，它相对稳定地经受住了革命的震荡。

而这就意味着，柏林警察并没有"革命化"，基本上还是原班人马。柏林如此，全国亦如此。在全国范围，民主派始终未能把警权（以及更重要的军权）掌握到自己手里，这是共和国覆灭的重要原因之一。在普鲁士邦（特别是柏林），社会民主党对警队的领导相对成功，但实际上仍然没能完全按照自己的思想来改造警察。警队中大量的保守派仍然留在原职。他们当中有些人是"理智层面的共和派"（Vernunftrepublikaner），就是说，他们虽然不喜欢民主制和共和国，但出于爱国主义和责任感，仍然愿意与共和国机构合作，维持共和国的运转，不过，别指望这些人对民主共和有多么热爱；有些人则是暂时服从社会民主党人的领导，但随时寻找机会，准备拆共和国的台；也有些人是纯粹的务实主义者，甚至投机分子，谁掌权就跟着谁干。真正有觉悟的、坚定的民主派少之又少。理解了这一点，我们就能明

---

[1] 转引自魏斐德：《上海警察，1927—1937》，章红、陈雁、金燕、张晓阳译，上海古籍出版社，2004年，献词部分。该译本误作"戴维斯·贝利"。

白为什么社会民主党能够在共和国之初轻松地控制警队,以及后来纳粹为什么能够轻而易举地接管警队。

但另一方面,我们不能低估在普鲁士邦和柏林执政的社会民主党重建和改组普鲁士及柏林警察的努力。1924年到1929年是魏玛共和国相对稳定和繁荣的时期,被称为"黄金二十年代"(Goldene Zwanziger)。而共和国能够在这将近十年里保持相对稳定,警察功不可没,所以社会民主党的警务工作成绩还是可圈可点的。

社会民主党政治家卡尔·泽韦林（Carl Severing,1875—1952）是对这些工作最有发言权的人。他于1920年成为普鲁士内政部部长,并在1928—1930年担任联邦内政部部长,同时担任普鲁士内政部部长一直到1932年。警务工作正是内政部部长的职责。

泽韦林致力于为共和国建立一支去军事化和民主化的新警察队伍,向年轻的警员灌输"警务工作是为人民服务"的思想。[1] 但事实证明,阻力太大了,警察并没有成为坚定的民主派,但至少在魏玛共和国总理巴本（Papen）镇压普鲁士[2]之前,警察也没有被极右翼势力控制,总的来讲,还是相当好地履行了维护安全与秩序的使命。

在泽韦林重建德国警察之初,最大的障碍还是强大的协约国。泽韦林希望组建的新警队叫作"安全警察"（Sicherheitspolizei,缩写为Sipo）[3]。但是协约国认为,这样一支穿制服、住军营、拥有武装的警察

---

[1] Wehner, Bernd: Dem Täter auf der Spur. Die Geschichte der deutschen Kriminalpolizei. Lübbe, 1983. S. 52.
[2] 详见本书第十章第一节"镇压普鲁士"。
[3] 注意,这个词在纳粹时期会有完全不同的意思。详见本书第十章第六节"纳粹对警察系统的改造"。

队伍与军队无异（这么说也有道理），违反了《凡尔赛和约》将德国军队限制为10万人的规定，因此坚决反对。然而，德国国内的动荡此起彼伏，各种极左或极右的势力不断兴风作浪，所以维护德国的稳定也是符合协约国利益的。于是，经过谈判，1920年6月，协约国允许德国建立总数为15万人的警察队伍。[1]并且，根据协约国的意愿，德国取消"安全警察"的说法，改称"治安警察"，以强调这支警队的任务仅限于维护治安。警队原有的重武器必须上缴给协约国，普鲁士治安警察只准配备卡宾枪和手枪，这种局面基本上维持到了1933年。按照泽韦林的说法，"暴乱分子的武器装备比警察更精良"。[2]

按照1920年的编制，德国全部15万警察当中，大部分属于治安警察，其他还有刑事警察，以及负责行政管理等职能的多个较小的警种。普鲁士邦的警察总数为85000人，其中55000人为治安警察。这些治安警察大约有25000人被分配到650个派出所；约25000人驻扎在兵营里，分成200个快速反应单位；还有约5000人分配到各个指挥部和特殊单位。[3]其中光是柏林的治安警察就有16000人，可见首都之重要。[4]在55000名治安警察之外，普鲁士还有约8000名乡村警察（Landjäger），在人口密度较低的农村地区工作；8000名行政警察，

---

[1] Knatz, Christian: Polizei in der Weimarer Republik—Orientierungssuche zwischen Tradition und Modernisierung. In: Lange, Hans-Jürgen (Hrsg.): Die Polizei der Gesellschaft. VS Verlag für Sozialwissenschaften, Wiesbaden, 2003. S. 39.

[2] Wehner, Bernd: Dem Täter auf der Spur. Die Geschichte der deutschen Kriminalpolizei. Lübbe, 1983. S. 52.

[3] Leßmann-Faust, Peter: Weimarer Republik. Polizei im demokratischen Rechtsstaat am Beispiel PreuBens. In: Lange, HANS-JÜRGEN (Hrsg.): Staat, Demokratie und Innere Sicherheit in Deutschland (2000). Springer Fachmedien Wiesbaden GmbH 2000. S. 37.

[4] Liang, Hsi-Huey. "The Berlin Police and the Weimar Republic." *Journal of Contemporary History*, Vol. 4, No. 4, Sage Publications, Ltd., 1969. p. 162.

其职能类似于21世纪初中华人民共和国的工商局、卫生局等；2800名刑事警察；以及社区警察、政治警察等较小的单位[1]。

在德国南方的大城市慕尼黑，1919年发生了所谓"慕尼黑苏维埃共和国"的极左革命，但它很快就被镇压[2]。经历了短暂的社会主义政权之后，这年11月，慕尼黑组建了4500人的"国家警察卫队"，类似普鲁士的"治安警察"。同年年底，慕尼黑"国家警察卫队"有1051名警员，其中有177人属于刑警。1920年9月，在协约国的压力下，慕尼黑"国家警察卫队"被解散，改编为巴伐利亚邦警察。[3]

表一　柏林警察的警衔[4]

治安警察	刑事警察
	Oberregierungsrat 高级政府参事
Kommandeur 总指挥	Regierungsrat 政府参事
Polizei-Oberst 警察上校	Kriminaldirektor 刑警总监
Polizei-Oberstleutnant 警察中校	Kriminalpolizeirat 刑警参事
Polizei-Major 警察少校	Kriminal-Oberkommissar 高级探长
Polizei-Hauptmann 警察上尉	Kriminal-Kommissar 探长
Polizei-Leutnant 警察少尉	Kriminal-Bezirkssekretär 高级探员
Polizei-Hauptwachtmeister 高级警长	Kriminal-Sekretär 初级探员

1　Leßmann-Faust, Peter: Weimarer Republik. Polizei im demokratischen Rechtsstaat am Beispiel PreuBens. In: Lange, HANS-JÜRGEN (Hrsg.): Staat, Demokratie und Innere Sicherheit in Deutschland (2000). Springer Fachmedien Wiesbaden GmbH 2000. S. 37.
2　详见本书第三章第二节"艾斯纳之死与慕尼黑苏维埃共和国的灭亡"。
3　Münchner Blaulicht e. V. (Hg): Chronik der Münchner Polizei, Hirschkäfer, 2015. S. 37-38.
4　参考了 Liang, Hsi-Huey: Die Berliner Polizei in der Weimarer Republik. Übersetzt von Brigitte Behn und Wolfgang Behn. De Gruyter, 2013. S. xvii。译名难以确定，这里只是抛砖引玉。

续表

治安警察	刑事警察
Polizei–Oberwachtmeister 上级警长	Kriminal–Assistant 刑警助理
Polizei Wachtmeister 警长	
Polizei–Unterwachtmeister 下级警长	

二　柏林刑警的组织架构

上面说的是整个德国警队的情况，现在我们再把观察范围缩小到柏林刑警。

因为刑警相对于治安警察更具有技术上的专业性，所以刑警能够在十一月革命当中保持相对中立的立场，也因此没有受到猛烈的冲击。在君主制灭亡的十天之后，柏林刑警就重新武装起来了。[1] 在革命期间，甚至在警察局被斯巴达克同盟占领的那几天，常规的警务工作仍在进行，仿佛什么都没有发生，许多警探（包括甘纳特）转移到皇宫酒店（Hotel Kaiserhof），在那里办公[2]。例如，甘纳特在柏林街头发生激烈枪战的时候还参与调查了著名的阿德龙饭店抢劫杀人案[3]。

1　Liang, Hsi-Huey: Die Berliner Polizei in der Weimarer Republik. Übersetzt von Brigitte Behn und Wolfgang Behn. De Gruyter, 2013. S. 138.
2　Boegel, Nathalie: Berlin-Hauptstadt des Verbrechens: Die dunkle Seite der Goldenen Zwanziger. Deutsche Verlags-Anstalt, 2018. S. 20.
3　详见本书第二章第五节"阿德龙饭店谋杀案"。

革命风波平息之后，柏林警察局的组织架构一直保持相对稳定，下设几个大的处，用罗马数字表示，其中IV处是刑警[1]（值得一提的是，IA处是政治警察，后来在纳粹时期发展为秘密国家警察，即盖世太保）。

刑警分成两个部分，地方分局（örtlichen Inspektionen）和专业部门（Fach-Inspektionen）。地方分局是按照地区划分职权范围的，权力较小；专业部门是更重要的部分。一般来讲，专业部门比地方分局更有威望和前途，而专业部门里"失宠"的人往往会被"下放"到地方分局。[2]《巴比伦柏林》的原著小说《湿鱼》（Der nasse Fisch）里，风纪科的科长就想尽办法把自己的亲戚从地方分局调到专业部门来。

专业部门按照负责的案件类型划分成9个科[3]：

A科：谋杀与人身伤害（这就是甘纳特的一亩三分地了。）

B科：抢劫

C科：盗窃

D科：诈骗和伪币

E科：风纪（就是扫黄，《巴比伦柏林》的男主角拉特刚到柏林警察局的时候就在风纪科工作，参与了不少扫黄打非的行动。）

F科：经济犯罪与破产

---

1 严格地讲，柏林警察局IV处除了刑警之外还有其他一些小的单位和部门，如普鲁士邦刑警总局驻柏林的机构、负责运送囚犯的单位、拘留所和停尸房等。Liang, Hsi-Huey: Die Berliner Polizei in der Weimarer Republik. Übersetzt von Brigitte Behn und Wolfgang Behn. De Gruyter, 2013. S. 147. 但刑警占IV处的绝大部份份额，所以为了方便起见，我们将柏林警察局IV处与柏林刑警视为同义词。

2 Liang, Hsi-Huey: Die Berliner Polizei in der Weimarer Republik. Übersetzt von Brigitte Behn und Wolfgang Behn. De Gruyter, 2013. S. 147-148.

3 Ebd., S. 148.

G科：女警（主要负责调查针对未成年人的犯罪，尤其是性犯罪，或者青少年犯罪。《巴比伦柏林》的女主角夏洛特·里特尔想当调查谋杀案的刑警，但开始的时候人们告诉她，她只能去G科，因为谋杀调查科不招女性。）

H科：搜捕与缉拿

I科：技术鉴定（《巴比伦柏林》第三季里，鉴定科科长乌尔里希因为自己的工作得不到上级赏识而发飙，走上犯罪道路。）

除了谋杀案之外，甘纳特还特别擅长调查纵火案，所以这一类案件也归A科负责。有一位名叫奥托·布斯多夫的探长曾经是庄园经理，根据他的经验与专长，警察局专门为他组建了一个部门，负责与林业和偷猎有关的案件。[1]下文还会详细介绍这位布斯多夫探长。

根据1928年柏林刑警的预算，当时编制共有2412名刑警，其中167名为高级警官。[2]这是魏玛共和国时期德国规模最大的一支刑警队伍，排名第二的汉堡刑警仅有500多人。[3]

刑警大多出自两类人：一类是退伍军官，一类是大学毕业生或甘纳特那样的肄业生，专业一般是法学或医学。在第一次世界大战结束之后德国经济萧条的年代，很多大学生，甚至包括一些拥有博士学位的高级知识分子，为了谋生也只能选择警察这个铁饭碗。例如，1932

1　Ebd. Dem.
2　Wehner, Bernd: Täter auf der Spur. Die Geschichte der deutschen Kriminalpolizei. Lübbe, 1983. S. 74.
3　Wagner, Patrick: Hitlers Kriminalisten. Die deutsche Kriminalpolizei und der Nationalsozialismus. C. H. Beck Verlag, 2002. S. 24.

年柏林的132名探长中足足有22位博士。[1]

治安警察的出身一般比刑警"低微"一些。根据1927年的一项统计，普鲁士治安警察学员当中有40%是手工业者，大约25%是商业职员或白领工人，10%是农业工人。这些未来的治安警察当中足足有75%只有小学学历，只有2%的人读完了高中。很多学员来自农村地区。[2] 所以，总的来讲，刑警与治安警察之间显然存在着一条鄙视链。

三　甘纳特领导下的谋杀调查科

帝国时期凶案调查工作的很多弊端延续到了魏玛时期。凶案的结案率长期低迷，其原因除了我们前文介绍过的种种缺陷之外，还有一点就是各个调查组和各地区之间缺乏沟通和协调。每个调查组往往对其他组的工作一无所知，所以很难在不同案件之间建立联系、寻找共同点。为了把各地的凶案调查工作协调起来，政府也做了不少努力，比如1922年起草了适用于全国范围的刑警法，但因为巴伐利亚邦的反对，该法未能颁布。1925年6月1日，普鲁士邦组建了普鲁士邦

---

[1] Liang, Hsi-Huey: Die Berliner Polizei in der Weimarer Republik. Übersetzt von Brigitte Behn und Wolfgang Behn. De Gruyter, 2013. S. 145.
[2] Knatz, Christian: Polizei in der Weimarer Republik—Orientierungssuche zwischen Tradition und Modernisierung1. In: Lange, Hans-Jürgen (Hrsg.): Die Polizei der Gesellschaft. VS Verlag für Sozialwissenschaften, Wiesbaden, 2003. S. 40-41.

刑警总局（Landeskriminalamt，缩写LKPA），但收效甚微。[1] 真正集中化、统一化的刑警队伍，是在纳粹时期建立起来的。

柏林刑警早在1919年就开始进行业务上的改革。刑警总长霍佩（Hoppe）根据甘纳特等人的建议，对凶案调查科的常设人员构成做了新的规定：

一、刑警总长

二、鉴定科科长及工作人员

三、2名摄影师

四、法医

五、化学专家

六、检察官的代表

此外，每一起具体的凶案，配备：

七、2名探长

八、1名巡警警长

九、3名巡警

十、12名技术鉴定人员，其中6人去现场，6人去最近的派出所

十一、1名负责器材和灯具的人员

如有需要，还可以邀请记者和警方发言人同去。[2]

警局对犯罪现场的处理也作了新的规定，主要是为了保护现场、最大限度地保存证据，比如严禁在现场的警员"脱下或放下外套、帽

1　Stürickow, Regina: Kommissar Gennat ermittelt: Die Erfindung der Mordinspektion. Elsengold Verlag, 2016. S. 64.
2　Ebd., S. 25.

子、手杖、公文包等物品"。这些东西必须放在指定的位置，并且可能需要在专人监督下放置。[1]

更有力的改革得益于 A 科科长甘纳特本人的不懈努力。为了消除调查工作缺乏协调的弊端，甘纳特在 A 科建立了固定、常设的"谋杀案中央调查组"，于 1926 年 1 月 1 日正式开展工作，他本人担任组长，领导和协调警局内的所有凶案调查工作，改善警探之间的交流和互相学习，促进经验的积累。[2] "谋杀案中央调查组"也逐渐和 A 科融为一体，很多人将它们混为一谈。甘纳特在 A 科的副手是路德维希·维尔纳堡博士。值得注意的是，维尔纳堡还曾担任 B 科科长。[3] 他中等身材，微胖，衣着讲究，爱开玩笑的同事给他取的绰号是"吹牛男爵"，因为他擅长讲故事，讲得绘声绘色、引人入胜，尽管有些故事是他自己编的。[4]

"谋杀案中央调查组"由 1 个"现役"调查组和 2 个"预备"调查组组成。"现役"调查组由 1 名年纪较大、经验较丰富的探长，1 名年纪较轻的探长，4—10 名来自其他科的探员，1 名女速记员（《巴比伦柏林》的女主角夏洛特开始的时候就是速记员），以及警犬管理员和鉴定科人员组成。"现役"调查组负责整个柏林市所有凶杀案的调查。2 个"预备"调查组分别由 1 名探长、2—3 名刑警和速记员

---

[1] Ebd., S. 26.
[2] Ebd., S. 64.
[3] Liang, Hsi-Huey: Die Berliner Polizei in der Weimarer Republik. Übersetzt von Brigitte Behn und Wolfgang Behn. De Gruyter, 2013. S. 149.
[4] Stürickow, Regina: Kommissar Gennat ermittelt: Die Erfindung der Mordinspektion. Elsengold Verlag, 2016. S. 70.

组成。[1] 为了培养和发现人才，也为了让大家都能有凶案调查的经验，9个科的人员都要到 A 科轮岗[2]。

甘纳特对现代刑侦科学的进步有很多贡献。在德国警察当中，他是最早认识到在犯罪现场搜寻蛛丝马迹重要性的人之一。是甘纳特首先明确规定，警察到了现场之后应当如何操作，每一个步骤应当注意些什么。这套"标准操作流程"在今天看来也不过时：

一、调查组组长对犯罪现场进行初步的、概览性质的观察；

二、专业人员寻找痕迹和证据，自己尽量不要留下任何痕迹，每一个重要的点都要做好标记；

三、对犯罪现场拍照；

四、采集指纹、脚印和轮胎痕迹，保存证据，交给专业人员检测；

五、刑事调查，处理痕迹、物品和证物；

六、在现场勘查和鉴定科的工作结束后，由法医进行初步检验；

七、对现场情况的登记和报告。报告完成之后，才可以将尸体从现场运走，供进一步尸检。[3]

案发之后尽快抵达现场、开始调查是最重要的。为了节约时间、提高效率，甘纳特自己设计改装了一辆谋杀调查执勤车，它被大家简称为"谋杀调查车"（Mordauto）。车内有办公设施和鉴定设备，包括

---

1 Ebd., S. 64.
2 Liang, Hsi-Huey: Die Berliner Polizei in der Weimarer Republik. Übersetzt von Brigitte Behn und Wolfgang Behn. De Gruyter, 2013. S. 148.
3 Stürickow, Regina: Kommissar Gennat ermittelt: Die Erfindung der Mordinspektion. Elsengold Verlag, 2016. S. 66.

打字机（当然，会配备一名女速记员）、折叠桌、折叠椅、用来标记现场物件的铁杆和小旗、探照灯、手电筒、摄影器材、剪刀、金刚石刀具、斧子、铁锹、计步器、测量卡尺、橡胶手套、橡胶围裙、镊子、探针、吸量管（用来收集液体），以及用于保存证据的各种容器。[1] 甘纳特总是坐在副驾驶的后方，因为他的体重过大，为了汽车的安全，还专门为汽车作了加固。谋杀调查车的司机明希贝格（Münchberg）也是个传奇人物，据说他是柏林最好的司机，能够以最快的速度驾驶这辆笨重的汽车绕过柏林的每一个拐角。[2]

甘纳特建立的"谋杀调查中央档案"也是闻名遐迩，令他非常自豪。这套档案系统性地收录了几十年来所有已知凶案的材料，不仅仅是柏林的案件，还有全国各地的，甚至外国的。收集的材料不仅有原始档案，还有通缉海报、报纸等。为了搜集更多资料，甘纳特还"借阅"了其他地方警察局的资料，有时就"忘记"归还了。档案涉及的案件不仅包括"常规"的谋杀案，还有各种与其他类型案件相联系的自杀事件：因为受到诽谤或诬告而自杀、遭到诈骗或感情欺骗而自杀、遭到敲诈勒索而自杀等情节的案件。[3]

档案人员还制作了检索卡片，可以根据凶器、作案情节等范畴来检索相似案件。卡片有不同的颜色，这样便于检索。在1930年，柏林警察局拥有110套不同的卡片，包含数十万人的资料。其中指纹鉴

1　Ebd., S. 65.
2　Ruland, Bernd: Das war Berlin. Die goldenen Jahre 1918–1933. Hestia Verlag, 1985. S. 247.
3　Stürickow, Regina: Kommissar Gennat ermittelt: Die Erfindung der Mordinspektion. Elsengold Verlag, 2016. S. 66–67.

定部门在1920年拥有254000页资料，到1932年就积攒到了561000页。警察局收集的罪犯照片档案在1920年有26000人的照片，在1932年有49000人的照片。[1] 在1945年之前，除了柏林警察局之外，德国没有一个地方的执法机关拥有规模如此庞大、分类安排如此精密的案件档案系统。1945年，美国人获得了这套档案的一部分，对其极高的水准感到惊叹。美国联邦调查局的一位专家说，他从未见过如此完美的犯罪档案。[2]

但档案和检索不是万能的，很多无名尸的身份难以确定，而流浪汉等社会边缘人员一旦死亡，要确定身份更是难上加难。柏林警察局的一个对策是在"红堡"的走廊内设置玻璃橱窗，张贴无名死者的照片，向广大社会征集线索。

1923年，名记者约瑟夫·罗特写了一篇文章，描述柏林警察局的无名死者照片橱窗，并感慨芸芸众生的悲惨命运："这是残酷城市的令人毛骨悚然的展览。在这座城市的沥青铺就的街道、灰暗的公园和蓝色的运河中，死神拿着左轮手枪、堵嘴的破布和氯仿（三氯甲烷）麻醉剂，潜伏着……这些逝者丑陋而充满责难，就像悬在那里的良心之痛……他们的脸上带着无限的恐怖，那是死亡的恐怖。他们张着嘴站在那里，他们最后的尖叫凝固在空气中……他们有留胡子的，也有不留胡子的，有男有女，有老有少。他们在大街上、蒂尔加滕公园、施普雷运河中被发现。往往甚至连发现他们的地点都不知道，或者不

---

[1] Wagner, Patrick: Hitlers Kriminalisten. Die deutsche Kriminalpolizei und der Nationalsozialismus. C. H. Beck Verlag, 2002. S. 18.

[2] Ruland, Bernd: Das war Berlin. Die goldenen Jahre 1918–1933. Hestia Verlag, 1985. S. 248.

确切。从水里打捞上来的尸体臃肿，身上覆盖着泥壳，看起来就像埃及法老的木乃伊被制作得很蹩脚。他们脸上的泥壳有裂纹和裂缝，就像保存很差的石膏面具。女尸的乳房肿胀，五官扭曲，肿胀脑袋上的头发就像一堆垃圾……他们属于那些被称为'下层'的阶层，因为他们恰好处于最底层。他们是日工、女佣，是为了生存而不得不从事苦力或犯罪的人。"[1]

虽然罗特对这么多无名尸的死亡真相能否大白于天下表示怀疑，但甘纳特的"谋杀案中央调查组"的破案率相当高。1928年全年，"谋杀案中央调查组"一共接手40起谋杀案，其中39起在一年内侦破。[2]1931年，"谋杀案中央调查组"一共接手114起凶案，侦破了其中108起，破案率达到94.7%，这是相当高的成功率，因为在拥有DNA鉴定技术、网络技术和摄像头覆盖的今天，西方国家的凶杀案破案率也就在85%到95%之间。而同样在1931年，负责抢劫案的B科破案率仅有52%。[3]甘纳特本人在三十多年的从警生涯中一共侦破了298起谋杀案。

除了高效的组织、制度与管理，以及刑侦技术的时代进步，甘纳特本人的个性也是他取得成功的重要因素。他以惊人的毅力、耐心、超强的记忆力、对人情世故的通晓和对人性与心理的深刻洞察而闻

1　Roth, Joseph: Die Toten ohne Namen. Neue Berliner Zeitung-12-Uhr-Blatt, nachgedruckt in: Joseph Roth: Das journalistische Werk, Band 1: 1915-1923. Kiepenheuer & Witsch, 1989. S. 1513-1519.

2　Liang, Hsi-Huey: Die Berliner Polizei in der Weimarer Republik. Übersetzt von Brigitte Behn und Wolfgang Behn. De Gruyter, 2013. S. 146. 相比之下，盗窃案更难破获，1928年的所有盗窃案中，柏林刑警只破了不到一半。Ebd., S. 147.

3　Stürickow, Regina: Kommissar Gennat ermittelt: Die Erfindung der Mordinspektion. Elsengold Verlag, 2016. S. 67.

名。甘纳特有句名言:"犯罪学的很大一部分是如何对待人的艺术。"他对底层人民抱有深刻的同情,很熟悉他们的生活环境和条件,理解他们的心理,所以擅长"攻心"。比如他曾这样呼吁犯罪分子:"小伙子,相信我吧,犯罪是不值得的。如果你觉得自己太聪明了,我们抓不住你,那你就要想想,监狱里住满了觉得自己太聪明的人。"[1]等到"攻心"差不多了、对方眼看就要说出真相的时候,甘纳特就向负责速记的女秘书使个眼色,让她出去,好让审讯对象能够感觉足够的安全和放松、无所顾忌地向已经赢得他信任的甘纳特来个竹筒倒豆子。[2]

甘纳特有一句名言是"我们的武器是大脑和神经!"。他的审讯工作很有特色,就像是与嫌犯谈心,非常亲切友好,循循善诱。面对不同身份和背景的审讯对象,甘纳特的腔调和做派也会调整,有时用标准德语普通话,有时用柏林方言[3],有时用江湖黑话。面对一个用绳子勒死人的杀人犯,甘纳特会这样说:"您看看,您都到这儿啦,现在讲讲是怎么回事吧。不必害怕我们,我们都是些客客气气的人。您把心里话都说出来之后,会感觉好很多。"[4]

甘纳特坚决反对在审讯时使用暴力,无论是身体的暴力还是精神的暴力。他认为,看一个刑警如何审讯嫌疑人,就能判断这名刑警的水平。水平差的刑警会动粗,会大吼大叫,会用自己的权威震慑和吓唬嫌疑人,用暴力压垮嫌疑人的身体、精神和灵魂。而好的刑警会不

---

[1] Ebd., S. 15.
[2] Ebd., S. 16.
[3] 埃里希·弗赖的回忆录《我申请无罪释放!》(Ich beantrage Freispruch!)里对甘纳特的柏林土腔作了绘声绘色的记录。
[4] Stürickow, Regina: Kommissar Gennat ermittelt: Die Erfindung der Mordinspektion. Elsengold Verlag, 2016. S. 16.

动声色地给嫌疑人挖下陷阱，让他不知不觉陷入矛盾之中，用巧妙的，甚至是"温柔的"手段让嫌疑人说出真相。[1]

即便是犯罪分子，往往也对甘纳特非常尊重和认可。一名曾经多次被甘纳特抓获的罪犯在1929年说："他懂我们，所以我们愿意对他说出真相。在他面前，与他一起抽烟，我们不会顽固不化，而会把自己原本一辈子都不会吐露的秘密说出来。"[2] 一个名叫巴施图博（Bastubbe）的黑帮分子说："（甘纳特）能够像我们的兄弟一样与我们打交道，他是人中龙凤。"[3]

值得一提的是，甘纳特的兄弟是检察官。所以甘纳特喜欢说："我要打交道的那些罪犯，都由我们家全流程照顾。我抓住他们，我兄弟判决他们，最后我父亲在普勒岑湖监狱欢迎他们。"[4]

甘纳特在"红堡"一楼的办公室也很有传奇色彩。用历史学家雷吉娜·斯蒂里科的话说："这是舒适宜人的起居室与令人毛骨悚然的恐怖陈列馆的混合体。谋杀调查科没有第二个办公室的布置如此怪异。办公室的正中央是一张陈旧的绿色沙发和两把同样陈旧、配有绿色软垫的椅子。上方一米处有悬空的架子，上面摆着一个女性人头的标本，是从施普雷运河里打捞出来的，现在被甘纳特当作放香烟的容器。沙发旁的角落里摆着一把斧子，是一起谋杀案的凶器。墙上贴满

1　Frey, Erich: Ich beantrage Freispruch!: Die Erinnerungen des berühmten Berliner Strafverteidigers. Elsengold Verlag, 2019. S. 429–430.
2　Stürickow, Regina: Kommissar Gennat ermittelt: Die Erfindung der Mordinspektion. Elsengold Verlag, 2016. S. 14.
3　Feraru, Peter: Muskel-Adolf & Co: Die Ringvereine und das organisierte Verbrechen in Berlin. Argon, 1995. S. 56.
4　Stürickow, Regina: Kommissar Gennat ermittelt: Die Erfindung der Mordinspektion. Elsengold Verlag, 2016. S. 16.

了凶手和受害者的照片,还有一张被烟熏黑的柏林地图。"[1]

甘纳特在魏玛时期成了柏林家喻户晓的明星。只要是他出马的案件,各大报纸都会密切关注。只要是他出席的公开活动,都一定会成为社交新闻。[2] 柏林刑警因此闻名世界,很多名人会到警察局拜访,比如大作家亨利希·曼(Heinrich Mann)、查理·卓别林(Charlie Chaplin)和英国作家埃德加·华莱士(Edgar Wallace,"金刚"的创造者)都曾在30年代初登门拜访。[3]

四 刑警与媒体

在很多方面,甘纳特虽然是20世纪二三十年代的人,却显得非常"现代"。他强调犯罪的预防而不是事后侦破,并且很懂得媒体的力量以及严重犯罪对公众的影响,所以他在调查工作中有意识地与媒体合作。早在1920年,柏林市警察局就组建了新闻处,专门负责公关工作,维护警察局与媒体的关系。[4] 柏林刑警会通过报纸和无线电广播向公众介绍案情,征求线索。[5] 当时柏林有93种报纸,其中《柏

---

1 Ebd., S. 59.
2 Ebd.
3 Ebd., S. 68.
4 Siemens, Daniel: Metropole und Verbrechen: Die Gerichtsreportage in Berlin, Paris und Chicago 1919–1933. Franz Steiner Verlag, 2007. S. 118.
5 Stürickow, Regina: Kommissar Gennat ermittelt: Die Erfindung der Mordinspektion. Elsengold Verlag, 2016. S. 62.

林晨报》（Berliner Morgenpost）的发行量超过 50 万份。[1]

甘纳特再三强调，在追凶的时候要运用"现代广告宣传的手段"，比如要善于利用图像来吸引公众的注意力；对于重要的案件，警方甚至用飞机在犯罪现场周边地区撒传单。电影是当时最新潮、最时髦的大众传媒，非常受欢迎。1929 年柏林有将近 400 家电影院，可供 15 万观众同时观影。[2] 1930 年德国全国有 5000 家电影院，每天的观影人数多达 200 万。[3] 警方会在电影中场休息的时候播放嫌犯照片和悬赏信息等。[4]

在街头张贴的征求线索的海报往往能够吸引到大量观众。这样的海报往往对案情描写得非常详细和血腥。例如，为了侦破 1924 年的贝尔塔·利鲍（Berta Liebau）谋杀案，警方在海报上给出了这样详细而露骨的描述："除了长袜和衬衫之外，死者身体赤裸，衬衫被扯下，露出乳房。衣服被从身上猛力扯下。头部被血浸透，脸上有多处抓伤。可见拳头殴打造成的伤痕。脖子两侧、下巴处均有深深的刀伤。"[5]

甘纳特对媒体也有批评，因为媒体有时为了追求销量和耸人听闻的效果，喜欢刻意渲染和夸大其词，哗众取宠。甘纳特曾写道："如

---

1 Elder, Sace. *Murder Scenes: Normality, Deviance, and Criminal Violence in Weimar Berlin.* University of Michigan Press, 2010. p. 67.
2 Mohr, Joachim (Hg): Deutschland in den Goldenen Zwanzigern: Von schillernden Nächten und dunklen Tagen. Penguin Verlag, 2021. S. 21.
3 Ebd., S. 192.
4 Stürickow, Regina: Kommissar Gennat ermittelt: Die Erfindung der Mordinspektion. Elsengold Verlag, 2016. S. 62–64.
5 Elder, Sace. *Murder Scenes: Normality, Deviance, and Criminal Violence in Weimar Berlin.* University of Michigan Press, 2010. p. 64.

果是一个工人的衣服被偷了,对他来讲肯定是非常重要的事情,对公众却没什么意思。而凶杀案的头条新闻,如果再用醒目的大标题,就能提升报纸的销量……看看报纸,就会觉得几乎每天都发生凶杀或凶杀未遂,这让人觉得,在近些年里,严重犯罪的数量猛增了……但很可惜,这是一个普遍的误区。您可能不会相信,但在所有的死亡调查当中,谋杀只占极小的比例。所谓的非正常死亡,大多是自杀,排第二位的死因是事故,杀人事件只是其中极小的部分。1928年,我们在柏林记录了82起杀人事件,1630起自杀,1146起事故致人死亡,此外,还有634起致人死亡的交通事故。"[1] 甘纳特对媒体的批评虽然是在二三十年代做出的,但放在今天大概仍然适用。

媒体对犯罪的渲染和哗众取宠式报道,也引起了一些严肃报纸的批评。例如《法兰克福报》(Frankfurter Zeitung)认为,这样的报道"唤醒了邪恶的欲望和对残酷行为的快感"。连环杀人狂彼得·屈滕(Peter Kürten)[2] 在法庭上说:"是某些垃圾报纸上耸人听闻的报道,把我变成了你们面前的我。"[3] 屈滕还强调自己对以英国"开膛手杰克"连环杀人案为原型的小说特别感兴趣,在庭审期间说"开膛手杰克"对他的影响极大。[4] 以犯罪为主题的电影也可能产生"教唆"作用。年轻的无赖威廉·维迪希(Wilhelm Wiedig)和一名同伙在1920年杀害一名年迈的女

---

1 Stürickow, Regina: Kommissar Gennat ermittelt: Die Erfindung der Mordinspektion. Elsengold Verlag, 2016. S. 150–151.
2 详见本书第五章第九节"杜塞尔多夫吸血鬼"。
3 Evans, Richard J.. *Rituals of Retribution: Capital Punishment in Germany, 1600-1987*. Penguin, 1997. p. 539.
4 Tatar, Maria. *Lustmord: Sexual Murder in Weimar Germany*. Princeton University Press, 1995. p. 48.

裁缝，后来说他是从电影《扼杀者》（Der Würgler）当中得到了"灵感"。[1]

不过甘纳特的上司魏斯副局长对这个问题似乎比较放松。看到有些人义愤填膺地斥责报纸对犯罪的报道"败坏了社会道德"，他的回应是：美国、法国和奥地利的犯罪报道比德国的更哗众取宠。[2]

五　法庭记者

上一节我们是从警察局的角度来看警方与媒体关系的。这一节我们从"山的另一边"，也就是法庭记者的角度来看。公众对刑事案件的了解，主要就是通过阅读他们的报道，所以法庭记者对社会具有相当大的影响力。

19世纪30年代，英国有了现代意义上的法庭报道，出现了专门报道警务工作和庭审情况的周报。德意志在这方面比较落后，到19世纪后半叶才有类似的新闻工作，而且最初的德语庭审报道大多缺乏文学素养，并且没有独立的问题意识和批判性，对官方的说法鹦鹉学舌，对于司法问题和社会问题也是尽量传播"正能量"，为现行秩序辩护和提供正当化。[3]在德国报道庭审的记者一般不会质疑法官的权

1　Elder, Sace. *Murder Scenes: Normality, Deviance, and Criminal Violence in Weimar Berlin.* University of Michigan Press, 2010. p. 35.

2　Liang, Hsi-Huey: Die Berliner Polizei in der Weimarer Republik. Übersetzt von Brigitte Behn und Wolfgang Behn. De Gruyter, 2013. S. 130.

3　Siemens, Daniel: Metropole und Verbrechen: Die Gerichtsreportage in Berlin, Paris und Chicago 1919–1933. Franz Steiner Verlag, 2007. S. 61–62.

威和庭审的正当性。法官和其他法律工作者也往往对记者抱有一种居高临下的轻蔑态度，认为记者是外行，所以如果有记者敢于质疑，甚至批评法庭的工作，是非常惊人的事情。[1]

这种局面到了魏玛时期才有所改观，而这主要应当感谢20世纪20年代德国最重要的法庭记者之一、通常用"斯灵"（Sling）这一笔名写作的保罗·施莱辛格。

施莱辛格1878年出生于柏林的一个中产阶级犹太人家庭，十七岁就开始写小说。他在大学学习语言和音乐之后，进入德国出版传媒巨头乌尔施泰因出版社（Ullstein Verlag），担任驻法国和瑞士的通讯记者。他从1924年开始为乌尔施泰因集团旗下的《福斯报》（Vossische Zeitung）撰写大量关于案件与庭审的新闻报道。[2]《福斯报》是柏林最重要的严肃报纸之一，历史悠久，在政治上"始终站在民主和进步那一边"，受众主要是资产阶级自由派和知识分子[3]。

施莱辛格对法庭报道这种题材的发展有很大贡献，给庭审报道设定了新的基调。他把自己摆在与法官、检察官和其他公务人员平起平坐的地位上，去观察和评判法庭上演的一幕幕悲喜剧。[4]并且，施莱辛格认为魏玛共和国时期的司法机关仍然保留了第二帝国时期的压迫

---

[1] Schlesinger, Paul: Der Mensch, der schießt: Berichte aus dem Gerichtssaal. Lilienfeld Verlag, 2014. S. 395–396.
[2] Siemens, Daniel: Metropole und Verbrechen: Die Gerichtsreportage in Berlin, Paris und Chicago 1919–1933. Franz Steiner Verlag, 2007. S. 68.
[3] Ebd., S. 67–68.
[4] Schlesinger, Paul: Der Mensch, der schießt: Berichte aus dem Gerichtssaal. Lilienfeld Verlag, 2014. S. 395–396.

性，所以他主张将刑事司法体制"人性化"。[1]

施莱辛格密切关注社会问题造成的犯罪，对犯罪分子抱有一定程度的同情。他认为，绝大多数严重犯罪都是"人类的悲剧"或者"致命的意外"。所以他经常把罪犯视为另一种类型的受害者："开枪的人就像爆炸的锅炉、扭曲的铁轨、落下的闪电和发生雪崩的山体一样，本身是无辜的……要解释自然灾害，人们发明了一些手段，比如测量工具。要解释人的爆炸，我们要运用心理学。"[2] 因此，施莱辛格报道庭审的原则是"寻找出庭的人们——被告与证人——灵魂深处的动机，也尝试去窥探检察官与法官的内心"。[3]

施莱辛格成为当时新闻工作者的榜样，很多法学家也视他为权威人物，据说他甚至对司法部的人事政策也具备影响力。[4] 就连他的政敌——共产党人也对他有很高的评价，认为他"虽然从不脱离本阶级的阵营"，但能够看清统治阶级的弱点，并要求纠正弊端。[5]

施莱辛格于1928年去世。接替他成为《福斯报》法庭记者的，是魏玛共和国时期柏林的另一位著名记者和文人莫里茨·戈尔德施泰因。他的笔名是Inquit（拉丁文，意思是"他调查"）。著名作家赫尔曼·克斯滕（Hermann Kesten，1900—1996）深情地赞扬戈尔德施泰

1　Siemens, Daniel. "Explaining crime: Berlin newspapers and the construction of the criminal in Weimar Germany." *Journal of European Studies* 39.3 (2009): p. 339.
2　Schlesinger, Paul: Der Mensch, der schießt: Berichte aus dem Gerichtssaal. Lilienfeld Verlag, 2014. S. 13.
3　Ebd., S. 21–22.
4　Siemens, Daniel: Metropole und Verbrechen: Die Gerichtsreportage in Berlin, Paris und Chicago 1919–1933. Franz Steiner Verlag, 2007. S. 68.
5　Ebd., S. 69.

因是"最有人情味、最机智风趣的记者之一"。[1]

戈尔德施泰因于1880年出生于一个犹太商人之家，是土生土长的柏林人，在1933年移民之前一直生活在柏林，对这座城市了如指掌。他是德语文学博士，还做过德语文学的出版人，写了大量描绘柏林风土人情的文章。他曾在第一次世界大战期间参军，但主要做后方工作，没有上过前线。[2] 后来，他接替施莱辛格，为《福斯报》报道柏林的庭审。

下面这段戈尔德施泰因赞扬施莱辛格的话，其实也适用于戈尔德施泰因自己："在（施莱辛格）之前，庭审新闻的写作者，是没有任何文学上的雄心壮志的。是他（施莱辛格）首度拔高了庭审新闻写作的水准，同时也让庭审报道对读者提出了更高的要求。是他独辟蹊径，把被告描绘得具有人性，复原成与你我相似的普通人；也是他第一个看到了法庭公务人员的人性，并将其揭示出来……虽然严守实事求是的原则，但他从不满足于干巴巴的报道，而是用自己的才华去照亮这一小块生活的样本，或者用他的幽默去缓和他的犀利，并始终愿意抱着对人类的爱，去理解人类的每一种弱点和缺陷。"[3]

从1928年6月26日到1933年3月31日，几乎每一期《福斯报》都刊登了戈尔德施泰因撰写的庭审报道。后来在流亡海外期间，他回忆说，那是"我人生中最美好的五年"。[4] 他写下的大约700篇庭审报

1　Ubbens, Irmtraud (Hg): Moritz Goldstein, »Künden, was geschieht …« Berlin in der Weimarer Republik, Feuilletons, Reportagen und Gerichtsberichte. De Gruyter Saur, 2012. S. 17.
2　Ebd., S. 18.
3　Ebd., S. 13.
4　Ebd., S. 23.

道，不仅仅涉及犯罪和司法，实际上更是展现魏玛共和国时期柏林之社会、政治、经济与文化的万花筒。戈尔德施泰因的写作不仅给读者提供信息，也有教育和启蒙大众的作用。今天我们读到他的报道，仍能够透过生动的文字仿若身临其境地了解20世纪20年代末柏林社会的状况，它的苦难、矛盾冲突与社会心态。[1]

戈尔德施泰因的报道不仅具有社会和新闻价值，也有文学价值。著名作家库尔特·品图斯（Kurt Pinthus，1886—1975）就认为，戈尔德施泰因的庭审报道是"这份报纸（《福斯报》）阅读人数最多、最受欢迎的部分"，将"庭审报道提升到了文学的高度，而且不仅仅是纯消遣性质的文学"。[2]

1931年，戈尔德施泰因被同行推举为新组建的"法庭记者联合会"的主席。由此可见，法庭记者已经有了相当强的集体意识。这个联合会的成员除了戈尔德施泰因这样的资产阶级自由派之外，也有保守派、右翼和天主教方面的记者。大家的政治立场不同，但都致力于改善司法界与新闻界之间的关系。[3]

纳粹上台之后，戈尔德施泰因逃离德国，后来在意大利、法国、英国和美国生活，最后在纽约去世，享年九十七岁。[4]

施莱辛格的工作于1928年结束，那时共和国还相对稳定，而戈

---

[1] Ebd., S. 31.
[2] Ebd., S. 27.
[3] Siemens, Daniel: Metropole und Verbrechen: Die Gerichtsreportage in Berlin, Paris und Chicago 1919-1933. Franz Steiner Verlag, 2007. S. 71.
[4] Ubbens, Irmtraud (Hg): Moritz Goldstein, »Künden, was geschieht ···« Berlin in der Weimarer Republik, Feuilletons, Reportagen und Gerichtsberichte. De Gruyter Saur, 2012. S. 32.

尔德施泰因经历了共和国最动荡的最后几年，所以在阅读两人的庭审报道集时，我最大的感受就是，施莱辛格主要集中于社会问题造成的犯罪，而戈尔德施泰因的报道更为政治化，他的许多文章的主题都是左右斗争，比如他报道了柏林警察局副局长魏斯针对诽谤他的纳粹党人的起诉[1]。但阅读这两位的作品集，于我而言都是愉快的经历。

六　刑辩律师

除了罪犯和记者，魏玛时期的德国警察最经常打交道的另一个群体，是刑辩律师。优秀的刑辩律师除了在法庭上唇枪舌剑、尽力为当事人争取之外，往往能够密切观察到社会的阴暗面，洞悉人性的复杂。有些刑辩律师凭借自己的能耐或者风度，还成为社会各界追捧的"大明星"。

埃里希·弗赖和马克斯·阿尔斯贝格（Max Alsberg，1877—1933）就是这样两位明星律师，魏玛时期一些最著名、最耸人听闻的大案要案都有他们的参与，在本书的余下部分会经常出现他们的身影。他们也都是下笔如有神的作家。今天，通过他们的记录和描述，我们能够对当时的柏林乃至整个德国的社会风貌有一个直观的感受。[2]

弗赖写了一本回忆录，题为《我申请无罪释放！》，书中对他

---

[1] Ebd., S. 367-369.
[2] 本节主要参考了 Frey, Erich: Ich beantrage Freispruch!: Die Erinnerungen des berühmten Berliner Strafverteidigers. Elsengold Verlag, 2019. S. 472-479。

本人的生活描写不多，主要记录他经手的案件。德国历史学家雷吉娜·斯蒂里科为2019年版的《我申请无罪释放！》写了一篇后记，介绍了弗赖的生涯。在此主要参照这两份文献，为读者复现魏玛共和国时期柏林家喻户晓的大律师弗赖的风采。

弗赖于1882年10月16日出生于德国东部西里西亚省的首府布雷斯劳（Breslau，今属波兰，称为弗罗茨瓦夫），但不到一岁就随父母迁居柏林。他从小在柏林长大，非常熟悉这座大都市的方方面面，甚至三教九流。他回忆录里的对话经常用柏林方言，读来十分生动。

弗赖家是犹太人，但不是虔诚的犹太教徒。弗赖的父亲西格弗里德是出口商，非常富裕。但弗赖对做生意不感兴趣，不想子承父业。出于务实的考虑，他决定学法律。因为只要学好法律，人生路是很广的："我可以成为法庭庭长，大企业董事会主席，或者像俾斯麦那样成为国家总理。"

弗赖先后在柏林、慕尼黑、洛桑和海德堡就读，但因为喜好社交、看戏、听音乐会和谈恋爱，起初成绩一般，后来奋发图强，在大学者恩斯特·伊曼纽尔·贝克尔（Ernst Immanuel Bekker，1827—1916）指导下于1906年获得法学博士学位，1908年又获得了哲学博士学位，成为双博士。德国人特别重视博士头衔，从此弗赖的名片上就写着"埃里希·弗赖博士博士"（Dr Dr. Erich Frey）。

弗赖在柏林开办了律师事务所。几年后，第一次世界大战爆发，他和其他许多爱国的德国犹太人一样，入伍参战。作为德军第1海军步兵师的军官，弗赖参加了佛兰德的惨烈战斗。

战争爆发前不久，弗赖与玛丽-夏洛特·韦策尔（Marie-Charlotte

Wetzel）结婚。她也是犹太人。夫妇俩都皈依了新教。这段婚姻没有子女，两人在30年代离婚。弗赖后来与法国女演员关努（Guennou）结婚，但最后也离婚了。

战争结束后，弗赖继续从事律师工作，曾在针对斯巴达克同盟起义者的审判中担任官方指定律师。他经手的第一起"大案"是弗里德里希·舒曼（Friedrich Schumann）连环杀人案，后来还曾为卡尔·格罗斯曼（Carl Großmann）和弗里茨·哈尔曼（Fritz Haarmann）这两名震惊全国的连环杀人狂，以及著名的黑帮组织"永远忠诚"（Immertreu）和轰动一时的"施泰格利茨学生悲剧"中的被告保罗·克兰茨（Paul Krantz）辩护。

弗赖不仅专业能力过硬，而且风流倜傥，擅长公关，精通与媒体打交道之道，懂得巧妙地塑造和维护自己的形象。当时的著名记者瓦尔特·基奥伦（Walther Kiaulehn，1900—1968）描述弗赖时，盛赞他是拥有"骑兵的身材"的英俊青年，是"略瘦一点的汉斯·阿尔贝斯"。汉斯·阿尔贝斯（Hans Albers，1891—1960）是德国当时著名的偶像派电影明星。

弗赖还喜欢奢侈的名牌服装，经常出入高档餐厅。他经常去的凯宾斯基酒店甚至用他的名字命名了一道菜。弗赖的事务所里铺着昂贵的土耳其地毯，陈设着古典家具，打字机前坐着漂亮的女秘书，接待员的制服上都绣有"F"字样。

弗赖有一个家喻户晓的标志，那就是他戴着单片眼镜，因为他的右眼高度近视。当他在监狱探访连环杀人狂卡尔·格罗斯曼的时候，格罗斯曼曾问他："您的镜片会掉下来吗？"和很多人一样，格罗斯曼认为弗赖戴单片眼镜纯粹是为了装腔作势，毕竟在19世纪和20世纪初，单片眼镜是绅士的一种时尚。当时的著名记者维克多·奥布尔廷（Victor Auburtin, 1870—1928）在一篇文章里挖苦地写道："他（弗赖）把单片眼镜当作证据和修辞手段来使用。当他要对检察官说一些言辞激烈的话的时候，就猛地把镜片戴上。激动万分的时候，他就让镜片掉落，制造一种戏剧性效果。这看上去十分高雅。"

马克斯·阿尔斯贝格是魏玛时期柏林的另一位明星律师，他与弗赖之间的竞争十分激烈。但是他们不是纯粹的敌人，而是亦敌亦友。用记者贝恩德·鲁兰（Bernd Ruland, 1914—1976）的话说，只要是弗赖或阿尔斯贝格出手的案件，必然会轰动全欧。两位律师有时在法庭上毫不客气地唇枪舌剑，有时也会密切合作，比如在对黑帮组织"永远忠诚"的审判中他们就联手了。

弗赖和阿尔斯贝格的首次交锋发生在1919年。当时有一部电影叫作《威廉皇帝的幸福与结局》（Kaiser Wilhelms Glück und Ende）。已经退位的威廉二世皇帝认为这部电影是对他的诽谤，要求将电影查禁。但此时已经共和了，查禁电影那么大的事情哪是老皇帝说了算的。于是，皇帝将电影公司告上法庭。弗赖是电影公司的辩护律师，阿尔斯贝格则代表皇帝起诉。他要求在法庭上放映这部电影，从而解释为什么很多人会对电影对皇帝"大不敬"的描绘感到愤怒。弗赖的论点则是，既然不可以禁止演员扮演历史人物，而皇帝是当代史人物，所以即便已经退位，演员在电影中扮演他也合情合理、无可指摘。阿尔斯贝格反驳，弗赖说的也许是对的，但不可以损害历史人物的合法利益。这场论战的最后，弗赖败诉，电影被查禁，所有拷贝均被销毁。

两位明星律师的领域并不完全重叠。弗赖仅担任刑事辩护律师，而阿尔斯贝格还涉足经济诉讼，代理过大企业家胡戈·施廷内斯（Hugo Stinnes，1870—1924）、著名作家与记者卡尔·冯·奥西茨基（Carl von Ossietzky，1889—1938，诺贝尔和平奖得主）等人的案子。

阿尔斯贝格的事务所可能比弗赖的还要豪华，有多达14个房间，配备古董家具，他本人的办公室的风格就像太阳王路易十四的宫殿，金碧辉煌。他有4名合伙人，17名助理律师，2名办公室主任，8名仆役，15名女秘书和4名信使。[1]基奥伦说阿尔斯贝格"中等身材，风度翩翩"。阿尔斯贝格也有自己的标志，那就是他戴着假发。

弗赖和阿尔斯贝格的相似之处颇多。二人都写了不少法学论文和专著。更有趣的是，他们都还热爱文学创作。阿尔斯贝格的犯罪悬疑题材戏剧《初步调查》（Voruntersuchung）于1930年10月14日在柏林文艺复兴剧院首演，取得了成功，后来还被改编为电影，由大明星古斯塔夫·佛力施（Gustav Fröhlich，1902—1987）和阿尔伯特·巴塞曼（Albert Bassermann，1867—1952）主演。弗赖不甘落后，也写了一部戏剧《伪证》（Meineid），于1932年首演，可惜不受观众欢迎。

弗赖和阿尔斯贝格的律师生涯都因为纳粹上台而结束。作为犹太人，他们本就已经是纳粹的眼中钉，更何况纳粹也仇恨他们这样经常为"罪人"辩护的律师。纳粹法学家、后来的"人民法庭"庭长罗兰·弗赖斯勒（Roland Freisler，1893—1945）就咒骂弗赖这样的辩护律师是"罪犯的帮凶"。弗赖和阿尔斯贝格在第三帝国注定没有好

---

[1] Feraru, Peter: Muskel-Adolf & Co: Die Ringvereine und das organisierte Verbrechen in Berlin. Argon, 1995. S. 58.

日子过。

1933年1月30日，也就是纳粹上台的那一天，弗赖恰好在广播上发表讲话，探讨若干法律问题。纳粹报纸和纳粹法学界的学术期刊就此对弗赖发动了丧心病狂的攻击。10月20日，突然有一位法律界的熟人来拜访弗赖。此人是刑警协会的成员，而弗赖是该社团的法律顾问。这位熟人说要向弗赖咨询一个法律问题：有一个在政治上不受现政权欢迎的人，警察局已经对他发出了逮捕令，这个人应当怎么办？

弗赖心领神会，根本不回家，立刻打车去了火车站（他恰好还是德国铁路职员协会的法律顾问）。站台上的一名工作人员认出了他，小声说："您真是幸运，还能逃走！"当时从德国入境瑞士无需签证，弗赖花10芬尼买了一张去瑞士苏黎世的火车票，从此再也没有回到柏林。

在即将离开德国国境的最后一站，海关人员上车检查。此时，弗赖恐怕脸色苍白、汗流浃背，但检查人员不动声色地放过了他，还给了他一个会心的眼神。

弗赖随后从瑞士入境法国，来到巴黎。这时从柏林传来消息，他走后不久，党卫队就查抄了他事务所里的所有文件。弗赖可以说是侥幸脱逃，但离安全还远得很，因为巴黎也有纳粹的人。纳粹密探跟踪弗赖，并在法国当局那里捣鬼，导致弗赖于1939年年初被法国警察逮捕，被以非法居留的罪名判处六个月徒刑。

好在弗赖得到了几位法国名人的搭救，包括卡介苗发明者、法国疫苗学家阿尔贝·卡尔梅特（Albert Calmette, 1863—1933）和卡米尔·介兰（Camille Guérin, 1872—1961），还有法国驻意大利大使安德烈·弗朗索瓦-庞赛（André François-Poncet, 1887—1978）等。

顺利离开法国之后，弗赖曾短暂地在上海的东吴大学教书，其后于 1939 年以大学教授的身份移民到智利，在那里创作戏剧，并为一家德语电台工作。他再也没有担任过刑辩律师，于 1964 年 3 月 30 日在智利圣地亚哥去世。而他的老对手和老朋友阿尔斯贝格于 1933 年 3 月逃往瑞士，9 月 11 日在那里自杀。

七 突击搜查

让我们把视线转回警察。突击搜查（Razzia）是魏玛共和国时期柏林街头经常发生的事情，也是刑警工作中的一种常见手段，主要针对犯罪分子聚集和活跃的街区、酒馆等场所，目的是搜寻在逃犯、违禁品等。搜查要想成功，必须仔细规划、严格保密。理论上，只有负责执行的警员可以知道。领导搜查的警探要制定好时间表，调度警力和用来运载嫌犯的卡车。搜查一般在午夜进行，开始之前会封锁目标所在的街区，包括各种小街小巷。行动开始之前，就已经有便衣刑警进入该街区，只要指挥官一声令下，就立即封锁街巷。穿制服的治安警察大队人马必须在同一时间赶到，从四面八方包围目标，在街上行走的人们就陷入了"包围圈"。然后卡车赶到，所有拿不出合法证件的人都被押往警察局，肯定会有无辜群众被迫来个警察局一日游。

恩斯特·恩格尔布雷希特从 1921 年起领导柏林警察局的巡警部门，有丰富的突击搜查经验。有一次他在搜查一个涉毒的酒吧时，眼疾手快地击毙了一名企图掏枪抵抗的犯罪分子，因此获得了"闪电"

的绰号。[1] 据恩格尔布雷希特说："总的来讲，大多数搜查都是成功的，有时一次能拘押数千人，能有上百个通缉名单上的罪犯落网。搜查之后的街道往往看上去如同战场，满地都是犯罪分子丢弃的刀具、枪械、指虎（Schlagring，一种套在手指上的攻击性武器）、入室盗窃工具、小包的可卡因，等等。这些都证明突击搜查是有必要的。"不过，恩格尔布雷希特的有些同事对此不敢苟同，他们对搜查的效果表示怀疑，认为这样会让原本聚集于一处的罪犯分散，反而不利于警方的工作。[2]

突击搜查的效果有时不像恩格尔布雷希特说的那么好，一个重要原因是警方陷入了"路径依赖"，比如搜查行动大多从位于亚历山大广场的柏林警察局发动，行动开始之前就会有大量卡车和其他车辆在那里集合，大队警察整装待发。集结和准备的动静太大，就很容易被发现。会有犯罪分子专门监视亚历山大广场，一有风吹草动就向同伙通风报信，等到警察赶到目标地点时，早已人去楼空。警察当然也不笨，会相应地改变行动策略，改换和分散集结地点。[3]

德语文学大师德布林在出版于1929年的名著《柏林，亚历山大广场》中生动地描述了这样一次警察大搜查，我们不妨摘录几段，感受一下那种气氛：

亚历山大喷泉水泄不通，时间是星期五，拿到薪水的人会出

1　Feraru, Peter: Muskel-Adolf & Co: Die Ringvereine und das organisierte Verbrechen in Berlin. Argon, 1995. S. 71-72.
2　Stürickow, Regina: Mörderische Metropole Berlin: Authentische Fälle 1914-1933. Militzke, 2015. S. 18.
3　Ebd., S. 19.

去喝一杯，音乐，收音机，警察们从打酒的柜台旁挤过，那位年轻的警长正在和一位先生说话，乐队停止演奏：大搜捕，刑侦警察，所有的人都要去警察总局。他们围桌而坐，笑他们自己的，不予理睬，他们继续谈天说地，服务生也继续端茶送酒。过道里，一个姑娘夹在另外两个之间哭喊起来：我的户口已经被注销了，她还没有给我去上，你就去呆一个晚上，又有什么大不了的呢，我不去，我不让穿绿制服的抓我，可千万别抽风啊，这毛病可是没得治的哟。您让我出去，从这里出去是什么意思，如果轮到您了，您就可以出去，车子刚刚才走，那你们可以多要几辆车嘛，您可别让我们太伤脑筋了。服务员，拿一瓶香槟来，我要把腿洗洗。喂，我得上班去了，我在拉乌那里有事要做，谁为我付这个钟点的钱，行了，反正您现在非走不可，我得上我的工地去，这是对自由的剥夺，这里所有的人都得走，你也一起去，哎呀，你不要太激动了，这些人正在奉命进行搜查，不然的话，他们还来这里干啥呢。

一批又一批的人走出门去，汽车一辆接着一辆地来回奔波，目的地始终是警察总局，警察们走来走去，尖叫声在女厕所里响起，一个黄花闺女躺在地上，她的情人站在一旁，这位情人跑到女厕所去干什么。那姑娘抽筋了，您快看哪；警察们面带微笑，您有证件吗，嗯，对头，那您就呆在这里陪她吧。她仍在这里继续尖叫，您瞧着吧，等人一走光，她就会站起来，两人一起跳探戈。我说了，谁敢抓我，我就让谁的下巴吃上勾拳，第二个就是奸尸。这家酒馆的人差不多都走光了。门口站着一个男人，是被两个警察抓来的，他咆哮道：我到过曼彻斯特，到过伦敦，到过纽约，没有哪一个大城市发生过这种事情，在曼彻斯特，在伦敦，是不会有这种事情的。他们催他快点。只管往路堤上走，您感觉如何，谢谢，向您的已故养狗致意。[1]

八　女刑警

北海小岛佩尔沃姆（Pellworm）今天属于德国的石勒苏益格-荷尔斯泰因州，是一个旅游胜地。但在1931年7月10日，佩尔沃姆发生了一件可怕的事情。有人发现了两具被海浪冲上滩头的女尸。两具尸体被捆绑在一起，并且都是头部在近距离遭到枪击。[2]

死者的身份很快就搞清楚了，因为一名汉堡警察已经奉命赶到该地区，寻找这两名女子。她们是汉堡市警察局的两名女刑警，特蕾泽·多普弗（Therese Dopfer）和玛丽亚·菲舍尔（Maria Fischer）。几天前，汉堡市警察局的刑警总长弗里德里希·施兰布施（Friedrich Schlanbusch，1884—1964）收到了多普弗和菲舍尔的绝命书，说她们计划在佩尔沃姆自杀。施兰布施赶紧派人去寻找，但为时已晚，只找到了两名女警察的尸体。根据当时的新闻报道，两名女警察可

---

[1] 阿尔弗雷德·德布林：《柏林，亚历山大广场》，罗炜译，上海译文出版社，2018年，第502—504页。
[2] 本节主要参考了 Fairchild, Erika S. "Women Police in Weimar: Professionalism, Politics, and Innovation in Police Organizations." *Law & Society Review*, Vol. 21, No. 3, [Wiley, Law and Society Association], 1987. pp. 375-402。

能是用绳索将自己捆在一起，一同步入大海，互相枪击，然后坠入汹涌的波涛。

据说，两名女警察自杀的原因，是她们与上级发生了尖锐的矛盾。

汉堡不是第一座聘用女警察的德国城市。在汉堡之前，科隆和法兰克福市警察局就建立了试验性的女警单位。1928年，汉堡打算效仿，于是从法兰克福挖人，不仅挖走了多普弗和菲舍尔这两位经验丰富的女警察兼社会工作者，还挖走了法兰克福女警部门的领导者——约瑟菲娜·埃尔肯斯（Josephine Erkens）。

埃尔肯斯是德国女警的先驱之一。她是德国警察历史上第一位女性领导，科隆和法兰克福的女警单位都是她组建和领导的。

埃尔肯斯、多普弗和菲舍尔是老同事，也是合作已久的上下级关系，但不知为何，她们一起调到汉堡之后，就变得水火不容。汉堡的女警单位内部很快分成两个阵营，分别是埃尔肯斯和多普弗的追随者。1931年上半年，双方的矛盾变得不可调和。埃尔肯斯在一次出差动身之前，请求上级给予多普弗处分。埃尔肯斯回来之后，与多普弗发生了激烈的争吵，据说还打坏了办公室的一些器物。多普弗和她的追随者菲舍尔一怒之下离开办公室，最终死于佩尔沃姆。

此事掀起了轩然大波。汉堡警察局领导层做出了激烈的回应。尽管多普弗和菲舍尔的自杀很难归咎于埃尔肯斯，但领导层还是免去了埃尔肯斯的领导职务，将她调到常规的刑警单位。不久之后，警察局干脆解散了女警单位，将剩余的12名女警分配到常规刑警部门。

埃尔肯斯不是逆来顺受的人。她公开发表声明，说既然没有人能够指控她，她却受到这样的待遇，那么她要绝食抗议。汉堡市政府调查了这起事件之后，支持汉堡警察局的决定，并且对埃尔肯斯作了公开回应。根据汉堡市政府的说法，埃尔肯斯对待上下级的方式已经表明她不适合担任领导职务；她与下属打交道时缺乏自制力和客观性。但是市政府给了她一个机会从警察局退役，那样的话，她可以享受退役警官的福利。

有人为埃尔肯斯鸣不平。1932年3月1日的《法兰克福报》发表的一篇文章指出，汉堡市政府称埃尔肯斯不适合担任领导职务，但埃尔肯斯之前在科隆和法兰克福的履历极佳，一直被认为是优秀的干部。而多普弗在之前的岗位上倒是经常搞阴谋诡计，反对自己的同事和上级，并且经常气鼓鼓的，拒绝与同事合作；她在图林根的社会福利机关工作时曾举报自己的同事和上级，在汉堡似乎也这么干过。总之，多普弗不是省油的灯。

但不管怎么说，埃尔肯斯作为女警的职业生涯就这样戛然而止。随着她的失败，女性在德国警察队伍中工作的进程也受到了严重的挫折。自杀事件发生不久之后，德国刑警的高级领导层就开始询问各邦的警察机关，问他们认为女警的存在是否有价值。埃尔肯斯认为，不仅是她自己被赶下台，而且整个女警部门的存在意义都遭到了质疑。

德国女警的历史可以追溯到第二帝国时期。1903年，斯图加特警察局聘用了一名女性社会工作者，专门处理与女性和儿童有关的社会问题。这位女性警务工作者的名字是亨丽埃特·阿伦特（Henriette Arendt，1874—1922）。到第一次世界大战爆发前，德国很多的警察局都聘请了女性社会工作者。这样的女性社会工作者算是警队的一个文职分支，但在培训、升职前景、职责等方面还不算是常规的警察。

德国第一支穿制服的常规女警队伍，是英国人推动建立的。一战结束后，英国在德国的部分地区有驻军，这些英国军人在德国经常寻花问柳，造成性病流行。为了解决这个问题，英国人在1923年推动科隆市组建了妇女福利警察（Frauenwohlfahrtspolizei）单位，起初包括4名女性社会工作者，埃尔肯斯被任命为该单位的领导人。英国警方还派遣了一些女警到科隆帮助她们的德国同行。

科隆市妇女福利警察的主要使命是控制当地的色情业。女警们在夜间巡逻，与妓女交谈，为其提供过夜的庇护场所、体检和心理辅导。女警与由男性警察组成的警察局扫黄科配合，但女警不是纯粹的执法人员，她们更多地从事社会工作者的工作，旨在帮助那些格外脆弱的人（主要指妇女儿童）。作为常规警察的扫黄科的手段则是简单粗暴的逮捕和拘禁。

埃尔肯斯在这样的岗位上如鱼得水，将自己组织、宣传、创新等方面的才干发挥得淋漓尽致。她还到各地演讲，呼吁各地警察局效仿科隆市警察局的做法。她代表德国参加了国际联盟关于女警察的国际会议，还著书立说，推动女警察的事业发展。她的努力也的确引起了德国各地的关注，很多地方纷纷效仿科隆。

但是，由于传统警察和福利机构的反对以及财政问题，科隆的妇女福利警察单位仅仅维持了不到两年。几个月后，埃尔肯斯改任法兰克福市警察局女警单位的负责人。

关于女警应当扮演的角色，在当时的德国也有很多辩论。有人认为，女警察应当和男警察在同一个单位服役，对男警察的工作起到协助作用，因为女警察有自己的特殊优势。男警察在工作中常运用威慑和暴力，而女警察运用"预防性、保护性、治愈性的手段去帮助人们，从而为大众福祉服务"。而且男警察面对女性的眼泪、哀求和色诱时往往不能坚守自己的立场，而这些手段对女警察都无用。也有人认为，女警察的工作重心应当是社会工作，集中力量保护"弱势群体"（主要指妇女儿童），所以女警察应当有自己的独立单位，而不是和男警察混在一起。

辩论的最终结果是：女警察将成为不穿制服的常规刑警，必须通过与男刑警相同的考试；女刑警执行常规的（与男刑警相同的）刑警任务，不过工作重心是与妇女儿童相关的案件。也就是说，女警察不再是纯粹的社会工作者，不过她们仍然有社会工作的职能。

埃尔肯斯就这样成为法兰克福市警察局女刑警（Weibliche Kriminalpolizei）部门的主管。1926年2月，她成为德国第一位参加刑警探长考试的女性。与此同时，巴登和萨克森开始用女警察在街道上巡逻。柏林、埃森、汉诺威、科隆、马格德堡等城市也组建了新的女警单位，但主要是文职。

1927年，埃尔肯斯带着多普弗和菲舍尔调往汉堡。在汉堡，埃尔肯斯给自己设定了两个目标。首先是让女警参加刑事调查的每一个阶段（从逮捕到审讯，再到配合检察官提起公诉），也就是说女警应当承担起普通刑警的各项工作。其次，埃尔肯斯希望她的部门不再纯粹由女性组成，而是吸收一些受过心理学和社会工作训练的男警察。但是，如前所述，埃尔肯斯的警察生涯以失败告终。魏玛共和国时期对女刑警单位的试验从此一蹶不振。

1933年纳粹上台后，对女警单位进行了重组。纳粹时期的女警和德国刑警的其他部分一样，也参与了驱逐、遣送和迫害犹太人、吉普赛人以及所谓"职业罪犯"的罪行，并建立和维护了几座专门羁押青少年的集中营。用历史学家乌苏拉·宁豪斯（Ursula Nienhaus）的话说，纳粹时期的女警察成了"心甘情愿为希姆莱服务的女共犯"[1]。

九 用通灵术破案？

魏玛共和国时期德国社会的一个特点是怪力乱神大流行，各种"先知""大师""通灵者""催眠师"和"特异功能者"大行其道。这也许与当时的经济与社会动荡、战争创伤造成的心理波动以及上流社会的腐朽无聊与醉生梦死有关系。[2]

但令人惊讶的是，在魏玛共和国，有不少通灵者试图利用通灵术来破案。有些人甚至试图搞出一门"刑侦通灵术"（Kriminaltelepathie），而警方也参与其中。这听起来是不是很荒唐？是不是让你想起了《巴比伦柏林》第三季里鬼里鬼气的通灵会？

上文讲到的以万里追凶而闻名的探长奥托·布斯多夫在1921年5月接手了一起谋杀案。在萨克森小镇米格尔恩（Mügeln）附近，一

---

[1] Nienhaus, Ursula. 'Himmlers willige Komplizinnen–weibliche Polizei im Nationalsozialismus 1937 bis 1945.' In: Grüttner, Michael et al (Hg): Geschichte und Emanzipation: Festschrift für Reinhard Rürup, Campus, 1999. S. 517–539.

[2] 本节主要参考了 Wolffram, Heather. "Crime, Clairvoyance and the Weimar Police." *Journal of Contemporary History*, Vol. 44, No. 4, 2009. pp. 581–601。

名护林员被谋杀。布斯多夫按照常规的侦查手段只能确定凶器是一支7.65毫米口径的手枪，除此之外没有发现任何线索，指纹、纤维、痕迹、目击证人统统没有。

无奈之下，司法机关想出了一个奇招，派人去莱比锡请通灵大师路易丝·迪德里希（Luise Diederich）和她的妹妹、催眠师玛丽·海塞尔（Marie Hessel）。据说这两位大师在类似的案件调查中有过不错的成绩。布斯多夫和两位大师举行了四次通灵会。迪德里希坐在受害者家中，在恍惚状态中跟踪受害者的最后行踪，描述受害者看见一个十字路口有两辆自行车，还瞥见了两名中年男子，也就是将要杀死他的人。迪德里希说出了凶手之一的姓名的一部分、他的住处、他的同案犯的情况，以及凶器的所在地，甚至描绘了凶手的对话和凶手骑车前往藏匿枪支的村庄的过程。根据通灵大师提供的信息，布斯多夫居然真的抓住了两名偷猎者，起获了一支7.65毫米口径的手枪。

这并非魏玛共和国时期通灵者参与犯罪调查的孤例，我们不妨再举几个例子。1921年3月，在贝恩堡市（Bernburg），催眠师奥古斯特·德罗斯特（August Drost）和被他催眠的通灵者参与了一名鞋匠杀妻案的调查。德罗斯特和通灵者在当地警察局长的陪同下，触碰了属于受害者的许多器物，希望能够还原鞋匠杀妻的具体情形。1925年，通灵者瓦尔特·赫普夫纳（Walther Höpfner）为柏林一名餐厅服务员死亡案件的调查提供了重要线索。赫普夫纳告诉受害者的父亲，他的儿子被两名凶手杀死并掩埋在某地的湖畔。

不过，通灵者参与调查的案件大部分不是杀人这样的大案，而是盗窃案。通灵者的使命一般是寻找失窃财物，而且往往并不是很贵重的财物。比如1923年3月，在蒂尔西特市（Tilsit），处于梦游般状态的埃尔莎·京特－格特斯（Elsa Günther-Gethers）紧闭双眼，在大街小巷奔来跑去，一路手舞足蹈，寻找偷了一位女市民的面粉和糖的窃贼。

在魏玛共和国初期，很大一部分国民陷入贫困，所以盗窃案——哪怕失窃的是在通常情况下不值钱的小物件——对底层民众生活的影响也是非常大的。而涉案金额较小的盗窃案，却是很难侦破的，警方没有足够的资源和精力去追踪每一小袋失踪的面粉，所以受害者可能更愿意求助于通灵者，尤其是如果通灵者要价不高的话。

大多数通灵者的服务应当是很便宜的，因为很多通灵者之所以做这项工作也是生活所迫。京特－格特斯在1927年以诈骗的罪名被审判时，她的辩护律师解释道，她"最初开始运用自己的超自然能力谋利，是因为在通货膨胀期间丧失了财产"。所以，通灵者也是可怜人啊。

其实早在帝国时期，发生轰动一时的罪案之后，往往也会有自称通灵的人毛遂自荐，向警方提供所谓线索。刑侦通灵术具体是怎么操作的呢？通常是催眠师对通灵者进行催眠，然后向其提问。通灵者在恍惚出神的状态下描述他（或她）看到的东西。通灵者往往会扮演受害者、凶手或目击者的角色，有时能给出非常具体的描述，比如说出凶手佩戴的首饰或穿的衣服是什么样子、死尸或者赃物藏在哪里。但大多数时候通灵者给出的描述是含糊暧昧、模棱两可的。

通常情况下，警方把这些人视为江湖骗子，不予理睬，但在魏玛共和国时期，警方却认认真真地做了好几次试验，测试这些通灵者是否真的有用。恩斯特·甘纳特就曾表示："通灵术作为一种所谓的刑侦辅助手段，是在战后出现的。刑警使用了一切合法手段来侦破案件，并没有从一开始就拒绝通灵术，而是组建了特别部门来核查每一起据说由通灵术侦破的案件。"

警探恩斯特·恩格尔布雷希特于1919年在莱比锡做了一个试验。他虚构了一起抢劫杀人案，请当时莱比锡有名的通灵者卡拉·伊奇（Kara Iki）来破案，当然，伊奇不知道这个案子是虚构的。观察试验的除了恩格尔布雷希特，还有几名记者、2名检察官、1名探长和1名精神病医生。伊奇坐着警车在莱比锡全城转悠，居然真的找到了所谓的犯罪现场、尸体、凶手、赃物和凶器。在整个过程中，观察者没有和伊奇说一句话。恩格尔布雷希特确认，伊奇对所谓罪案的各方面情况的判断都是正确的。这是不是意味着真的有通灵术？恩格尔布雷希特给出了否定的回答，他认为，伊奇观察入微，很好地把握了恩格尔布雷希特的心理，所以是恩格尔布雷希特不知不觉地给通灵者提供了许多线索，然后通灵者加以大胆的推测，碰巧全部正确而已。[1]

曾任柏林刑警总长的马克斯·哈格曼（Max Hagemann，1883—1968）也参加过许多通灵会。他的结论是，无法确定通灵这种事情是否真的存在。他觉得自己从通灵者那里听到的东西包含一定的真相，但无法判断通灵者是通过自然还是超自然手段获得这些信息的。也就是说，通灵者说出的东西，说不定是从报纸上看到的，或者出自街谈巷议，或者是从证人那里听来的。

---

[1] Schellinger, Uwe. "» Kriminaltelepathen «und» okkulte Detektive «. Integrationsversuche paranormaler Fähigkeiten in die Polizeiarbeit im deutschsprachigen Raum 1920 bis 1960." Okkultismus im Gehäuse. Institutionalisierung der Parapsychologie im 20. Jahrhundert im internationalen Vergleich (2016): 309–310.

在"杜塞尔多夫吸血鬼"案件[1]中,警方长时间毫无头绪,所以乐意让通灵者试一试。但警方发现通灵者提供的信息互相矛盾,甚至自相矛盾,于是就对这些"大师"们很不屑了。在埃森市的一起性变态谋杀案中,通灵者给出的信息与后来发现的实际情况相距甚远,所以埃森市警察局局长和其他很多地方的警务人员得出了相同的结论:不能用通灵术来代替正规的刑侦工作。

其实在那个时代,犯罪学和刑侦学还处于"现代化"的过程中,仍然是很粗糙的科学,它们的边界还很模糊。如果我们觉得刑侦通灵术很荒唐的话,那么不要忘记,很多新技术,比如指纹和血型鉴定,在当时应用于刑侦工作还没有很长时间。它们最初一定显得和刑侦通灵术一样神秘莫测。而很多刑侦通灵师对自己的辩护是,虽然他们也无法解释自己是如何发现线索的,但人们也很难解释警犬是如何找到线索的。既然警犬可以被接受,那么刑侦通灵术为什么不可以呢?而警方在破案压力大的时候求助于通灵术,大概也出于一种死马当活马医的心态。万一成功了呢?

---

1 详见本书第五章第九节"杜塞尔多夫吸血鬼"。

第五章 披着人皮的恶魔

一 断臂连环杀手

1919年，在德国西部的小镇锡克拉特（Sickerath，今属莱茵兰－普法尔茨州），生活着一个名叫卡塔琳娜·福斯特（Katharina Forst）的寡妇。她三十四岁了，丈夫在第一次世界大战期间死亡，留下她带着3个孩子过活，日子过得很不轻松。[1]

不过，她有一个男性朋友约翰·迈尔（Johann Mayer），生活中算是有一些友情的慰藉。有人说他俩的关系不只是友谊，她也从不隐讳自己对迈尔的好感。

迈尔是苦出身，于1886年出生在德国西部小镇于尔斯费尔德（Uersfeld，今属莱茵兰－普法尔茨州），但那里并不是他的家，因为他的父母都是居无定所的流浪劳工，只是母亲临盆时正好在于斯费尔德，在那里的一个谷仓里生下了小迈尔。还在襁褓中的迈尔就和父母一起颠沛流离，后来在一个叫博斯（Boos）的地方定居下来。迈尔小小年纪就要靠劳动养活自己，他曾在一家采石场打工，在一次爆破事故中被炸断了左前臂。也有人说，是他玩弄炸药，把自己炸伤的。

年轻的迈尔成了残疾人，得到一个绰号叫作"断臂"（Stumpfarm）。事故致残想必对他的心灵产生了极大的打击。残疾人很难找到工作，不过也正是因为伤残，他躲过了第一次世界大战的征兵。因为没有固定工作，他经常风餐露宿，在森林里游荡，夜间经常在树洞里睡觉，

---

[1] 本节主要参考了 Ferber, Franz Josef: Aus dem Leben des "Eifeler Schinderhannes", eines ehemaligen Schülers aus Boos. URL：https://boos-eifel.de/index.php/geschichte/geschichte/81-der-stumpfarm-ein-streuner-wilderer-und-mr。

靠捕猎为生。他也经常把猎物卖给村民。

卡塔琳娜也许是怜悯这个苦命人，因而对他关怀备至，给他食品，有时和他一起参加舞会。当地的宪兵询问这个流浪汉的情况时，卡塔琳娜还为他打掩护，说他是自己的未婚夫。在很长一段时间里，迈尔就在卡塔琳娜家落脚，也许在这里他能够感受到久违的家庭温暖。为了感谢卡塔琳娜，迈尔也经常给她送来野味。

有一天，宪兵来到卡塔琳娜家，要逮捕迈尔。什么原因呢？一时说不清。也许是因为偷猎，也许是因为迈尔这样的居无定所之人在当局眼里总是可疑分子吧。卡塔琳娜再三为自己的朋友辩护，可宪兵不由分说，将迈尔押走，把他关押在镇上的消防站。然而就在当天，这个残疾人"越狱"逃走了。有人看见他背着枪奔向锡克拉特，去找卡塔琳娜。

过了一阵子，卡塔琳娜想买一只山羊，到处打听哪里可以买得到。迈尔主动提供信息，他知道某地某人有一只很好的山羊要卖。于是卡塔琳娜和迈尔一起去买山羊。

谁能想到，她再也没有回家。

这是1919年5月的事情。一年后，有人在荒山野岭里发现了卡塔琳娜的尸体。迈尔呢？无影无踪。警方开始通缉这个人。

后来我们知道，迈尔其实是个连环杀人狂。卡塔琳娜不是他的第一个受害者。她和迈尔的关系原本很好，但迈尔突然对她痛下杀手，大概是因为卡塔琳娜察觉到了什么，或许干脆发现了迈尔是个逍遥法外的杀人犯，于是迈尔对她杀人灭口。

就在杀害卡塔琳娜的几个月前，迈尔谋杀了来自波恩的二十八岁女子玛丽亚·法尔克（Maria Falk）。在战争结束之后的经济萧条时期，经常有城里人到乡下购买食品，玛丽亚就是其中之一。她不知怎么认识了迈尔，定期从城里给他带来一些生活必需品，换取他猎获的野味。也许，迈尔不满足于仅仅当玛丽亚的生意伙伴，想要更多，而玛丽亚不肯，于是在两人在野外散步的时候，迈尔将玛丽亚枪杀了。

迈尔有两个朋友，分别叫尼古劳斯·许勒尔（Nikolaus Schüller）和洛伦茨·罗伊特（Lorenz Reuter）。也许他们发现了迈尔杀人的秘密，也许是因为别的原因，迈尔在1919年3月和4月将两位朋友枪杀，并且做了一件匪夷所思、令人毛骨悚然的事情：他将两名死者的头割下，然后互换位置。也就是说，许勒尔的尸体被发现的时候，脖子上接的是罗伊特的头；而罗伊特的躯体和许勒尔的头在一起。

这时候大家虽然还不能明确地知道迈尔是凶手，但这个经常孤零零带着枪在野外活动的怪人早就是街谈巷议的话题和怀疑的对象。也许宪兵去卡塔琳娜家逮捕迈尔，就是要好好调查一下他。

迈尔有一个小学同学叫约翰·瓦格纳（Johann Wagner）。1919年的一天，瓦格纳步行去另外一个村子找自己的兄弟。他没有走大路，而是选择捷径，走荒野小路。走到一座森林，他突然发现前方的树桩上坐着"断臂"迈尔，他手里拿着枪。迈尔问："怎么，约翰，你怕我吗？你不用怕我！"然后说："大家是怎么说我的？你回来的时候请带一片面包，放在这棵树上！"但是瓦格纳在返程中没有再遇见这个阴森森的角色。

有一个叫约翰·B的人，与迈尔关系不好。一天夜间，约翰·B趁着皎洁的月色赶路，突然遭到枪击，但是子弹没有打中。后来这个约翰成为审判迈尔的证人，迈尔也表示懊恼"少杀了一个人"。

随着迈尔的恶名逐渐传扬，民众对他越来越畏惧，但这个生存能力极强的残疾人仍然逍遥法外了好几年，直到1922年的夏天，迈尔被一群流浪汉擒获，扭送宪兵队，随即被押送到大城市科布伦茨。1923年2月7日，科布伦茨法庭判处迈尔死刑。迈尔于同年12月29日被送上断头台。

二　法尔肯哈根湖连环杀人案

1909年2月1日是生活在柏林附近小镇法尔肯哈根（Falkenhagen）的少年弗里德里希·舒曼的十六岁生日，这天他得到了一件让他爱不释手的礼物：母亲送给他一支小口径猎枪。这种枪在当时是青少年常用的猎枪，子弹穿透力很弱，有效射程大概只有10到20米，所以只能打打小动物。[1]

1910年，十七岁生日那天，舒曼背上心爱的猎枪，带着十五岁的表妹赫塔（Hertha），去法尔肯哈根森林郊游。

谁能想到，赫塔竟然没能回来。

怎么回事呢？舒曼解释道：在森林里，他看到树丛中有动静，误以为是一只鹿，于是开了枪，没想到竟然击中了表妹！就这样，表妹

---

[1] 本节主要参考了 Boegel, Nathalie: Berlin-Hauptstadt des Verbrechens: Die dunkle Seite der Goldenen Zwanziger. Deutsche Verlags-Anstalt, 2018. S. 33-45; Frey, Erich: Ich beantrage Freispruch!: Die Erinnerungen des berühmten Berliner Strafverteidigers. Elsengold Verlag, 2019. S. 14-41。

不幸死于"狩猎事故"。

既然是事故,误伤人命的少年便无需坐牢,而是被送进了一家特殊学校,在那里待了半年,然后成为锁匠学徒。

1911年,舒曼又出事了。按照他自己的说法,在一条公路上,他正在摆弄自己新买的手枪,但是不小心枪走火了。子弹击中了一个过路的女子,导致她当场死亡。法庭采信他的说法,以过失杀人罪起诉,只判了他九个月徒刑。九个月之后,他又是一条好汉,而且法庭居然允许他保留那支杀过人的手枪。

法庭没有注意到一条重要线索:死者身上原本携带了数目不小的现金,那笔钱不翼而飞。

1914年,第一次世界大战爆发。舒曼在一次入室盗窃时被马车夫威廉·莫里茨发现。舒曼用手枪把莫里茨打成重伤,然后趁机逃跑。莫里茨的运气不错,后来伤愈,但无法指认凶手。多年后,舒曼自己供认了这起罪行。

1916年5月,二十三岁的舒曼应征入伍,先是使用卡宾枪,后来成了机枪手。现在,打着保卫皇帝陛下、保卫祖国的旗号,舒曼可以坦坦荡荡地杀人了,而且还因为杀人得到奖赏,获得了铁十字勋章。

后来,舒曼与一位漂亮、文静的金发姑娘结了婚,并在国家铁路系统的一家修理厂工作。在同事眼中,舒曼手脚勤快,但沉默寡言,不喜交际,而且容易激动,动不动就面红耳赤。他的主要爱好是阅读强盗和谋杀主题的小说。

根据后来的调查,到1919年8月为止,舒曼共犯下7起谋杀、15起谋杀未遂、5起纵火、11起强奸、3起抢劫和9起盗窃。所有这些犯罪活动都发生在他家乡的法尔肯哈根湖与法尔肯哈根森林,这些地方就是他独享的"狩猎区"。幸存者和目击者说,作案时的舒曼总是穿着原野灰色的军服,带着枪。

1918年夏,舒曼在法尔肯哈根湖附近的一间农舍里强奸了一名女子,被她的丈夫、一位名叫保罗的教师发现并赶走。舒曼逃走了,但耿耿于怀,想要报复。夜间,他溜到保罗家的农舍,将门从外面封上,然后纵火焚烧这座木质结构的农舍。保罗夫妇和女儿惊醒,企图逃离,可是门被堵上了,怎么也打不开。保罗企图撞开窗户,遭到舒曼枪击。母女俩哀求饶命,最终逃出了农舍,而保罗已经死在浓烟滚滚的屋内。

大约在同一时期,舒曼还企图杀死自己的亲妹妹弗里达。他们的母亲前不久去世了,舒曼偷走了母亲的积蓄350马克,可能因此与妹妹发生了冲突。舒曼趁妹妹睡觉的时候,在炉子里放了大量煤球,将其点燃,随后堵住通风口,迫使浓烟留在室内,企图将妹妹毒死。不过弗里达及时醒来,逃得性命。

后来在法庭上,弗里达表示,她相信舒曼"从父亲那里遗传了坏东西",还说舒曼小的时候就曾试图与小伙伴一起纵火。舒曼的父亲多次因为强奸、盗窃、窝赃等罪行而坐牢。据说舒曼仅仅六个月大时,就因为哭闹而遭到父亲的虐待。老舒曼犯下强奸罪之后,妻子与他分居,独自抚养小舒曼和弗里达。老舒曼此后就对两个孩子不闻不问。

1919年6月,情侣罗伯特·基维特(Robert Kiwitt)和贝尔塔·赖希(Bertha Reich)在法尔肯哈根湖郊游时不幸遇上了舒曼。舒曼先用军用望远镜远距离观察这对闯入他的"狩猎区"的情侣,然后枪杀了基维特,接着强奸并枪杀赖希,还抢走了她身上的首饰和现金,最后将两具尸体抛入湖中。不久之后的6月29日,舒曼在同一地区残忍杀害了另一对郊游的情侣瓦尔特·里特多夫(Walter Rietdorf)和夏洛特·比德尔曼(Charlotte Biedermann)。

舒曼熟悉地形,神出鬼没,又在战争中锻炼出了极好的枪法和野外活动能力。他还胆大包天,敢于埋伏起来射击巡逻的宪兵。连续发生的谋杀、谋杀未遂、抢劫、强奸和纵火事件让法尔肯哈根湖周边人心惶惶,甚至有人卖房搬走。

最后,抓住舒曼的不是宪兵也不是刑警,而是一个名叫威廉·尼尔博克(Wilhelm Nielbock)的护林员。他和舒曼一样擅长野外活动,并且熟悉法尔肯哈根湖周边的地形地貌。

尼尔博克曾两次遭到舒曼的枪击。第一次他幸免于难。大约两年后,尼尔博克在一次巡山护林时偶然遇见一个年轻人,但他不知道对方就是舒曼。尼尔博克问对方要去哪里,年轻人说要回家。但他行进的方向不是村庄或城镇,而是人迹罕至的森林深处。警觉的尼尔博克追了上去,打算询问究竟,就在这时,舒曼忽然举枪向他射击。尼尔博克的胸部中了两弹,但对方的手枪卡壳了。身负重伤的尼尔博克趁机举起自己的霰弹枪,命中了对方的肩膀。舒曼逃走,尼尔博克勉强支撑着,来到附近一户人家。那里的人们起初以为这个走路跌跌撞撞的男人是个醉汉,直到看到他身上的血才意识到问题的严重性。尼尔博克用尽最后一丝力气,描述了凶手的外貌、服装和负伤位置。当夜,尼尔博克在医院去世。

警方立即通知周边地区的所有医院和诊所,寻找肩膀中了霰弹的人。两天后,果然有这样一名伤员来到一家诊所就医。医生不动声色地派自己的妻子去报警。警察赶到时,医生还在冷静地给伤员治疗。

就这样，舒曼落入法网。这一天是1919年8月20日。

舒曼起初向警方承认了自己的若干罪行，但几天后又翻供，说自己受到了刑讯逼供。

1920年7月5日至13日，舒曼在柏林莫阿比特区法庭受审。政府为他指派的公益律师拒绝参与此案。这也是情有可原：谁愿意为这样一个罪行累累的杀人恶魔辩护呢？

一时间找不到合适的律师，法庭庭长心急如焚。后来他偶然遇到自己在战争时期的老战友、如今担任辩护律师的埃里希·弗赖，于是把这个案子托付给了他。弗赖表示："世界上没有比法庭上的被告更孤独、更茕茕孑立的人了。站在这样的人身旁，用我的法律知识、辩论技艺和我的全部人格力量去支持他，是我的职业。弗里德里希·舒曼有权得到我的帮助。我没有权利拒绝帮助他，尽管帮助他对我来讲是吃力不讨好的事情。"

弗赖后来在回忆录中描写了自己第一次见到舒曼时的印象："在1920年那个星期日下午，我若不是事先知道自己面前这个衰弱的年轻人是谁，一定想不到他是一个危险的连环杀人狂。我会以为他是个小偷小摸的惯犯，那个时期的监狱里挤满了这样的失足者……但随后我看见了他的眼睛。那是一双被捕捉的野兽的眼睛，狂野地、焦躁地、探寻地向我望来。"

在法庭上，两箱从舒曼那里搜到的衣服和首饰被摆在陪审员面前，受害者家属看到其中有自己亲人的衣物饰品，不禁失声痛哭。尼尔博克的老父亲携带了一支左轮手枪，恨不得在法庭上与舒曼拼命。碰巧弗赖的妻子就坐在这位老先生旁边。她敏捷地夺走手枪，阻止了他做出糊涂事。

办案的警探拉曼（Lahmann）宣誓之后坚决否认曾刑讯舒曼，并表示："我和被告谈了十到十二天。我得出的结论是，他是一个思维清晰、有逻辑头脑的人。对于部分罪行，他坦然承认；对某些罪行，他矢口否认，直到我们拿出确凿的证据来。"

弗赖的辩护策略是，让法庭认定舒曼有精神病，因此没有行为能力。但舒曼自己不同意。法庭聘请的精神病学专家也认为舒曼的精神状态完全正常。

那么舒曼杀人的动机是什么呢？按照他自己的供词，是郊游的情侣或远足者打扰了他打猎，或者一个女人从窗户里望他，或者某人惊扰了林中的鸟儿，或者某人笑声太大，或者有人用不友好的眼神看他……诸如此类，总之都是鸡毛蒜皮的事情。

最终，舒曼的6项谋杀罪名成立，被判处6次死刑。1921年8月26日夜晚是临刑前的最后一夜。弗赖来向舒曼道别。舒曼向弗赖坦白了自己的更多罪行："法庭判我6次死刑，但我杀的不是6个人，也不是1个人，而是25个人……"

舒曼于次日清晨6点被有名的刽子手卡尔·格勒普勒（Carl Gröpler，1868—1946）斩首。

三　西里西亚火车站的屠夫

1921年8月21至22日的深夜，一个惊恐万状的男人跑到柏林市安德烈亚斯大街派出所报案。他说自己住在朗格大街（Langestraße）88/89号的廉租公寓，听见邻居卡尔·格罗斯曼的屋里传出喊叫和呻吟声。之前格罗斯曼和一个女人醉醺醺地回到公寓楼前，怎么也打不开门，还是这个报案人给他们开的门。[1]

警察赶到格罗斯曼家，用力敲门。里面的男人喊道："我已经睡了，明天再来！"警察见对方不肯配合，便强行打开门，进入一个灯光昏暗的凌乱房间。见警察闯入，格罗斯曼举起一个杯子就要喝，但被眼疾手快的警察阻止。后来得知，杯子里装的是毒药氟化钾，格罗斯曼早就做好了自杀的准备。

只见格罗斯曼赤身露体、浑身血污，坐在床上不肯动。警察硬把他拉起来，好去看被子下面有什么：竟然是一个奄奄一息的女人，一丝不挂，被绳子捆得结结实实，满身是血。更可怕的是，警察在炉子里发现了一只烧得焦黑的人手！

格罗斯曼与西里西亚火车站

负责此案的是甘纳特手下的警探里曼（Riemann）和维尔纳堡。查阅档案之后，他们发现，这个经常在柏林西里西亚火车站（Schlesischer Bahnhof，即今天的柏林东站）附近推车卖烤香肠的小贩格罗斯曼是个罪行累累的恶棍：他被捕时已有25次前科。

---

[1] 本节主要参考了 Wehner, Bernd: Dem Täter auf der Spur. Die Geschichte der deutschen Kriminalpolizei. Lübbe, Bergisch Gladbach 1983. S. 64-67; Frey, Erich: Ich beantrage Freispruch!: Die Erinnerungen des berühmten Berliner Strafverteidigers. Elsengold Verlag, 2019. S. 42-57。

第五章 披着人皮的恶魔

格罗斯曼于 1863 年出生在普鲁士王国勃兰登堡省的新鲁平（Neuruppin）。熟悉德国文学的朋友会知道，文豪特奥多尔·冯塔纳（Theodor Fontane, 1819—1898，"威廉时代德国的简·奥斯汀"）就出生在那里。不过，格罗斯曼的人生和冯塔纳没有什么共同点。格罗斯曼的父亲是收破烂的小贩，酗酒并且经常搞家庭暴力；母亲有智力残障。格罗斯曼和他的四个兄弟姐妹都多多少少有些精神问题，甚至下一代都未能幸免。

格罗斯曼只读到小学三年级就退学了。二十四岁时，他因为性侵一名四岁女童而第一次入狱，之后他多次"进宫"也是因为性犯罪。1899 年 4 月 1 日，在巴伐利亚，他刑满获释不久之后强奸了一个十岁女童和一个四岁女童，导致后者死亡，于是又回到监狱。在监狱里，他被单独关押，因为其他犯人害怕他。他于 1913 年刑满获释后被驱逐到普鲁士，因为巴伐利亚当局不愿意接纳这个劣迹斑斑的普鲁士人。

格罗斯曼的生活、"工作"和作案都发生在柏林市西里西亚火车站周边，我们有必要介绍一下西里西亚火车站在那个年代是个什么样的地方。

西里西亚火车站位于柏林东部的弗里德里希斯海因区，在当时被称为"三毛钱火车站"（Drei-Groschen-Bahnhof），因为这里聚集着柏林最廉价的下等妓女。不计其数青春已逝的"失足妇女"在火车站附近站街，或者在火车站周边破败、阴暗潮湿，甚至没有自来水和下水道的廉租公寓里"营业"。记者汉斯·奥斯特瓦尔德如此描述西里西亚火车站周边的卖淫业："在西里西亚火车站附近脏兮兮的科彭大街（Koppenstraße），饱经风霜、野鬼游魂般的女人们每天深夜在街上行走,尤其在周六夜间,她们不戴帽子和头巾,还围着蓝色的厨房围裙。她们等候醉醺醺的下班的工人,向他们出卖自己的肉体,换一两个马克。"[1]

记者威利·普勒格尔(Willy Pröger)对柏林下等妓女的营生做过暗访,留下了这样的描述:"(嫖客与妓女)匆忙地、如同谈正常生意一般交谈。谈妥价格,急行军进入朗格大街(格罗斯曼的最后一个住处)的落脚点。时间就是金钱。这是一个残疾退伍军人的家。一间厨房,一间卧室,一间起居室。两个房间都出租给妓女。退伍军人夫妇靠这个维生。我们(记者)必须在厨房等候。两个房间现在都有人在忙活。今天是发工资的日子。(退伍军人的)太太站在炉灶边煮大麦茶。一个房间空出来了。那是夫妇俩的卧室。里面有两张床,角落里摆着一张长沙发。仔细观察之后,发现长沙发其实只是四根木头上支着的空床架。厨房椅子上有一个白铁皮的脸盆,脏兮兮的。湿漉漉的毛巾几乎全是洞。室内空气污浊,令人作呕。有烟草和酒精的臭气,有人的体味,还有一只在床上打呼噜的猫的臭气……我给了那姑娘3个马克,但什么都不要求她做,她满脸敌意地问:'怎么,你觉得我配不上你吗?'外面厨房里已经有两对在等待房间了。退伍军人说:'生意很好。'"[2]

有妓女,难免就有"仙人跳"。许多嫖客遭到突然出现的妓女的"男朋友"及其同伙的殴打和抢劫。拦路抢劫在这里是家常便饭。火车站周围挤着大量肮脏、喧闹的下等酒馆、饭馆与时租房。形形色色

---

[1] Elder, Sace. *Murder Scenes: Normality, Deviance, and Criminal Violence in Weimar Berlin.* University of Michigan Press, 2010. p. 85.

[2] Stürickow, Regina: Mörderische Metropole Berlin: Authentische Fälle 1914-1933. Militzke, 2015. S. 31.

的犯罪分子和形迹可疑人士在这里活动。如果你想要避开警察的搜索，就给酒馆之类场所的老板一点钱，老板一定能像变戏法一样帮助你在警察眼皮底下消失得无影无踪。

这样的酒馆也可能提供住宿，记者莱奥·黑勒（Leo Heller, 1876—1941）描写过其中一家酒馆："这是一个狭窄的房间，灯光昏暗，恶臭不堪，仿佛发生了瘟疫。粗笨的木桌前，男男女女挤得水泄不通……酒吧间后面就是卧室，里面摆着 12 到 15 张光溜溜的木板床，没有床垫，没有床单。没有盥洗设施。在这里，洗脸刷牙大概是闻所未闻的事情。在这个房间睡觉需要 5 马克。我拜访这个贫民窟的时候，这里有大约 40 个住户，男女老少都有。40 个人，15 张木板床。谁能占有一张木板床，就是格外地幸运。其他人只能躺在地板上。连一张草席也没有，也没有一床破被子可以包裹这些可怜的、精疲力竭的身躯。男人，女人，小孩，就挤在这里……"[1]

另外值得一提的是，格罗斯曼居住的朗格大街上有一家"黑鲸"酒馆，是"永远忠诚"帮会[2]的长期聚会地点。[3]

贫穷与犯罪：这就是格罗斯曼所在的悲惨世界。

"我不屠宰牲口，只杀女人"

逮捕格罗斯曼之后，柏林警方前往他曾居住的几个地方搜查，在

---

[1] Ebd., S. 28-30.
[2] 详见本书第八章第二节和第三节。
[3] Stürickow, Regina: Mörderische Metropole Berlin: Authentische Fälle 1914-1933. Militzke, 2015. S. 31.

灌木丛和溪流中发现了多个尸块。

实际上，柏林警方之前就已经和格罗斯曼打过交道了。早在1913年，格罗斯曼居住在科彭大街的时候就有邻居报警。警察发现他家里有一个哭泣的十五岁少女。格罗斯曼向警察解释说，他怜悯这个衣衫褴褛的流浪儿，所以要把妻子的几件衣服送给她。警察没有生疑，甚至也没有查一下档案，因为只要查一下就会发现格罗斯曼其实是单身汉。这些女装也许是某个受害者留下的。

朗格大街那个报案的邻居也曾从格罗斯曼那里获得过女装，但没有多问，就把衣服卖掉换钱了。格罗斯曼被捕后，邻居们才突然回想起来，曾在夜间听见他家里传出呼喊声。他们还想起来格罗斯曼经常带着一个看上去沉甸甸的绿色旧包裹出门。有邻居注意到楼梯上有血迹，还有人说整栋楼都散发着尸臭。几名妓女报告称，她们的一些"同行"与格罗斯曼打过交道之后就音讯全无了。但这些情况在格罗斯曼被捕前都没有报告到警方那里。

甚至还有人告诉警方，格罗斯曼曾在醉酒后吐露心迹："我不工作，我只杀人，拿走他们的钱。我的职业是屠夫，但我不屠宰牲口，只杀女人。我把她们砍成小块，全都烧掉。我戳瞎马的眼睛，用刀子挖掉狗的眼睛，我用石头把小孩子砸死。"[1] 但这么令人毛骨悚然的话，在当时仅仅被视为酒后狂言。

警方怀疑格罗斯曼杀了至少8个人，也许更多，可能有23人；柏林地区在这一时期有100多名女性失踪，这有可能都要算到他的账

---

1 Thissen, Torsten: Serienmörder: Der Mädchenfänger von Berlin-Nachrichten Panorama - WELT ONLINE. Welt. de. 6. April 2008. URL: https://www.welt.de/vermischtes/article1870282/Der-Maedchenfaenger-von-Berlin.html.

上。所以格罗斯曼很可能是德国历史上杀人最多的连环杀人狂。

他的受害者大多是从下等咖啡馆和酒馆诱骗来的流浪者、妓女等流动人口，这样的人即使失踪也很少有人挂念和寻找。并且，格罗斯曼虽然只是个小贩，但在这个贫困地区已经算是个人物，他能够用食物、住宿、金钱和工作来引诱受害者。就连那些向警方揭发格罗斯曼的邻居也往往受过他的恩惠，比如与格罗斯曼住同一层楼的邻居海伦妮·伊茨希（Helene Itzig）向警方承认，她家欠了格罗斯曼58马克。[1]

因为格罗斯曼是卖香肠的，所以有人猜测，也许他把人肉做成了香肠，不过没有证据能证明这一点。

在1921年9月16日的一次审讯中，审讯者问他，在分尸时是否会有性快感。他答道，没有，即便面对活着的女人，他也不会兴奋。[2]

格罗斯曼这样明显的性变态和惯犯能够逍遥法外多年，这让甘纳特对之前许多年里警方的疏忽大意十分愤怒；格罗斯曼最后被捕也是事出偶然，而非警方的功劳，无怪乎甘纳特批评当局是"谋杀的同案犯"。

值得一提的是，格罗斯曼指名道姓地请求埃里希·弗赖律师为他辩护，因为格罗斯曼认为，弗赖为弗里德里希·舒曼"服务得很好"[3]。格罗斯曼还请求弗赖收养他心爱的宠物金翅雀。格罗斯曼对这只金翅雀百般宠溺，侦探维尔纳堡就是看准了这一点，主动提出要给金翅雀除螨，才赢得了格罗斯曼的信任，让他开始招供。

1　Elder, Sace. *Murder Scenes: Normality, Deviance, and Criminal Violence in Weimar Berlin*. University of Michigan Press, 2010. p. 87.
2　Thissen, Torsten: Serienmörder: Der Mädchenfänger von Berlin-Nachrichten Panorama-WELT ONLINE. Welt. de. 6. April 2008. URL: https://www.welt.de/vermischtes/article1870282/Der-Maedchenfaenger-von-Berlin.html.
3　详见本书第五章第二节"法尔肯哈根湖连环杀人案"。

1922年7月5日，案件调查审理尚未完成，格罗斯曼便在狱中自杀。他把床上用品做成一根绳子，将绳子吊在牢房门的钩子上，把自己吊死了。他还没有完全认罪，所以很多秘密就和这位"西里西亚火车站屠夫"的生命一起消失了。

四　欣特凯费克灭门案

20世纪20年代初，在距离巴伐利亚首府慕尼黑以北约75公里的乡村，有一座名叫欣特凯费克（Hinterkaifeck）的农场。[1]

欣特凯费克农场住着祖孙三代，共五口人：六十四岁的农夫安德烈亚斯·格鲁贝尔（Andreas Gruber），他的妻子、七十二岁的采奇丽亚（Cäzilia）；他们的女儿，三十五岁的寡妇维多利亚·加布里尔（Viktoria Gabriel）；维多利亚的六岁女儿小采奇丽亚，还有两岁半的儿子约瑟夫（Josef）。维多利亚的丈夫卡尔·加布里尔在第一次世界大战中阵亡，所以现在主要是维多利亚经营农场和管家。

关系混乱的一家人

这家人相当富裕，拥有大约17公顷土地、若干家禽家畜，还有

---

[1] 本节主要参考了 Münchner Blaulicht e. V. (Hg): Chronik der Münchner Polizei, Hirschkäfer, 2015. S. 264-268。

不少现金、首饰、债券等财产。但他们在当地的名声不好，因为守寡的维多利亚和她父亲居然做出了乱伦的丑事，因此于1915年分别被判了一个月和一年徒刑。老采奇丽亚对丈夫和女儿之间的荒唐关系持容忍态度，大概是因为老太太年事已高，早已经控制不住比她年轻将近十岁的丈夫。

维多利亚不仅和父亲有乱伦关系，还和附近村庄的村长洛伦茨·施利滕鲍尔（Lorenz Schlittenbauer）也有关系。施利滕鲍尔是个鳏夫，多次表示想和维多利亚结婚，但都遭到她父亲的阻挠。

1919年9月7日，维多利亚生下了儿子约瑟夫。但这孩子的父亲是谁呢？维多利亚说，这是施利滕鲍尔的孩子。施利滕鲍尔起初表示认可，后来却说这是维多利亚与她的父亲安德烈亚斯乱伦所生的孽种。施利滕鲍尔一会儿接受约瑟夫，一会儿不接受，如此反复好几次之后，闹上了公堂。在法庭上，施利滕鲍尔指控维多利亚与父亲乱伦，生下了约瑟夫。但后来，不知为何，施利滕鲍尔又翻供，承认约瑟夫是自己的骨肉。

也许是因为不正常的家庭关系，以及与施利滕鲍尔有关的乱七八糟的事情，格鲁贝尔一家十分孤僻，很少与邻人来往。

1921年10月，格鲁贝尔家雇用的唯一一名女仆突然辞职离去，理由是她感到在农场很不安全，总觉得有人在窥伺她，她的房门还多次自行打开，十分诡异。

怪事还有不少。安德烈亚斯发现雪地里有通往农场的新鲜脚印，不知是何人留下的，却没有发现相对应的离开农场的脚印；维多利亚在附近镇上购物时告诉别人，她家农场怪怪的，很不对劲，但说不出来哪不对；安德烈亚斯和女儿都曾看见一个男人在树林中偷偷用望远镜观察农场；他们还在树林边缘捡到一份慕尼黑的报纸，不知是谁丢下的，当地无人订阅这份报纸；安德烈亚斯还丢失了一把钥匙，怎么也找不到。

1922年3月31日，星期五，格鲁贝尔家雇用的新女仆玛丽亚·鲍姆加特纳（Maria Baumgartner，四十五岁）来欣特凯费克报到了。她的腿脚不好，所以她的妹妹帮忙将行李搬运到农场，然后回去了。

玛丽亚对上述的怪事一无所知，当然也绝想不到，这就是她在人间的最后一天。

惨遭灭门

4月1日，星期六，小采奇丽亚没有到校上课，也没有事先请假。这天中午，有2名小贩到欣特凯费克农场兜售咖啡，但无人开门，于是他们悻悻离去。

4月2日，星期日。格鲁贝尔家无人去教堂做礼拜。

4月3日，星期一。邮递员注意到，上周六投递的邮件还放在原地，无人动过。

4月4日，星期二。一名工人按照之前的约定，到欣特凯费克农场维修一台草料切割机。农场上无人，于是工人修好机器，自行离开了。同一天，施利滕鲍尔派他的2个儿子去欣特凯费克农场查看究竟。2个孩子说，一个人也没见着。施利滕鲍尔大感蹊跷，带了2个青壮年男子，亲自登门。

他们震惊地发现，格鲁贝尔一家五口加上女仆，全都已经死于非命！

惊人的消息不胫而走。附近镇上的宪兵于当天18时抵达，好不容易将人山人海的围观群众拦在农场外面。慕尼黑警察局凶杀调查科的探长、五十五岁的格奥尔格·赖因格鲁贝尔（Georg Reingruber）率领2名侦探、1名鉴定人员、2名警犬操作员及警犬连夜赶来。4月5日早晨5点半，一行人抵达现场，开始工作。

赖因格鲁贝尔探长发现，安德烈亚斯夫妇、维多利亚和小采奇丽亚都死在马厩里。其中老采奇丽亚和维多利亚穿戴整齐，显然出事时尚未就寝。安德烈亚斯和外孙女小采奇丽亚都只穿着内衣，显然已经准备上床睡觉，然后被叫到（或者吸引到）马厩。女仆死在自己的房间。约瑟夫死在母亲房内的婴儿床上。6个人的死因都是头部遭到利器重击，但现场找不到凶器。死者的死亡时间估计为3月31日大约21时。

因为不知道农场上原本有多少现金、现在又少了多少现金，并且首饰、股票和若干金币尚在，所以基本上可以排除抢劫杀人的动机。

有迹象表明，凶手杀人之后在农场上还逗留了一段时间，给奶牛挤了奶、喂了食。看样子凶手的心态极好，不着急逃跑，对动物还很有爱心。凶手还用一扇木门盖上了马厩里的4具死尸，然后在木门上铺设稻草。凶手给女仆的尸体盖上被子，并用维多利亚的一件衣服盖上了小约瑟夫的尸体。为什么要遮盖尸体呢？也许凶手认识死者，和死者之间有着某种感情上的联系？警察还发现，凶手吃了农场里的面包和肉。

也许是因为当时政治局势动荡，警方的心思主要在政治犯罪方面,也许是因为慕尼黑警察局的侦探水平欠佳,总之,赖因格鲁贝尔探长的"活儿"做得很粗糙。他没有在现场采集指纹,也没有及时讯问女仆玛丽亚的妹妹(她很可能是除了凶手之外最后一个看到活着的受害者的人);那个自称在没有遇见格鲁贝尔一家的情况下自行修理了机器的工人,在几年之后才受到警方讯问。至于凶器,一把锄头,是在1923年拆除农场时才发现的。整个案子扑朔迷离,找不到动机。也许安德烈亚斯父女的乱伦关系,以及维多利亚和施利滕鲍尔的关系与此案有关联,但有什么样的关联呢?始终说不清楚。

头号嫌疑人是施利滕鲍尔。他和格鲁贝尔一家关系密切,跟维多利亚有私情,也为了约瑟夫的血统问题与格鲁贝尔一家发生过冲突,尤其和安德烈亚斯关系紧张。施利滕鲍尔非常熟悉地形,完全有可能悄无声息地在农场活动。

并且,发现尸体之后,施利滕鲍尔把2个目瞪口呆的同伴留在马厩里,自己去主屋里单独待了一段时间。他在那里做了什么,难道是消灭证据?施利滕鲍尔后来在酒馆里和众人描述案情时,非常奇怪地使用第一人称来描述凶手作案的情形,仿佛他就是凶手。难道他说漏嘴了吗?还有一些类似的奇怪的表现和言辞,让村民们非常怀疑施利滕鲍尔。不过一直没有明确的证据表明他有罪。

在1941年去世之前,施利滕鲍尔多次将说他是凶手的人以诽谤罪告上法庭,并且每一场官司都赢了。但仍然有很多人相信施利滕鲍尔就是凶手,导致他的子女和后人在当地遭到歧视,不得安宁。[1]

---

[1] Mayr, Stefan: Geheimnis um eine siebte Leiche. In: Süddeutsche Zeitung, 17. Mai 2010. URL: https://www.sueddeutsche.de/bayern/mysterioeser-mord-1922-geheimnis-um-eine-siebte-leiche-1.409404-0.

另一个嫌疑人是 1897 年出生的面包师约瑟夫·贝特尔（Josef Bärtl），此人患有精神病，于 1921 年从精神病院逃走，并且可能在 1919 年杀过人。赖因格鲁贝尔探长还怀疑过准军事组织自由团的成员。还有其他一些嫌疑人被拘留，后来都被释放，所以始终也没有明确的线索。尽管政府悬赏 10 万马克巨款，但无人有资格领到这笔赏金。无奈之下，警方甚至请了通灵者，尝试与死者的魂灵沟通，这自然也是无济于事。

民间流传的各种说法千奇百怪。有一种说法是，维多利亚的丈夫卡尔并未死于第一次世界大战，而是换了个身份继续活着，得知妻子生了私生子（并且可能是乱伦生子）之后，回来报复了妻子全家。甚至到了第二次世界大战结束之后，还有一个传说：一名从苏联战俘营获释的德军士兵回家之后说，有一个苏联士兵用巴伐利亚口音的德语自称是欣特凯费克谋杀案的凶手。难道这个苏联士兵就是卡尔吗？莫非他投奔了苏联？

案发一年之后，欣特凯费克农场被拆除，它所在的地方在今天是一片农田。这起灭门案至今没有告破。

2007 年，慕尼黑一所警校的 15 名学员重新研究了欣特凯费克农场谋杀案。他们在互相没有交流的情况下得出了相同的结论：凶手肯定就是……

但为了保护凶手的后人，警校的相关报告没有公布凶手的名字。[1]

1　URL: https://www.hinterkaifeck.net/reader-ffb-bericht/.

五　汉诺威狼人

德国下萨克森州的首府汉诺威是一座历史名城，它曾经是汉诺威选侯国和汉诺威王国的首都。汉诺威选帝侯格奥尔格（Georg）于 1714 年获得英国王位，史称乔治一世，建立了英国的汉诺威王朝。今天的英国王室仍然是这位德意志诸侯的后代。[1]

汉诺威地处北德平原和中德山地的相交处，既是德国南北和东西铁路干线的交叉口，又濒临中德运河（Mittellandkanal），所以汉诺威是一个水陆辐辏的交通枢纽。优越的地理位置使得汉诺威在第一次世界大战结束之后的几年里，"作为国际交通中转站和黑市的重要性猛增"。但是，在魏玛共和国的初期，和德国许多城市一样，约 45 万人口的汉诺威经济萧条，民生凋敝，社会动荡，犯罪激增。老城区很多曾经高雅时髦的地段，当时沦为贫民窟和冒险家的乐园。

比如，在汉诺威市新大街（die Neue Straße）有一座宅邸，曾经属于在滑铁卢战役中阵亡的不伦瑞克公爵弗里德里希·威廉（Friedrich Wilhelm von Braunschweig，1771—1815）。但到了 20 世纪 20 年代初，公爵的豪宅早已破败，成了贫民救济院。而它周边的地区也逐渐蜕化成贫民窟。这个地区的房屋大多是破破烂烂的木棚子，邻居之间往往只有薄薄的木板相隔。莱讷河（Leine）从这附近流过，河中央有个小岛叫"小威尼斯"，听起来很浪漫，但其实是密密麻麻的棚户区。

---

[1] 本节主要参考了 Lessing, Theodor: Haarmann. Die Geschichte eines Werwolfs. Hofenberg, 2019。

汉诺威火车总站离这里不远。很多城市的火车站都是三教九流汇聚、治安混乱的地方，而汉诺威是德国北部的大城市和交通枢纽，所以它的火车站格外繁忙和混乱。很多流浪汉、失业者、离家出走的青少年，以及形形色色的逃亡者经常在汉诺威火车总站附近寻找遮风挡雨的落脚点。窃贼、强盗、黑市商人、皮条客和男女娼妓经常在这里活动。此处的男妓活动似乎特别猖獗，光是在警方那里登记注册的男妓就有大约500人，警方估计全城的同性恋者有将近4万人。

在魏玛共和国初期，汉诺威警察局的人手和经费都严重不足。扫黄科只有12名警员和1名探长，却要负责监控和保护全市约4000名妓女（其中只有400人在警方那里正式登记）和数百名男妓。负责失踪人口调查的部门经费少得可怜，所以单这一点就使警方不可能处理大量失踪案：仅在1923年，警察局接到报案的失踪人口就将近600人。

汉诺威也是一座政治上保守的城市，"毫无疑问地倾向于带有反犹色彩的外省的、保守的、咄咄逼人的非自由主义"。这里的人们崇拜兴登堡，右翼的大学生联合会在此处也很活跃。[1]

魏玛共和国时期最臭名昭著、最令人震惊的案件之一，就发生在这样的舞台上。

弗里茨叔叔

1924年5月到6月，有小孩子在莱讷河畔玩耍时发现了几个头骨。

---

[1] Kavaloski, Joshua. "The Haarmann Case: Remapping the Weimar Republic." *The German Quarterly*, Vol. 88, No. 2, [American Association of Teachers of German, Wiley], 2015. p. 223.

经法医鉴定，都是年轻男子或小男孩的头骨，是用刀子割下来的。在6月13日有人发现第四个头骨后，汉诺威警方断定，这是一起连环谋杀案。

警方推测，杀人动机不是谋财，而可能与当地活跃的同性恋活动有关。在警方的黑名单上，有犯罪前科的男同性恋者大约有30人，其中有一个叫弗里茨·哈尔曼的，迅速引起了汉诺威警察局谋杀调查科的注意。

警方知道此人是同性恋者，并且前科很多，包括性侵、暴力伤害、盗窃、销赃等。并且，此人早在1918年9月（即战争期间）就成了一起男童失踪案的嫌疑人。当时警方怀疑到了哈尔曼，搜查了他家，但没有发现蛛丝马迹。如今，在1924年，哈尔曼又一次成为嫌疑人。从6月17日起，警方对哈尔曼进行了全天候跟踪监视，但一无所获。与此同时，调查科的警察们开始更多地研究哈尔曼的背景。

据了解，哈尔曼从1921年6月1日起住在新大街8号的一间出租屋。和这个地区的绝大多数居民一样，他也属于社会底层。新大街8号就在莱讷河边，不过哈尔曼的房间并不沿河。

哈尔曼似乎没有固定工作，而是干各种杂活来谋生，比如他会把肉加工成香肠或碎肉冻，挣点加工费。经常有人把活的家禽、兔子、狗等带到哈尔曼家，请他屠宰。他也会做一些不太光明正大的生意，比如帮助窃贼销赃、出售偷来的衣服等。他的朋友似乎也不是什么正人君子，有小偷小摸的，也有黑市商贩。朋友们经常到他家喝酒取乐，有时会吵闹起来，甚至动刀子。有一段时间哈尔曼坐了牢，在此期间把房子转租给一个叫汉斯·格兰斯（Hans Grans）的朋友。1922年，房东把格兰斯赶了出去。这年3月1日哈尔曼出狱回家之后,发现自己的出租屋空空如也——格兰斯把他所剩无几的家当偷了个精光。

不过这些破事在贫民窟司空见惯,哈尔曼在贫民窟其实还算比较"体面"的,经济条件尚可,人也比较"乐善好施",经常搭救无家可归的青少年,给他们碗饭吃,让他们有个过夜的地方。周边地区的青少年管他叫"弗里茨叔叔"。

但大人们给他取的绰号是"刑警哈尔曼",因为贫民窟里有些人知道,哈尔曼其实另有一个身份:他是警察的线人。他给汉诺威警察局的盗窃调查科提供线索,帮助警方缉拿窃贼和窝赃犯,甚至还和一名退役警察一起创办了一家私家侦探社。他有一本自己制作的侦探证件,经常拿着它出入汉诺威火车总站,与那里的三教九流打交道。在当时,德国警方经常"豢养"几个小毛贼,让他们通风报信;作为交换,警察对他们偷鸡摸狗的行为睁一只眼闭一只眼。在柏林,这种线人被称为"八毛"(Achtgroschenjunge)[1],不知是否因为每次提供线索的报酬是八毛钱。

也许是因为哈尔曼有这种半官方的背景,也许是因为贫民窟里各种怪事和见不得光的事情多如牛毛、见怪不怪,还有可能是哈尔曼经常给大家提供廉价的旧衣服(有时甚至是慷慨赠送),所以穷街坊们对哈尔曼家发生的一些怪现象视而不见。比如,哈尔曼为什么能隔三岔五地拿出旧衣服兜售?这些旧衣服是从哪里来的?为什么经常有陌生的青少年到哈尔曼家?为什么有人透过哈尔曼的窗户看见赤身露

---

[1] Stürickow, Regina: Mörderische Metropole Berlin: Authentische Fälle 1914 – 1933. Militzke, 2015. S. 13.

体的男孩子？哈尔曼家附近一家香烟店的店主还指出，虽然经常有青少年进入哈尔曼家，却不一定看到同一个人走出来。有传闻说，哈尔曼是个人贩子。果真如此吗？为什么哈尔曼家有时三更半夜会有操作锤子和锯子的声音？大家都知道他家有台绞肉机，经常做香肠，那么难道他在夜间工作？他为什么经常拿着包裹和袋子离开家？

1921年6月9日，哈尔曼搬家了，住进了红巷（Rote Reihe）4号的阁楼，那是一间只有7平方米的斗室。这栋楼的厕所在院子里。有人注意到，哈尔曼经常拎着一个有盖子的桶去上厕所。但是，在大家都在为生计而奔忙的贫民窟里，哈尔曼仍然不算引人注目。

1924年6月22日，警方开始对哈尔曼跟踪调查后的第五天，哈尔曼自己撞上了枪口。他在火车总站威胁一个与他有同性恋关系的男孩，被警方逮捕。23日，警察搜查了哈尔曼的出租屋，发现了血迹和许多沾着血迹的男士服装。这下子，哈尔曼的嫌疑大大增加。

他说那些血是自己流的鼻血。警方当然不信，对他严加审讯，甚至动用了在今天会被算作心理上的刑讯逼供的激进手段。哈尔曼被用铁链锁在审讯室内，警察在室内每个角落都摆放了死者的头骨，并在头骨的眼眶里装饰上红纸，然后用灯光从后面照亮头骨。在拴着哈尔曼的铁链范围之外，还放着麻袋，里面装着死者的尸骨。警察对哈尔曼说，如果他不招供，死者的冤魂会把他带走。据说哈尔曼还遭到了警察的殴打。

与此同时，警方还公开展示在哈尔曼那里搜查到的衣服。全国各地都有失踪青少年的家属前来辨认，若干失踪者的身份因此得以确定。并且，警方发现，哈尔曼的朋友格兰斯拥有许多属于失踪者的衣

第五章　披着人皮的恶魔

服。他说是从哈尔曼那里花钱买的二手服装。

不利于哈尔曼的证据迅速累积起来。在心理和生理的双重攻势之下，6月29日，哈尔曼终于支撑不住，承认杀过几个人，但是次日又翻供。7月1日的审讯中，他承认杀了7个人。根据哈尔曼的证词，警探海因里希·雷茨（Heinrich Rätz）连夜去搜索更多的尸块。7月5日，汉诺威交通局专门修建拦河堰，降低了莱讷河的水位，在河床上发现了大约300块人骨，属于至少22名死者。

真相大白。"弗里茨叔叔"和"刑警哈尔曼"，是一个不折不扣的杀人魔王。

狼人的自白

如果说战后初期的德国是一个"悲惨世界"，那么哈尔曼就是悲惨世界里的一个典型人物，既是受害者，也是施暴者。

哈尔曼1879年出生于汉诺威，父亲开雪茄工厂，经济条件还不错，据说是个专横跋扈的家长，而母亲对儿子十分宠溺。据说哈尔曼幼年时曾长期遭到兄长的性侵，这道童年阴影应该对他的影响非常深远。他当过锁匠学徒，还上过陆军士官学校，但因为几次出现幻觉而退学。没了工作，又因关系紧张而不愿意去父亲的工厂做事，哈尔曼开始游荡。年纪轻轻的他遭到一位女邻居的引诱，后来他自己也开始侵犯和骚扰邻居家的孩子，并因此第一次遭到法律制裁。但他被认为有智力障碍，于是被送进了一家精神病院。在那里，他很可能遭到严酷的对待，留下了可怕的精神创伤，所以他多次试图逃跑，并且一辈子都非常害怕被送进精神病院："砍了我的头吧，绝不要把我送进精神病院！"

1900年,哈尔曼应征入伍,但因为一次昏厥而被送进医院,被诊断患有精神分裂症,于是退役。回到家乡汉诺威后,他起诉了自己的父亲,索要生活费,还与父亲动起拳脚。父亲给了他一笔钱,让他做小生意,但生意很快就破产了。他曾两次订婚,但都无果而终。

1905年,哈尔曼染上性病,并且开始了他的同性恋活动。他经常在汉诺威火车总站寻找性伴侣,主要是勾搭年轻的无家可归者和离家出走的孩子。他还开始偷鸡摸狗、窝藏赃物等,一共入狱17次。就在这个时期,汉诺威警察局的盗窃调查科招募了这个小贼,让他刺探犯罪世界的情报。第一次世界大战的大部分时间里,哈尔曼都在坐牢。1919年,哈尔曼认识了比他年轻近二十岁的格兰斯,两人成了伴侣。

哈尔曼的目标都是在火车总站及其周边地区游荡的无家可归、饥肠辘辘的青少年。他用糖果、香肠等食物以及可供休息的床铺引诱这些可怜虫到他的出租屋,然后对其实施性侵。这些孩子往往因为饥饿和长期流浪而身体虚弱,无力抵抗。按照哈尔曼自己的说法,在性行为的过程中,他往往会失去自制力,疯狂地去咬受害者的咽喉,将对方活活咬死或者掐死。杀人之后,哈尔曼也累坏了,于是躺在死尸旁睡觉。睡醒之后,他会煮一壶咖啡,然后开始分尸。他用布盖住死者的面孔,开膛破肚,取出内脏,用斧子砍断四肢,再将骨肉分离。有的尸块和内脏被带到厕所,冲入下水道。其余部分被丢进莱讷河。

哈尔曼说自己控制不住自己的性欲,以及随之产生的杀人的念头。他对审讯的警察说:"如果格兰斯爱我,他也许能救我。请您相信,我是健康人。我只是偶尔这么干。杀人不是令人愉快的事情。我会被

第五章 披着人皮的恶魔

砍头的。那只需要一瞬间，然后我就可以安息了。"他认为自己是无罪的，是那些"男妓"勾引他，释放了他的杀人念头。

香肠是用什么肉做的？

1924年12月4日至19日，哈尔曼被送上法庭，罪名是27宗谋杀。其中有9宗他供认不讳；承认另外12宗有可能是他干的；否认其中6宗，但其中有5宗被证明确实是他所为。27名受害者的年龄都在十到二十二岁。实际的受害者人数可能比这还要多。

法庭聘请的精神科医生恩斯特·舒尔策（Ernst Schultze，1865—1938）经过六周的研究，认定哈尔曼有完全的行为能力，应当对自己的罪行负责。

哈尔曼审判引起了轩然大波。媒体添油加醋地把他称为"汉诺威狼人"。不仅仅是连环杀人的案情耸人听闻、引起全国密切关注，警方的一些失职行为也受到了受害者家属和公众的激烈批评。比如，在上面讲到的1918年的案子里，警方已经怀疑到了哈尔曼，但没有找到证据。据哈尔曼说，当警察在搜查他家的时候，受害者的头就放在一个箱子里，但警察没有打开箱子查看。也就是说，早在1918年，哈尔曼就完全可能落网。而由于警察的疏忽，连环杀人狂得以继续作案多年。

是疏忽，还是因为哈尔曼是线人所以警方有意放水？警方为什么要聘请哈尔曼当线人？要知道，正是哈尔曼的"侦探"身份才让他比较容易赢得无知无助的孩子的信任。

还有一个"细思恐极"的问题。为了毁尸灭迹，哈尔曼一般是分尸然后抛弃尸块。但大家都知道他经常制作香肠，家里有绞肉机，那么他有没有可能把尸体绞成了肉泥，甚至做成香肠出售呢？哈尔曼有一个邻居是开餐馆的，经常从哈尔曼那里买肉，他买到的到底是什么肉呢？

哈尔曼否认自己卖过人肉，但拿不出证据证明香肠肉的来源是合法的。他说肉是一个叫卡尔的屠夫提供的，但警方找不到这个屠夫。

从哈尔曼那里买肉的街坊邻居一定心知肚明，哈尔曼卖的肉来源不明，但在案发之前似乎没有人提出过质疑。大家对肉的来源和质量如此不好奇、不讲究，这大概与魏玛初期德国的贫困有关。在1923年，汉诺威市民的肉消费量只相当于1913年的大约一半。[1] 既然吃肉变成了奢侈的事情、有的吃就不错了，大家对一些可疑的问题就选择性失明、选择性遗忘了。

1924年12月19日，哈尔曼被判处死刑。按照当时的惯例，他于1925年4月15日被用断头台处死。"伺候"他上路的，是德国历史上有名的刽子手卡尔·格勒普勒。哈尔曼的大脑被送到慕尼黑的一家科研机构。研究表明，哈尔曼曾患过脑膜炎，这有可能改变了他的大脑形态和精神状况。

"如果格兰斯爱我"

哈尔曼曾说，如果格兰斯爱他，也许便能救他。那么，哈尔曼的

---

[1] Kavaloski, Joshua. "The Haarmann Case: Remapping the Weimar Republic." *The German Quarterly*, Vol. 88, No. 2, [American ssociation of Teachers of German, Wiley], 2015. p. 229.

男友格兰斯在案件中扮演了什么角色呢？

格兰斯于 1901 年生于汉诺威，父亲是书商，家境不错。但是格兰斯在一家工厂当学徒期间偷过钱，被开除了，后来就在多家工厂打工。他欺骗父亲说在国防军找到了一份工作，被父亲识破后，父子关系断绝。从此格兰斯沦落天涯，与哈尔曼成了伴侣和偷鸡摸狗、坑蒙拐骗的搭档。

哈尔曼把格兰斯作为连环杀人的从犯招供出来，后来又表示格兰斯无罪。最后，格兰斯在 1926 年 1 月被以谋杀从犯的罪名判处十二年徒刑。法庭坚信格兰斯对哈尔曼的杀人行为是知情的，按照哈尔曼的说法，格兰斯还帮助哈尔曼物色目标。比如在火车站发现合适的目标之后，格兰斯会先去搭话，然后把可怜无助的目标介绍给"好心人"和"刑警"哈尔曼。

但是，格兰斯被判刑后，哈尔曼写了一封信给格兰斯的父亲，说格兰斯是无辜的。

没过几年，纳粹上台了。常规的司法和监狱体制都被纳粹颠覆。和许多刑事犯一样，格兰斯于 1937 年被投入萨克森豪森（Sachsenhausen）集中营。按理说他的十二年徒刑在 1938 年就刑满了，但纳粹政府把他继续关押在集中营里，直到战争结束。战后，格兰斯回到汉诺威，娶妻成家，1975 年去世。

格兰斯罪责的真相究竟是什么呢？恐怕我们永远也不会知道了。

哈尔曼案件对德国社会影响极大，当时就流行起了关于他的歌谣。文豪德布林在出版于 1929 年的名著《柏林，亚历山大广场》中就记录了这首歌谣：

你等等啊你别急，

哈尔曼这就来找你；

他要用你做香肠，

要拿小刀把你剁成肉泥。

你等等啊，你别急，

哈尔曼这就来找你。[1]

被谋杀的谋杀研究者

本节介绍"汉诺威狼人"弗里茨·哈尔曼，主要参考的资料是特奥多尔·莱辛的非虚构作品《哈尔曼：一个狼人的故事》(Haarmann. Die Geschichte eines Werwolfs)。这部书首版于1925年，也就是哈尔曼伏法的同一年，在当时就成为畅销书，在今天则是了解哈尔曼连环杀人案的重要史料。

在书中，莱辛对哈尔曼等主要人物作了细致入微而富有心理洞见的描写，并忧心忡忡地指出，哈尔曼这样的"狼人"产生的根源要从现代性和城市生活当中寻找。参与此案庭审的名律师埃里希·弗赖和莱辛探讨过这个问题，后来在回忆录《我申请无罪释放！》中记录了他与莱辛讨论哈尔曼案件的情形。莱辛因为在报道庭审时指出警方的诸多可疑之处并且对汉诺威警方多有批评，遭到法庭的敌视，被禁止旁听。

---

[1] 阿尔弗雷德·德布林：《柏林，亚历山大广场》，罗炜译，上海译文出版社，2018年，第342页。书中译者将哈尔曼的名字意译成"长毛人"，不知是否有意为之，引文未采用。

莱辛这个人很值得一说。他不是普通的跑法庭口的记者，而是相当有地位的哲学家和作家，也是最早受害于纳粹暴政的名人之一。

莱辛于1872年出生于汉诺威的一个归化犹太人家庭，父亲是医生，母亲是银行家的千金。虽然家庭生活优裕，但莱辛从小就有叛逆精神，对来自家庭的世俗期望和第二帝国时期德国文理高中的压抑十分不满。

他这样评价自己就读的高中："这所以爱国主义、拉丁语和希腊语为主要课程的德国人文学校……这所使人类越来越愚蠢的机构，一半建立在争夺职位的你争我抢的基础上，一半建立在虚假的、德国沙文主义的空洞言辞之上，不仅极其地不讲道德，而且首先是很无聊……没有什么，没有什么可以弥补这十五年的生活在我身上摧毁的东西。即使在今天，我仍旧几乎每天晚上都会梦到我学生时代受到的折磨。"

不过，后来莱辛遇到一位良师益友，得以顺利从高中毕业，随后先是学医，而后根据自己的兴趣，改学文学、哲学和心理学，获得哲学博士学位。他原打算去德累斯顿大学教书，但那里非常敌视犹太人，所以他没去成，最终在汉诺威本地的一所高校（今天的汉诺威大学）任教。

与此同时，莱辛经常在报纸上写文艺评论，并因此与当时著名的文学批评家萨穆埃尔·卢布林斯基（Samuel Lublinski，1868—1910）发生了激烈论战。不知为何，莱辛在报纸上对卢布林斯基发动了凶残的冷嘲热讽，称他为"逃避现实的空谈家"，甚至还进行人身攻击，挖苦卢布林斯基身材肥胖。这件事情成了当时文坛的一场著名的公案。特奥多尔·豪斯（Theodor Heuss，后来的联邦德国第一任总统）、斯蒂芬·茨威格等作家纷纷在一份宣言上签字，表示支持卢布林斯基，谴责莱辛。文豪托马斯·曼甚至大发雷霆地说："我觉得与他（莱辛）呼吸同样的空气是令人作呕的事情。"[1] 卢布林斯基是最早认识到托马斯·曼的小说《布登勃洛克一家》（Buddenbrooks）的文学价值的批评家之一，这部小说后来让托马斯·曼获得了诺贝尔文学奖，所以托马斯·曼支持卢布林斯基一点也不奇怪。

在这场闹得沸沸扬扬的文坛公案发生不久后，第一次世界大战爆发了。莱辛学过医，所以主动报名加入医务工作者队伍，免得被征召上前线。他一边当军医，一边写书，但是因为反战，他的书到战后才得以出版。战后，他继续在汉诺威的高校教书，并在支持民主共和的报刊上写了大量文章，成为魏玛共和国时期最重要的政治作家之一。

在报道哈尔曼案件的同一年，莱辛还写了一篇描写正在竞选总统的保罗·冯·兴登堡的文章。兴登堡（与鲁登道夫一起）是一战末期德军实际上的最高领导人，在很大程度上也是德国的实际统治者。他受到保守派的推崇，被视为民族英雄，但实际上是个才干相当有限的人，所以即便在右翼分子当中，很多人也主要把兴登堡当作吉祥物和"民族的象征"。莱辛这样的民主派对兴登堡就更没有好话要说了。在这篇文章里，他把兴登堡描绘为一个幼稚的庸人，并向民众发出警告，不能选这样的人当总统，否则他可能为未来的"尼禄"开辟道路。[2] 我们知道，兴登堡始终敌视民主共和，后来事实上为希特勒独裁铺平了道路。

1　Mounk, Yascha. "The Strange Afterlife of Theodor Lessing." *German Studies Review*, Vol. 40 No. 3, 2017. p. 509.
2　Ibid., p. 510.

第五章　披着人皮的恶魔

莱辛对兴登堡的负面描写招致了各种"爱国"团体和极端民族主义者的仇视。很多大学生抵制他的课，要求大学将他免职。教授们也不支持莱辛，迫使他不得不在1926年离开教学岗位。

纳粹上台之后，莱辛带着妻子逃往捷克斯洛伐克，继续写作。但在那里也不安宁，报纸上说德国有人悬赏8万马克的巨款，要把莱辛绑架回德国。1933年8月30日，3名纳粹分子透过莱辛工作室的窗户向他开枪。莱辛于次日伤重不治身亡，年仅六十一岁。[1]几天后，在纳粹党的纽伦堡党代会上，戈培尔得意扬扬地宣布，他已经"拆除了那具枷锁"[2]，指的就是对莱辛的谋杀。

六　明斯特贝格的食人妖

波兰西南部有一座城市叫津比采（Ziębice），在1945年之前，它属于德国的西里西亚省，德语名字是明斯特贝格（Münsterberg）。这座城市是在二战之后才割让给波兰的。[3]

1　Lacina, Evelyn, "Lessing, Theodor" in: Neue Deutsche Biographie 14 (1985), S. 351–353 [Online-Version]; URL: https://www.deutsche-biographie.de/pnd11872780X.html#ndbcontent.
2　Mounk, Yascha. "The Strange Afterlife of Theodor Lessing." *German Studies Review*, Vol. 40, No. 3, 2017. p. 510.
3　本节主要参考了Pietrusky, Friedrich: Über kriminelle Leichenzerstückelung. Der Fall Denke. In: Deutsche Zeitschrift für die gesamte gerichtliche Medizin, Band 8, S. 703-726, 1926., 以及 Wehner, Bernd: Dem Täter auf der Spur. Die Geschichte der deutschen Kriminalpolizei. Lübbe, 1983. S. 44-47。

在魏玛共和国初期，明斯特贝格是个只有9000人的小城镇。当时经济萧条，明斯特贝格市民的日子也不好过，在周边的农村经常可以看到流浪汉和四处奔波打零工的穷人。

流浪汉

1924年12月21日，天寒地冻。一个名叫文岑茨·奥利维尔（Vincenz Olivier）的穷汉流落到了明斯特贝格。他饥肠辘辘、身无分文，只得敲开一扇门，向那里的住户乞讨。住户不肯施舍，但说附近有一位好心人"登克老爹"，经常接济流浪汉和贫穷的旅人，所以让奥利维尔不妨去他家碰碰运气。

奥利维尔来到"登克老爹"家。开门的是个六十多岁的老头，自称卡尔·登克（Karl Denke）。奥利维尔表达了来意，向登克求救。登克果然不含糊，客客气气地请他进门，拿了点腌猪肉招待客人。奥利维尔狼吞虎咽，连声道谢。

登克问对方识不识字，得到肯定的答复后，就拜托奥利维尔代写一封信，并答应给他20芬尼的酬劳。钱虽不多，但对穷困潦倒的奥利维尔来说恰似雪中送炭。

吃饱肚子，奥利维尔坐在桌前，摆开纸笔，准备干活。登克老爹站在他背后口授，奥利维尔埋头记录。

但是，信的第一句就让奥利维尔愣住了："你这死胖子！"惊愕之下，奥利维尔回头去看东道主，不禁目瞪口呆！只见登克高高举起一把尖头十字镐，正向奥利维尔的脑袋猛地砸来！

奥利维尔的运气实在太好了。正是因为他这一回头，十字镐没有砸中他的后脑勺。他虽然受了伤，血如泉涌，但还有力气反抗，连滚带爬逃出了登克家。

听到奥利维尔的呼救，邻居们赶到现场。但大家不相信奥利维尔的话。邻居纷纷表示，登克在这里住了几十年，大家都很熟悉他，都知道他是经常救助过路穷人的善人，怎么会行凶呢？反倒是奥利维尔这个陌生人十分可疑！

于是，奥利维尔被扭送到警察局。次日接受讯问时，他说服了法官，派人将登克拘留。但是，在首次提审之前，登克就悬梁自尽了。

鞋带与腌猪肉

此事着实蹊跷。警察搜查了登克的住宅，有了惊人的发现：邻居眼中这个善人的家，居然是一个恐怖的魔窟。

警察在登克家中搜查到大量的骨骸，包括351颗人的牙齿、480根人骨以及若干用人皮做的裤子背带和鞋带。床边的箱子里放着腌制的人肉。登克施舍给奥利维尔的"腌猪肉"，就是从这个箱子里取出来的。

登克还留下了大量文字记录，自证其罪。他其实是识字的，也详细记录了自己杀害的30人的情况，包括每个人的姓名和体重。30名受害者大多是无人寻找、无人挂念的流浪者，其中有4名女性。登克的记录从1903年2月21日开始，有记载的第一个受害者的名字是伊达·劳纳（Ida Launer）。第30号受害者的遇害时间是1924年4月20日。第31号已经开始了记录，这个号码是为奥利维尔准备的。

登克杀了这么多人，将他们的尸体加工成咸肉，不仅自己吃，还给奥利维尔这样的"客人"吃。不过，调查此案的法医弗里德里希·彼得鲁斯基（Friedrich Pietrusky）强调，没有证据表明登克曾将人肉卖给别人。

案发之后，邻居们才想到，其实登克家里早就有不对劲的迹象了，只不过大家都没有认真想。早在两年前，就有一个工匠学徒浑身流血地从登克家逃走。后来，有一个流浪汉说，登克请他帮忙写信，但流浪汉坐下的时候，登克企图用铁链把他勒死。多亏这个流浪汉比较强壮，才幸运地挣脱并逃走了。

在案发的一年半以前，邻居们闻到登克家飘出一股股恶臭。大家还回忆说，即便在通货膨胀时期、当大家都穷得没肉吃的时候，登克还是经常有大量的肉，只是大家当时以为那是登克偷偷宰杀的狗的肉，毕竟有人曾看见登克家门口有一张被丢弃的狗皮。但现在想想，登克哪来那么多狗呢？

登克还经常把成桶的血水倒到田地里。夜间还有人听见登克屋里传来敲击声和操作锯子的声音，但是登克经常制作木碗出售，所以也许他是在工作吧？有人表示经常看见登克夜间带着包裹外出，回来时却没了包裹，而且一夜要出门好几次。登克还经常拿出旧衣服和旧鞋兜售，或者在自家花园里焚烧旧衣旧鞋。甚至有人在他家附近捡到过骨头，不过当时想当然地以为那是动物的骨头。

正是因为登克详细记录了自己的杀人经历，并写明了受害者的姓名，有一个叫爱德华·特劳特曼（Eduard Trautmann）的明斯特贝格人才沉冤得雪。他于1910年因杀人的嫌疑被捕，后来被判十五年徒刑。那位受害者其实是登克杀的。特劳特曼因在狱中表现良好，已于1922年获释，等到登克连环杀人案真相大白，他才终于被证明是清白的，因此他要求政府给予赔偿。大作家约瑟夫·罗特还写了文章为特劳特曼呼吁。[1]

根据从登克的亲戚那里了解到的情况，登克像其他一些连环杀人狂（比如哈尔曼和屈滕[2]）一样，有过童年阴影。登克于1860年出生于西里西亚的一个农民家庭，幼年发育迟缓，很晚才学会说话，而且口齿不清。在小学时，他沉默寡言，一度被认为有智力残障。除了哥哥，他几乎没有朋友。一直到十几岁的时候，他还经常尿床。亲人们也说他感情麻木。后来，他在父亲的农场干活，二十二岁时离家出走大半年，回来后绝口不提自己去了哪里、经历了什么。父母去世后，登克的兄弟姐妹试图让他留在自家农场。但他不久之后去了明斯特贝格，买了一小块地。兄弟姐妹们发现，登克买地的时候吃了大亏，他花的价钱足有那块地市场价的三倍。兄弟姐妹们觉得登克有精神问题、没有能力管理自己的财产，于是试图通过法律手段剥夺他的民事行为能力，从而监管他的财产。但是大家又害怕登克发飙伤人，所以这件事情不了了之。

亲兄弟姐妹的"背叛"让登克感到很受伤。因此，他与人交往时总是满腹狐疑，越来越离群索居。但是在邻居们眼中，"登克老爹"虽然沉默寡言、性格古怪，却乐于助人，而且干活勤快，总之是个好人。

1　Roth, Joseph: Ein Düsteres Kapitel. Frankfurter Zeitung, 18. April 1925, nachgedruckt in: Joseph Roth: Das journalistische Werk, Band 2: 1924-1928. Kiepenheuer & Witsch, 1990. S. 383-386.
2　详见本书第五章第九节"杜塞尔多夫吸血鬼"。

因为登克自杀，所以他杀人的动机，以及除了他列出的名单之外是否还有别的受害者，一概无从知晓。此案引起了很大的轰动，登克被称为"明斯特贝格的食人妖"或"西里西亚的哈尔曼"。"汉诺威狼人"弗里茨·哈尔曼和"西里西亚火车站屠夫"卡尔·格罗斯曼的案件在同一年破获，再加上登克，这3个连环杀人狂一下子都臭名远扬，让不知道多少人为之战栗。不过，或许就是因为没有像哈尔曼那样在法庭上侃侃而谈，登克的知名度远不如他。

七　奥宾的野兽

在20世纪30年代初，慕尼黑西部连续发生了多起袭击女性的暴力犯罪，并且案情极其相似：携带手枪或刀子的凶手袭击和强奸年轻女子，有时还抢走她们身上的财物。在其中5起案件中，受害者惨遭杀害，尸体被凶残地破坏或者分尸。[1]

因为缺乏线索，这些案子一直没破，直到近十年之后。1939年1月29日，有人在慕尼黑西部的城区奥宾（Aubing）偶然发现一名男子企图强奸一名十二岁女童。路人将该男子制伏并扭送至警察局，慕尼黑的连环强奸杀人案才算告破。

凶手名叫约翰·艾希霍恩（Johann Eichhorn），1906年出生于奥宾，

1　本节主要参考了Rieber, Sven: Johann Eichhorn: Die Bestie aus Aubing. In: Merkur.de. 11. Oktober 2010. URL: https://www.merkur.de/lokales/muenchen/aubing-lochhausen-langwied-ort43354/johann-eichhorn-bestie-aubing-751796.html。

在德国铁路公司担任调度员,已婚,有两个孩子。在邻居和同事眼中,他是个规规矩矩的体面人,乐于助人,办事靠谱。

警察通过监狱里的密探,逐渐了解到艾希霍恩的更多情况。同时,在严密的审讯之下,艾希霍恩终于招架不住,坦白了自己的累累罪行。原来,这么多年来,这个体面的铁路公职人员一直过着双重生活:有时是正派的国家雇员,有时是丧心病狂的强奸犯和杀人狂。

艾希霍恩在很年轻的时候就发现自己的性功能不太正常。对于女人的亲吻和爱抚,他毫无感觉;但如果动用暴力,他就兴奋不已。据他自己说,他的妻子约瑟法(Josefa)也喜欢性暴力,所以他俩的关系倒是很融洽。但即便是如鱼得水的夫妻关系,也不足以满足他的可怕欲望。

1931年10月11日,艾希霍恩认识了十六岁的女仆卡塔琳娜·舍茨尔(Katharina Schätzl),并与她一起骑自行车郊游。在途中,艾希霍恩露出了青面獠牙,将卡塔琳娜强奸并扼杀,然后将尸体丢进了伊萨尔河(Isar)。警方后来发现了尸体,但对凶手毫无线索。

1934年5月30日,二十六岁的美发师安娜·格尔特尔(Anna Geltl)在骑自行车的时候不幸遇上了艾希霍恩。他将安娜从车上拽下,拖进灌木丛。她拼命抵抗,艾希霍恩枪击了她的头部,然后用刀子割下她的生殖器。

几个月后,艾希霍恩再次作案。受害者是二十五岁的职员贝尔塔·绍尔贝克(Berta Sauerbeck)。9月9日夜间,贝尔塔在骑自行车的时候遭到艾希霍恩袭击。像安娜一样,她激烈抵抗,但艾希霍恩枪击了她的头部,然后强奸她。之后他将身负重伤但还活着的贝尔塔丢进沟里,并用垃圾掩盖她的身躯。可怜的姑娘就这样惨死在垃圾堆里。

二十五岁的女裁缝罗莎·艾格莱因（Rosa Eigelein）的命运与贝尔塔类似，但这一次艾希霍恩根本懒得藏匿尸体，而是直接把尸体丢在靠近公路的草坪上。

二十三岁的女仆玛丽亚·约尔格（Maria Jörg）是艾希霍恩的第五个受害者，犯罪现场距离卡塔琳娜遇害的地点很近。

艾希霍恩被捕后接受了医生和精神病学家的检查和评估。他身高1.73米，瘦削但身强力壮，大手大嘴，虽然年轻但缺了好几颗牙，剩余的牙也变成了深色，甚至变黑。除此之外，他相貌平平，并不引人注目。根据精神病学家的判断，艾希霍恩"智力不低于平均值"，但他是一个"伦理和道德败坏、无节制、意志薄弱、性冲动反常的变态者"。艾希霍恩自己也对警察说，觉得自己是"一头野兽"。后来他就经常被称为"奥宾的野兽"。

1939年11月（此时第二次世界大战已经爆发），艾希霍恩知道自己一定会被判死刑，在狱中写了一封道别信给妻儿："我犯了重罪，必然会有可怕的下场……我希望不要再和你们见面。"他于12月1日被处决。他的妻儿改了姓氏，离开奥宾，到别的地方生活去了。

与弗里茨·哈尔曼、卡尔·格罗斯曼等性变态连环杀人狂不同，艾希霍恩在当时的德国默默无闻。一个重要原因在于，他是纳粹党员，纳粹政府为了减小社会影响，不准媒体报道他的罪案。不过，有大量的物证和其他资料保存至今。2007年，德国作家安德烈娅·玛丽亚·申克尔（Andrea Maria Schenkel）出版了以艾希霍恩的故事为原型的犯罪小说《冷冰》（Kalteis），引起轰动。

第五章　披着人皮的恶魔　　　　　　　　　　　　　　175

八　奥皮茨抢劫杀人案

1928 年至 1934 年，德国北部城市不伦瑞克及其周边地区连续发生了 64 起铁路袭击案和 57 起抢劫案。这是德国历史上前所未有的大规模系列暴力犯罪。这些案件的案情相似，所以警方很早就认定，凶手是同一伙人。[1]

在最初几起案件中，犯罪分子往铁轨上搬了大石头或混凝土块；或者用枕木在铁轨上设置障碍，拆除铁轨上的螺丝钉或金属连接部件；或者破坏道岔或信号灯，从而迫使火车紧急停车。

后来，犯罪分子竟敢枪击火车司机，导致 3 人重伤。凶手有时使用手枪，有时使用霰弹枪，但是无人看清凶手的模样。警方甚至怀疑，凶手可能制作了一个遥控射击的装置，比如躲在一段距离之外用绳子拉动扳机。

袭击铁路的犯罪活动在一段时间之后戛然而止。随后又发生了一连串抢劫案，案情也很类似。起初，一些晚间在森林之类僻静地方幽会的情侣遭到持枪抢劫。凶手会突然从夜色中冒出来，用手电筒照射情侣，让他们睁不开眼，然后用手枪指着他们，命令他们交出钱来。遭到突袭的情侣一般会乖乖交钱买命。凶手之后消失在黑暗中。

有的遇袭者被用钢制短棍猛击头部，失去知觉，凶手还会用枪打破遇袭者的汽车轮胎。有一次，一个赶马车的人遇袭，试图骑马逃跑，

---

[1] 本节主要参考了 Wehner, Bernd: Dem Täter auf der Spur. Die Geschichte der deutschen Kriminalpolizei. Lübbe, 1983. S. 93-110。

结果马被两枪打死。有时凶手还会设置路障，拦截经过的汽车。有一次，凶手一夜就进行了3次这样的袭击，还有7个夜晚每晚干了2次。

没有一个人看清凶手的长相，甚至连有几个凶手也说不清。这主要是因为抢劫一般发生在夜间且遇袭者一般都会惊慌失措，不少人还被打昏在地。很多受害者被来自两个方向的手电筒灯光照得抬不起头，所以认为有两个凶手。

这样的案件越来越多，凶手也越来越胆大妄为，经常开枪，在一起案件中凶手开了14枪，但警察在事后没有找到1个弹壳。也许是凶手在警察赶到之前打扫了现场，取走了弹壳？也许凶手的枪上有弹壳收集装置，所以没有留下弹壳？

凶手神出鬼没。有好几次，在案件发生不久之后，警察立刻封锁了事发地点所在地区，并监视所有通向市区的道路，但仍然一无所获。

从1931年8月开始，警察不定期地在最初10起抢劫案发生的地区（加起来超过15平方公里）巡逻。不伦瑞克市出动了50名刑警、数百名治安警察，再加上技术抢险队和消防队，到处搜索和巡逻。抢劫案就此戛然而止。但如此大动干戈的巡逻是不可能长时间持续的，时间久了大家都会疲惫和松懈。凶手显然明白这一点。

"你这傻瓜，为什么要开枪？"

1932年，系列袭击又开始了。这一次凶手不再攻击在野外幽会的情侣，而主要袭击在不伦瑞克和普鲁士邦之间公路上运送面包的货车。

1933年3月（此时纳粹已经上台），凶手第一次杀人。面包师屈内（Kühne）每个星期二和星期五夜间从不伦瑞克返回，带着从不伦瑞克出售面包收到的货款。3月28日夜间,屈内的马拖着小车回到了面包房的马厩,屈内本人却不见踪影。

人们在一条小路附近发现了躺在血泊中昏迷不醒的屈内,但为时已晚,医生也挽救不了他的生命。他显然是背后突然遭到袭击,颅骨被击碎。但凶手只抢到了20马克。

5月6日,4个好朋友,律师汉斯·科特(Hans Kothe)和他的未婚妻、法官弗里茨·格哈德(Fritz Gerhard)和他的女朋友(科特的妹妹)在郊游之后回家。在乡间小路上,这两对情侣一边唱歌一边行走。科特和未婚妻走在前头。天色已晚,突然有两束耀眼的灯光照射到他们脸上。有人从树林里跳出来,喊道:"留下买路钱,否则我就开枪了!"

科特奋起反抗,扑向抢劫犯。格哈德起初还以为是有人搞恶作剧。但他立刻发现不对劲,也冲了上去,挥舞手杖向抢劫犯打去。科特得以脱身,往回跑,并喊道:"弗里茨,往后退,我要开枪了!"科特拔出自己的瓦尔特手枪,但他站在月光照耀下的大路上,身形非常明显,而抢劫犯躲在阴暗的树丛中。科特身中4枪,倒下的时候还坚持向抢劫犯射击。

两个女人照料倒地的科特,格哈德捡起科特的枪,但抢劫犯抢先开枪,打伤了格哈德的肩膀和大腿。格哈德只得投降,交出了自己的钱包和科特的钱包。抢劫犯消失在夜色中。

没想到,片刻之后,抢劫犯又回来了,喊道:"你们这些混蛋,偷了我的帽子!"格哈德完全没有预料到凶手会回来,所以没有来得及重新捡起科特的手枪,只得尽量稳住凶手,帮助他找帽子。找到帽子之后，凶手说："你这傻瓜，为什么要开枪？"然后消失在树林中。格哈德听到摩托车疾驰的声音。等到他们获救时，科特已经没了呼吸，格哈德则死里逃生。警方对这个案子束手无策。

11月21日深夜23点，卫生用品商店店主基莫（Kimme）与未婚妻的汽车停在一处僻静的森林里，他们结束了一次郊游，正在这里享受二人时光。突然，车窗被打碎，手电筒照向车内，砰砰几声枪响，子弹射入汽车。一个男人吼道："拿钱来，你这流氓！"基莫奋起反抗，扑向抢劫犯。抢劫犯赶紧后退，基莫回到车里，驾车逃跑。但是抢劫犯早有准备，砍倒了一棵树，横在路上，挡住了基莫的去路。抢劫犯连发几枪，基莫被击中，倒在方向盘前。他的未婚妻侥幸逃到附近一家客栈，带了一群人来现场，但是基莫已死，凶手逃之夭夭。

不伦瑞克警方加强了搜索。一连几周，不伦瑞克周边的森林地带到处是警察，每一个行人和开车经过的人都受到盘查。刑警还把自己当作诱饵，等候凶手上钩。凶手的确消停了一阵子，但在1934年2月又开始作案，4月两次作案。随后，凶手又一次沉寂了。莫非他出了什么事？

1934年7月，不伦瑞克刑事法庭将两名曾经的铁路工作人员分别判处三年半和一年半徒刑，罪名是"蓄意破坏铁路交通"。很多人相信，这两人就是上述系列抢劫杀人案的元凶。但实际上，他们的罪名是利用系列抢劫杀人案造成的混乱和恐慌，贪污了国家铁路系统的3万马克公款。真凶仍然逍遥法外。

1933年，位于柏林的普鲁士刑侦化学研究所的奥古斯特·布吕宁教授研究了截至当时的48起抢劫案现场留下的33个弹壳和6个弹头（或弹头碎片）。结果是，只有 1 个弹壳出自 1 支小口径枪械，只有 1 个完整的弹头出自 1 支 6.35 毫米口径的手枪。剩余的 32 个弹壳和 5 个弹头都毫无疑问出自同一支 7.65 毫米口径的毛瑟手枪。

凶手已经肆无忌惮地行凶好几年了。警方对他的情况仍然两眼一抹黑。

但是，"偶然"有时是最好的侦探——凶手的好运气快到头了。

手工爱好者

1935 年冬季，不伦瑞克市立浴池连续发生多起盗窃案，一些客人锁在更衣室里的财物不翼而飞。虽然丢的钱不多，但这种事情一而再再而三地发生，还是非常恼人。浴池的管理方认定，作案者十之八九也是一名客人，于是多加留意。

1936 年 1 月 25 日，一个名叫弗里茨·奥皮茨（Fritz Opitz）的客人被抓了现行。他用自配的钥匙闯入 13a 号更衣室，偷了 20 马克。闻讯赶到的刑警发现，奥皮茨口袋里有 5 把钥匙，其中 3 把分别能够打开 11a、11b 和 13a 号更衣室。

他说自己是手工爱好者，自制了这些钥匙并尝试打开更衣室的门，只是为了证明自己的手工技术。他说自己并不是为了谋财，比如在 1 月 4 日和 18 日，他一共打开了 5 间更衣室，但只拿到 31 马克。而且他是保险公司的职员，有不错的收入，有和睦的家庭，没有偷窃作案的动机。

办案的警察起初觉得他只是个无足轻重的小毛贼，或者一时糊涂的普通市民，但不伦瑞克市刑警总长格奥尔格·施雷普尔（Georg

Schraepel，1898—1969）想的比较多：如此"心灵手巧"又胆大妄为的窃贼，会不会和之前的连环抢劫杀人案有关系？他命令搜查了奥皮茨的家，但只找到用于制作钥匙的游标卡尺和锉刀。

1月底，有儿童在不伦瑞克附近的瓦伯河（Wabe）里捡到了2支缺少枪管的手枪、1个遥控射击装置、5把钥匙和1个手提包，包内有30件手镯和项链。这些东西都被交给了警方。

施雷普尔发现这2支手枪都是7.65毫米口径的毛瑟手枪，于是把此事与上述一系列案件以及奥皮茨联系了起来。施雷普尔命令在瓦伯河发现这些东西的地点附近扩大范围，严加搜索，果然发现了更多物证：1个手工制作的手枪枪套；1个也是手工制作、上下开口的小皮盒子，用途不明；2个手枪弹匣（内有15发7.65毫米口径子弹）；1块有钥匙齿印迹的蜡，以及1个扳机护圈。

等到3月河水水位下降之后，警察发现了更多东西：钥匙坯、1盒曳光弹，其中3发子弹的弹壳是黄铜的，内有霰弹弹丸，而不是通常的发光物质镁。

施雷普尔越来越怀疑，那个不起眼的毛贼、貌不惊人的保险公司职员奥皮茨，就是德国历史上最大规模连环抢劫杀人案的元凶。施雷普尔亲自带人搜查了奥皮茨的住宅，发现了一批锁匠用的工具，还有皮帽子等物品。奥皮茨真的如他自己所说，只是一个手工爱好者吗？或者，他在浴池东窗事发之后或之前，已经将罪证丢进了瓦伯河？

真凶落网

对奥皮茨有了更多了解之后，施雷普尔对他的怀疑就更深了。

奥皮茨在高中毕业后当了一年兵，后来成为水手，在一艘挪威船上工作。第一次世界大战爆发时他碰巧在里加，成了俄国人的俘虏。1918年他才得以回国，先加入德国海军，1920年回到不伦瑞克，成为一家保险公司的职员。上司对他的评语是勤奋可靠。在第一起火车袭击案件的五个月之后，三十五岁的奥皮茨结婚了，一年后得了一对双胞胎。

奥皮茨不喜交际，不嗜烟酒，但有几个业余爱好。首先是骑摩托车兜风。他经常在不伦瑞克周边的乡村和森林飙车，对各种小路了如指掌，与附近火车站的工作人员关系不错。其次，他酷爱巧克力。第三，他自诩为"业余侦探"，对报纸上各种关于犯罪的报道兴趣盎然，喜欢和同事与熟人大谈特谈各种罪案。比如他谈起彼得·屈滕连环杀人案[1]时眉飞色舞，批评警方与法庭无能，并提出自己的理论。他不仅喜欢读各种犯罪题材的通俗读物，还订阅了刑警的专业期刊《犯罪学档案》(Archiv für Kriminologie)。施雷普尔发现奥皮茨的书架上有几本非常专业的刑侦科学著作，比如《痕迹学》，奥皮茨显然对其中关于弹壳的章节读得很细。

除了在浴池更衣室的小偷小摸之外，奥皮茨可能有性变态的倾向，曾经因为公共场合露阴的丑行而被罚款。他还喜欢窥探并公开谈论别人的隐私，或者窥伺正在幽会和亲热的情侣。他认为自己的这些行为都只是恶作剧而已。

施雷普尔的厉害之处在于，他对上述所有案件有一个全局的把握，能够把错综复杂的线索整合起来。他向奥皮茨的同事和熟人了解情况。一位同事说，曾看见奥皮茨的抽屉里有一把7.65毫米口径的

---

[1] 详见本书第五章第九节"杜塞尔多夫吸血鬼"。

手枪。每天给奥皮茨家送牛奶的工人说，奥皮茨曾多次提议把一支手枪卖给他。一名锁匠说，奥皮茨曾与他谈论枪械的问题，让他觉得奥皮茨对枪械非常在行。奥皮茨甚至发明了一种手枪消音器，想要申请专利。奥皮茨对这些证词都矢口否认，坚持说自己从来不曾拥有一支手枪。但是有多名证人表示，奥皮茨曾多次购买或销售手枪或弹药。

50多起抢劫案的受害者被请来辨认奥皮茨，但绝大多数人都无法确定地指认他就是凶手。这并不奇怪，因为劫案大多发生在夜间，而且惊慌失措的受害者很少能够仔细观察凶手。只有两个证人能够明确地指认奥皮茨，一个是法官格哈德，另一个是司机比里希（Bührig）——基莫遇害不久之后，他在案发地点附近的一家酒馆见过奥皮茨。

上述线索都指向奥皮茨，但这些证据都还不够硬，要给他定罪还得依靠科学手段。警方找到了两把匹配不伦瑞克浴池13a更衣室的钥匙，其中一把是在瓦伯河里找到的，另一把是从奥皮茨那里搜出来的。两把钥匙上都刻了"13a"字样，笔迹相同，且都酷似奥皮茨的笔迹。与施雷普尔合作的化学家内林（Nehring）博士能够证明两把钥匙是用同一把锉刀、以同样的方法制作的。从奥皮茨家中搜出的蜡块上的痕迹与发现的另一把钥匙相符。这表明，所有这些钥匙都是奥皮茨制作的。

内林博士在从瓦伯河找到的手提包中发现了少量黄色和白色的石英砂，在奥皮茨的夹克上发现了同样的石英砂。还有大量类似的细微证据将瓦伯河里的东西与奥皮茨的衣服和住宅联系起来。在这两方面的物品中都没有发现烟草的痕迹，却都发现了微量的巧克力。这就意味着河里的东西（包括手枪）是奥皮茨丢弃的。内林还判断，在现场发现的所有弹头都是从瓦伯河捡到的手枪发射的。德国著名的枪械痕迹专家布吕宁教授表示同意。而前文提到的上下均有开口、手工制作的小皮盒子，就是弹壳收集装置。

虽然警方侦查的121起案件当中只有54起能够明确地算到奥皮茨头上，但证据已经足够。1934年6月11日，法庭宣布奥皮茨的2项谋杀罪名成立，将他判处死刑。但他一直矢口否认，顽抗到底。

此案还不算完。警方依然在考虑，奥皮茨是否有帮凶。最大的嫌疑人是奥皮茨的妻子希尔德加德（Hildegard）。1937年7月2日，她被逮捕。这时奥皮茨终于认罪，详细交代了自己的累累罪行，并表示，他的妻子完全不知情。奥皮茨于1937年10月12日被处决。据目击者说，临刑前的奥皮茨"无比平静、一言不发"。

侦破奥皮茨案件、立了大功的不伦瑞克刑警总长施雷普尔后来自己也成了罪犯。他在二战爆发后参加了所谓的"特别行动队"，参与了对犹太人、波兰人、战俘等的屠杀。后来他成为帝国保安总局第一局负责刑警人事的官员，最终衔级为党卫队旗队长（上校）。在战后的西德，他的仕途没有受到纳粹背景的影响，当上了高级法官，于1969年去世。[1]

九　杜塞尔多夫吸血鬼

1929年2月3日夜间9时，莱茵河之滨的德国西部城市杜塞尔

---

[1] Klee, Ernst: Das Personenlexikon zum Dritten Reich. Wer war was vor und nach 1945? S. Fischer, 2003. S. 559.

多夫。五十六岁的市民阿波罗尼娅·屈恩（Apollonia Kühn）在贝尔塔大街遭到不明身份的歹徒袭击，头部和胸部被利器刺了18下。凶手以为屈恩太太已死，扬长而去。但屈恩太太大难不死，恢复了知觉，逃回家中。[1]

五天后，有人在圣文岑茨教堂附近发现了九岁女童罗莎·奥林格（Rosa Ohlinger）的尸体。死者的太阳穴被刺了12下，胸部被刺了13下。凶手还在尸体上泼了汽油，企图将其焚毁。

2月12日至13日深夜，五十四岁的锁匠鲁道夫·舍尔（Rudolf Scheer）在街上被人刺死。次日早晨，一个认识舍尔的姑娘发现了尸体，赶紧报警。杜塞尔多夫市刑警总长蒙贝格（Momberg）亲自勘察了现场。尸检发现，舍尔的后脑和脖子被刺了12下。法医判断，杀死舍尔的凶器和上面两起案子一样，是一把剪刀。

4月2日，学徒埃尔娜·彭宁（Erna Penning）遇袭。不明身份的凶手用绳子勒住她的脖子，把她拖到了10米外的田野里。但彭宁拼命挣扎，侥幸逃脱。

次日，家庭主妇路易丝·弗拉克（Luise Flake）遭到同样手法的袭击，但附近可能有行人经过，歹徒受惊，弗拉克得以逃脱。

几天后，一个名叫约翰·施陶斯贝格（Johann Stausberg）的失业工人向警方认罪，说这几起凶案都是他做的。果然，施陶斯贝格被捕后，一连三个月都没有再发生类似的案件。但是医生发现，施陶斯贝格患有精神病，所以很难将他定罪。

1　本节主要参考了 Wehner, Bernd: Dem Täter auf der Spur. Die Geschichte der deutschen Kriminalpolizei. Lübbe, 1983. S. 138-152。

7月30日，在选帝侯大道的一家下等小旅馆，一名妓女被扼杀，身上的现金遭劫。负责此案的调查组认为，这是妓女与嫖客圈子里司空见惯的暴力犯罪，与上述的系列案件无关。

果真如此吗？

连环杀人案

三周后，警方感到大失所望，因为发生了与之前的系列凶案极其类似的新案子。8月21日夜间，年轻女工安娜·戈尔德豪森（Anna Goldhausen）、商人海因里希·科恩布卢姆（Heinrich Kornblum）和家庭主妇奥尔加·曼特尔（Olga Mantel）相继遭到袭击，都被刺成重伤。

这一晚，安娜与一位女性朋友一起去了夜市，离开夜市后把女友送到家门口，然后自己回家。没走多远，突然有一个男人从黑暗中冲出来，向安娜扑去，用刀子捅她。安娜负伤，喊叫着跑回女友家门口。凶手追赶上去。这时屋里恰好有人出来，救了安娜，凶手只得逃走。安娜的心脏险些被刺中，胃、肝和肋膜受了重伤，住了几个月的医院才脱离危险。

袭击安娜之后，凶手"意犹未尽"，继续在夜色中游荡，遇见了奥尔加，将她刺伤。有人听见她的呼救，但赶到时发现凶手已经离开现场。凶手随后袭击了同样刚从夜市出来的科恩布卢姆，将他刺伤。但科恩布卢姆逃向夜市，凶手没有追赶。

8月24日，十四岁的学生路易丝·伦岑（Luise Lenzen）和五岁的女童格特鲁德·哈马赫尔（Gertrud Hamacher）从游乐场出来之后，遇见了歹徒。歹徒让路易丝帮忙买包香烟，将她支走，然后把格特鲁德带到一条乡间小径，割断了她的喉咙。然后他又去找路易丝，将她刺死。

次日，二十六岁的女仆格特鲁德·舒尔特（Gertrud Schulte）受到一个陌生男人的邀请，一起去逛夜市。这个风度翩翩的男人殷勤地给她买了糖果和水果。没走多远，舒尔特表示想回家，那个男人并不纠缠，立即答应送她回家。后来男人又甜言蜜语地说服她，一起再散散步。走到莱茵河畔的草坪，两人坐下休息，男人开始动手动脚。舒尔特拼命反抗，并高声呼救。男人拔出匕首，刺向舒尔特的咽喉。她当即失去知觉。苏醒之后，她又呼救，凶手猛地用匕首刺她的后背，因为用力过猛，匕首断在了她体内。这时附近有人经过，于是凶手逃走。舒尔特被人救起，送到医院。

9月29日，三十一岁的女仆伊达·罗伊特（Ida Reuter）被强奸后杀害。

甘纳特出马

短短半年时间发生了这么多起凶案，尤其是受害者中还有小孩子，这在杜塞尔多夫掀起轩然大波。人心惶惶，女性不敢单独外出，母亲不敢离开孩子哪怕片刻。治安警察和刑警放下其他一切工作，全力寻找凶手。警方悬赏1万马克给提供有价值线索的人。报纸和电台密切关注每一个新进展，并经常批评警察的无能。共产党认为警方不作为，发动了声势浩大的宣传攻势来攻击警方和政府。比如《红旗报》发表文章说，这些凶案显示了"资产阶级政府对无产阶级民众的安全多么漠不关心"。但实际上,受害者并非全都属于无产阶级。[1]这些凶案还引起了国际关注,英国悬疑小说作家埃德加·华莱士表示愿意协助杜塞尔多夫警方。[2]在难以承受的巨大压力之下,杜塞尔多夫警方不得不向柏林求援。柏林派出了名侦探甘纳特。

9月30日,甘纳特来到杜塞尔多夫。他带来的团队里个个都是精挑细选的得力干将,包括多个领域的专家,比如研究精神病人犯罪以及专攻性犯罪的专家。整个调查组除了领导,光是探员就有50人。杜塞尔多夫警方和地方检察官也予以全力配合。这可以说是魏玛共和国最优秀的一支刑事调查团队。

仿佛是为了向甘纳特示威,凶手很快就再次行凶。10月11日,22岁的伊丽莎白·德里尔(Elisabeth Dörrier)遇袭。次日她被人发现时还活着,但头部受了重伤,昏迷不醒,在医院接受了三十六小时的抢救之后死亡。尸检发现,她的头骨被敲碎了,碎片嵌入了大脑。

到目前为止,十个月内有14人遇袭,其中7人死亡,死者中有3个未成年人。这极有可能是连环杀人案,凶手极有可能是同一个人。

警方没有向媒体披露很多重要的细节,比如凶手惯用剪刀、喜欢袭击小女孩等。公众既然对这些情况两眼一抹黑,就很难相应地提高警惕,也就很难把怀疑聚焦到一个人身上。警方一时间束手无策,只能收集群众提供的线索。这样的线索有超过1万条之多。

凶手可以说是猖狂至极,居然在9月底写信给警察局,但是这封信不知怎么遗失了,警方在破案之后才知道有这封信。10月14日,

---

[1] Evans, Richard J.. *Rituals of Retribution: Capital Punishment in Germany, 1600-1987.* Penguin, 1997. p. 609.

[2] Ibid., p. 591.

警察局收到了凶手的第二封信，其中描述了一个藏尸地点："在帕本戴勒杀了人，在没有长野草的地方放了一块石头做标记，尸体埋在地下 1.5 米处。"

但是，正与千头万绪缠斗的警方对这条线索没有给予足够的重视，只是派了几名制服警察去核实，结果没有发现尸体。

凶手也许在嘲笑警方的无能，并陶醉于自己的胜利。他于 11 月 8 日又写了一封信给警察局，说自己杀了一个五岁儿童，将尸体藏在"汉尼尔－卢艾格的墙边"。不过，警方还没有收到这封信的时候，一名警察于 11 月 9 日上午在汉尼尔－卢艾格工厂的墙边发现了 11 月 7 日被报告失踪的女童格特鲁德·阿尔贝曼（Gertrud Albermann）的尸体。随后警方收到了上面那封信，发现里面再次强调了帕本戴勒的谋杀。

警方这才重视起来，在信里描述的地点找到了几天前失踪的女仆玛丽亚·哈恩（Maria Hahn）的尸体。她的头部、脖子和胸部被刺了 20 下。当地一名农民在藏尸地点之上犁了地，并且发现了死者的手提包，但没有觉得异常，所以也没有报警。如果不是凶手自己提醒的话，不知道什么时候警方才会发现哈恩的尸体。

甘纳特了解了上述一系列案件的情况之后，命令将所有可能出自同一个凶手之手的案件整合起来，向办案的所有探员分享全部资料，并发动了德国历史上第一次大规模的搜索行动。全国所有警察机关、司法机关、海关与边防、检察院、监狱、科研院所、福利机构、精神病医院，都得到了要求配合的通报。

但几个月过去，警方仍然一无所获。虽然（在警方看来）没有发生新的凶案，但凶手其实并没有闲着。有好几个潜在的受害者只是因为运气好，躲过了悲惨的命运。比如女仆玛丽亚·维特豪普特（Maria

Witthaupt）被凶手诱骗去散步时，碰巧遇上了凶手的妻子，她以为丈夫在搞外遇，上去扇了丈夫一个耳光。凶手悻悻地丢下两个女人，自己离开了。

投递错误的信

案子的转机是从一封投递错误的信开始的。也就是说，纯粹的偶然让这起连环杀人案真相大白。

1930年5月初，乡下姑娘玛丽亚·布特利斯（Maria Butlies）来到杜塞尔多夫找工作。我们不知道她当时有没有听说当地的连环杀人案。她在职业介绍所认识了另一个姑娘，两人约好于5月14日在火车站见面，但是布特利斯被放了鸽子。

这时，她遭到一名陌生男子的骚扰。危急时刻，另一名男子出现，自称公职人员，"英雄救美"，赶走了那个流氓。布特利斯十分感激，放下了戒备，向对方讲述自己身无分文，孤身一人在这座大城市，连落脚的地方也没有。乐于助人的"公职人员"立刻热情地表示，可以让她到他家暂住一晚，再做计议。

在甜言蜜语之下，布特利斯跟着到了他家。没想到进屋之后，该男子也开始纠缠她。她激烈地反抗，于是男子礼貌地答应把她送到政府的救济站过夜。经过一处森林时，他企图将她扼死，但不知为什么又放弃了，然后把她带到一处电车站，放她走了。

布特利斯当时还不知道自己是多么幸运。她把自己的遭遇写在一封信里，寄给自己的一位女性朋友。没想到这封信投递错了，收到信的人感到事关重大，于是将信交给了警方。

警方从布特利斯的描述中意识到，那名男子正是他们要找的连环杀人狂。两名警察陪着布特利斯，让她去指认凶手的住处。费了一番周折，布特利斯找到了迈特曼大街 71 号。但是进了房子之后，她又吃不准了。于是两名警察先行告辞，约好了请她再到警察局一趟。但是与警察分别之后，布特利斯又拿定了主意，迈特曼大街 71 号确实就是那一晚她被凶手带去的地方！

布特利斯的胆子不小，在没有警察陪同的情况下独自回到迈特曼大街 71 号。在那里，她遇见了住户之一维默尔小姐，与其攀谈起来，讲述了自己的经历。

两个姑娘正在谈话，这时一名男子走出家门，去院子里的水龙头处打水，然后回到自己屋里。布特利斯看了看那个男人，并没有认出他来。维默尔小姐问，刚才打水的男人是不是就是那一晚的歹徒。布特利斯说不确定。但是维默尔小姐注意到，那名男子又匆匆地出门了。布特利斯仍然说："不是他！"但维默尔小姐起了疑心，在一张纸条上写下了那名男子的姓名，递给布特利斯。纸上写着："彼得·屈滕。"布特利斯把纸条交给警方，说迈特曼大街 71 号的确是歹徒的住处，但她不确定屈滕就是歹徒。

次日，5 月 23 日，警察来到迈特曼大街 71 号，发现屈滕家房门紧锁。警察找到了屈滕的妻子工作的咖啡馆，联系到了她，了解了屈滕失业并且外出的情况，向他发出传票。后来警方高层有人批评了这种策略，认为这等于是向屈滕发警报，让他逃跑。

与此同时，警察找到了另一名幸存的受害者、已经康复的格特鲁德·舒尔特，给她看了屈滕的照片。她明确表示：这就是袭击她的凶手！

现在警方有了人证（虽然只是舒尔特案件的人证），于是立刻缉拿屈滕，控制了他的住所，守株待兔，逮捕了屈滕太太。屈滕太太招供，屈滕之前回到住处，从妻子那里得知自己受到警方传讯，与妻子发生了争吵；争吵时，他激动地说："都是我干的！"接着，他向妻子和盘托出了自己的全部罪行。妻子大受震动，建议如果万不得已可以一同自杀。[1] 屈滕不肯自杀，决定离开杜塞尔多夫，暂避风头，并约定与妻子于次日在一座教堂见面。

5月24日，警方在屈滕夫妇约定的地点逮捕了屈滕。他没有携带武器，也没有反抗，并且在当天就坦然招供了多起罪行。他甚至还"惋惜"地表示："我恰恰在这个关头被捕，真是遗憾！真正了不起的事情还在后面呢！我原打算每天杀两个人！"[2]

成为吸血鬼

那么，屈滕究竟是怎么样的一个人？他是如何变成连环杀人狂的呢？

屈滕于1883年出生在科隆一个子女众多的贫困工人家庭，父亲酗酒且经常殴打妻儿，对女儿还有性侵行为，所以屈滕从小就生活在暴力和不正常性关系的环境里。据说，他五岁时目睹捕捉流浪犬的人溺死两只小狗，从中感受到快感，从此对杀戮产生了兴趣。他八岁时，

---

[1] 马克·贝内克:《谋杀手段：用刑侦科学破解致命罪案》，李响译，生活·读书·新知三联书店，2012年，第136页。

[2] Evans, Richard J.. *Rituals of Retribution: Capital Punishment in Germany, 1600-1987*. Penguin, 1997. p. 591.

有一次父亲对母亲大打出手，小屈滕离家出走，靠小偷小摸流浪了三周，后被警察发现并送回家中。后来在受审时，屈滕自称八岁时就在一条河里溺死了两名玩伴。[1] 我们不知道这是吹嘘还是实情。

父亲于 1897 年因为性侵女儿而入狱后[2]，屈滕小小年纪就开始闯荡世界。他在工厂当学徒时遭受过体罚，后来隔三岔五因为盗窃、入室抢劫、人身伤害、纵火、性骚扰、性侵犯、虐待动物等罪行坐牢。他还曾与一名年纪比他大许多的女子同居，与她有性虐待的关系。他后来娶了一位曾经持枪杀人的女子，对有这样的妻子非常自豪。这位屈滕太太曾是妓女，有个男人说要娶她，但食言了，于是她对他开了枪。屈滕似乎能够理解妻子的这种行为，曾评论道："我和妻子的关系总是很好。我爱她，不是因为肉欲，而是因为我欣赏她的美好人格。"[3]

根据屈滕的招供，1913 年 5 月 25 日，他入室盗窃时杀死了正在睡觉的九岁小女孩克里斯蒂娜·克莱因（Christine Klein）。这是第一起可以明确归到屈滕名下的谋杀案。次日，屈滕还回到案发地点附近，听聚在客栈里的人们谈论这起凶案。屈滕无意中在现场丢下了一张绣有他的姓名首字母"PK"的手帕。这成为重要的证据。因为受害者的父亲叫彼得·克莱因，姓名首字母也是"PK"，所以小女孩的父亲成了嫌疑人。等到证明他无罪之后，嫌疑又转移到他的兄弟奥托·克莱因身上，因为有人看见一个男人离开克莱因家，穿着与奥托类似的

1　Ibid., p. 594.
2　Ibid., p. 598.
3　马克·贝内克：《谋杀手段：用刑侦科学破解致命罪案》，李响译，生活·读书·新知三联书店，2012 年，第 144—145 页。

第五章　披着人皮的恶魔

衣服，并且克莱因兄弟之间有金钱纠纷。奥托被捕，但因为证据不足而被释放。[1] 在克里斯蒂娜·克莱因案件当中，住在案发现场附近、前科累累的屈滕始终没有受到警方怀疑。

在此之后，屈滕一发不可收拾，对暴力和杀人"乐此不疲"，因为这能给他带来极大的刺激和快感。用他自己的话说："我想从中得到一种虐待狂的快感。果然如此。"他想要的是看见血，至于受害者是否死亡并不重要，也许这就是有些受害者能够死里逃生的原因。有一次他割断了受害者的主动脉之后，血如泉涌，他就趴上去吸血，获取一种类似性快感的愉悦。[2] 如果没有人血，动物的血似乎也能给他满足。他有一次杀死了一只天鹅，喝它的血。[3] 因此，媒体称他为"杜塞尔多夫吸血鬼"。

杀人得手之后，他喜欢在次日回到现场，混到看热闹的人群中，观察人们的反应，享受自己的"成功"。他甚至会与调查案件的警察聊天，却从来没有被怀疑过。屈滕告诉法庭指派的精神病医生，目睹案发之后群众的激动和愤怒，能够给他一种强烈的性兴奋，甚至让他射精。[4]

上面列举的只是证据确凿的案例，实际上，遭受屈滕袭击的人肯定更多，死于屈滕之手的人也可能更多。

1　同上，第130—131页。
2　Evans, Richard J.. *Rituals of Retribution: Capital Punishment in Germany, 1600-1987*. Penguin, 1997. p. 595.
3　Ibid., p. 595.
4　Tatar, Maria. *Lustmord: Sexual Murder in Weimar Germany*. Princeton University Press, 1995. p. 46.

屈滕的外貌让人很难想象他是个恐怖的杀人狂。根据旁听庭审的记者的描述，屈滕的"圆脸肤色红润，几乎没有一丝皱纹……虽然四十七岁了，但可以很容易让人相信他只有三十七岁"，"胡须剃得干干净净……头发涂了发油……在当下的艰难时代很多人都买不起发油，而他似乎不缺。因此，从外表看，他是个绅士"。另一位记者说，屈滕"在一群小资产阶级当中绝不会显眼"[1]。屈滕彬彬有礼，有亲和力，而且爱打扮，衣冠楚楚，所以他经常搭讪陌生女子，比较容易赢得信任。他看上去是个人畜无害的普通人。

在警方收集到的上万条线索当中，至少有3条线索指向屈滕，比如屈滕的狱友指出他有类似的暴力行为，但幸存的受害者没有从屈滕的照片上认出他，而且屈滕的邻居也都认为他是个老好人，所以警方没有继续追踪这条线索。屈滕的前科极多，一共坐过二十二年牢[2]，警方却一直没有怀疑到他，这也令人费解。

屈滕的妻子因为"出卖"了丈夫而极其愧疚，精神崩溃，被送进精神病院。后来她与丈夫离婚，改名换姓，搬到莱比锡居住。

最后，屈滕的9项谋杀罪、2项强奸罪、1项强奸未遂、7项谋杀未遂罪名成立，被判处死刑，另加十五年监禁。当然，其实也只能执行一次死刑。

1931年7月1日是屈滕临刑前的最后一夜。他一共给受害者家属和狱长写了14封信，每一封信的最后一句话都是："我会用我的血赎罪。我会在天堂为您祈祷。"他居然还相信自己会上天堂！

1　Evans, Richard J.. *Rituals of Retribution: Capital Punishment in Germany, 1600-1987*. Penguin, 1997. pp. 593-594.
2　Ibid., p. 594.

值得一提的是,在屈滕被判死刑的三周之后,1931 年 5 月,德国上映了弗里茨·朗(Fritz Lang)执导的电影《M》。这是历史上最早的有声电影之一,引起了极大的轰动,今天已经名垂青史,成为电影史上的经典之作。

《M》的故事背景是柏林,故事大致是这样的:一个小女孩遭受性侵后被残忍地杀害。随后陆续发生类似案件,显然是一个连环杀人狂所为。柏林(像现实中的杜塞尔多夫一样)陷入恐慌,警察大举出动。因为到处都是警察,柏林黑帮的"正常"活动被扰乱了。黑帮决定自行搜捕连环杀人狂。于是警察的搜捕和黑帮的搜捕平行地进行,最终黑帮在一个盲眼乞丐的帮助下追踪到了凶手。黑帮举行了"模拟审判",其中检察官、法官、律师和陪审团当然都是黑帮成员。律师的辩护非常精彩,但最后法庭还是判处凶手死刑。黑帮分子们冲上去要"行刑"的时候,警察也赶到了,将凶手逮捕,送去真正的法庭。[1] 电影中深得黑帮尊重的警探卡尔·洛曼(Karl Lohmann)的原型正是甘纳特。[2]《M》的剧本其实是在屈滕案发之前就写好的,参考的不是屈滕案件,而是可能参考了卡尔·格罗斯曼、卡尔·登克、弗里茨·哈尔曼等案件。但因为这部电影在屈滕案件引起轰动的同时上映,所以很多人误以为它的原型就是"杜塞尔多夫吸血鬼"。

1　Evans, Richard J.. *Rituals of Retribution: Capital Punishment in Germany, 1600-1987*. Penguin, 1997. p. 596.
2　Stürickow, Regina: Kommissar Gennat ermittelt: Die Erfindung der Mordinspektion. Elsengold Verlag, 2016. S. 6-7.

十　杀妻杀子骗保案

沃尔姆斯的商人阿尔弗雷德·拉察尔（Alfred Lazar）对自己的妹妹关怀备至，为了妹妹的幸福可以说是赴汤蹈火在所不辞。所以拉察尔对妹夫不太满意，也就很容易理解了。[1]

这个妹夫名叫大卫·施特拉塞尔（David Strasser），出生于匈牙利的一个德语地区，父亲是农场主和一家小客栈的老板。施特拉塞尔在德国北部的小城市哈尔堡（Harburg）开了一家自产自销的鞋店，但是生意不太好。这在所难免，因为哈尔堡是一个不起眼的小地方，而施特拉塞尔的鞋店又设在一条人流量很小的偏僻小巷。

但施特拉塞尔看上去不像是小地方的小商人。他说得一口优雅的标准德语，略有奥地利或南德口音，像是个受过教育、见过世面的人。他在德国好多地方都待过，但每个地方都待不久。他去过美国，甚至可能去过东方，但他对此语焉不详。他对很多行业和领域都有兴趣，比如农业机械、棉花、成衣业、制鞋业，不过最感兴趣的是百货商场的经营。他在卡塞尔和哈尔堡当过一家著名大百货公司的分店经理，干了六年。

那么，他为什么会待在北德一个默默无闻的小地方、做着没有油水的小生意呢？他的背景究竟是什么？后来即便到了法庭上，他也不能详细解释自己的履历，而是留下了一些可疑的漏洞。

1　本节主要参考了 Schlesinger, Paul: Der Mensch, der schießt: Berichte aus dem Gerichtssaal. Lilienfeld Verlag, 2014. S. 54–65。

这些问题当然也萦绕在拉察尔心上。虽然对妹夫有些怀疑，但出于对妹妹的爱，拉察尔还是尽力接济妹妹一家，有时给他们现金，有时邮寄汇票给他们。拉察尔甚至还在哈尔堡买了一栋房子送给妹妹。好在妹妹和妹夫的感情不错，至少拉察尔从未听过妹妹有一句怨言。

但是，发生了一件如同晴天霹雳的事情：妹妹突然遭枪击身亡！

拉察尔火速赶到哈尔堡，详细询问妹夫是怎么回事。施特拉塞尔说，他的太太在接触一支左轮手枪时不小心扣动了扳机，胸部中弹，当场死亡，这纯粹是一场意外事故。拉察尔一听就感到可疑，于是拜托阿斯贝克医生（Dr. Asbeck）作了尸检。但是尸检没有发现可疑迹象，拉察尔只得作罢。

当时拉察尔不知道，施特拉塞尔在不久前给妻子上了人身意外保险。保险公司做了一番调查之后，也没有找到怀疑的理由，于是给施特拉塞尔支付了 21000 马克的巨款。

这件事情发生在 1925 年。

一年半之后，施特拉塞尔家又发生了一场悲剧。他的长子库尔特（Kurt）也死于枪击事故，情形与他母亲极其相似。而且，施特拉塞尔在前不久也给儿子购买了意外保险。

真的会有这么巧的事情吗？这一次施特拉塞尔不能蒙混过关了，他被以双重谋杀和骗保的罪名送上了法庭。

但是，法庭首先要证明，施特拉塞尔确实谋杀了自己的妻子和儿子。

法庭上的施特拉塞尔镇静自若，侃侃而谈。如果有一个人因为受到1万马克债务的压力就谋害了自己的妻子，然后为了1500马克的债务就杀害了自己的亲骨肉，这个人如果不是魔鬼，还能是什么呢？再说，如果是为了钱的话，最符合他利益的做法应当是好好对待妻儿，然后通过妻子从大舅子拉察尔那里源源不断地获得经济援助才对。

让我们先来观察一下死亡现场。施特拉塞尔的儿子库尔特死在家中。这套房子有四间卧室，陈设和布置相当舒适和温馨。儿童房里有一件马头的标本，施特拉塞尔肯定想不到，制作这件标本的人的儿子，就是在法庭上指控施特拉塞尔、要他人头的检察官。

库尔特的死亡现场是他自己的房间。屋里四壁都是柜子，空间狭小。男孩死亡的时候应当站在房间中央。警方确信，子弹是从距离死者身体只有几厘米的地方射出的。如果是他杀的话，凶手肯定是近距离开的枪。一把左轮手枪被塞在死者的手提包里。是谁把枪塞进了手提包呢？

庭审期间最具有戏剧性的阶段，就是法庭对施特拉塞尔的次子埃贡（Egon）的讯问。为了让孩子能够比较放松地发言、避免受到父亲的影响，法庭决定在讯问埃贡期间让施特拉塞尔暂时回避。

埃贡当时十四岁，相貌英俊、聪明伶俐。在法官严肃告诫他要实话实说之后，他就开始作证。埃贡对自己母亲死亡的情形不了解，当时父亲仅仅告诉他，他母亲突然去世了。但对于哥哥库尔特的死亡，埃贡做证如下：

事发当天，库尔特很早就起床了，那时埃贡还在床上躺着，半睡半醒之间听见哥哥起床的动静。哥哥与父亲也许在说话，但埃贡没有听见他们说了什么。然后一声枪响将埃贡惊醒，他立刻跳下床，跑出房间，看到父亲站在另一个房间门口，那扇门开了一条缝，父亲的动作似乎是在关门。因为埃贡跑得太快，他的额头撞上了父亲的胳膊肘。然后他看见哥哥躺在室内的血泊中。库尔特此时还有气息，呼救道："埃贡，叫医生！"埃贡赶紧穿上衣服，要出去找医生。父亲对他说："不要对人说，我已经在这个房间里了！"

埃贡承认，他是后来才回忆起父亲这句发人深思的话的。在事发到庭审的这段时间里，埃贡被接到母亲那边的亲戚家里暂住。有一次他听到小表妹在走进大人不准她进的一个房间时说："不要对人说，我进这个房间了！"电光石火之间，埃贡想起父亲也说过同样的话。于是，他写信给哈尔堡县的刑警，报告了这个情况。

在法庭上，埃贡明确表示，给警察的这封信是他自愿写的，他认为向警方报告这个情节是他的责任所在。

埃贡还说，当时的情形给了他一种奇怪的感觉："我跑向（发生枪击的）房间，以及我穿衣服准备出门叫医生的时候，我总感觉怪怪的，仿佛这一切我已经经历过一次，好像在做梦。"

父亲有没有立刻把躺在地上的库尔特抱起来？埃贡记不清了。他只记得，还在穿衣服的时候，父亲对他说："库尔特肚子中枪了。"当天下午埃贡和父亲一起去医院探望库尔特的时候，父亲说："警察会怪罪我没有把手枪收好的。"

埃贡安慰了父亲，但心里觉得如果警察那样指责父亲的话，也是有道理的。在医院里，埃贡没有机会与伤重的哥哥对话，但注意到父亲站在病房门口的时候脸上的表情很奇怪，不知是哭还是笑。

法官问埃贡，是否曾经看见那支手枪被放在那个手提包里。埃贡回答，在案发之前，他只看过那支手枪一次，就是父亲把它买回家的那天晚上。当时库尔特把手枪拿过来把玩，还拿它吓唬女仆。

警方在施特拉塞尔的衣服口袋里搜到了一封没有写完的信，是写给埃贡的。在这封信里，施特拉塞尔威胁儿子，如果他说出对父亲不利的话，全世界都会认为他是叛徒。施特拉塞尔解释说，这封信他没有写完，因为调查法官不肯替他转交给埃贡，所以他就一直把信留在口袋里。

法庭调查了施特拉塞尔的财务状况，发现他因为参与地产投机而负债累累，并且大舅子拉察尔这次拒绝提供资金搭救他。

最终，陪审员一致判定施特拉塞尔谋杀了自己的妻子和儿子，但也一致决定为他申请减刑。也许是因为对于施特拉塞尔是否有罪，大家心中还有一丝疑问吧。

十一　甘纳特的一次大失败

1926年6月5日夜间10点45分左右，在普鲁士邦西里西亚省的首府布雷斯劳，几个夜间散步的人在布雷斯劳理工学院大门附近的地上发现了一个奇怪的大包裹，担心里面有炸弹，不敢打开，于是将包裹直接交给警察。[1]

警察小心翼翼地拆开包裹之后，不禁毛骨悚然：包裹里竟然装着

1　本节主要参考了Stürickow, Regina: Kommissar Gennat ermittelt: Die Erfindung der Mordinspektion. Elsengold Verlag, 2016. S. 82-91。

一具残缺不全的小女孩尸体，还有一个小男孩的头，以及可能属于这两个孩子的若干衣服。

死者的身份很容易确定，因为不久前有人报案，说八岁女孩艾丽卡和她的哥哥、十一岁的奥托失踪了。艾丽卡和奥托的母亲费泽太太（Frau Fehse）在警方的停尸房一下子辨认出死者就是她的两个孩子，当即呼天抢地、悲痛欲绝。

衣服还缺女孩的短裤，男孩的水手服、衬衫与吊裤带。因为家庭贫困，两个孩子近期是赤脚走路的，所以原本就没有鞋。

警方用警犬搜索，但一无所获。整个布雷斯劳城的警察都出动了，寻找剩余的尸块和衣服。一支警察巡逻队在某公园发现了一个类似的包裹，发现里面装着遇害男孩的躯体和四肢。尸体遭到凶残的破坏，多个器官被取走。

6月7日，发生了更惊人的事情。两个孩子的外祖父奥托·乌尔班收到一个邮政包裹。打开之后，里面竟然是艾丽卡的短裤和两个孩子的生殖器。凶手真是丧心病狂，竟敢向受害者家属示威！

两个未成年人被残忍地杀害和分尸，这在任何时代都是极其严重的恶性犯罪。布雷斯劳警察局一筹莫展，不得不向柏林求助。柏林警察局高度重视，派遣名侦探恩斯特·甘纳特走一趟。

甘纳特的调查

甘纳特搭乘警察局安排的专机飞往布雷斯劳，于6月7日晚间抵达。当晚他写信给留守柏林警察局、代他领导谋杀调查科的同事路德维希·维尔纳堡博士："亲爱的维尔纳堡先生！飞行两个小时，一路顺利，抵达之后我立刻开始工作。"他请求维尔纳堡帮忙，仔细查看谋杀调查科精心搜集整理的卡片档案，在性犯罪和虐待狂门类当中搜寻指向布雷斯劳的线索。

艾丽卡和奥托案件让见多识广的甘纳特也震惊了。各种令人胆寒的变态凶杀、分尸、性虐待等案件，他见得多了，但凶手竟敢将尸块寄给受害者家属的案件，甘纳特也是第一次见到。

艾丽卡和奥托的死亡情况不同。艾丽卡是被割喉的，奥托是被扼死的。甘纳特认为，此案很可能是一个连环杀人狂所为，因此这也许不是凶手第一次作案。于是，甘纳特拜托维尔纳堡在档案中寻找类似的案件，并将案情汇报给他。

几个钟头后，维尔纳堡发来了报告。他共发现11起类似案件，发生在1906—1926年，而且全都是悬案。

其中最吸引甘纳特注意的，是1906年2月23日发生在汉堡的一起案件，一个六岁女孩被以类似的凶残手段谋杀。凶手将女孩扼死，并割走了多个器官。另外，1914年1月12日，在汉诺威发生了一起类似案件，一个五岁女孩被割喉，器官被取出。

甘纳特是柏林人，对布雷斯劳不熟悉。在陌生环境里探案总是会给工作增加难度，比如他很难像在柏林那样比较容易地从黑道获取情报。并且，布雷斯劳的警方自己解决不了问题，不得不请"外来的和尚"帮忙，心里总是不大愉快的。甘纳特是个老江湖，很会做人，在公开场合总是赞扬布雷斯劳同事的通力配合。但双方的合作肯定不会像甘纳特在柏林的工作那样顺畅。

根据甘纳特的了解，费泽一家是单亲家庭，经济状况不好，费泽太太是制作灯罩的工人，另外一份工作是按摩师，收入不高。她的父母尽量支持她，帮她带孩子。两个孩子放学后都会去外公那里。外公是编篮子的匠人，在布雷斯劳市火车站附近有一个小作坊。和很多城市的火车站一样，布雷斯劳火车站周边地区也是鱼龙混杂，治安很差。那里有很多肮脏的时租房、廉价客栈、下流酒馆和非法赌场。各种可疑分子、娼妓和皮条客在那一带活动。

两个孩子经常在外公的作坊附近，也就是火车站周边地区，干点力所能及的活计或者替人跑腿，挣点零花钱。附近的一个蔬菜摊贩说，两个孩子经常到她那里乞讨蔬菜。

外公奥托·乌尔班说，他收到的包裹上他家的地址是小奥托写的。或许凶手在行凶之前诱骗或强迫小男孩写下了地址？但是不知道为什么，小奥托写的地址是错的，正确的地址是"97号"，而他写了街对面邻居的地址"88号"。是小男孩在恐惧之中记错了地址吗？还是他在试图给出某种暗示？

甘纳特还原了两个孩子遇害前的行踪：6月5日下午，艾丽卡和奥托帮助外公跑腿。下午5点，母亲让两个孩子去邮局取一个包裹。有人说看见两个孩子和两个成年人一起走路，但不记得那两个成年人的长相。邮局职员说，大约下午6点，两个孩子在邮局询问了母亲的包裹的情况，此后就杳无音信了。

从这些情况推断，甘纳特认为犯罪现场就在邮局附近或发现尸块包裹的地点附近。他命令警察对邮局及其周边，以及理工学院及其周边分别作了两次拉网式搜查，但没发现有价值的线索。

热心市民纷纷联络警方，提供线索，可警方检查之后发现这些所谓的线索都没有价值。一些神神道道的算命大师、通灵者和催眠师也主动为警方服务，但自然都不会有什么效果。警方逮捕了多名嫌犯，然而经过仔细调查都查无实据，只得将其释放。

为了最大限度地获取公众的协助配合，甘纳特还采取了一种不寻常的手段。他下令在布雷斯劳最有名的一家百货商场的橱窗里公开展示模拟的现场：用蜡做的真人尺寸的人偶代表受害者，人偶穿着受害者死前穿的衣服，旁边是对包裹的详细描绘，以及包裹发现地周边的草图。警方还向公众发放了1万份描述案情的传单，恳求公众支持。

甘纳特还在当地警方配合下，有条不紊地与布雷斯劳各个黑帮的代表谈话，要求他们配合调查；他还仔细调查了卖淫和拉皮条的圈子。

能做的都做了，但警方仍然没有线索。甘纳特也无能为力。7月31日，维尔纳堡接替了他，继续调查此案。但维尔纳堡在布雷斯劳待了几周之后，也无功而返。于是，艾丽卡和奥托·费泽谋杀案成了悬案。

新的线索

一晃几年过去了，但甘纳特没有忘记布雷斯劳的费泽兄妹谋杀案。1930年5月，他有了一个新的嫌疑人。

此人名叫特奥多尔·贝格尔（Theodor Berger），于1904年被指控强奸、谋杀并肢解了一个名叫露西·柏林（Lucie Berlin）的八岁女孩。虽然证据不是非常过硬，贝格尔还是被判十五年徒刑。[1]他一直

---

1 关于露西·柏林谋杀案，可参考 Thorwald, Jürgen: Die Stunde der Detektive. Werden und Welten der Kriminalistik. Droemer, 1966. S. 31-61。这起案件在刑侦科技发展史上有重要意义，因为检方主要是通过新发明不久的乌冷呼特氏试验法（Uhlenhuth-Probe）给贝格尔定罪的，即用保罗·乌冷呼特（Paul Uhlenhuth, 1870—1957）发明的血清检测手段，判定贝格尔丢弃的行李箱（可能被用于转移尸块）上的痕迹是人血。但当时的技术手段尚不足以证明那就是死者的血，所以在今天看来，对贝格尔的判罪没有充分证据。

坚持说自己是无辜的。出狱之后，他以在街头兜售香肠为生。甘纳特怀疑贝格尔与布雷斯劳的案件有关，但最后发现，艾丽卡和奥托遇害的时候贝格尔确实不在布雷斯劳。

几年后，纳粹上台了。1934年夏季，纳粹党的报纸《冲锋队员》（Der Stürmer）突然刊载了一篇文章，说费泽案件是犹太人对德意志人的"仪式性谋杀"，并辱骂布雷斯劳警方无能。这种反犹主义狂言纯属无稽之谈。布雷斯劳警察局副局长表现出了极大的勇气，命令没收并销毁他辖区内的这一期《冲锋队员》。

也许是因为受到此事的刺激，布雷斯劳警察局设立了一个新的专案组，重启费泽案件的调查。这么多年来，此案的卷宗已经积累到120卷之多。

专案组在1934年11月17日逮捕了一个嫌疑人，此人名叫赫伯特·赫尔（Herbert Höll）。值得一提的是，与他的姓氏拼写相近的Hölle在德语里是"地狱"的意思。赫尔在学生时代就因为性变态倾向而受到孤立。他于1924年来布雷斯劳上大学，学习数学。老师说他天资极高，将来会成为优秀的科学家。但他是个怪人，独来独往。警方搜查了他位于郊区的住所之后大吃一惊：在赫尔家里发现了6700张淫秽图片，还有成捆成捆的稿纸，上面密密麻麻地用速记法写满了字。将这些速记整理成明文，足足用了3994页纸！最重要的是，其中的内容全都是在描写强奸杀人或者性变态的谋杀。赫尔还有一套卡片，上面记录的均为布雷斯劳儿童的家庭住址。他还收藏了多年来大量关于强奸杀人或性变态杀人的新闻报道，里面偏偏没有与费泽兄妹案件有关的。

有两名证人说在费泽兄妹失踪的那一天见过赫尔，但时隔八年，这样的记忆还可靠吗？还有女性证人说曾受到赫尔的性骚扰。警方也查明了，费泽案件发生的时候，赫尔就住在他们家附近。

但这些都不足以指认赫尔就是凶手。

1936年8月，有一个名叫瓦尔特·克劳泽（Walter Krause）的"业余侦探"声称自己侦破了费泽案件，说凶手是一个叫阿图尔·恩格尔（Arthur Engel）博士的犹太人。克劳泽花了大量时间跟踪和监视恩格尔，一口咬定他就是凶手。克劳泽写的材料被送到甘纳特手里。但甘纳特发现，这只是反犹主义者克劳泽的癫狂吠叫。没有任何证据表明恩格尔与费泽案件有关。

艾丽卡和奥托·费泽案件尚未侦破，两个惨死的孩子的冤魂，至今没有得到慰藉。

第六章 天涯沦落人

一 流亡的土耳其领导人

1921年3月15日,星期二,阳光明媚,柏林的哈登贝格大街(Hardenbergstraße)人头攒动,好不热闹。[1]

上午大约10点45分,哈登贝格大街4号的住户,一个名叫阿里·塞伊(Ali Sai)的土耳其人离开家门,打算去买几副手套。

没走几步,人群中突然跑来一个小伙子,掏出手枪,对准阿里·塞伊的头部连开数枪!阿里·塞伊血如泉涌,当场倒地。行人乱作一团、呼喊尖叫。

凶手丢掉手枪,转身逃跑,但没跑多远就被见义勇为的行人拦住,扭送警察局。凶手被制伏时还在用蹩脚的德语高呼:"我,亚美尼亚人!他,土耳其人!对德国没损失!"大概意思是,此事与德国人无关。

在警察局,凶手倒是十分配合,爽快地报出自己的姓名和身份。他自称索戈蒙·泰赫利里安(Soghomon Tehlirian),亚美尼亚人,基督徒,1897年出生于土耳其埃尔津詹(Erzincan)附近的帕卡里奇(Pakaritsch)。

他还说,遭枪击的受害者根本就不叫阿里·塞伊。他的真名是塔拉特帕夏[2](Talât Pascha),曾是奥斯曼帝国的大维齐尔(相当于首相)

---

[1] 本节主要参考了 Stürickow, Regina: Mörderische Metropole Berlin: Authentische Fälle 1914–1933. Militzke, 2015. S. 73–80。
[2] 土耳其语 paşa 的音译,据说此词来自波斯语,最初是奥斯曼帝国对高级军政长官的称号,通常是总督、将军及高官。又译"巴夏""帕沙"。

和实际统治者之一，也是对亚美尼亚民族犯下种族灭绝罪行的凶手。所以，泰赫利里安自豪地告诉德国警察，他杀人是为了给上百万死难者复仇。

亚美尼亚人大屠杀

这不是一起普通的谋杀案。要理解泰赫利里安行刺塔拉特帕夏的真相，我们必须了解一下奥斯曼帝国在第一次世界大战中覆灭的历史背景。

奥斯曼帝国曾经是雄霸欧、亚、非三大洲的老大帝国，但到了20世纪初，它已经沦为"欧洲病夫"，大片领土被西欧列强攫取。这个日薄西山的大帝国在当时的困境，和同时期的大清倒是颇有几分类似。

1908年，为了救亡图存，一群比较西化的年轻军官发动了旨在改良国家的政变，夺取政权。这些改革者被称为"青年土耳其党"。青年土耳其党具有强烈的泛突厥主义（或称图兰主义）色彩，这能够激励帝国的土耳其臣民，却疏远了其他族群，比如人口众多的阿拉伯人和亚美尼亚人。

阿拉伯人毕竟（主要）还是穆斯林，与土耳其人有共同的宗教与思想基础；而亚美尼亚人主要是基督徒，与君士坦丁堡统治者之间的隔阂就更深了一层。

除了民族与宗教的差异，还有地缘政治的问题。亚美尼亚基督徒主要生活在安纳托利亚东部地区，地理上接近奥斯曼帝国的宿敌俄罗斯帝国。俄国人也信奉基督教，和亚美尼亚人比较有共同语言，所以俄国的一个重要策略就是扶持和帮助亚美尼亚人，去抗衡奥斯曼帝国。不管亚美尼亚人是否真的"通俄",奥斯曼当局对这些少数族群对君士坦丁堡的忠诚度是非常怀疑的。这也是当时世界各地少数族群的普遍命运:在主流民族的猜忌、敌视或容忍下勉强讨生活。少数族群很容易被怀疑为"境外势力"的"第五纵队",但即便没有与"境外势力"合作,他们也很难得到主流民族的接受。

所以亚美尼亚人长期以来经常遭受他们的土耳其邻居的迫害,甚至屠杀。在第一次世界大战爆发之前,最近的一次大屠杀发生在19世纪90年代:短短几天内有至少5万名亚美尼亚人遇害。[1]

1913年,帝国又发生了新的政变。三位帕夏崛起,掌握了政权。他们分别是:恩维尔帕夏(Enver Pascha,陆军部长)、塔拉特帕夏(内政部部长,后成为大维齐尔)和杰马勒帕夏(Cemal Pascha,劳工部部长、叙利亚总督等)。这"三巨头"领导着奥斯曼帝国,在第一次世界大战期间加入了德国和奥匈帝国的阵营。我们今天都知道,奥斯曼帝国站错了队,走上了不归路。

战争爆发之后,奥斯曼政权在1914年11月发出反对"基督教敌人"的伊斯兰圣战号召,这更加激化了土耳其穆斯林与亚美尼亚基督徒之间的矛盾,引发了新一轮反亚美尼亚的浪潮。恰逢俄军向安纳托利亚东部进攻,奥斯曼军队节节败退,损失惨重,于是亚美尼亚人成了解释奥斯曼军队战场失利的绝佳替罪羊:亚美尼亚人是叛徒,是卖国贼!在君士坦丁堡政权的言辞中,在它的很多穆斯林臣民的想象中,安纳托利亚的约200万亚美尼亚人就是国境内的敌人。[2]

---

[1] 斯科特·安德森:《阿拉伯的劳伦斯:战争、谎言、帝国愚行与现代中东的形成》,陆大鹏译,社会科学文献出版社,2014年,第148页。

[2] 同上,第148—149页。

1915年4月，大维齐尔塔拉特帕夏下令逮捕君士坦丁堡的数百名亚美尼亚公民领袖，同时命令有较多亚美尼亚人口的各省总督立即镇压所有的亚美尼亚"革命和政治组织"，并逮捕其领导人。几天之内，数万名普通亚美尼亚百姓被从家中拖走，赶往具体地点不明的"安置地带"，或者当场惨遭屠杀。[1]

　　土耳其政府还通过了《转移安置临时法》，其中说，军队现在"为形势所逼"，有权"根据军事需求，或对任何叛变行为做出反应，将村庄和城镇的居民，或是单个，或是集体，进行转移和再安置"。这部法律针对的主要就是亚美尼亚人。大量亚美尼亚人被连根拔起，在武装押运下长途跋涉，被抛弃到沙漠等环境恶劣的地方。在"转移和再安置"途中，约有80万名亚美尼亚人饿死、被枪杀或被殴打致死。[2]

　　亚美尼亚神父格里高利斯·巴拉基昂（Grigoris Balakian，1875—1934）是这场灾难的见证者和受害者。下面是他的一段亲身经历：

> ……行进在已有成千上万亚美尼亚人死亡的路上，巴拉基昂与他同车的官员攀谈起来，奥斯曼宪兵无所顾忌，因为他们相信这些被"护送"的亚美尼亚人活不了多久。当中有位名叫舒凯里的上尉最坦白，他声称自己已监督杀害了4.2万名亚美尼亚人。
>
> "贝伊，沿途的这些人骨从何而来？"巴拉基昂明知故问道。
>
> "这些是在去年8月到9月里被杀的亚美尼亚人。君士坦丁堡来的命令。尽管内政大臣（指塔拉特）挖了许多大坑填埋这些尸体，

---

[1] 斯科特·安德森：《阿拉伯的劳伦斯：战争、谎言、帝国愚行与现代中东的形成》，陆大鹏译，社会科学文献出版社，2014年，第149页。
[2] 同上，第149—150页。

第六章　天涯沦落人

但冬天的潮水把土冲开了。现在你也看见了,到处都是骨头。"……[1]

奥斯曼帝国的犹太裔臣民萨拉·亚伦森(Sarah Aaronsohn)也亲眼目睹了许多惨剧:"她看到铁路两侧堆着成百上千亚美尼亚人男女老少的尸体。有时能看见土耳其妇女翻检死尸,寻找值钱的东西;有时能看到野狗在吞食死人。那里有数百具惨白的骨骸。"真可谓触目惊心。"她经历的最恐怖的一个插曲是,她的火车开到一个偏僻火车站的时候,数千名饥肠辘辘的亚美尼亚人包围着火车。在疯狂踩踏中,十几人倒在车轮下,火车售票员看了哈哈大笑。萨拉看了这可怕场面当场晕倒,苏醒后却有两名土耳其军官训斥她不爱国。"[2]

和大多数类似的悲剧一样,对于受害者的人数,我们很难给出一个准确的、公认的数字(有的说法是 60 万至 85 万人,有的说法是 100 万至 150 万人)。而且,对于亚美尼亚悲剧的性质,至今还有很多争议。这是(如今日土耳其政府所说)战争条件下造成的不幸,还是(如亚美尼亚政府和多数西方国家政府所说)奥斯曼帝国针对亚美尼亚人的蓄意的种族灭绝呢?不争的事实是,有大量平民因为国家政策死亡。而塔拉特帕夏被普遍认为是这项国家政策的主要责任人。

1918 年 10 月底,奥斯曼帝国大厦将倾。失势的"三巨头"——杰马勒、恩维尔和塔拉特悄悄登上一艘德国鱼雷艇,渡过黑海,逃之夭夭。[3]

---

1 尤金·罗根:《奥斯曼帝国的衰亡:一战中东,1914—1920》,王阳阳译,广西师范大学出版社,2017 年,第 193 页。
2 斯科特·安德森:《阿拉伯的劳伦斯:战争、谎言、帝国愚行与现代中东的形成》,陆大鹏译,社会科学文献出版社,2014 年,第 181 页。
3 同上,第 548 页。

塔拉特逃到了德国，希望得到盟友德皇的保护，但德意志帝国自顾不暇，不久之后也崩溃了。塔拉特就在德国隐居起来。他肯定想不到，在柏林会遇到一个叫索戈蒙·泰赫利里安的亚美尼亚青年。

庭审

根据泰赫利里安在柏林警察局留下的口供和在法庭给出的证词，他就是从土耳其针对亚美尼亚人的大屠杀中逃脱的。他的父母、三个兄弟和两个姊妹被杀害，他甚至亲眼看见土耳其人用斧子劈碎他的一个兄弟的头部。这恐怖的景象令他终生难忘。他自己的头部也受了重伤，躺在死尸堆里，想必土耳其人以为他死了，就把他丢下。他苏醒之后，逃进山区，然后逃到伊朗境内，最后进入俄罗斯帝国控制下的高加索地区。俄军占领土耳其东部若干地区（包括泰赫利里安的家乡）之后，他得以回家，找到了父亲埋藏的积蓄。

战争结束后，泰赫利里安来到法国巴黎，在那里生活了十个月，然后因为想学机械制造，就去了德国柏林。此时柏林的亚美尼亚侨民大概只有70人。泰赫利里安得到了亚美尼亚驻德国总领事馆参赞阿佩利昂（Apelian）的帮助，努力学习德语；他还学跳舞，努力去了解德国的文化与风俗。泰赫利里安租住了哈登贝格大街37号的房子，女房东对他印象极好，因为他资金充裕，按时缴纳房租，而且彬彬有礼，只是比较沉默寡言。泰赫利里安有时会癫痫发作，据他自己说，可能与他在土耳其时头部受的伤有关系。

泰赫利里安住到哈登贝格大街不久之后，就震惊地发现了一个熟悉的面孔——塔拉特帕夏！这个千古罪人已经隐姓埋名，潜伏到了柏林。发现这个恶魔纯属偶然，但有了这一发现之后，泰赫利里安就下定决心，要为自己的亲人、为上百万死难的亚美尼亚同胞复仇！于是，就有了本章开始的那一幕。

泰赫利里安刺杀塔拉特帕夏的案件引起了轰动，吸引了全欧洲的注意。这个案子让许多德国人认识到，此事不仅仅关系到一个过气的外国政治家的死亡，还关系到严重的反人类罪行；并且，德国曾经是奥斯曼帝国的盟友，却未能阻止这些罪行的发生，甚至还参与其中。当然，也有许多德国人（尤其是右派），认为塔拉特帕夏曾是德国的"好战友"，所以对他的死表示同情。

在法庭上，泰赫利里安坦然承认杀人，但毫无悔意，自认为正义在手："我杀了他，但我不是杀人犯。"他说，死去的母亲经常出现在他的梦境中，谴责他舒舒服服地生活在柏林，不思复仇。他的描述声泪俱下，令法庭上的听众潸然泪下。

泰赫利里安玉树临风，形象极佳，而且他的悲剧性故事惊心动魄，很容易得到一般民众的好感。一家德国报纸赞誉他为"亚美尼亚的威廉·退尔"。[1] 著名的辩护律师马克斯·阿尔斯贝格为他两肋插刀。阿尔斯贝格的工作做得炉火纯青，邀请了多位证人和专家到庭做证，其中有德国红十字会的两名护士，她们汇报了自己 1915 年 6 月在土耳其东部亲眼见证的亚美尼亚人惨遭屠杀的情况。专攻亚美尼亚民族历史的德国神学家和东方学家约翰内斯·莱普修斯（Johannes

---

[1] Kieser, Hans-Lukas. *Talaat Pasha: Father of Modern Turkey, Architect of Genocide*. Princeton University Press, 2018. p. 408.

Lepsius，1858—1926）出庭做证，描述了土耳其人的暴行。证人当中还有大屠杀的目击者、亚美尼亚作家和学者阿拉姆·安东尼安（Aram Andonian，1875—1951），以及上文提到的亚美尼亚神父格里高利斯·巴拉基昂。

最终，法庭宣判泰赫利里安无罪，仅将他驱逐出境。判决下来之后，在法院门前，泰赫利里安得到了围观群众山呼海啸般的欢呼和赞扬。在很多德国人眼中，他俨然是一位英雄。当然，在家乡亚美尼亚，泰赫利里安更是毫无疑问地被视为民族英雄。

后来泰赫利里安移民到南斯拉夫，1950 年移民美国，于 1960 年在加州去世。

复仇女神

但是，故事还没完。

泰赫利里安在德国法庭上撒了谎。

他的亲人确实死于土耳其人的屠杀，但他本人并不在场，没有见证亲人的遇害，自己也不曾成为受害者，因为他当时正在俄国军队中一个由亚美尼亚志愿者组成的营里，在前线作战。刺杀塔拉特帕夏，也并非像泰赫利里安自己描述的那样，是他义愤之下为亲人与同胞复仇的个人行为，而实际上是亚美尼亚的民族主义政党"亚美尼亚革命联盟"（Armenische Revolutionäre Föderation）下属的秘密组织"复仇女神"（Nemesis）精心预谋和筹划的。该组织的目标就是消灭 1915—1916 年亚美尼亚人大屠杀的所有罪魁祸首，塔拉特帕夏是"复仇女神"目标名单上的第一个名字。泰赫利里安发现塔拉特帕夏也并非偶然，而是从 1920 年 12 月就在密切监视他的行踪。另外，柏林也有"亚美尼亚革命联盟"的同志支持泰赫利里安的行动。[1]

杰马勒帕夏同样成了"复仇女神"行动的牺牲品，于 1922 年 7 月在格鲁吉亚第比利斯街头遭枪杀。而曾经统治奥斯曼帝国的"三巨头"当中的最后一位，恩维尔帕夏，于 1922 年 8 月在塔吉克斯坦遭遇苏联红军的埋伏，饮弹毙命。[2]

1921 年，德国法庭宣判泰赫利里安无罪，主要是因为辩护律师的出色表现、泰赫利里安的精彩"表演"和他对公众同情心的巧妙利用，而不是因为种族灭绝这样的反人类罪行应受的惩罚有法可依。德国法庭没有发现泰赫利里安背后的秘密组织，所以在德国法庭和公众眼中，这是一个浪漫的、具有东方风情的复仇故事：泰赫利里安是一个英俊而善良的爱国者，而不是穷凶极恶的杀人犯，也不是有着冷酷的政治预谋和筹划的刺客，因此值得同情。

当时有两个年轻的法律系学生密切关注了泰赫利里安案件，他们认识到其时缺乏针对反人类罪行的法律，认为这个问题亟待解决。其中一位是波兰犹太人拉斐尔·莱姆金（Raphael Lemkin，1900—1959），他后来创造了"genocide"（种族灭绝）这个词，并推动了联合国于 1948 年签署《防止及惩治灭绝种族罪公约》，以便从法律层面制裁类似的反人类罪行。还有一位是德国犹太人罗伯特·肯普纳（Robert Kempner，1899—1993），他是魏玛共和国时期德国著名的律师，后来受纳粹迫害移民美国，参加了 1945 年针对纳粹反人类罪行

---

1 Ibid., p. 404.
2 斯科特·安德森：《阿拉伯的劳伦斯：战争、谎言、帝国愚行与现代中东的形成》，陆大鹏译，社会科学文献出版社，2014 年，第 564 页。

的纽伦堡审判。

所以，泰赫利里安案件推动了国际社会对于反人类罪的认识，这或许是它最重要的一层意义。

二　入室抢劫之王

1921年1月20日，柏林市莫阿比特区第三刑事法庭门外人潮涌动。为了维持秩序，一大早就有数百名警察在法院门外严阵以待。围观群众太热情了，因为这一天的犯人非比寻常，是闻名遐迩的"入室抢劫之王"埃米尔·施特劳斯（Emil Strauß）[1]。

法庭上的被告一看就不是等闲之辈。据一位在场的律师描述，施特劳斯是"一位器宇轩昂、魁梧伟岸的绅士，身穿高档皮里大衣，头戴最时髦的圆筒礼帽，手戴麂皮手套，拿着优雅的手杖"，俨然是一位翩翩君子或电影明星。

但法庭针对他的指控十分严重，弄不好就会让他掉脑袋。罪名主要是三条：谋杀、劫狱和入室抢劫。

埃米尔和他的弟弟埃里希（Erich）是近十多年来柏林最有名的江洋大盗，人称"百货公司的克星""柏林的入室抢劫学诺贝尔奖得主"。无论是柏林西区上流社会的先生太太，还是贫民区的工人阶级，

---

[1] 本节主要参考了 Müller, Bettina: "Einbrecherkönig" Emil Strauß: Ein Gauner und Gentleman. Zeit Online. 2. Oktober 2021. URL: https://www.zeit.de/zeit-verbrechen/2021/11/einbrecherkoenig-emil-strauss-berlin-moabit-100-jahre-prozess-geschichte。

都对施特劳斯兄弟的"惊人业绩"津津乐道,对他们甚至颇有几分崇拜。这也是一种追星热。

抢劫与劫狱

埃米尔·施特劳斯第一次作大案是在帝国时期的 1910 年 11 月 23 日。这天夜里 10 点,二十三岁的埃米尔和两名同伙闯入了位于柏林市莫里茨广场(Moritzplatz)的一座房屋。不过他们的目标不是这里,只是借道此地。他们来到这座房屋的高层,爬上屋顶,艺高人胆大地在多座楼房的屋顶之间穿行攀缘,飞檐走壁,最终爬进了位于奥兰治大街著名的韦特海姆(Wertheim)百货公司。他们原打算潜入百货公司的办公室窃取现金,但没有发现现金,于是偷了 180 块手表,总价值 3000 马克,相当于今天的 16500 欧元。这个案子轰动一时,因为从其他楼房的高层闯入确实需要蜘蛛人一般的技巧和胆量。

施特劳斯兄弟的下一次"辉煌胜利"发生在 1918 年 1 月 6 日。他俩又玩了一次空中飞人的把戏,爬到莱比锡大街的米歇尔斯百货商场(Michels & Co.),窃走总价值 10 万马克的财物。百货商场的保安和周边居民完全没有发现他们的"入侵"。并且仿佛是为了挑衅,施特劳斯兄弟于次日夜间又一次抢劫了米歇尔斯百货商场,收获不少。

最牛的是,施特劳斯兄弟于 1918 年 1 月 26 日居然闯入了柏林市警察局的刑警博物馆,窃走了作为展品的一大批最先进的入室抢劫所需的技术工具。这真是太岁头上动土,让警方恼羞成怒,一时间却束手无策。在战争末期,警察越来越不受民众欢迎,所以施特劳斯兄弟对警方的羞辱反倒让他们成了很多人心目中的英雄。

偷窃作案工具当然不只是为了羞辱警察，也是为了自己的业务。不过，常在河边走，怎能不湿鞋，两兄弟当中比较不聪明的那一个，埃里希，不慎被捕了。

然而，抢劫之王不但善于抢东西，也善于"抢人"。1918年7月10日，一名制服笔挺、威风凛凛的高级法警来到柏林市警察局，奉命将被拘留的嫌犯埃里希·施特劳斯转移到莫阿比特区拘留所。这位法警的言行举止坚决果断，不容置辩，不怒而威，拿出来的转移犯人的文件也毫无破绽。法警押着埃里希·施特劳斯走出了警察局，随即销声匿迹。这个法警当然就是埃米尔。他为了营救亲兄弟，竟然胆大包天地乔装打扮、伪造证件，闯入龙潭虎穴。警察局里那么多老江湖居然都被骗过了。这是柏林警察局被施特劳斯兄弟扇的第二记耳光。

但是，出来混总是要还的。帝制时期的柏林警察拿施特劳斯兄弟没办法，魏玛共和国时期的警察也一样；不过，他们的运气比前辈要好得多。1919年12月19日，在柏林的几内亚大街（Guineastraße），施特劳斯兄弟在出租屋内与女房东一起喝酒，庆祝她的生日。他们用的是假名，所以女房东不知道他们就是闻名全城的江洋大盗。这时多名警察突然闯入，要突击搜查这栋房子。两兄弟迅速撤到自己的房间，取出手枪。埃米尔向警察开火，打死了警官埃德曼（Erdmann），将另外两名警员打成重伤。两兄弟随后飞檐走壁地逃走，潜伏起来。1920年1月7日，他们还是落网了。

"我永远得不到希望与慰藉"

在法庭上，无论是旁听者还是刑事专家，都认为埃米尔十之八九要被判死刑。检察官宣读起诉书并列举了各项指控之后，埃米尔突然起立，开始滔滔不绝地发表演讲。检察官企图打断他，但没成功。在法庭上的大多数人也很乐意听"柏林的入室抢劫学诺贝尔奖得主"讲述自己的人生故事。

埃米尔·施特劳斯于1887年3月25日出生于柏林，父亲是粉刷匠，母亲是家庭妇女。家里很穷，兄弟姊妹一共10人，父亲嗜酒如命，经常家暴。埃米尔七岁时就帮母亲卖报纸，每天早晨5点就要起床。因为穷苦不堪，母亲有一次偷了钱，结果被人发现，因不愿承受耻辱而上吊自杀。

从小聪明伶俐的埃米尔被送到一个寄养家庭，但这家人也不是什么正常家庭。他的养母是老鸨，养母的女儿是妓女。母女俩唆使小小年纪的埃米尔偷东西。从此，他走上了犯罪道路。

埃米尔在法庭上演讲了一个钟头，历数了自己从小蒙受的苦难，控诉社会对他的遗弃，谴责为富不仁的资本家。大家听得聚精会神，并且惊讶地发现，这个杀人犯和抢劫犯还有另外一面：笃信宗教的诗人。埃米尔朗诵了自己写的很悲情的诗："用地狱的折磨惩罚我吧！我永远得不到希望与慰藉！我只有一个请求：主啊，请用你的恩典和慈悲照耀我吧！"他的另外一首诗是这样的："你，永恒的裁判者/牧师们描摹的你啊/对信你的人，赐他正义与慈悲/对我这可耻的有罪的脑袋/尽情倾泻你的怒火！"

埃米尔对战后德国社会乱象、人民困难以及贫富差距的描述，引起了陪审员们的共鸣和怜悯。最终他逃脱了死刑，被判了十五年徒刑。

起初埃米尔在德国北部屈斯特林（Küstrin，今属波兰，称为奥得河畔科斯琴）的太阳堡（Sonnenburg）监狱服刑。好几位社会名人，比如版画家、雕塑家克特·珂勒惠支（Käthe Kollwitz）和作家利翁·福伊希特万格上书司法部，为埃米尔求情，希望能为他减刑，但未能成功。当初逮捕施特劳斯兄弟的柏林警察阿尔伯特·德特曼（Albert Dettmann）在1927年为施特劳斯兄弟写了一本书，并申请为他减刑。德特曼对埃米尔一直很尊重，所以这位侦探与大盗之间产生了一种特殊的友谊。不过可惜的是德特曼于1927年8月27日死于中风，年仅四十九岁，他去世之后就没人再为埃米尔争取减刑了。

监狱里的埃米尔是个模范犯人，并没有怨天尤人，也没有陷入绝望或抑郁。他自学英语和科技，甚至搞发明创造，申请了一种防盗设备的专利。他还成了1879年由美国人玛丽·贝克·艾迪（Mary Baker Eddy）创立的基督教科学会（Christian Science）的信徒。

1934年10月，埃米尔所在监狱的狱长对他作了非常正面的评价，认为埃米尔"安宁、勤奋、服从"，出狱之后不可能再危害社会。1939年狱方的又一次评估也认为，埃米尔"笃信宗教"，不可能危害社会，所以不必继续羁押他。

但是，和其他许多刑事犯一样，施特劳斯兄弟最终还是被纳粹认定为危险的、不可救药的"惯犯"，惨遭杀害。

三　爱书如命的绅士

1922年，柏林警方接到报警，一座寄宿公寓发生首饰失窃案。办案的警察知道，这座公寓在某些圈子里很有名气，是许多情人幽会的场所。婚外情的事情，警察当然不管，但既然发生了盗窃案，就有必要盘查公寓里的每一个人。[1]

公寓的工作人员向警方指认一个叫卡尔·弗里德里希·贝尔诺塔特（Karl Friedrich Bernotat）的人，说他可疑。此人是该公寓的常客，这一天也与一个情人在此幽会。工作人员说，贝尔诺塔特之前有一次偷了别的客人一件价值不菲的皮毛大衣。

贝尔诺塔特衣冠楚楚，相貌堂堂，面对警察的盘问对答如流。因此警察不相信公寓工作人员的指控，认为肯定是搞错了。虽然与贝尔诺塔特开房的美女显然不是他明媒正娶的夫人，但这事警察也管不着。

贝尔诺塔特的确不是一般人。他是非常成功的汽车经销商，人称"总经理先生"。他做汽车的进出口生意，也经营汽车零配件，生意兴隆，富得流油，娇妻在侧，情人无数，住着一座有8个卧室的豪宅，甚至还拥有自己的养马场。这样的人，怎么可能去偷一件皮毛大衣呢？于是警察将他释放。

但有一位警察心里觉得怪怪的，总觉得在哪里见过贝尔诺塔特，只是想不起来。这名警察将自己的疑虑报告给了恩斯特·甘纳特。甘纳特亲自去看了贝尔诺塔特，也不认识他。

第六感告诉甘纳特，贝尔诺塔特这个人有些不对劲。保险起见，甘纳特仔细地翻阅起了警察局的被捕人员档案，并没有找到贝尔诺塔

---

[1] 本节主要参考了 Frey, Erich: Ich beantrage Freispruch!: Die Erinnerungen des berühmten Berliner Strafverteidigers. Elsengold Verlag, 2019. S. 162-188; Malzacher, Werner W.: Berliner Gaunergeschichten. Aus der Unterwelt 1918-1933. Haude & Spener, 1970. S. 20-26。

特的信息。心细如发的甘纳特发现，档案被人动过手脚！有一页被剪掉了，然后被很巧妙地换成了另一页。活儿做得很细，如果不仔细观察的话，很难发现。

甘纳特震惊了！难道在他的眼皮底下、在他的同事和下属当中，有人在破坏刑侦工作，甚至还和犯罪分子沆瀣一气？

甘纳特跑到鉴定科，去看那里保管的被捕人员资料，包括照片和指纹的记录。他发现，这里的资料也被人动过手脚。其中一页被贴了一张纸条，上面写着"已死"。定睛一看，这一页上的照片，难道不就是风流倜傥的大富豪贝尔诺塔特吗？

现在甘纳特确定了，警察局里有奸细，贝尔诺塔特肯定有问题。于是他下令搜查了贝尔诺塔特的豪宅。

贝尔诺塔特家果然富丽堂皇，随处可见贵重的地毯、名画、雕塑、毛皮大衣、珠宝首饰，等等，令人眼花缭乱。但办案的刑警查明，其中不少东西都是多个大使馆、豪华酒店或者别墅失窃的赃物。

很显然，道貌岸然的总经理贝尔诺塔特是个窃贼，而且还是个专攻高档目标的高级窃贼。

本身就很富有的大商人，为什么会盗窃呢？甘纳特仔细观察了贝尔诺塔特的住宅，揭开了谜底：贝尔诺塔特家里拥有大量藏书，并且还不是普通的藏书，都是罕见的首版书、珍本、特殊版本或者皮面烫金的豪华装帧书。这么多珍贵的书加起来，价值不可估量。原来，贝尔诺塔特是个疯狂的书迷和藏书家。为了维持自己的昂贵爱好，他甚至不惜盗窃。不过他的盗窃技术很强，总是依赖智谋，从不诉诸暴力。简而言之，他是一位"绅士窃贼"。

在检察院搜集和整理证据、准备提起诉讼期间，警察局又发生了一连串怪事。调查贝尔诺塔特的警探辛辛苦苦搜集的资料和物证莫名其妙地不翼而飞。肯定是警察局内部的奸细作祟。审判不得不一推再推。

在警察局进行内部调查的时候，又发生了不可思议的事情：贝尔诺塔特居然从拘留所越狱逃走了！他不是挖地道，也不是有人武装劫狱，而是在光天化日之下，轻轻松松、大摇大摆地走出了监狱。

越狱发生在贝尔诺塔特的律师前来会谈的那天。谈完之后，律师带着另一个穿着律师袍子的人走出了监狱大门，还向门口站岗的警卫亲切地打招呼。就是这么简单。后来警方得知，这个所谓的律师，其实是贝尔诺塔特的秘书。

贝尔诺塔特的轻松越狱在柏林一时间成为笑谈。民众并不讨厌这个窃贼，反而赞赏他的聪明和大胆。

甘纳特判断，贝尔诺塔特虽然逃出法网，但他现在没有经济来源，迟早会再次出手。贝尔诺塔特在柏林已经是家喻户晓的名人，在首都待下去会非常困难，所以极可能离开柏林。于是甘纳特向全国各大城市的警局发送讯息，请求协助。果然，没过多久，就从科隆、法兰克福和威斯巴登传来消息，称当地发生了高水平的盗窃案。

在威斯巴登的"皇宫酒店"，贝尔诺塔特的秘书在入室盗窃时被抓了个正着。看来他不仅仅是秘书和劫狱大师，还是贝尔诺塔特的作案搭档。秘书供出了贝尔诺塔特的住处。警察赶到时，贝尔诺塔特企图从二楼窗户跳下逃走，但不幸摔断了腿。

面对甘纳特的审讯，贝尔诺塔特不肯说出柏林市警察局里与他配合的奸细是谁。甘纳特略施小计，拘留了贝尔诺塔特的爱妻，指控她是同案犯。为了保护妻子，贝尔诺塔特说出了奸细的身份：原来是警察局鉴定科的一名警员。

1923年1月，贝尔诺塔特被判处十年徒刑。出狱之后他为了藏书重操旧业，又开始盗窃，再次被捕。对他来说非常不幸的是，时代已经变了，纳粹已经上台，法治已经沦亡。1937年，他被判处四年徒刑，随后被投入集中营。1943年，他在"企图逃跑时"被击毙。这是纳粹集中营里杀人的惯用托词。

四 百货商场里的女贼

20世纪20年代初，柏林有一个名叫希尔德·朔伊（Hilde Scheu）的年轻姑娘。"Scheu"这个词在德语里有"害羞""胆怯"的意思，希尔德确实是个文静羞怯的姑娘，但也很坚强。她的父亲于第一次世界大战期间在凡尔登阵亡，现在主要靠她来挣钱养活母亲和6个弟妹。她的未婚夫正在读大学，在经济上也需要她的支援。[1]

希尔德有一份很好的工作，她是著名的高档服装店 S. 亚当公司的售货员。战后初期，德国马克大幅贬值，拥有美元、英镑、法郎等硬通货的外国人蜂拥来到德国购物和生活。怀揣硬通货，不用多

---

1 本节主要参考了 Frey, Erich: Ich beantrage Freispruch!: Die Erinnerungen des berühmten Berliner Strafverteidigers. Elsengold Verlag, 2019. S. 96-115。

少钱就可以在德国住豪华酒店、逛高档商场，享受到在美国、英国或法国用同样的钱享受不到的服务。比如，海明威携夫人于1922年9月来到德国，用10法郎换了670马克。海明威夫妇用这670马克"花了一整天时间疯狂购物，最后还剩120马克"！一位来自得克萨斯州的古典音乐爱好者仅花了100美元，就让柏林爱乐乐团为他演奏了一晚。有些财大气粗的"洋大人"未免欺人太甚。一个美国人在酒吧里往地上扔钱，并规定只有裸女才可以捡，于是酒吧里的女人们纷纷脱光衣服。一个德国人看到了，义愤填膺。另一个德国人耸耸肩："有什么错吗？这些女人要辛苦工作一整天才能挣到1美分。"[1]

所以，尽管德国经济萧条，但S.亚当公司这样经常接待外宾的高档商店的生意仍然兴隆。

一副麂皮手套

1922年2月的一天，希尔德接待了两位从头到脚珠光宝气、讲着一口漂亮的标准德语的阔太太。她俩相貌相仿，可能是姐妹。其中年纪较大的一位身穿雅致的浅色松鼠皮大衣，想买一件新衣服。S.亚当公司里的货样丰富，可供挑选的样式极多。阔太太十分挑剔，看了很久也没有找到合适的。

年纪较轻的那位太太似乎觉得无聊了，四处张望，观看其他商品。她看中了一双棕色的麂皮手套。希尔德帮助她试戴，这时年长

---

[1] Large, David Clay. *Berlin*. Basic Books, 2001. pp. 177–178.

的太太对她说了句话,分散了希尔德的注意力。等她回过头为年轻太太服务时,突然惊愕地发现,货架上的麂皮手套在移动。她以为自己眼花了,眨眨眼睛,果然没错!那双手套消失在了年轻太太的皮手筒里。

希尔德立刻正色道:"尊敬的夫人,请把手套放回原处!"

对方满脸的震惊和愤怒:"你什么意思?"

希尔德一刹那间以为自己真的搞错了,但再一想,不可能,她看得真真切切!于是她说:"我看见您把手套塞进皮手筒里了。"

她的声音很大。周围的一些顾客转头过来看她们。

年轻太太怒道:"真是无耻的诽谤!"

年长太太问:"怎么啦?出什么事了?"

希尔德的部门经理也赶来:"夫人,您有什么意见吗?"

年轻太太一派浩然正气地说:"你们的服务员就是这样对待顾客的吗?真是闻所未闻!"

年长太太也责骂希尔德:"小姐,我真没想到你居然这样。你这个小癞蛤蟆!"

部门经理把两位贵妇请到了总经理办公室。希尔德当然也去了。总经理弗里茨·亚当百般殷勤地为两位贵妇开门,然后询问情况。他问:"尊敬的夫人,可否请您打开皮手筒?"

对方断然拒绝:"太不像话了!绝不可以!"

希尔德气愤不过,扑了上去,强行打开了皮手筒,从里面掏出一个钱包、一串钥匙,但是没有手套。她不禁面色惨白。

总经理说:"果然没有。"

希尔德激动地说:"我明明看见了!绝对没有看错!一定是她把

手套藏在别的地方了。我要求对她搜身！"

这个时候，部门经理走进办公室，手里拿着那双麂皮手套。

总经理问："在哪里找到的？"

部门经理答道："就在原处。"

亚当先生的脸色一沉，再三赔礼道歉，送两位阔太太出去。她们临走时还不依不饶。年长的太太冷笑道："你们知道我是谁吗？你们看看顾客名单去。我是多拉·勒贝尔（Dora Röber）总经理夫人！"

亚当先生查了顾客名单，果然，上面写着，多拉·勒贝尔夫人，家住选帝侯大道141号，是一位大商人的妻子，并且是S. 亚当公司的老主顾，给商店带来了不少生意。

得罪了财神爷，还影响了商店的声誉。这下子怎么办？亚当一怒之下将希尔德辞退。可怜的姑娘，这下子要怎么维持生计呢？被著名的S. 亚当公司解雇，她还能在别的商店找到工作吗？

勒贝尔夫人的茶具

亚当先生的麻烦不会这么轻易地消失。次日，两位衣冠楚楚的男士登门拜访，原来他们是昨天受辱的两位太太的丈夫，前来找亚当算账。亚当害怕出事，就打电话报了警，请柏林警察局的刑警阿尔伯特·德特曼到场，做个见证人。

德特曼的级别不高，但在柏林也是风云人物，尤其在黑道上闻名遐迩。黑道上的人，德特曼全都认识；他们也全都认识他。谁要是手上不干净，都会尽量避开德特曼。没做亏心事的人，看到德特曼都会毕恭毕敬。站街的妓女都会向他抛媚眼，因为他虽然两鬓染霜，但身材矫健，风度翩翩。他对黑道了如指掌，所以经常能够获得有价值的情报，对办案工作特别有帮助。不过他特立独行，经常违反警察局的纪律，顶撞上司，所以一直没有提拔上去，一把年纪了还没有当上探长。

在德特曼的见证下，亚当给两位先生写了正式道歉信。亚当还告诉德特曼，他怀疑希尔德故意诬陷顾客，闹出风波，然后趁乱盗窃。德特曼是个老江湖，看人的眼光很敏锐，他观察了希尔德，觉得她不像是那样的人。然后德特曼询问了找到手套的部门经理，细心地发现，部门经理找到手套的地方，与希尔德说的手套的原先位置并不完全吻合。

德特曼心生怀疑。多年的办案经验告诉他，腰缠万贯的富人在商店里偷东西，并不是不可思议的事情。但没有任何证据，他不可能去调查勒贝尔夫人，更不可能去她家搜查。

但老江湖就是老江湖，德特曼有的是点子。他与勒贝尔夫人家的女仆搭讪，有一天，趁勒贝尔夫妇不在家的时候，他登门拜访女仆。和漂亮的女仆一起喝茶的时候，德特曼发现有点不对。这套茶具，怎么那么眼熟？终于他想起来了，在柏林警察局盗窃调查科的失窃财物清单上看过对它的描述，是某家公司失窃的。于是他不动声色地在房子里观察，果然发现了其他一些从不同商店"消失"的贵重物品。

现在有了合理的理由怀疑勒贝尔夫人是个贼，于是德特曼获得上级批准，搜查了勒贝尔家，发现了大量赃物。勒贝尔夫人随即被捕。德特曼继续调查，又逮捕了16人，其中包括勒贝尔夫人的2个女儿及女婿，还有几个是勒贝尔夫人的年轻情夫，帮助她窝赃和销赃。勒贝尔夫人的妹妹安娜·福斯特就是那个戴皮手筒的年轻太太，她和她的丈夫也落网了。

"你们男人对我们女人懂什么？"

大律师埃里希·弗赖是德特曼的朋友，他去拘留所拜访了一次勒贝尔夫人。根据弗赖的描述，勒贝尔夫人"大概四十多岁，保养得很好。她化着淡妆，金发经过精心打理。她的眼角紧张地抽搐着，不过也许是近些日子的激动造成的。她的面庞不算美，但有着一种激情，很有吸引力"。

在调查中，勒贝尔夫人对自己的多次盗窃罪行供认不讳。她还向弗赖吐露了自己心中难以抑制的物欲和盗窃瘾："你们男人对我们女人懂什么？……你们不懂那种黑暗的冲动，那时我就必须要拿走我面前的东西。那时我非那么做不可。"

弗赖认为勒贝尔夫人患有"盗窃癖"的心理疾病，但她坚决否认自己的精神不正常。

后来弗赖才知道多拉·勒贝尔的完整人生故事。多拉的母亲曾是荷兰女王威廉明娜（Wilhelmina，1880—1962）的侍女，因为偷窃被荷兰宫廷解雇，后来被送进一家精神病院，并在那里去世。多拉的父亲是个酒鬼。为了逃避父母的阴影，多拉来到德国的莱茵兰，在那里第一次结婚，后来不知为什么，被以"拉皮条"的罪名逮捕并监禁三天。后来她又因为盗窃和窝赃两次被判刑。1917年，多拉出狱之时，她于第一段婚姻所生的两个女儿已经分别十五岁和十六岁了。

此时是第一次世界大战期间，德国经济萧条。为了生计，多拉嫁给了比她年轻十四岁的公务员约瑟夫·勒贝尔。这个没有个性的软弱男人完全被人生经验比他丰富得多的妻子"主宰"了，对她唯命是从。

不久之后，多拉结识了一位大人物，德国中央采购公司（Zentral-Einkaufsgesellschaft）的总经理德莱克斯勒（Drechsler）。中央采购公司是一战期间德国的一家半国有化外贸公司。多拉很想抛弃约瑟夫·勒贝尔，转投德莱克斯勒的怀抱，但德莱克斯勒爱上了多拉十五岁的女儿玛尔塔。

德莱克斯勒可能根本没有想到自己未来的丈母娘有那么复杂的背景和那么强大的能量。他娶了玛尔塔，却和约瑟夫·勒贝尔一样，成了多拉的奴隶。他给多拉搞到紧缺食品，把她安置在选帝侯大道141号的豪宅，让她过上了奢华的生活。她在豪宅里开了一家高档的赌博俱乐部。

在魏玛共和国时期，德莱克斯勒成为财政部下属一个实权机构的高官，与社会民主党政治家古斯塔夫·鲍尔（Gustav Bauer, 1870—1944，曾任总理、副总理、财政部部长等）称兄道弟。尽管此时的德莱克斯勒已经是个有头有脸的人物，但不知为何仍然被丈母娘玩得团团转。他成了多拉的俱乐部的招牌，给她介绍有钱有势的顾客。

一次偶然的机会，德莱克斯勒发现丈母娘是个店铺窃贼；更可怕的是，他的妻子玛尔塔也经常陪母亲"出击"。德莱克斯勒感到难堪，但为了避免丑闻，只得保持沉默。

多拉告诉弗赖，她偷东西只是为了满足心中的冲动，并非贪财，赃物都被她送给亲朋好友了。然而事实并非如此，警方发现，多拉经营着一个庞大的销赃网络，把赃物销往荷兰。

多拉恳求弗赖担任她的辩护律师，并请求他从中通融，先把她的女儿玛尔塔释放，因为她有一个六个月大的婴儿要照料。

弗赖当晚就去找检察官说情。检察官同意释放玛尔塔，不久之后还释放了她的丈夫德莱克斯勒。这是1922年2月中旬的事情。

也许盗窃癖是有遗传因素的。10月，德特曼通知弗赖，玛尔塔在一家高档成衣、地毯和家具店偷窃，被抓了现行。多拉也经常和自己的妹妹安娜"合作"。有一次姊妹俩密切配合，一口气偷了一整套32人使用的餐具。祖孙三代有4个女人都控制不住自己的手。

作为辩护律师，弗赖左右为难：如果证明多拉患有精神病，她就可能像母亲一样被关进精神病院；但如果法庭认定她没有精神病，她可能被判处五年苦役或监禁。弗赖最后选择的策略是尽力证明多拉患有精神病，而且他发现，多拉作案的时间与她的经期吻合，也就是说，多拉"出手"时感受到的冲动可能与女性的生理因素有关。女性盗窃癖（通常是有身份、有地位的中产阶级已婚妇女）在当时是医学和心理学研究中的常见话题。当时很多科学界人士认为，盗窃癖是女性作为购物者的身份的病态延伸，经期、怀孕、更年期或性苦闷造成的生理刺激会促使某些女性习惯性地盗窃。[1]

最终，多拉·勒贝尔被判处五年监禁，出狱后再也没有犯过事，

---

[1] Loberg, Molly. "The Fortress Shop: Consumer Culture, Violence, and Security in Weimar Berlin." *Journal of Contemporary History*, Vol. 49, No. 4, 2014. p. 685.

忙于照料女儿和孙辈。德莱克斯勒被无罪释放，多拉的两个女儿受到了较轻的刑罚。

五　女同性恋者杀夫案

美发师埃拉·提莫（Ella Thieme）在结婚很久之后，才终于找到了真正的爱情。不过不是在她丈夫身上，而是在一位女邻居那里。[1]

埃拉是土生土长的不伦瑞克人，父亲是打家具的木匠，对她管教很严。到了谈婚论嫁年纪的埃拉娇弱秀丽，很讨人喜欢。熟悉她的人都说，她头脑不是很聪明，性格柔顺，稚气十足，是一个特别需要关爱的小人儿。

涉世未深的埃拉爱上了一个年轻的木匠克莱因（Klein），与他一起离开了小城市不伦瑞克，来到了大都市柏林。但婚后仅仅几周，她就发现，婚姻生活对她来说犹如地狱。

丈夫不仅对她动辄打骂，肆无忌惮地施加家庭暴力，而且还对她进行可怕的性虐待和强暴。虽然埃拉逢人就说自己对婚姻失望，并在给父母的家信中讲述自己的不幸，但对于自己究竟受到了怎样的待

---

[1] 本节的基本案情，参考了 Ubbens, Irmtraud (Hg): Moritz Goldstein, »Künden, was geschieht …« Berlin in der Weimarer Republik, Feuilletons, Reportagen und Gerichtsberichte. De Gruyter Saur, 2012. S. 397-403；及 Herzog, Todd. "Crime and Literature in the Weimar Republic and Beyond: Telling the Tale of the Poisoners Ella Klein and Margarete Nebbe." *Crime and Criminal Justice in Modern Germany*, edited by Richard Wetzell, Berghahn (2014): pp. 226-244.

遇，这个年轻姑娘难以启齿。

有一次，埃拉终于不堪忍受，逃回娘家。但是很有封建大家长做派的父亲非但不理解她，还强迫她回到丈夫身边、接受丈夫的管束。也许是女儿逃回娘家，让父亲觉得丢脸；也许他觉得，男人打老婆是天经地义的事情。不管怎么说，父亲对女儿发出了这样的威胁："你再敢回来，就要你好看！"

丈夫也哀求原谅，甜言蜜语，承诺要改过自新，再也不会欺侮她。和很多饱受家暴之苦的女人一样，埃拉也心软了，相信了丈夫的谎言。

丈夫的"痛改前非"没能维持几天，埃拉重新又堕入地狱。这一次，她再也不能指望父母的帮助了。她咨询了律师，想要离婚，但始终说不出口自己要离婚的理由（即遭到丈夫性虐待和强暴），所以离婚也离不成。再加上丈夫的威胁，她不得不断了离婚的念想。她还很年轻，日子还长着呢，生活要怎样才能过得下去？

就是在这样叫天不应叫地不灵的困境当中，埃拉认识了一位与她同病相怜的女邻居，玛格丽特·内贝太太。

玛格丽特从小体弱多病，父亲酗酒，母亲性格软弱。第一次世界大战期间，玛格丽特匆忙之中与一个不是很熟悉的男人结了婚。战争结束后，丈夫从前线归来，身无分文，找不到工作。玛格丽特和母亲艰难养家，直到内贝先生找到一份司机的工作。不过他可能也卷入了某种犯罪活动，收入来路不明。

玛格丽特是个贤妻，内贝却非但不感恩，还对她拳脚相加。内贝将丈母娘赶走，并且对妻子也有性虐待和强暴的行为。玛格丽特的性

236　　　　　巴比伦怪物

子比埃拉刚烈，曾试图自杀，但被母亲阻止了。

失败的婚姻、对丈夫的厌恶和憎恨，让玛格丽特与埃拉走到了一起。起初是同病相怜，然后是友谊，最终发展出一种比友谊更炽烈的感情。虽然她俩每天都有机会见面交谈，但她们在短短半年里居然写了 600 多封信，而且其中只字不提她们受到的虐待。

在这段关系里，玛格丽特更为主动，也是她提出了建议：除掉两个可恶的丈夫，这样她俩就能自由地在一起。最终，两个饱受欺凌和践踏的女人选择了投毒。埃拉从 1922 年 2 月开始给丈夫的饮食投放砒霜。4 月 1 日，克莱因死于柏林一家医院。玛格丽特的丈夫内贝侥幸生还。

克莱因的母亲觉得儿子的死亡很蹊跷，于是报警。尸检发现了正确的死因。5 月 22 日，埃拉被捕。玛格丽特也随即被捕。

1923 年 3 月，法庭宣布，埃拉·克莱因的非预谋杀人（Totschlag）罪名成立，判处她四年监禁；玛格丽特·内贝作为同案犯，被判一年零六个月监禁。报界的大多数评论家都认为这个量刑轻得惊人。

埃拉·克莱因与玛格丽特·内贝的故事轰动一时，引起了社会的广泛关注和讨论，尤其是关于犯罪现象之所以发生的原因的讨论：为什么会有犯罪？造成犯罪的究竟是内因（生理与心理的不正常、幼年受到创伤等）还是外因（家庭暴力、贫困、社会对同性恋的不接受等）？这实际上是犯罪学的经典问题。

这起惊人的案件引起了 3 位德语文学大师的关注：约瑟夫·罗特、罗伯特·穆齐尔（Robert Musil）和阿尔弗雷德·德布林。罗特和穆齐尔都写了相关的新闻报道。德布林则以此案为基础，写了一部中篇小说《两个女朋友和她们的投毒谋杀案》。这部小说的情节基本上符合真实案情，德布林在其中还附上了对两名凶手的笔迹的分析，希望借此了解其心理状态。

六　英俊的警察

1924年2月21日清晨，在柏林市施莱尔马赫大街（Schleiermacherstraße）15号的公寓楼，门房太太埃玛·金策尔（Emma Künzel）怒气冲冲，准备去找楼里的住户、寡妇埃玛·特劳特曼（Emma Trautmann）算账。[1]

特劳特曼太太和她的女儿埃尔莎·霍夫曼（Else Hoffmann）同住。埃尔莎也是寡妇。母女俩在街坊里的名声很臭，不仅都嗜酒如命，而且经常把不三不四的男人带到家里。特劳特曼太太开过一家小酒馆，女儿就是在酒馆里长大的，沾染了不少坏习气。最近一段时间，埃尔莎经常和附近地铁工地上的工人来往。

前一夜，这母女俩估计又在胡闹，很多邻居都听见她们屋里传来叫喊声，还有男人的声音，吵得四邻不得安宁。所以金策尔太太现在要来找母女俩好好谈谈。

金策尔太太又是按门铃，又是敲门，但室内毫无反应。难道母女

---

[1] 本节主要参考了 Frey, Erich: Ich beantrage Freispruch!: Die Erinnerungen des berühmten Berliner Strafverteidigers. Elsengold Verlag, 2019. S. 369–388。

俩又喝醉了？金策尔太太更加恼火了，用力拍门。这时，她突然觉得有点不对劲，自己手上怎么湿漉漉、黏糊糊的？

借着还很昏暗的晨光，她看到，自己手上有血……

金表与指甲剪

金策尔太太赶紧跑下楼叫警察。警察强行打开了特劳特曼家的房门。过道里黑洞洞的，小厨房就像个旧货商店，塞满了五花八门的破烂玩意儿。桌上有一包可可豆，一个装着香肠片的盘子，还有一盏打翻的煤油灯。

埃尔莎·霍夫曼躺在炉灶前，一丝不挂，已经死去多时。她胸前插着一把刀子，脖子被铁丝勒得紧紧的。尸体上有多处戳刺、劈砍和撕咬的伤口。

厨房隔壁的房间里摆着三张床、一辆婴儿车、一张沙发和一台缝纫机。桌上有残羹剩饭、面包片、蛋糕和香烟。屋里空气浑浊，令人窒息。沙发上和墙上有很多照片，大多是男人，也有女人的裸照。床上乱七八糟，脏兮兮的。床前躺着埃玛·特劳特曼的尸体。

上午10点，柏林警察局的刑警总长霍佩率领多名探员来到现场。法医布吕宁教授在下午1点30分给出初步判断："两名受害者都是被扼死的，凶手曾试图强奸两名受害者。估计凶手衣服上溅的血应当不多。"

这是抢劫杀人吗？一块女式黄金腕表不见了。其他东西倒没有丢。

在埃尔莎·霍夫曼的尸体下，警察发现了一只折叠式指甲剪。在现场发现的线索就这么多了。

警方开始排查街坊邻居，还到母女俩经常去的酒馆等场所询问。

果然，在一家酒馆，服务员表示，前一晚母女俩来过，和一名治安警察一起喝酒，然后一起离开了。根据服务员的描述，这名警察大约二十四五岁，魁梧，瘦削，金发，大鼻子，很帅。

"霍夫曼太太想让我高兴"

刑警探员里德曼（Riedmann）和阔斯（Quoos）拿着指甲剪，找到了距离酒馆最近的一个治安警察兵营。其实探员们也不知道这个指甲剪是不是凶手的，但不妨来碰碰运气吧！

他们的运气很好。问到第三个治安警察的时候，对方就不假思索地回答："这个东西好像是格尔特的！"另一名警察也说："肯定是格尔特的，我看见过。"

两名探员来到布鲁诺·威廉·格尔特（Bruno Wilhelm Gehrt）的宿舍，他正在刮胡子。果然是个帅小伙。用律师埃里希·弗赖的话说："……（格尔特的）暗金色头发向后梳，面容讨人喜欢，蓝眼睛炯炯有神，鼻子引人注目。我很少见到这样一个男人，能够散发出这么多的亲切友善、魅力和宁静的男子气概……当他穿着笔挺的、一尘不染的制服走过时，姑娘们一定都会转头看他。所有女人看到他都会对他微笑。"

里德曼问："这是您的指甲剪吗？"

格尔特面无表情地答道："是的。"

"那么请把脸上的肥皂泡擦掉。您被捕了！"

"为什么？"

"您自己知道。"

"我什么都不知道！"

"到局子里再说吧。这是您的衣橱吗？"

"是的。"

里德曼打开衣橱门，里面整整齐齐地挂着几件大衣和制服。他取出其中的制服上衣，看到上面有一些暗色的斑点。他用手指摸摸，发现斑点是湿的，应当是不久前被洗过。

此时格尔特已经从震惊中恢复过来，客客气气、积极地回答问题，腰杆笔挺，仿佛他正在办理公务。他的解释是，自己走路的时候踩到地上的冰滑倒了，把制服弄脏了几处，所以洗过。里德曼不予置评，让阔斯把这件制服送去警察局的化验室。

阔斯发现制服口袋里有一块金表，背面刻着首字母"EH"，正好与"埃尔莎·霍夫曼"相符。

格尔特立刻解释说："这是别人送我的。"

"谁送的？"

"一个女人。"

"叫什么？"

"姓霍夫曼。我在一个酒馆认识了她，和她喝了几杯。她母亲也在。我把她们送到了家门口。"

"您自己没进屋？"

"没有。"

"她为什么要把表送给您？"

"那两个女人都喝醉了，我也醉了。霍夫曼太太想让我高兴。"

这时阔斯从格尔特的衣橱里拿出了一本书，是犯罪学家埃里希·武尔芬（Erich Wulffen，1862—1936）的学术专著《性犯罪者》（Der

第六章 天涯沦落人 241

Sexualverbrecher）。武尔芬认为，在性变态谋杀当中，正常心理和变态心理之间的界限是非常模糊的，难以界定。也就是说，很难判断这样的杀人犯的心理是否正常。[1]

格尔特的同事们纷纷围过来，向两名刑警抗议："你们肯定搞错了！我们认识格尔特已经很多年了！他绝不会做这种事情，绝不会！""你们抓错人了，为了格尔特，我愿意赴汤蹈火！"或者鼓励格尔特："挺住，兄弟！他们必须放人！晚餐的时候你就回到我们当中来了！"

看来格尔特的人缘很好，给同事们的印象也很好。他的上司对两名刑警找到的线索也不以为然，并再三强调，格尔特的服役记录无可指摘，他绝对不是坏人。

到了柏林警察局之后，格尔特仍然坚持说自己是无辜的。但布吕宁教授经过化验，确认了他的制服上湿漉漉的斑点是血迹。布吕宁还制作了格尔特的牙齿模型，将其与死者身上的牙印对比，结果是完全吻合。

格尔特这才开始招供。但在这之前，他要求换掉自己身上的警服，换成便装，免得玷污这套制服。

"我越是控诉自己，心灵才越是宁静"

格尔特是怎么样的一个人呢？我们从头讲起。

1　Elder, Sace. *Murder Scenes: Normality, Deviance, and Criminal Violence in Weimar Berlin*. University of Michigan Press, 2010. p. 38.

他于1897年出生在布龙贝格（Bromberg，今属波兰，称为比得哥什），是一个鞋匠的私生子，所以他用的是母亲的姓氏。父亲是个酒鬼，母亲经常抑郁，曾两次试图上吊自杀。她的兄弟，也就是格尔特的舅舅，患有癫痫，最后自杀身亡。

格尔特后来到柏林上学，成绩一般，想学药剂师的行当也没学成。他在一家铁器店当了三年的仆人，一直坚持拿出部分工资来供养父母。

1916年，他应征入伍，在前线因为战功而获得二级铁十字勋章。但他后来不幸被俄军俘虏，亲眼见证了俄军对德国俘虏的残酷暴行，后来又见证了德军对俄国俘虏的以牙还牙。这些恐怖的经历也许对他的精神有很大影响。

战争结束后，他回到柏林，进入警队。对他来说，巡逻是一件轻松舒适的工作，他说自己认识辖区的每一个人。

相貌英俊的年轻警察，穿着威风凛凛的制服在柏林的街道上巡逻，很容易吸引到少妇和姑娘们的注意。追求格尔特的姑娘很多，但他并不因此而幸福，因为他有一个难言之隐：性功能障碍。所以他虽然谈了很多女朋友，但每一次都以分手告终，甚至遭到嘲笑和羞辱。久而久之，他的心病越来越重。

后来他终于遇到了一位善解人意、真心爱他的姑娘，两人还订了婚。但是，煎熬了三年之后，格尔特不愿意再拖累未婚妻，便主动与她分手。

欲望、失望、屈辱……在痛苦挣扎中，格尔特染上了酗酒的恶习。但他的酒量其实不大，很容易醉得神志不清。夜间失眠的时候，他经常做噩梦，梦见自己与女人搏斗，有时还能把对方打败。

1924年2月20日晚上,格尔特没有执勤任务,于是独自出去散步,看了场电影,然后去一家酒馆闲坐,买了啤酒和香烟。在这里,他邂逅了已经醉醺醺的埃尔莎·霍夫曼和她的母亲埃玛·特劳特曼。

埃尔莎开始引诱格尔特。她的粗俗和满口酒气起初让他感到厌恶。但不小心多喝了几杯之后,格尔特觉得埃尔莎好像也没那么讨厌了。喝到三更半夜,3人都已经烂醉。埃尔莎建议格尔特去她家,他没有拒绝。

进屋之后,特劳特曼太太倒头就睡。埃尔莎和格尔特开始他们的游戏。就像格尔特经常做的梦一样,他开始与这个女人搏斗。这究竟是梦还是现实?他已经分不清了。他必须要证明自己是更强大的一方。搏斗之中,他伸手摸到了一段铁丝……在这过程中,格尔特口袋里的指甲剪掉落了,不过他没有注意到。

也不知过了多久,埃尔莎不再呻吟和挣扎。格尔特跟跟跄跄地要离去,又想到特劳特曼太太知道他的名字,于是把她也扼死了。

埃里希·弗赖对这起案件很感兴趣,决定为格尔特辩护。格尔特的彬彬有礼和魅力打动了弗赖,但他这样经验丰富的刑辩律师当然知道,有的丧心病狂的杀人犯看上去就像天使一样。

弗赖的辩护策略是,格尔特受到遗传的酒精依赖和抑郁症的影响,精神不正常,没有行为能力。但格尔特再三表示自己是个罪大恶极的魔鬼,是个怪物,而不是精神病人,他一心求死。所以,在法庭上,格尔特坦然承认自己有罪,把自己的形象描绘得特别狠毒和凶残。这让法庭上的人们都感到诧异。格尔特表示:"我越是控诉自己,心灵才越是宁静。"

格尔特为什么要拿走金表呢？他的回答是："我想要一个纪念品，让我记得自己做的可怕的事情……每当我拿起这块表，我就会想到，我是一头野兽，是畜生，是披着人皮的魔鬼。"

法庭聘请的两名精神病专家都认为，格尔特的精神正常，有完全的行为能力。在弗赖的坚持要求下，法庭又请了第三位专家，著名的医生兼性学家马格努斯·希施费尔德（Magnus Hirschfeld，1868—1935）来给出意见。

性学爱因斯坦

希施费尔德是魏玛时期的风云人物，被誉为"性学爱因斯坦"[1]。在涉及性行为的案件当中，他经常收到法庭邀请，作为专家证人出庭，运用他的专业知识帮助澄清案情、协助断案。本书介绍的多起案件中都会有他的身影，所以我们在这里不妨对他作一个简单介绍。

希施费尔德1868年出生于一个德国犹太医生家庭，父亲在普法战争期间因功被提升为高级医官[2]。希施费尔德曾就读于布雷斯劳大学、斯特拉斯堡大学、慕尼黑大学、海德堡大学和柏林大学，1892年获得医学博士学位。[3]

---

1 Gordon, Mel. *Voluptuous Panic: The Erotic World of Weimar Berlin*. Feral House, 2006. p. 153.
2 Dose, Ralf. *Magnus Hirschfeld: The Origins of the Gay Liberation Movement*. Translated by Edward H. Willis, Monthly Review Press, 2014. p. 18.
3 Ibid., p. 24.

希施费尔德本人是同性恋者，同性恋以及其他的性少数现象是他的研究对象。早在 1904 年，他就在大学生和冶金工人当中做了问卷调查，希望摸清同性恋、双性恋等在人群中的比例。[1]他于 1908 年创办了该领域的第一种专业学术期刊《性学杂志》(Zeitschrift für Sexualwissenschaft)，[2]并于 1910 年出版了具有里程碑意义的专著《异装癖：伪装的性欲调查》(Die Transvestiten: Eine Untersuchung über den erotischen Verkleidungstrieb)，几年后，他的代表作《性的病理学》(Sexualpathologie) 亦成功面世。[3]

希施费尔德的思想在当时是很前卫的。他认为，性别并非简单的男女二元对立，而是存在很多不同的"过渡阶段"或"中间状态"。也就是说，人类的性取向就像光谱，在很多种状态之间逐渐过渡；任何性行为，只要发生在互相取得同意的成年人之间，都理应得到尊重和国家的保护。[4]这些观念在今天已不新鲜（虽然远远谈不上得到普遍认可），但在当时是非常具有革命性的，也引起极多争议。

学术和理论之外，在实践和社会公益的层面，希施费尔德也毕生致力于各种性少数群体的解放，为其奔走和辩护，使其免受迫害与歧视。1897 年，希施费尔德与一些志同道合的人士联合创办了"科学人道委员会"(Wissenschaftlich-humanitäres Komitee)，这是世界历史上第一个 LGBT 权利组织。

---

1 Ibid., p. 42.
2 Ibid., p. 49.
3 Ibid., p. 9.
4 Gordon, Mel. *Voluptuous Panic: The Erotic World of Weimar Berlin*. Feral House, 2006. pp. 85–86.

根据当时的《德意志帝国刑法》第175条，男同性恋行为还是一种刑事犯罪。"科学人道委员会"为倡导同性恋非罪化做了很多工作，可惜在当时高度保守的环境里都失败了。[1]实际上，臭名昭著的"第175条"直到1994年才从德国刑法中彻底废除。

1919年，希施费尔德与另外几位医生和学者在柏林联合创办了性学研究所（Institut für Sexualwissenschaft）。除了科研，性学研究所也为大众提供性教育和科普，包括但不限于提供性咨询、举办科普答疑会，以及回答诸如"做爱而不怀孕的最好办法是什么？"之类的问题，还呼吁修改管制性行为的所有法律。[2]

大家很容易想象，在当时的德国，希施费尔德的工作和言论都饱受争议，更受到保守派的敌视。当时，极端民族主义思潮弥漫德国，保守派认为性少数、性解放和性自由都是洪水猛兽，会导致德国出生率的下降。"在许多人看来，上述与性有关的社会运动似乎是某种阴谋的一部分，蓄意要破坏日耳曼人种的生育率和繁殖力。"[3]

希施费尔德本人甚至曾因此遭到暴力攻击。1920年，他在慕尼黑做了一次讲座之后，被"两三个人"跟踪了"六到八个小时"，此后又遭到暴徒的辱骂，逃跑不成，还被对方投掷石头，甚至用橡皮棍殴打，最终被打得不省人事。柏林的新闻社误以为希施费尔德遇害，将他的死讯传播到了全世界。希施费尔德在报纸上读到自己的死讯，幽默地表示，他要先说服反对派，让他们相信"我的观点是正确的，

---

1 理查德·J.埃文斯：《第三帝国的到来》，赖丽薇译，九州出版社，2020年，第141页。
2 同上，第141页。
3 同上，第142页。

我的事业是必需的"，然后他才肯死。[1]

纳粹党特别仇视希施费尔德。首先，在纳粹看来，希施费尔德作为犹太人，本身就已经该死了。再加上纳粹党一贯恐同（尽管包括纳粹大佬恩斯特·罗姆在内的很多纳粹党人是同性恋者，甚至有人说希特勒也是同性恋者[2]），并且视希施费尔德这样公开谈性的性学家为不光伤风败俗，更危害民族生殖健康的害虫。所以纳粹报纸上经常辱骂希施费尔德，冲锋队员甚至去他的讲座上捣乱。因此，早在1931年，希施费尔德就感到留在德国不安全，于是接受了美国方面的邀请，去美国等地巡回演讲。

果不其然，纳粹党上台之后，希施费尔德的性学研究所遭到纳粹党人的打砸抢，所内1.2万到2万册藏书都被销毁，希施费尔德自己的著作则被查禁。纳粹报纸的说法是，他们在"打倒一家毒药店"，"德国学生对犹太人马格努斯·希施费尔德经营的性学研究所进行了烟熏消毒"[3]。

与此同时，希施费尔德流亡到了法国，试图在那里建立一家新的性学研究所，可惜没成功。1935年5月14日，他在法国尼斯去世，这一天恰好是他的六十七岁生日。他在尼斯的墓碑上镌刻着他的座右铭：per scientiam ad iustitiam（通过科学实现正义）。

希施费尔德有两位人生伴侣。第一位是比他年轻三十岁的卡尔·吉

1　In het Panhuis, Erwin: Mordversuch an Magnus Hirschfeld: Die Reaktionen. Queer.de, 4. Oktober 2020. URL: https://www.queer.de/detail.php?article_id=37220.
2　关于希特勒的性取向，可参考Machtan, Lothar: Hitlers Geheimnis. Das Doppelleben des Diktators. Fischer Taschenbuch Verlag, 2003。
3　理查德·J. 埃文斯：《第三帝国的到来》，赖丽薇译，九州出版社，2020年，第401页。

泽（Karl Giese，1898—1938）。吉泽曾来在性学研究所担任档案管理员。1931年，希施费尔德在上海认识了二十三岁的医科学生李兆堂（Li Shiu Tong），与他成为情侣，称他为"桃李"（Tao Li）。希施费尔德、吉泽和李兆堂三人一同在瑞士和法国生活。

希施费尔德在遗嘱中将财产分给两位情人，并嘱咐他们将其用于性学研究。吉泽继承了希施费尔德的部分藏书和其他一些从性学研究所抢救出来的物品，但他于1938年自杀，而他的继承人又被纳粹政权杀害，所以吉泽继承的那部分希施费尔德财产从此销声匿迹。李兆堂则继承了一些有价证券、藏书和希施费尔德的一些私人文献，于1993年在温哥华去世。[1]

精神病人

让我们回到格尔特案件。希施费尔德开具的专家鉴定意见长达90页，结论是："在犯罪行为发生时，被告因为受到酒精和癫痫的影响，处于深沉的精神恍惚状态，对自己的意志完全没有控制。因此他完全没有行为能力。"

怎么办？现在出现了与之前截然相反的专家意见。法庭请求之前的两位专家重新考虑。第一位断然否定了希施费尔德的观点。第二位专家则建议将格尔特送进精神病院，进行更多的检查和评估。

格尔特在达尔多尔夫（Dalldorf）精神病院待了一年半，接受了

---

[1] Dose, Ralf. *Magnus Hirschfeld: The Origins of the Gay Liberation Movement.* Translated by Edward H. Willis, Monthly Review Press, 2014. pp. 78-82.

多种检查，包括克雷珀林（Kraepelin）酒精测试，就是让他摄入与案发之前等量的酒精，看他的身体如何反应。测试结论是：这个量的酒精会让他陷入精神恍惚状态。最终，达尔多尔夫精神病院的医生宣布格尔特患有精神病。

也就是说，他没有行为能力。于是法庭宣判他无罪。

这个判决在德国社会掀起了轩然大波。柏林的一家报纸很能代表社会的普遍观点："根据我们的经验，精神病人入院要不了多久就可以出来，所以我们很快就能幸运地与格尔特先生共处了！也许他还会在'精神恍惚'状态下再次'活动'！……在法尔肯哈根森林杀人的连环杀人狂舒曼最终死在断头台上。他的杀人动机纯粹是性变态。法庭认为他有行为能力。而格尔特呢？难道他作案的时候什么都不知道？这个金发的帅小伙，按照他的心情和狡猾的考量，在被告席上有时傲慢，有时谦卑，他难道没有行为能力？"

不过格尔特并没有像这家报纸担心的那样很快重返社会并继续作案。他于1926年6月21日被关进赫茨贝格（Herzberge）精神病院。在那里，他依旧安静平和，亲切友好，风度翩翩，工作勤奋，对其他病人也很好。但随着时间流逝，他变得有些悲戚、爱哭。1936年，他第一次在精神病院里惹出了风波：他掌掴一名病人，并对医生辩白说："您知道为什么。"

1937年，他说自己开始听到莫名其妙的声音："先生们，请放我出去吧，否则我就太激动了。"他描述自己的整个身体"被怒气贯穿，仿佛被无线电射线射穿"，仿佛全身充满了电荷。他开始逐渐失控。

1940 年到 1941 年，他变得沉默寡言，尽可能地避开其他人。

1942 年，他请求休假离开精神病院："不要害怕，我什么都不会做的。过去的事情对我来说已经过去了。"因为纳粹把精神病人视为对社会无价值甚至有害的"害虫"，曾经杀害了一批病人，所以格尔特害怕自己也会被除掉。

格尔特在精神病院里度过了二战。从 1942 年到 1950 年，他的健康状况没有变化，没有哀鸣，没有愿望，也没有朋友。他茕茕孑立，但仍然对人亲切友好。

1950 年，他说自己的脖子很痛。检查发现他的一个耳道化脓了。在两个半小时的手术之后，布鲁诺·威廉·格尔特不幸死亡。

七　施泰格利茨学生悲剧

保罗·克兰茨其实本来不应当姓克兰茨。他是个私生子，克兰茨是他的继父（一名潦倒的咖啡馆乐师）的姓氏。克兰茨家的经济条件不好，本来保罗是没有机会读高中，所以也没有机会上大学的。但在 1923 年，十四岁的保罗因为成绩优异，得到免费就读柏林一所高中的机会。[1]

1　本节主要参考了 Lessing, Theodor: Kindertragödie. In: Prager Tageblatt 14. Februar 1928. S. 3-4; Frey, Erich: Ich beantrage Freispruch!: Die Erinnerungen des berühmten Berliner Strafverteidigers. Elsengold Verlag, 2019. S. 258-368; Schlesinger, Paul: Der Mensch, der schießt: Berichte aus dem Gerichtssaal. Lilienfeld Verlag, 2014. S. 72-91 。

到了十七八岁的时候，和许多青春期少年一样，保罗也开始了幻想和躁动。这本是人之常情。他想当诗人，也对异性充满了渴望。他爱上了一个叫格尔达的女生，但她"属于别人"。他还想远行，去看看广阔的世界。1926年秋季，他当家教攒了一点钱，然后离家出走，想去伊斯坦布尔或者美国。

但是刚走到维也纳，涉世未深的少年就把钱花光了。有好心人借了路费给他，他才能回到家乡柏林。我们能想象，这次浪漫的冒险失败之后，他是多么郁闷，多么懊恼。

一对情侣和两个失恋者

好在他还有一个可以交心的好朋友，那就是同学京特·舍勒（Günther Scheller）。京特和保罗很有共同语言，都热爱诗歌，但是两人的阶级背景天差地别：京特出生于富商家庭，家境优渥。京特家在柏林附近的马洛湖（Mahlowsee）有一座别墅，京特经常邀请好友保罗去那里玩。

然后发生了司空见惯的故事：穷小子爱上了富家女。保罗爱上了京特的妹妹希尔德加德（以下简称"希尔德"）。尽管按照作家特奥多尔·莱辛的说法，希尔德是个娇生惯养的轻浮少女，青春靓丽，"外表是社交名媛，内心空洞无物"，但保罗还是为希尔德写下了大量火热的诗歌，还在日记里倾吐对她的爱慕。

保罗和京特是无话不谈的挚友，所以保罗向京特透露了自己对希尔德的迷恋。此时的京特也有自己的青春烦恼。他告诉保罗，自己有了女孩一样的感觉，因为他喜欢上了一个叫汉斯·斯特凡（Hans

Stephan）的少年。

汉斯和他们差不多同龄，彼时在一家酒店当厨师学徒，是个粗犷大胆的莽汉，朝气蓬勃。希尔德很喜欢汉斯。汉斯对希尔德这样的美丽富家少女自然不会拒绝。于是，京特对自己的妹妹十分嫉妒，对汉斯则是既爱又恨。而保罗对希尔德的爱自然也注定无望。

汉斯和希尔德是一对比较成熟世故的情侣，在卿卿我我之余，经常一起嘲笑京特和保罗这两个傻里傻气又文弱的文学爱好者。京特把保罗写满对希尔德爱意的日记拿给她看之后，她在里面写了一首嘲讽的诗：

> 光是揣在心里的爱，对你有什么用？
> 机会要是来了，你又做不到。
> 如果你的爱只能通过诗来表达，
> 那么本姑娘就只能说"谢谢"了。

一对情侣，两个失恋少年，将会制造魏玛共和国时期最著名、最轰动的悲剧之一。

谋杀与自杀契约

1927年6月27日，星期一晚上。保罗一个人待在京特家的马洛湖别墅。仆人外出了。这时希尔德从柏林来了。保罗正准备睡觉，希尔德却穿着睡衣来到他的卧室："我给你拿了一个枕头。"两人随后拥抱起来……希尔德的一反常态让保罗欣喜若狂，觉得"她终于把自己给了我"。这是保罗第一次与女性肌肤相亲。

次日早晨，希尔德返回柏林。舍勒夫妇中午要去斯德哥尔摩，所以京特和希尔德在接下来几天会自己待在家中。家长不在，真是纵情玩耍的大好机会！京特说服了保罗："我们逃几天课，去我家在施泰格利茨（Steglitz）的房子，在那里自由自在地开派对，邀请几个姑娘来玩。"施泰格利茨是柏林市的一个地区，今属施泰格利茨－采伦多夫区（Steglitz-Zehlendorf）。

两个好朋友来到施泰格利茨的舍勒宅邸门前，却发现里面有灯光，原来希尔德和他们"英雄所见略同"，也打算在宅邸里无拘无束地玩乐一番。她打了电话约汉斯来幽会，京特对此毫无察觉。

或许是出于情人的敏感和多疑，保罗猜到，汉斯就藏在宅邸里。看来，希尔德是脚踩两只船。她对感情未免太过轻浮了。但保罗没有把这情况告诉京特。

希尔德还约了她的女性朋友埃莉诺·莱蒂到家里玩。埃莉诺和希尔德一样，是个追求享乐的富家女。满怀醋意的保罗开始与埃莉诺调情，算是对希尔德的报复。但埃莉诺的母亲不准她在外过夜，于是埃莉诺回家了。

夜深了。希尔德问哥哥和保罗："你们不睡觉吗？"保罗气哼哼地答道："我们要喝一整夜的酒！"希尔德回了卧室，汉斯就藏在那里。保罗把这个情况告诉了京特。京特大怒，去敲希尔德卧室的门，但门被反锁了。

想到希尔德和汉斯在卧室享受"新婚之夜"，两个醋意大发的小伙子都怒气冲冲，一边喝酒一边商议怎么办。最后绝望之中，他俩决定"死了算了"。保罗掏出了他的左轮手枪（据说是从一位同学那里搞来的[1]），摆在桌上。已经喝得醉醺醺的京特摆弄起手枪，不小心开了一枪。希尔德大惊，跑出卧室，喊道："你们快去上床睡觉！你们发疯了吗？你们都喝醉了！"京特喊道："老实说，你有没有藏了人？"希尔德回答："你疯了！你们快睡觉去！"然后她就走开了。在这期间，汉斯就在她的床上。

京特向保罗发誓赌咒："如果我要死的话，我要汉斯和我一起死！"保罗说："如果你这么英雄的话，我也不会当孬种。我先把希尔德打死，然后自杀！"情绪极其激动又醉醺醺的两个少年写下绝命书，签了字。

这时天已经亮了。埃莉诺来敲门，要找希尔德。希尔德走出卧室，却忘了锁门。京特趁机溜了进去。他发现屋里有异样，知道里面藏着汉斯，于是出去拿枪。与此同时，保罗在和两个姑娘说话。希尔德看到哥哥行色匆匆的样子，感觉不妙，要回自己的房间，但被两个少年拦住了。他们抢先跑到房间里，希尔德赶紧追赶，但门被砰的一声关上，然后上了锁。

随后是几声枪响。门开了。希尔德疯狂地冲了进去，看到京特躺在血泊中。保罗麻木地说："京特把事情做了。"这时希尔德才看到汉斯也躺在血泊中。两个姑娘吓得魂不守舍，逃到另一个房间。保罗来到她们面前，她们把他的枪拿走。三人都不知道如何是好。最后希尔德打电话给家庭医生。医生在十五分钟之后赶到，确认汉斯已死。京特还有最后一息，但不久之后也死了。

1　Der Todespakt. In: Tagesspiegel, 17. Februar 2008. URL: https://www.tagesspiegel.de/gesellschaft/geschichte/nachrichten/1167098.html.

警察赶到之后，两个姑娘和保罗被带到了亚历山大广场的柏林警察局。用警察局副局长伯恩哈德·魏斯的话说，希尔德的表现"令人完全无法理解"，她居然"轻松愉快，面带微笑"。这也许能印证特奥多尔·莱辛的描述，即希尔德是一个脑袋空空的轻浮少女。

审判与余波

保罗·克兰茨被以谋杀罪起诉。这起案件被称为"施泰格利茨学生悲剧"，轰动一时，尤其是因为其中夹杂着同性恋、青少年性行为以及富裕资产阶级醉生梦死的生活方式等因素。左翼和右翼都激烈地谴责共和国制度下青少年的"堕落"与社会"风化"的败坏。报界趋之若鹜，各领域的专家学者纷纷参加讨论。甚至日本高等法院也派了代表团来旁听庭审。保罗一下子成为家喻户晓的名人，当然，这个心灵极度受伤的少年肯定不会想要这样的名气。

著名性学家马格努斯·希施费尔德作为法庭的专家证人，对保罗作了评估。用希施费尔德的话说，保罗"心理早熟，生理还不成熟"，并且在青春期"神经系统特别敏感"，所以"酿成悲剧"。为保罗辩护的是名律师埃里希·弗赖，他用歌德的话为保罗辩护：青春是"没有喝酒却醉了"。[1] 弗赖的意思是，保罗与京特的杀人和自杀契约纯属青葱少年的冲动，何况扣动扳机的是已经死去的京特，保罗并未实质性地犯罪。

---

[1] Mielke, Michael: Der Selbstmörder-Klub. In: Die Welt, 27. November 1999. URL: https://www.welt.de/print-welt/article592143/Der-Selbstmoerder-Klub.html.

特别值得一提的是,"施泰格利茨学生悲剧"的情节与德语文学名著、弗兰克·韦德金德(Frank Wedekind, 1864—1918)的戏剧《青春的觉醒》(Frühlings Erwachen)惊人地相似,真不知是艺术模仿生活,还是生活模仿艺术。《青春的觉醒》写的是3名情窦初开的中学生对性充满好奇和冲动,这本是青春期的正常现象,但在当时僵化和压抑的教育制度与社会制度之下,孩子们得不到大人的理解和引导,竟然酿成悲剧:其中一名男生自杀,女生因怀孕吃打胎药而死。"德国上流社会虽然过着花天酒地的糜烂生活,但性还是一个禁区,仿佛它是污秽的和下流的。"韦德金德"对敌视两性和爱情关系的违反自然的社会秩序,对虚伪的资产阶级道德"[1]作了猛烈抨击。

根据弗赖的回忆录,保罗在法庭上也谈到"教育制度有些陈旧过时了……许多教师认为自己的任务仅仅是传授课本上规定的内容。没有人关心我们的冲动的感情和我们的问题。我们得不到反馈和共鸣……我感到很孤独,我突然间对学习没了兴趣……我渴望无拘无束的自由和独立"。青少年的教育、成长和对自由的向往,这正是《青春的觉醒》的主题之一。

最后,保罗的谋杀罪名不成立,仅因非法持有枪械被判处三周监禁,但因为审前的拘留时间已经超过了三周,所以他被当庭释放。这起惊人的悲剧一定对他产生了极大的影响。他后来在法兰克福大学学习德语文学,属于左翼学生群体,并继续写诗和创作。1931年,他在小说《廉租公寓》(Die Mietskaserne)中描写了"施泰格利茨学生

---

[1] 韩耀成:《德国文学史》(第4卷),译林出版社,2008年,第119页。

悲剧"的部分情节。该书于 1933 年被纳粹查禁。

保罗写好了博士论文，但 1933 年纳粹上台后，法兰克福大学因为他参与"共产党活动"，剥夺了他参加论文答辩的机会，于是他没能获得博士学位。

随后保罗移民到法国，以恩斯特·埃里希·诺特（Ernst Erich Noth）的笔名继续写作，1940 年成为法国一家报纸的总编。1939 年 5 月，纳粹剥夺了他的德国国籍，他的作品也上了禁书名单。

德军占领法国之后，保罗在友人帮助下逃往美国，成为美国全国广播公司（NBC）德语节目的主管，1948 年加入美国国籍，并正式采用恩斯特·埃里希·诺特这个名字。他后来成为美国和法国多家大学的教授。1971 年，法兰克福大学向他授予了几十年前他就应当获得的博士学位。[1]

"施泰格利茨学生悲剧"多次被搬上银幕，在将近一百年后的今天仍然能打动很多人的心弦。谁没有过青春，谁没有过初恋，谁没有过苦涩的甜蜜和冲动呢？在少年时代，男孩子仅仅靠一件清爽的白衬衫或者篮球场上一次精彩的投球，就能俘获少女的芳心。这样的青春最珍贵，也是转瞬即逝。希尔德那样的千金小姐，后来应当会嫁个门当户对的如意郎君吧。到那时，身为阔太太的她，也许会居高临下地俯视保罗和汉斯那样的芸芸众生？而久经风雨的文学学者恩斯特·埃里希·诺特于 1983 年辞世的时候，还记得自己当初心头的悸动吗？

---

[1] Meier, Uwe, "Noth, Ernst Erich" in: Neue Deutsche Biographie 19 (1999), S. 358-359 [Online-Version]; URL: https://www.deutsche-biographie.de/pnd10998689X.html#ndbcontent.

八　萨斯兄弟

1938年3月中旬，在德国与丹麦的边境，两国警方进行了一次交接。两名在丹麦因盗窃罪而被监禁四年的德国公民在刑满释放之后被正式驱逐回德国。这两个德国人是兄弟俩，名叫弗朗茨·萨斯（Franz Sass）和埃里希·萨斯（Erich Sass）。尽管他们再三向丹麦当局哀求，说他们是共产党人，被押回德国之后一定会遭到政治迫害，因此希望留在丹麦，或者前往苏联，但丹麦政府充耳不闻，按照德国政府的要求，将他们送到了两国边境上德国城市弗伦斯堡（Flensburg）的海关。[1]

来自柏林的刑警已经拿着逮捕令，在海关"恭候"多时了。

德国警方逮捕萨斯兄弟的罪名是什么呢？很滑稽，居然是违反外汇管理规定和海关规定。据说萨斯兄弟在1933年未经申报就携带600马克现金出境，并且1934年警方在萨斯兄弟在柏林的父母家中搜出了金条和59张丹麦钞票，这些钱都未曾向海关申报。逮捕令上还说萨斯兄弟有入室盗窃的行为，但语焉不详。

萨斯兄弟并不是被纳粹迫害的共产党人。如果他们的罪行仅仅是违反外汇管理和海关规定的话，也犯不着让柏林的高级刑警亲自来边境"迎接"。他们的真实身份，是20和30年代德国最著名、最狡黠能干的连环银行抢劫犯。他们的一系列出其不意、令人惊叹的抢劫行

1　本节主要参考了 Wehner, Bernd: Dem Täter auf der Spur. Die Geschichte der deutschen Kriminalpolizei. Lübbe, Bergisch Gladbach 1983. S. 76-93, S. 185-193；Malzacher, Werner W.: Berliner Gaunergeschichten. Aus der Unterwelt 1918-1933. Haude & Spener, 1970. S. 67-89。

动的构思之巧妙、执行之严谨，不仅震惊整个德国，还扬名全欧洲。而他们最终的命运，也令人扼腕叹息。

小试牛刀

从1927年起，一系列入侵银行金库的犯罪活动让柏林警方大伤脑筋。入侵者不是杀人不眨眼的莽汉，而是高智商且心灵手巧的"智慧型"罪犯。警方一边感到困惑，一边也情不自禁地对这些罪犯的聪明能干感到"佩服"。

1927年3月28日，柏林老莫阿比特银行的一家分行遭到入侵。这是柏林历史上第一次有人敢于侵犯戒备森严的银行金库。抢劫犯动用了先进的技术装备——割炬（Schneidbrenner），但是对该设备的氧气需求量估计不足，所以未能顺利切割将金库与外界连接起来的金属风扇。这次入侵失败了，但抢劫犯积攒了宝贵的经验。他们没有留下任何痕迹，没有脚印，也没有指纹，所以柏林警方无从得知抢劫犯是何许人也。在警方知道的窃贼当中，没人拥有这样的"技术专长"。

12月4日，萨维尼广场上的德累斯顿银行遭到入侵。警方判断，这次入侵虽然没有得手，但抢劫犯显然非常了解银行的警卫系统以及金库的方位和布局；不仅熟悉金库钢制大门所用的金属类型和强度，而且精通锁匠技术。并且抢劫犯显然有极强的空间想象能力，能够准确地领悟银行建筑的复杂结构，找到其中最薄弱的环节。

1928年3月6日，在冯·科斯特海军元帅沿河街（Groß-Admiral-von-Köster-Ufer）的德国铁路总局，值夜班的警卫在巡逻时听到奇怪的声音，但这座迷宫般的庞大建筑里似乎一切都很正常，所有的门都紧锁着。但不久之后警卫看到两名男子从庭院里逃走，于是赶紧报警。警察发现，有人挖地道接近了金库，用撬棍和特制的钳子破坏了金库的外层结构，还用钻机在金库上方的建筑结构上钻了 50 个直径 2 厘米、深 32 厘米的孔。如果成功的话，就能钻出一个大约 45 厘米×50 厘米的洞，让抢劫犯能够潜入金库。每个小孔都被做塑像用的黏土封住，颜色与周围的墙相似，所以难以察觉。这个活儿已经干了一段时间了，直到现在才被发现。警方判断，上述 3 起案件为同一伙人所为。虽然这个团伙目前还没有成功，但警方对他们的聪明大为惊叹，甚至希望他们下一次能够成功，因为按照警方的经验，得手之后的窃贼往往会得意忘形、露出马脚。

3 月 25 日，上述团伙入侵了布达佩斯大街的德累斯顿银行，但仍然失败了。不过，他们再次表现出惊人的才华，准确判断了复杂建筑的结构和布局，找到了金库位置。但他们需要穿透好几层墙，然后才能接近金库的钢筋混凝土墙，再加上钻孔需要大量时间，他们连续干了好几个夜晚，好不容易才接触到金库墙壁那 4 厘米厚的金属框架，用割炬钻了一个孔。只是这次他们的运气不好：谁能想到，在钻孔的地方，隔着墙恰好摆着一箱支票。钻孔造成的高温引燃了这些纸张。燃烧造成的烟和焦味引起了银行所在大楼的住户的注意，他们报了警。警察赶到时看到一个年轻男子在望风，但他反应极快，迅速逃走了。他那正在操作割炬的同伙也丢下工具逃走了。上百名警察封锁了银行和周边的房屋，仔细搜查，甚至爬上屋顶、钻进下水道，但抢劫犯消失得无影无踪。

被丢在现场的"费恩霍尔茨"牌（Fernholz）割炬，是警方掌握的第一条有价值的线索。费恩霍尔茨公司查阅资料之后告诉警方，他们早就报过警了。公司在 1926 年 12 月 22 日卖给两名年轻男子一台割炬，他们说是替王子街 30 号舒曼锁匠铺买的。1927 年 2 月 14 日，又有两名年轻男子到费恩霍尔茨公司购买割炬，仍然说是替王子街 30 号舒曼锁匠铺买的。但是公司职员此时已经知道，这条街上并没有所谓的舒曼锁匠铺，于是报了警。警察审讯了这两名男子（弗朗茨和埃里希·萨斯），但没有证据证明他们的可疑行为与犯罪有关，所以警察也不能拿他们怎么样。

现在，德累斯顿银行遭到入侵之后，萨斯兄弟顺理成章地成了嫌犯。但是警方没有办法证明就是他们在布达佩斯大街的德累斯顿银行丢下了那台割炬，所以调查工作没有多少进展。

1928 年 4 月，有人闯入费恩霍尔茨公司，偷走了三台完整的割炬。不知是因为疏忽还是愚笨，警察没有把此事与之前的系列银行入侵案件联系起来，没有把萨斯兄弟叫来问话。

5 月 20 日，柏林老莫阿比特区财政局遭到入侵。有人破坏了金库的钢制大门，拆掉了锁，打开了金库大门，但是不小心触发了警报。抢劫犯沉着冷静地迅速剪断了电线，然后安全撤退，只丢下了割炬的盖子和两个氧气瓶，除此之外没有留下任何痕迹。

贴现银行大劫案

1929 年 1 月 30 日，抢劫犯终于得手了！这次遭殃的是克莱斯特大街的贴现银行（Disconto-Gesellschaft，后成为德意志银行的一部分）。抢劫犯挖地道接近金库，破坏了金库墙壁，打开了 179 个保险箱，偷走了大约 4 万马克现金和约合 12 万马克的外汇，此外还偷走了大量珠宝首饰、金条等。他们从金库内部封堵了大门,所以银行工作人员从外面打不开门,起初还以为是金库大门的锁出了故障。可是专业人员也打不开锁,于是银行派人在墙壁上打洞,费了很大力气才进入金库,发现里面已经遭到洗劫。

贴现银行这次的损失究竟有多大,内部人员也说不清,因为很多客户存放在保险箱的东西是什么、值多少钱,银行是不知道的。比如有一套价值连城的首饰被偷走,它由一根项链、一根表链、一件手镯和一对耳环组成,是桑给巴尔苏丹国赠给一位德国海军将领的礼物。桑给巴尔是今天坦桑尼亚的一部分,德国曾和英国争夺桑给巴尔的控制权,后来英国用北海上面积虽小但有战略意义的黑尔戈兰岛(Helgoland)换取德国承认桑给巴尔是英国的势力范围。桑给巴尔苏丹馈赠给德国人的这件礼物,单是它的材料(黄金)就很贵重,而且有很高的艺术价值。现在,这套首饰消失了。

为了破案,柏林警方绞尽脑汁,甚至悬赏3万马克,还向黑道打探消息,但一无所获。

唯一的线索,就是曾经购买割炬的萨斯兄弟。

一向名誉良好的普通工人安德烈亚斯·萨斯及其妻子玛丽亚居住在柏林莫阿比特区的桦树街(Birkenstraße),他们有5个儿子,其中4个有前科:保罗(二十七岁)、马克斯(二十五岁,坐牢五年,1928年5月获释)、弗朗茨(二十四岁)和埃里希(二十二岁)。弗朗茨和埃里希也坐过牢,在警察局留有案底和指纹。只有最小的孩子、十四岁的汉斯还没有受过法律制裁。

马克斯、弗朗茨和埃里希曾多次联手作案,真可谓"打虎还需亲兄弟"。萨斯兄弟一贯单打独斗，不与外人合作，所以柏林黑道（特别是入室抢劫和专攻保险箱的窃贼圈子）对他们一无所知。萨斯兄弟还过着表面看上去本本分分的生活，不与犯罪分子来往，不去酒馆、夜总会等娱乐场所，与女人打交道时也十分谨慎。

在警方看来，最可疑的一点就是，萨斯兄弟并非技工，却经常购买螺纹钻头、箍钢、螺丝、石膏、黑色油漆、撬棍等专业工具。而且马克斯、弗朗茨和埃里希都准备好了出国的护照。

1929年3月5日，警方决定搜查萨斯兄弟父母的住宅，并逮捕了萨斯家的全部家庭成员，包括年纪最小的汉斯。

被捕之后，马克斯、弗朗茨和埃里希三兄弟坚决否认与任何一起银行劫案有关系。但是警察搜查的结果对他们十分不利。

例如，从埃里希身上搜出一枚1853年铸造的美国金币，这种金币十分罕见和贵重。埃里希说，他在通货膨胀时期从一个街头小贩手里买下了这枚金币，后来又改口说是在某个火车站附近的雪地捡来的。而警方知道，贴现银行的某个储户在银行存放了一些稀有的金币。

警察还搜出了一些珠宝首饰，萨斯兄弟说不出它们的来源。母亲玛丽亚·萨斯是医院的清洁工，却拥有一块金表、一枚金胸针、一对镶嵌钻石的金耳环，她也说不出这些东西是从哪里来的。

尽管如此，警方没有办法把这些财物与贴现银行失窃的东西对上号。萨斯兄弟的证词虽然有很多可疑之处，但都不足以证明他们是入侵贴现银行的抢劫犯。警方不得不在4月6日将他们释放，同时对其继续秘密监视。如此轻松地"战胜"了警察，萨斯兄弟也许会志得意满、信心大增，说不定很快就会再次作案。

逃脱法网

1929年圣诞节，柏林的老路易丝公墓发生了奇怪的事情：不知是什么人往公墓里运了很多新近翻动过的泥土。警察怀疑，有人在挖地道，企图抢劫附近的一家银行，并把挖出的泥土运到了公墓。果然，经过仔细搜索，在附近发现了一座新挖的垂直坑道，坑道口用木板和泥土遮掩起来。柏林警方相信，萨斯兄弟又"开工"了！

警方相信，萨斯兄弟会在天黑之后继续挖地道，于是严密监视了这个地点。果然，1930年1月10日夜深之后，蹲守的警察发现了一个男人的侧影，并且认出他就是弗朗茨·萨斯。但是弗朗茨很警觉，眼看苗头不对，拔腿就跑，警察穷追不舍。前面出现一堵2.5米到3米高的墙，弗朗茨飞檐走壁，闪电般跳了上去，墙的另一边有人接应，帮助他逃走。

凌晨1点半左右，弗朗茨和埃里希·萨斯被逮捕。此时弗朗茨的鞋子上还沾着墓地的泥土。但两兄弟在警察面前守口如瓶。这一次，警方仍然没有足够的证据起诉他们。

1931年夏季，柏林夏洛滕堡，有人发现自家屋子的电费突然变得极高，怀疑有人偷电。仔细检查之后，发现果然有隐藏的电缆将他家的电通向一个棚屋，那里"存放"着割炬等工具和脏兮兮的皮手套。警察推测，这也是萨斯兄弟在"作业"。

萨斯兄弟在魏玛共和国时期能够多次逃脱法律制裁，一个重要原因是此时的德国毕竟还是个法治社会，警察和法官要讲证据。而到了纳粹掌权之后，司法界的风气就彻底变了。即便没有充足的证据，警察也可以逮捕所谓的"职业罪犯"和"惯犯"，并且不需要经过正当程序就可以将其投入集中营。萨斯兄弟虽然只是窃贼,但政治敏感度比很多知识分子还要高。弗朗茨和埃里希知道自己在第三帝国混不下去了,于是在1933年年底离开德国,去了丹麦。他们的哥哥马克斯没有出国,结果被逮捕,于1935年9月19日在狱中用领巾上吊自杀。但他真的是自杀的吗?

从哥本哈根去柏林

1934年2月23日夜间,丹麦首都哥本哈根的保罗·武尔夫(Paul Wulff)雪茄厂遭到入室抢劫。犯罪分子用万能钥匙打开了工厂的多道门,用割炬切割了保险箱。丹麦警方一边调查本国的犯罪团伙,一边严密监视外国人群体,要求各酒店和寄宿公寓上报外国房客的情况。

哥本哈根一处公寓的女房东早就觉得自己的两个德国房客很奇怪:他们白天几乎从不出门,只在夜间活动。女房东报了警。弗朗茨和埃里希·萨斯兄弟就这样落入丹麦刑警手中。

丹麦警方对这两个在德国名噪一时的江洋大盗几乎一无所知,也没有掌握他们抢劫保罗·武尔夫雪茄厂的证据,但发现他们的护照信息有猫腻,因此暂时将他们拘留。从他们身上搜出的一本笔记本上写满了字,还画了草图,不过丹麦警方暂时还没有认识到其重要性。

丹麦警方与德国警方取得联系,询问这两个人的情况,这才知道,他们居然"得来全不费工夫",抓获了两个著名抢劫犯。丹麦警方重新搜查了萨斯兄弟租住的寄宿公寓,搜出了6000马克和若干盗窃工具,还发现了一个奇怪的牙膏管,里面塞着让人看不懂的草图。请专家看了之后，才知道那是哥本哈根市立储蓄银行金库的结构图，并且画得极其精细和准确。看样子萨斯兄弟在"做功课"，准备大干一票。

1934年3月，弗朗茨和埃里希·萨斯被丹麦法庭判处四年徒刑。刑满之后，他们被移交给德国警方，于是有了本节开始时1938年的那一幕。另外值得一说的是，此时丹麦还在和德国进行司法合作，而两年之后的1940年4月9日，德军就占领了丹麦。

埃里希在丹麦服刑期间，也许是因为害怕被引渡到德国，精神很是委顿。德国警方派精神病专家对埃里希作了评估，认定他并未患有任何精神疾病。埃里希似乎比哥哥要略微"软弱"一些，面对"立即招供，否则送你进集中营，那里的管教和秩序可是非常严格的"[1]的威胁，很快动摇，承认了自己的一些罪行。而弗朗茨比较强硬，即便是柏林警察局的老将甘纳特出马，也奈何不了他。

萨斯兄弟清楚地认识到，今非昔比，德国已经不再是法治社会。他们被押到德国之后，像之前那样要求先见律师才和警察谈，但警方根本不准他们聘请律师。审讯显然也比魏玛共和国时期粗暴了很多，埃里希多次担忧地问："现在对警方的审讯没有规定了吗？"他还说："今天的审讯手段和1929年大不一样了。"[2] 警探奥托·特雷廷（Otto Trettin）据说就曾对萨斯兄弟刑讯逼供[3]。

最终，弗朗茨被判处十五年零九个月徒刑，埃里希被判了九年。

---

1 Wagner, Patrick: Hitlers Kriminalisten. Die deutsche KriminalPolizei und der Nationalsozialismus. C. H. Beck Verlag, 2002. S. 64.
2 Ebd.
3 Liang, Hsi-Huey: Die Berliner Polizei in der Weimarer Republik. Übersetzt von Brigitte Behn und Wolfgang Behn. De Gruyter, 2013. S. 168.

纳粹法庭认为，萨斯兄弟是"高度反社会的分子"，"从未持久地从事诚实的劳动"，因此按照纳粹的司法理论，他们属于危险的惯犯，即便是"最严厉的法律制裁"也不可能让他们改过自新。

换句话说，纳粹政府下定决心要将萨斯兄弟置于死地。1940年3月27日，萨斯兄弟被从常规的司法机关移交给盖世太保。就在当天，萨斯兄弟就因为"暴力抗法"和"企图潜逃"被当场击毙！[1]

熟悉纳粹德国历史的读者会知道，犯人和集中营囚徒是经常这样在"潜逃时"被击毙的。

很显然，纳粹政府做不到、也不愿意遵守自己颁布的法律，最终用法外处决的犯罪手段谋杀了萨斯兄弟。

萨斯兄弟无疑是罪犯，但他们不幸惹上了更凶残、更狠毒的罪犯——纳粹政权。

九　黑尔佳伯爵小姐

第二帝国时期有一位著名的马戏团老板，名叫恩斯特·伦茨（Ernst Rentz）。他是娱乐业大亨，过着如同王公贵族般的奢侈生活，坐拥香车宝马。他的孙女安托瓦妮特（Antoinette）是闻名遐迩的美人，于1904年与德国的贵族豪门霍恩洛厄（Hohenlohe）家族的一位年轻

---

[1] Wagner, Patrick: Hitlers Kriminalisten. Die deutsche KriminalPolizei und der Nationalsozialismus. C. H. Beck Verlag, 2002. S. 108.

公子喜结良缘。[1]

资产阶级千金小姐和贵族子弟的婚姻,这听起来是不是一段天作之合?其实不是。这在当时的德国是很有争议的事情,尤其是对于霍恩洛厄这样的家族来说。

贵族与资产阶级的联姻

历史悠久的贵族与财大气粗的资产阶级富豪联姻,在这个时代已经不少见。欧洲贵族固然拥有"高贵"的血统和"光辉"的家族背景,但非常需要,甚至是渴求来自资产阶级的新鲜血液,当然,还有新鲜的资本。而通过商贸和实业发家致富的资产阶级权贵们,往往觉得自己需要一个威风凛凛的高贵姓氏来给自己"抬旗",从而打入旧权贵的圈子,洗净铜臭味。

于是,本来壁垒森严的两个群体之间的通婚越来越多,不过一般是手头拮据但身份高贵的男性贵族迎娶富裕的资产阶级女子。这样的现象屡见不鲜:有钱的资本家千金为了获得高贵的身份,登报纸征婚,寻找一位"伯爵";家族历史悠久的穷男爵到处相亲,寻找有钱的资产阶级女子。[2] 普鲁士国王弗里德里希·威廉四世(Friedrich Wilhelm IV,1795—1861)有句名言:"我的贵族们爱基金(Fonds),我的银行家女

---

1 本节主要参考了 Frey, Erich: Ich beantrage Freispruch!: Die Erinnerungen des berühmten Berliner Strafverteidigers. Elsengold Verlag, 2019. S. 143-161。
2 Malinowski, Stephan: Vom König zum Führer. Sozialer Niedergang und politische Radikalisierung im deutschen Adel zwischen Kaiserreich und NS-Staat, Oldenbourg Akademieverlag, S. 123.

儿们爱'冯'字（vons）。"[1] 因为德意志贵族的姓氏里一般都有"冯"，所以它成了贵族的象征。"基金"和"冯"的交换，是各取所需的双赢。

但是，霍恩洛厄家族和一般的贵族还不一样，他们不太愿意与资产阶级联姻。为什么呢？因为霍恩洛厄家族属于"高级贵族"。

这要从德国特殊的贵族制度说起。在德意志历史上，因为中央王权长期衰弱，大批贵族尽管名义上是神圣罗马皇帝的封臣，但实际上是独立国家的统治者。

直属于帝国和皇帝（reichsunmittelbar），意味着拥有主权（不过与现代的国家主权不能等同），这样的贵族可称为"诸侯"（Fürsten 或 Landesfürst）或"邦君"（Standesherr），其家族可称为"统治家族"（regierende Familie）。这样的贵族往往被称为"高级贵族"（Hochadel 或 Hoher Adel）。而诸侯和邦君的儿子们就是"公子"（Prinz）。不曾拥有主权的贵族就是"低级贵族"（niederer Adel）。

直属于帝国的身份令人垂涎。出身波西米亚的洛布科维茨（Lobkowitz）家族为了获得帝国直属地位，不惜花费巨大的经济代价获取了一个极小的帝国直属村庄施特恩施泰因（Sternstein），还"接盘"了该领地欠帝国的巨额债务。[2]

早期德意志存在很多拥有主权、直属于神圣罗马帝国的伯爵、男爵，甚至骑士，他们都是各自小国的君主。但随着"大鱼吃小鱼"和政治版图的整合，拥有主权的邦君越来越少，低级贵族（伯爵、男爵、

1　Ebd., S. 118.
2　彼得·克劳斯·哈特曼：《神圣罗马帝国文化史（1648—1806 年）：帝国法、宗教和文化》，刘新利、陈晓春、赵杰译，东方出版社，2005 年，第 47 页。

骑士）大多丧失了主权，臣服于别的贵族。丧失主权、丧失帝国直属地位的过程，可称为"陪臣化"（Mediatisierung）。"陪臣"是源自中国先秦的一个概念，周天子的臣子是诸侯，诸侯的臣子是大夫，而大夫又有自己的家臣。所以大夫对于天子，大夫之家臣对于诸侯，都是隔了一层的臣，称为"陪臣"。日本历史上也有类似的概念。到了19世纪，大多数侯爵（Fürst）也成为陪臣。

德文"Standesherr"这个词既指邦君，也指陪臣化之后的邦君。被陪臣化的邦君地位下降，丧失了许多特权，但在婚姻市场上他们的地位仍然与拥有主权的统治家族/邦君等同。所以，一位国王/公爵可以娶一个丧失主权的侯爵的女儿，这仍然算得上门当户对；但不可以娶一个从来没有过主权的伯爵的女儿，否则就是贵贱通婚（morganatische Ehe），男方可能会被迫放弃头衔、族长地位和继承权，其子女没有完整的继承权，而且妻子会受到形形色色的侮辱性的限制和冷遇。

行踪诡秘的女仆和任性的伯爵小姐

回到本节故事。霍恩洛厄家族属于德国的陪臣家族，所以是"高级贵族"。在他们这个圈子里，与资产阶级联姻是冒天下之大不韪的事情。不过，倒也不是完全不可能。为了爱情，陪臣家族的成员需要放弃自己的高级贵族头衔与地位，还要争取到家族所有直属男性成员的同意。

与安托瓦妮特·伦茨结婚的这位霍恩洛厄公子，就勇敢地冲破了世俗的阻碍，为了爱情甘愿放弃高级贵族的身份，把自己降级为"赫尔曼斯堡伯爵"(Graf Hermannsburg)。安托瓦妮特就成了赫尔曼斯堡伯爵夫人。度过了将近二十五年幸福的婚姻生活之后,赫尔曼斯堡伯爵溘然长逝。

孀居的安托瓦妮特·冯·赫尔曼斯堡伯爵夫人居住在柏林利希特费尔德(Lichterfelde)地区的一座别墅,与她同住的还有她的妹妹。这个妹妹年轻的时候是马术表演家,后来嫁给意大利西西里岛的贵族M伯爵。这个意大利人生性放荡,挥金如土,很快把妻子丰厚的嫁妆挥霍一空。之后两人离婚,M伯爵夫人搬到柏林与姐姐同住。M伯爵夫人的女儿、青春靓丽的黑尔佳(Helga)伯爵小姐陪伴在母亲和姨母身边。三位贵妇人的别墅里,还住着年轻漂亮的侍女丽莎和古稀之年的老仆亚伯拉罕。

1928年12月,赫尔曼斯堡伯爵夫人突然发现自己一批价值8万马克的珠宝首饰莫名其妙地失踪了。这些首饰装在一个首饰盒里,首饰盒放在衣橱里,被很多衣服遮挡起来。首饰盒上有密码锁。但伯爵夫人的保密工作做得不好,家里几乎人人都知道密码,连仆人也知道。

赫尔曼斯堡伯爵夫人报警之后,柏林警察局的拜尔(Beyer)探长前来调查。伯爵夫人告诉拜尔,她觉得侍女丽莎十分可疑。几天前,M伯爵夫人在选帝侯大道偶然遇见了丽莎,不过丽莎没有看见她。只见丽莎身穿昂贵的海豹皮大衣,脚踏鳄鱼皮鞋子,拎着名贵皮包,浑身珠光宝气,完全换了个人,不再是那个小女仆,而像是个千金小姐或者阔太太。

警方的第一个怀疑对象就是丽莎,于是对她进行了监视。拜尔发现,丽莎经常在三更半夜从自己房间的窗户爬出来,走到邻近的一条小街,打车前往选帝侯大道的一栋房屋。她有大门的钥匙,自己进去,往往一直到清晨才出来。有时,在早晨,丽莎会在一位男士的陪伴下走出来,这时她穿的就不是前一夜那一套朴素的衣服,而是打扮得光鲜亮丽。

一天夜间,拜尔在赫尔曼斯堡别墅附近蹲守。丽莎溜出来之后,拜尔立刻抓住她,问道:"晚上好,丽莎。请问,你今天那套豪华服装是用什么钱买的?"

丽莎吓了一大跳,然后镇静下来,答道:"是我的男朋友买的。我可不像某些人那样,连50马克也要借,甚至从仆人手里借。"

拜尔大惑不解:"你这话是什么意思?"

丽莎意识到自己说漏了嘴,赶紧改口,但在拜尔的严厉劝诫下,说出了她藏在心里的话:原来,她偶然看见黑尔佳小姐从老仆亚伯拉罕那里借了50马克。丽莎还说,最近黑尔佳小姐很不对劲,完全不像个贵族小姐的模样,有一次甚至还在大白天喝醉了酒。

拜尔按响了赫尔曼斯堡别墅的门铃,去找亚伯拉罕询问,他却矢口否认曾经借钱给小姐。这时,别墅里突然一阵吵闹。M伯爵夫人和她的女儿黑尔佳大吵起来。原来,黑尔佳收拾好了行李,要离家出走!

为了避免尴尬,拜尔赶紧告辞,但他并没有真走,而是开车在赫尔曼斯堡别墅周围绕了一圈,找了一个合适地点埋伏起来。过了一会儿,他看到黑尔佳怒气冲冲地走出门,手里拎着一个小行李箱,亚伯拉罕搬着一个更大的行李箱跟在后头。黑尔佳上了出租车。拜尔开车在后面跟踪。

出租车开到了维尔莫斯多夫大街的一家律师事务所。黑尔佳进去不久之后,拜尔也按响门铃。接待厅里空荡荡的,看样子黑尔佳已经进了律师的办公室。拜尔蹑手蹑脚地走近办公室的门,附耳听去。

他听见黑尔佳说:"我需要工作,什么工作都行……您是我最后的希望!"

律师似乎很窘困:"亲爱的伯爵小姐,我可承担不起您的生活习惯所需要的那种高薪。"

黑尔佳答道:"我会节约的!"

这时律师的秘书走到拜尔附近,拜尔赶紧找了个借口离开,到外面坐在车里等候。

黑尔佳从律师事务所出来之后,又乘出租车走了。拜尔紧随其后,发现黑尔佳进了一家豪华酒店。拜尔随后询问了酒店前台,得知黑尔佳住进了一个带浴室的房间。

这是怎么回事呢?这位贵族小姐为什么要借钱,为什么要离家出走,为什么要找工作,为什么嘴上说着要节约,却住进了豪华酒店?

为情所困

1929年5月29日,拜尔逮捕了黑尔佳。在随后的审讯中,黑尔佳供认不讳,她偷了姨母的首饰,然后卖掉了。警方在菩提树下大街的一家珠宝店追回了部分赃物,店主说是一个中年男人把这些首饰卖给他的,卖家在珠宝店留下了地址。警方顺藤摸瓜,在一处住宅找到了失窃的带密码锁的首饰盒,但里面已经空空如也。

卖家是一个名叫迪特里希·冯·维尔姆斯(Dietrich von Wilms)的退役骑兵上尉,四十二岁,靠退休金生活。他的年纪是黑尔佳的将近两倍,但他们是一对情侣。

赫尔曼斯堡伯爵夫人得知偷窃首饰的竟是自己的外甥女之后，感到很后悔，于是向大律师埃里希·弗赖求助，希望能撤销报警，挽回外甥女的声誉。但这是一起刑事案件，警方不可能假装什么都没有发生。弗赖成为黑尔佳的辩护律师，尽其所能地去了解真相，希望能够帮助这个误入歧途的贵族小姐。

原来，黑尔佳在赛马场上认识了维尔姆斯，没过多久就爱上了这个风度翩翩的老男人。但是维尔姆斯有个很大的毛病，就是嗜赌成瘾。柏林的各个赌场，无论是高档的还是低端的，他没有不知道的。有一次他一夜之间就输了1万马克，但仍不收敛，到处借钱，希望翻本。

对维尔姆斯无比痴情的黑尔佳不肯离开这个赌棍，于是陆陆续续地偷窃姨母的首饰换钱，帮助心爱的男人还赌债。此时维尔姆斯已经欠了柏林一家银行3万马克巨款，被银行追得很急。黑尔佳又一次出手相救。她竟然想出一个坏点子，伪造了一份文书，说几周之后霍恩洛厄家族将给黑尔佳支付15万马克，并模仿姨夫的父亲，即霍恩洛厄家族的族长约翰内斯·冯·霍恩洛厄侯爵的笔迹，在文书上签名。有了这份文书，可以暂时抵挡追债的银行家一段时间。

维尔姆斯继续赌博。赢了的时候，他就自豪地回到出租屋，与黑尔佳海誓山盟，说要和她结婚，要还清债务，与她一起离开柏林，找一个新的地方开始新的生活。但没过多久，维尔姆斯又输得精光。

黑尔佳知道这种局面不可能维持下去。她把姨母的首饰盒里的最后一些首饰偷走，换了1000马克，全部交给维尔姆斯。然后她离家出走，希望找个工作，但失败了，之后住进酒店，寄希望于维尔姆斯能够拿最后的一笔本钱翻身。这是他们最后的机会了。

但是，第二天，维尔姆斯来到酒店，告诉黑尔佳，他又输了，而

第六章　天涯沦落人

且一败涂地。

又过了一天，黑尔佳在酒店被捕。

弗赖希望尽可能挽救这个为情所困、误入歧途的年轻姑娘，于是问她，维尔姆斯是否也参与了盗窃和伪造文书；或者，她的犯罪行为是否是在维尔姆斯的教唆或逼迫下做出的。但即便身陷囹圄，黑尔佳仍然对男友忠心不二，坚持说维尔姆斯毫不知情，完全是她一个人的主意；维尔姆斯还以为那些首饰是黑尔佳自己的。

弗赖无法判断黑尔佳的说法是否真实。唯一办法是找到维尔姆斯对质。但不久之后，警方发现了维尔姆斯的尸体。他在一处森林里开枪自杀了，还留下了给黑尔佳的遗书。

黑尔佳出庭时还不知道男友已经自杀，而弗赖为了让她保持冷静、应对庭审，暂时没有把噩耗告诉她。在法庭上，黑尔佳是唯一一个不知道维尔姆斯已死的人。

面对法官，黑尔佳坚持说盗窃和伪造文书均是她一人所为，维尔姆斯毫不知情。法官要求黑尔佳提供笔迹样本，以鉴定文书上的签名是出自她的手，还是维尔姆斯之手。她以心情过于激动为由拒绝了。

姨妈赫尔曼斯堡伯爵夫人表示，完全原谅外甥女，随时欢迎她回家。七十一岁的约翰内斯·冯·霍恩洛厄侯爵也表示，惩罚黑尔佳是一件没有意义的事情。法庭上的气氛总的来讲是非常同情黑尔佳的。一名证人不小心说漏了嘴，说出维尔姆斯已死的真相。黑尔佳悲痛欲绝，被送进了医院。

庭审在被告缺席的情况下继续进行。弗赖再三强调，黑尔佳很可能并非唯一有罪的人，维尔姆斯难逃干系，并且黑尔佳的所作所为都是出于爱情，而不是因为自私自利，所以恳请陪审员和法官开恩。

最终，黑尔佳·冯·M伯爵小姐的盗窃和伪造文书罪名成立，她被判处三个月零两周徒刑，但考虑到所有证人都恳求宽大处理，法庭仅判处她三年缓刑，也就是说，黑尔佳无需入狱，可以回家了。

这起轰动一时的案件算是有了一个不错的结局。

十　胡斯曼与道贝案

1928年3月23日凌晨3点30分左右，在德国西部鲁尔区的小城格拉德贝克（Gladbeck），当地"路德学校"的校长阿道夫·道贝（Adolf Daube）和太太正在酣睡，突然被呼救声惊醒。

道贝太太说，她觉得听到的喊声就是儿子赫尔穆特的声音。夫妇俩赶紧去看看儿子是否安全。但是，他们发现，赫尔穆特的床是空的。[1] 阿道夫安慰妻子，说儿子昨晚与朋友外出，还没有回来，他的朋友都是体面人家的孩子，不会有事的。

阿道夫的同事、另一位校长德泽（Deese）与道贝家住在同一栋房子里。德泽也被惊醒了，他从卧室窗户向外望，看见一个黑影蹲在冷清的街道上，然后猛地站起来，跑向没有路灯的那一侧，消失在黑暗中。德泽估计那是个醉汉，正从附近的酒馆出来，所以没有多想，

1　Lessing, Theodor: Die Schüler und ihre Lehrer. In: Prager Tagblatt 53. Jg.: Nr. 260 (1. November, 1928), S. 3-4.

继续睡觉。

凌晨将近 5 点，两名矿工骑着自行车去上班，路过道贝家。天色还很暗，他们看见街角躺着一个人，赶紧跑过去查看。他们原以为这是个醉卧街头的酒鬼，没想到走近了却发现是个小伙子躺在血泊中！

两名矿工赶紧跑去附近的一位医生家里呼救。五分钟之后，医生确认小伙子已经死亡。矿工跑到距离现场最近的道贝家敲门，唤醒道贝夫妇。他们认出，死者不是别人，正是他们的儿子，十九岁的高中毕业生赫尔穆特。[1]

阉割与割喉

不到半个小时，当地警察就赶到了，但是因为天还很黑，他们没有立即开始勘察现场，而是等待天亮，同时也是等待凶杀调查科的同事和警犬。一大群人就这样干等到 6 点。这样的等待，是不是警方的一个疏忽，是不是表明他们不够训练有素或者缺乏经验呢？

终于，该来的人都来了。奉命负责此案的警探埃米尔·克林格尔赫勒（Emil Klingelhöller，1886—1973）对谋杀案调查的经验为零。他看到死者的喉咙被割断了，于是张口就来，说死者是自杀的，因为他"读过类似的自杀案件"。

---

[1] 本节主要参考了 Thorwald, Jürgen: Die Stunde der Detektive. Werden und Welten der Kriminalistik. Droemer, 1966. S. 79-98；Eva Bischoff, Daniel Siemens. "Class, Youth, and Sexuality in the Construction of the Lustmörder: The 1928 Murder Trial of Karl Hussmann", in: Richard Wetzell (ed.), *Crime and Criminal Justice in Modern Germany*. Berghahn, 2014. pp. 207-225；以及 Wehner, Bernd: Dem Täter auf der Spur. Die Geschichte der deutschen Kriminalpolizei. Lübbe, 1983. S. 130-137。

警察仔细检查了死者遗体之后,发现死者的生殖器被割掉了。这还可能是自杀吗?总不会是先自我阉割然后自杀吧?

警察用警犬搜索了周边地区,但没有找到被割掉的生殖器,没有找到凶器,也没有发现其他线索。

那么,赫尔穆特昨晚的行踪如何呢?道贝夫妇告诉警方,昨晚赫尔穆特和一些朋友去了附近的小镇布尔(Buer,今天是盖尔森基兴市的一部分,距离格拉德贝克4公里),参加一个大学生联合会的招募活动。因为是好几个高中同学一起去的,所以家长并没有不放心。

与赫尔穆特同去的朋友告诉警方,赫尔穆特在活动现场玩到凌晨2点,还喝了点酒,然后和大家一起步行回家。其他朋友陆续离去,各回各家,最后只有一个同学卡尔·胡斯曼(Karl Hußmann)与赫尔穆特一起走。

所以,胡斯曼是已知的最后一个见到活着的赫尔穆特的人。

疑点重重的同学

胡斯曼于1908年出生于危地马拉。他的父亲是咖啡种植园主,于1921年去世,所以胡斯曼被格拉德贝克另一家学校的校长克莱伯默尔(Kleiböhmer)收养。克莱伯默尔是当地有头有脸的人物。胡斯曼与赫尔穆特是高中同学,也是好朋友,多年来属于同一个《圣经》学习小组。赫尔穆特曾经爱过克莱伯默尔的女儿伊尔莎,但后来不了了之。

胡斯曼被传唤到犯罪现场之后,大家都注意到他表现得很"冷漠",这颇有些奇怪。在警方的询问下,胡斯曼说自己很懊悔,因为他没有陪着赫尔穆特走到他家门口。

但是眼尖的警探克林格尔赫勒发现，胡斯曼的鞋子和大衣上有血迹。胡斯曼的解释是，他几天前杀死了一只猫，那是猫的血。

为什么要杀猫呢？因为那只猫威胁到了克莱伯默尔家养的鸟儿，所以克莱伯默尔夫妇让胡斯曼把猫杀死。这倒是说得通。

但是，胡斯曼杀死了猫之后，却把死猫展示给其他人看，还拍了照片。这肯定不是在执行克莱伯默尔夫妇的指示吧？甚至，这是不是有点虐待狂色彩？

警察在胡斯曼的房间里发现了一些沾有血迹的衣服和一件肯定在不久前洗过的大衣。另外还发现了一个手提包，里面有一个空的刀具盒，但是相对应的刀子不见踪影。胡斯曼的解释是，几天前在驱赶一个小偷时丢失了这把刀。

毫无疑问，胡斯曼的嫌疑极大。警方立刻逮捕了他，但是在当地检察官的压力下，当天又将他释放。

放在今天，警方肯定会第一时间查验胡斯曼衣服和鞋子上的血是否出自赫尔穆特。但当时没有DNA技术，不能确定血迹是否属于某一个人，只能判定血型是否相同。可是不知为什么，调查组连这也没有做，只做了一项测试，就是判定那些血迹是人血（而不是猫血）。看来胡斯曼向警察撒了谎。但是，警方仍然无法判断那些人血是否出自赫尔穆特。

格拉德贝克是个小地方，如此惊人的凶杀案迅速成为街谈巷议，也很快登上全国各大报纸的头版头条。民众对案情自然会有许多不着边际的猜测。比如纳粹党的报纸就大肆鼓吹，说这是犹太人对德意志人的"仪式性屠杀"。警方公布的消息里说，凶手的割喉动作非常熟练。许多人就猜测，那么凶手会不会是惯于割喉的屠宰工人呢？一下子大家都不敢去买肉，生怕卖肉的屠夫就是凶手。肉店因此销售额大跌。另外，割掉生殖器的行为，是否意味着这是一起性犯罪，牵涉到某种性变态呢？

3月26日，赫尔穆特被埋葬。次日，重大嫌疑人胡斯曼再次被捕。警察搜查了他的养父克莱伯默尔的花园，为的是寻找凶器，但仍然没有找到。28日，负责此案的法医决定向波恩法医学院的著名专家维克多·米勒－赫斯教授（Victor Müller-Heß, 1883—1960）求助，于是将胡斯曼那沾有血迹的衣服和鞋子送到了波恩。米勒－赫斯教授做了测试之后判断，胡斯曼衣服和鞋子上的是A型血，死者的血型也是A型。但如前文所说，当时的技术还不能判断这些血出自死者的身体。

3月31日，克莱伯默尔拿出一张纸，据说胡斯曼在上面画了自己在"驱赶一个小偷时"丢失的那把刀的下落。根据这张草图，警察果然在克莱伯默尔家的花园里找到了刀子。

与此同时，当地警方向柏林警察局求助。柏林方面派来了两员大将，名侦探甘纳特的副手路德维希·维尔纳堡博士和鲁道夫·利斯希凯特（Rudolf Lissigkeit）探长。

两位柏林警探对格拉德贝克同行的工作之马虎颇有微词。维尔纳堡提出了一个新思路：因为在赫尔穆特的书架上找到了当时非常有争议的性学家马格努斯·希施费尔德的著作，所以也许要从赫尔穆特的生平和"道德品质"上做文章。

第六章　天涯沦落人

上文我们已经介绍过，希施费尔德是同性恋者，并积极地推动同性恋平权运动。赫尔穆特既然是他的读者，那有没有可能是同性恋者？

柏林的警探发现，胡斯曼可能与同学有过互相手淫的行为；警方还发现了胡斯曼写的一封信，其中的内容可以理解为他对赫尔穆特有同性恋感情。胡斯曼在受审时还表示："我们（赫尔穆特和胡斯曼）谈过性行为和同性的性行为。"难道这是同性恋圈子里的一起情杀？

这时化验室传来不好的消息：在花园发现的刀子不可能是凶器，而且生锈得厉害，应当在凶案发生以前很久就被埋进土里了。但是，胡斯曼为什么要说自己把刀子丢失了，后来又给出了刀子的具体埋藏地点呢？

胡斯曼仍然是重大嫌疑人。他于10月16日至30日接受审判，但因为证据不足，被无罪开释。究竟是谁杀了赫尔穆特，仍然没人说得清，这起案子成了悬案。警方的失败和诸多不专业的表现受到了舆论的严厉批评。

余波

随后几年里，德国风起云涌，大戏不断上演。1933年1月，魏玛共和国实际上被颠覆，纳粹上台。民众几乎已经遗忘了道贝案件。但过了几年，突然有一个叫罗尔夫·冯·布施（Rolf vom Busch）的人，站出来主动承认自己就是杀害道贝的凶手！

布施是同性恋者，谋杀了一个名叫库尔特·舍宁（Kurt Schöning）的男妓，并且他杀舍宁的手法与道贝的死状很类似。布施受到的处罚包括被阉割。

也许是为了报复阉割他的纳粹政府，布施开始传播消息，说他认识曾经的冲锋队领导人恩斯特·罗姆（同性恋者），以及冲锋队的另外两位高官；罗姆还把布施引见给希特勒。布施暗示，希特勒也是同性恋者，而他和希特勒发生过关系，并说自己可以描述希特勒的生殖器的外形。他还说，自己手里有罗姆的书信。

这些都是爆炸性的故事。真假并不重要，纳粹政府肯定要封杀消息。1936年8月4日，布施被纳粹的人民法庭判定犯有叛国罪，判处两年徒刑。这起案子因为涉及希特勒本人，所以是秘密审理的。我们今天对这个案子知之甚少，因为档案要么是被销毁了，要么下落不明，知情人也缄口不言。

也许就是因为布施卷入了这起秘密审理的案子，他没有因为自称杀死道贝而受到审讯。

那么，布施承认自己杀死了赫尔穆特，这是否可信呢？很遗憾，布施是个有名的病态说谎者和渴望得到关注的"戏精"，而且他不久前还指认另一人为杀害赫尔穆特的凶手，但都口说无凭。所以赫尔穆特遇害的真相至今没有揭开。

胡斯曼似乎过上了"正常"的生活。他于1935年在波恩大学获得法学博士学位，他的导师是著名的犯罪学专家。胡斯曼的博士论文题为《假认罪》，其中最后一章写道："毫无疑问，很多罪案只有通过罪犯的认罪，才能破案。我们对罪犯的心理结构了解得越多，就越是能够清楚地理解犯罪。从这个角度看，对法律来说，罪犯本人的认罪是不可或缺的。"

也许，博士论文的这段话是在描述他自己？

道贝案件如果放在 21 世纪的话，是很容易判断胡斯曼是否有罪的，因为 DNA 技术可以轻松解决血迹归属的问题。但在 20 世纪 20 年代，由于技术的限制，血迹这个最重要的证据无法发挥作用。魏玛共和国时期好几起惊人的谋杀案，比如彼得·屈滕案件和弗里茨·哈尔曼案件，罪犯都认了罪。而胡斯曼虽然受到很大的压力，但始终坚决否认有罪，这是他能够脱罪的直接原因。

按照研究者埃娃·比朔夫（Eva Bischoff）和丹尼尔·西门子（Daniel Siemens）的分析，胡斯曼虽然有重大嫌疑，却没有被定罪，这一方面体现了魏玛共和国还有足够的"法治"，还能够做到"疑罪从无"；另一方面也有阶级与社会偏见的因素，因为胡斯曼是出身"体面家庭"的资产阶级人士，他的养父在当地属于很有身份的地方精英，所以在同样属于资产阶级的法官与报界眼中，胡斯曼是"不可能"犯罪。[1] 出身良好的胡斯曼，肯定会比无产阶级出身的嫌犯享受到更多的"疑罪从无"。

十一　雪茄、红宝石戒指与伯爵小姐

1931 年 12 月 23 日晚间，柏林市摩尔大街（Mohrenstraße）车水

---

[1] Eva Bischoff, Daniel Siemens. "Class, Youth, and Sexuality in the Construction of the Lustmörder: The 1928 Murder Trial of Karl Hussmann", in: Richard Wetzell (ed.), *Crime and Criminal Justice in Modern Germany*. Berghahn, 2014. p. 214.

马龙，熙熙攘攘。圣诞节快到了，到处是购物和休闲的人群。[1]

突然出现了不和谐的气氛：在摩尔大街63—64号"勒泽尔与沃尔夫"（Loeser & Wolff）雪茄店门前，一辆治安警察的汽车停了下来。没过多久，又有黑色的刑警车辆赶到。门前很快聚集了许多好奇的围观群众，他们议论纷纷：也许这里发生了抢劫案吧？因为附近有几家高档酒店，有的是购买力强大的主顾，所以这家雪茄店的生意很好，说不定成了抢劫犯的目标。

从刑警车上下来的是柏林市警察局凶杀调查科的汉斯·洛贝斯（Hans Lobbes，1896—1965）探长。他带来了两名助手、法医、摄影师和刑侦鉴定人员。既然有洛贝斯探长出马，就显然不是抢劫案那么简单了，因为他是甘纳特手下最精干的凶杀案探员之一，后来在纳粹时期成为帝国刑警总局的高官，在战后西德建立新的刑警队伍的过程中也发挥了很大作用。

雪茄店老板、窃贼与按摩店

洛贝斯看到，雪茄店的卷帘门降下了大约三分之二。卷帘门后面的店门是敞开的。一名警察带来一名身穿制服的保安，告诉洛贝斯："这是科瓦尔斯基先生，是他在巡逻时发现死者的。"

保安科瓦尔斯基说，他在巡逻时发现雪茄店不太对劲，因为店铺早已经打烊了，卷帘门却没有完全降下。考虑到雪茄店经理古斯塔

---

[1] 本节主要参考了 Stürickow, Regina: Mörderische Metropole Berlin: Authentische Fälle 1914-1933. Militzke, 2015. S. 206-215。

夫·胡特（Gustav Huth）先生经常加班处理账目，所以保安没有仔细察看就继续巡逻了。过了一段时间，当再次经过雪茄店门口时，他看到卷帘门仍然没有降下，店门也开着。这就有点奇怪了。他上前敲门，呼喊胡特的名字，但店里无人应答。于是保安弯腰从卷帘门下进屋，发现胡特倒在血泊中。

胡特是个六十多岁的小老头。死因显而易见，他在近距离被人枪击三次。根据在现场找到的弹头和弹壳来推算，凶器应当是一支小口径手枪。

乍看上去，这似乎是一起典型的抢劫杀人案。但稍加查看，就会发现现场很不对劲。店里井井有条，没有翻检的迹象；收银柜台是打开的，但里面的钱码放得整整齐齐。胡特手腕上还戴着金表。警方还发现他的口袋里装着一枚金戒指，上面镶着很大的红宝石，精美绝伦，想必十分贵重。

这是一枚女式戒指。莫非是胡特要送给谁的圣诞礼物吗？但胡特是单身汉，警方也不知道他有没有女朋友。

向盗窃调查科的同事咨询之后，洛贝斯揭开了红宝石戒指的谜团。原来，前不久，莱比锡大街的一家珠宝店失窃，丢失的珠宝首饰当中就有一枚红宝石戒指。

所以，这个看上去很体面的雪茄店经理，竟然是个窃贼吗？或者，即便不是窃贼，也是与盗窃团伙沆瀣一气的窝赃和销赃犯。只有这样，戒指才有可能落到他手里。

洛贝斯请求盗窃调查科的同事协助，去向黑道的"朋友们"打探消息。这需要一些时间。

除了戒指，胡特的口袋里还有一张账单，是由一家声名狼藉的下流酒馆开出的，账单背面写着一些让人摸不着头脑的字母和数字。莫非，这是胡特所在的盗窃团伙的暗号？

盗窃调查科的刑警在一家酒馆遇见了一位"老主顾"，此人是柏林盗贼圈子里的名人。他说自己对莱比锡大街珠宝店盗窃案一无所知。刑警告诉他，事关一起谋杀案的调查，如果他不好好配合，就以谋杀的罪名逮捕他。老贼这才服软，承认自己知道莱比锡大街珠宝店的案子是谁干的，但他自己绝对没有参加。根据此人的口供，刑警将一个盗窃团伙一网打尽。

莱比锡大街珠宝店的案子算是破了。洛贝斯乐观地认为，抓住杀死胡特的凶手只是时间问题，因为洛贝斯相信胡特是"道上的人"，和盗窃莱比锡大街珠宝店的那个团伙肯定有关联。但令洛贝斯震惊的是，盗窃莱比锡大街珠宝店那个团伙的人都说不认识胡特，并坚持说，他们虽然偷了一枚红宝石戒指，但没有卖给胡特，更没有请他帮忙出手。

洛贝斯将信将疑，把胡特口袋里的戒指拿给莱比锡大街珠宝店的店主看。店主大摇其头，说这不是他店里的货物。看来窃贼们说的是实话。

这对洛贝斯来说是坏消息。重要的线索一下子就断了。

雪上加霜的是，刑警们还发现，胡特口袋里收据背面的文字根本就不是黑道的暗号，而是赌马的信息。胡特是个赌马迷。这样看来，胡特与盗窃团伙有瓜葛的推测是缺乏根据的。

与洛贝斯的受挫和沮丧形成鲜明对比的是，盗窃调查科"手气"极佳，找到了莱比锡大街珠宝店失窃的红宝石戒指的下落。买下这件赃物的是一个叫"诺伊赖特（Neurath）太太"的女人，她在齐默尔大街（Zimmerstraße）经营一家按摩店。警察还发现，诺伊赖特太太的按摩店不是什么正经的休闲场所，而是一个提供性虐服务的妓院。于是，警察局的扫黄部门也有了斩获。

只有谋杀调查科的工作依旧举步维艰。

同性恋者和伯爵小姐

洛贝斯仔细研究了胡特雪茄店的财务状况，发现一件奇怪的事情：每隔三个月，就有一笔不小的数目打到胡特的银行账户。因为入账的时间很有规律，而且金额都差不多，所以不可能是胡特赌马赢的钱。

洛贝斯还发现，胡特的店是两年前才盘下来的，价格不菲。胡特哪来那么多钱呢？

这就要求警方研究一下胡特的背景。调查发现，在拥有自己的门店之前，胡特在一名批发商那里打工。警方就这样发现了一条重要线索：这个批发商，也就是胡特曾经的老板，是同性恋者。在当时的德国，同性恋行为属于刑事犯罪。于是洛贝斯有了一个大胆的假设：胡特发现了老板的秘密，或者甚至受到了老板的性骚扰，于是以告发相威胁，敲诈老板，获得了盘下门店的资金；老板不堪忍受更多的勒索，于是将他杀死。

但批发商矢口否认自己与胡特有同性恋关系，也否认遭到胡特敲诈勒索。不过，对于胡特谋杀案，批发商确实有不在场证明。

但是，批发商在受到警方调查不久之后就用手枪自杀了。这是为什么呢？难道仅仅是因为害怕自己的同性恋身份曝光？不管怎么说，线索又断了。并且，警察局鉴定科的同事断定，批发商自杀用的枪不是杀死胡特的那一把。

胡特雪茄店的一个邻居为警方提供了一条新线索：每隔一段时间，就能看见一个金发美女开着一辆引人注目的时髦跑车来到胡特雪茄店，美女每次都会进店待一段时间，然后离开。

这种昂贵的跑车并不难找。警方找到了这个金发美女，T伯爵小姐。她的父亲是一名意大利的伯爵。

这个娇生惯养、盛气凌人的贵族小姐让负责审讯的警察很伤脑筋。不过警察最终还是发现了胡特口袋中红宝石戒指的来源。原来，在T伯爵举办的一次派对期间，一位客人在卫生间洗手时脱下了自己的红宝石戒指，放在洗脸池边，后来忘了戴上。伯爵小姐发现了戒指，于是私藏起来。客人怎么也找不到自己的戒指，伯爵小姐也不声张。

在警察面前，伯爵小姐泪流满面地承认，她不仅偷了这枚戒指，还偷过许多东西，有的是从父母那里偷的，有的是从登门拜访的客人那里偷的，有时还在商场偷窃。

为什么呢？原来，尽管她的父母很富有，这位贵族小姐却很缺钱。

这又是什么原因呢？因为遇人不淑。伯爵小姐的男朋友吸食可卡因成瘾。她不敢向父母要钱去帮助心爱的男人获得可卡因，便只能到处通过盗窃"筹款"。不仅如此，她还亲自去胡特的雪茄店购买可卡因。

这下子清楚了：胡特的雪茄店只是个打掩护的门面，他其实是个毒贩子。

警方仔细搜查了胡特的雪茄店，发现在成箱的雪茄当中，有的箱子里装的其实是吗啡和可卡因。

在当时柏林的某些地区，可卡因泛滥成灾。律师埃里希·弗赖在回忆录中这样描写柏林的可卡因犯罪：

"要可卡因吗？"天黑之后，在人潮涌动的大街上行走的时候，经常可以听见这样的窃窃私语。在亚历山大广场，在比洛大街的地铁高架桥下，在威廉皇帝纪念教堂周边，就是可卡因的主要市场和交易所。毒贩子从那些地方蜂拥而出，游荡到各个酒馆，为酒吧服务员、酒吧女郎、衣帽间管理员和门房们递上一个个小信封，里面装的白色粉末就是可卡因……夜间我在柏林街头闲逛的时候，看到多少瘾君子！他们坐在一杯咖啡前，双手颤抖，眼神空虚、充满恐惧和渴求，一次又一次数着自己最后的几张钞票，希望有一个毒贩子大发善心，能给半价。因为随着需求猛增和马克贬值，价格也飙升了。[1]

值得一提的是，德国的著名作家卡尔·楚克迈尔（Carl Zuckmayer, 1896—1977）在20年代穷困潦倒的时候，就曾在柏林西区走街串巷，贩卖可卡因。不过他贩毒的能耐有限，还是一名妓女出手相助，帮他把毒品卖给了她的一位主顾。[2]

真凶

伯爵小姐的男朋友自称对她的盗窃行为一无所知，并表示惊讶，说没想到这样的富家女竟然也会偷东西。但是，几天后，这个男朋友

---

[1] Frey, Erich: Ich beantrage Freispruch!: Die Erinnerungen des berühmten Berliner Strafverteidigers. Elsengold Verlag, 2019. S. 84-85.
[2] Morat, Daniel, Tobias Becker, et al.: Weltstadtvergnügen: Berlin 1880-1930. Brill Deutschland GmbH, 2016. S. 193.

开枪自杀了。果真是自杀吗，还是另有隐情？这起案子里自杀的人是不是未免多了一些？

但洛贝斯还是不知道究竟是谁杀了胡特。

这时候，他开始怀疑最初发现胡特尸体的那个人，保安科瓦尔斯基。这个人确实有点蹊跷。他受雇于一家保安公司，负责在摩尔大街及周边地区巡逻，帮助警方维持治安。他的巡逻路线是固定的，也就意味着他在每个执勤的日子，走到任何一个地点的时间应当是差不多的。然而，有人发现，他对执勤的打卡机做了手脚，使其不显示真实的打卡时间，而是显示他想要的时间。还有人观察到他偏离自己的巡逻路线，溜进一间屋子。他的行迹很可疑，也许有作案时间。

在警方的审讯之下，科瓦尔斯基很快就招供了，但不是警方想要的结果。原来，他有婚外情，经常秘密与情人幽会。她的情人也给出了他的不在场证明。

胡特雪茄店对面就是著名的豪华酒店——皇宫酒店。值得一提的是，在上台之前，希特勒是这里的常客。

有一名客人经常住皇宫酒店，也经常去胡特店里买烟。他有一阵子没来了，再次入住皇宫酒店的时候，惊讶地发现胡特的店被贴了封条，这才知道胡特被杀的案件。他立刻去了警察局，报告一条线索：他曾看见一名年轻男子在雪茄店周围转悠，有一次甚至还进了店。这名酒店客人生了疑心，特地仔细观察了这个年轻男子。

根据酒店客人的描述，警察局的刑侦画像师画了嫌疑人的肖像，然后在全城张贴，向公众征求线索。不到一天，就有一间寄宿公寓的女房东报警，说她的房客的面容和警方给出的肖像很相似，并且这个房客在圣诞节之后就销声匿迹了，但他的衣服和行李仍然留在房间内。警方一查就发现，这个房客在寄宿公寓登记时用的是假名。不过现在有了一条线索：房客留下的衣服上有某家洗衣店的标签。

顺藤摸瓜，警方找到了洗衣店。店员告诉警方，这件衣服属于洗衣店的一位常客，他是一个家境富裕的年轻男子。但找到这个阔少之后，警方发现他长得和嫌疑人的肖像一点也不像，也很容易证明这个阔少与谋杀案没有半点关系。

不过，阔少辨认出，那件衣服是他的没错，但是早就送人了。送给了什么人？一名女性朋友的兄弟。

在萨克森的一座小城市，警方找到了阔少的女性朋友和她的兄弟。只是这个叫卡尔·F的年轻人根本不是她的兄弟，而是她的情人。审讯之下，卡尔·F供认不讳：他观察到胡特雪茄店的生意很好，并且胡特店里有大量现金，于是动了歹念，在事发当晚拿着手枪闯入雪茄店，企图打劫胡特。不料胡特虽然已经六十多岁，但依然身手矫健，奋起反抗。慌乱之下，卡尔·F开枪打死了胡特，随后放弃了抢劫的计划，张皇失措地逃跑了。正是因为他没有抢走财物，才让这个案子变得特别复杂。

扑朔迷离的圣诞节谋杀案总算画上了句号。

第七章 江湖骗子

一　诈骗的艺术

俄国钻石小贩

魏玛共和国初期，柏林法庭有一次连续审理了两起案情几乎完全相同的诈骗案，只不过受害者不同。[1]

先说说雷同的案情吧。想象一下，在大街上散步的时候，你遇见一个俄国口音的人向你问路，说要去俄国领事馆。这个时期有很多俄国人流亡或者离散到德国，所以在柏林街头遇见俄国人并不稀罕。你正在和俄国人甲交谈，这时又来了一个俄国人乙。老乡见老乡，两眼泪汪汪。两个俄国人攀谈起来。俄国人甲说："我有一个20卢布的金币，便宜卖给你吧！我实在太缺钱了！"俄国人乙欣然用10马克将其买下。俄国人甲走了，你也转身要走。这时俄国人乙拉住你说："还愣着干啥？太划算了，这样一个金币值20马克呢！你也买一点吧！"

你怦然心动，三步并作两步追上了俄国人甲，问他还有没有金币卖。他摇摇头："金币没有了。"你正在沮丧的时候，对方补充道："不过我有钻石，你要吗？"你不禁生疑：不会是假的吧？俄国人乙指着不远处："看，那里不是有一家珠宝店？请他们鉴定一下就知道了！"你觉得这是个好主意。

---

[1] 本节主要参考了 Schlesinger, Paul: Der Mensch, der schießt: Berichte aus dem Gerichtssaal. Lilienfeld Verlag, 2014. S. 95–96。

珠宝店老板用显微镜观察了片刻，给出鉴定结论：真货，没问题，一颗这样的钻石估计值600马克！这可不是个小数目啊，谁会随身带这么多钱呢？俄国人乙善解人意地说："你我有缘相见，我也是手头太紧，要不，便宜点卖给你吧？你身上带了多少钱？"最后，你千恩万谢地用230马克买下了这块"价值600马克"的钻石。

这种诈骗手段并不高明，但在当时还真骗倒了不少人，比如这天庭审的第一起案件的受害者。他是加利西亚犹太人，说着一口意第绪语口音的德语。他在法庭上讲出了自己的人生故事。原来，他和当时的很多人一样，在贫困线上挣扎，幸亏有亲戚从北美寄了200马克来，帮他暂时维持一家几口的生活。他把这200马克当宝贝藏了起来，发誓赌咒，除非万不得已，绝不碰这笔最后的救命钱。复活节到了，为了过节，他宁愿借了30马克，也不肯去碰自己的200马克战略储备金。

遇到骗子的时候，犹太人兜里正好揣着这30马克。按理说他原本不会被这么拙劣的骗局骗倒，但这个骗子狡猾地对他说了一句犹太俚语，一下子打动了他："你遇到了先知以利亚（意思是，你交了好运）。"最后，犹太人花了230马克买下了骗子的一颗钻石。发现受骗，为时已晚。用受害者自己的话说："如果我不是那么虔诚的话，我们全家说不定都会因为这事自杀。"

骗子在第二起案件中就不是那么幸运了，这回他遇上了一个精明的来自萨克森的酒馆服务员。萨克森人迅速识破了骗局，并将骗子扭送至警察局。最搞笑的是，骗子居然求饶说："求你放了我吧，我把这颗钻石送给你！"

在法庭上，这个俄国骗子也是一副可怜兮兮的模样，穿着不合身的外衣，长长的胳膊从袖口伸出来，满脸愁云。他是如何流落到德国的呢？想必也有自己的故事吧。

检察官主张判被告三年徒刑。法官问被告有什么话要说，他用俄语嘟哝了一句。现场的译员解释说："他说自己想死。"

法官决定开恩，判他两年徒刑。

没有子女的父亲

一名男子来到柏林市某区的户口登记处，为他新出生的儿子办理户口登记。孩子的母亲呢，怎么没来？男子解释说，因为是非婚生子，孩子的母亲不好意思抛头露面，不过没关系，他已经把孩子母亲的证件都带来了。办好了手续，这位新父亲就可以从医疗保险中领取政府发放给产妇的生育补助金和哺乳补助金。[1]

不过，这人是个骗子。他不断奔走于柏林市的各个户口登记处和医疗保险机构，用伪造的证件骗取生育补助金和哺乳补助金。所谓的非婚生子纯属虚构。靠这种手段，他还真骗了不少钱，舒舒服服地过了一阵子。

直到多名年轻女士从政府那里收到了莫名其妙的信件，说她们前不久分娩，生育补助金和哺乳补助金已经领取完毕。

这种诈骗手段可以说是别出心裁，我们不禁要为骗子的想象力喝彩。他的真名是库尔特·布罗卡特（Kurt Brokat）。当然，他在诈骗时不会用自己的真名，要么是胡诌一个名字，要么是借用自己的同学

---

[1] 本节主要参考了 Schlesinger, Paul: Der Mensch, der schießt: Berichte aus dem Gerichtssaal. Lilienfeld Verlag, 2014. S. 97–99。

埃里希·雅尼克（Erich Janick）的名字，所以当警方向雅尼克询问情况时，他不禁大吃一惊：他居然在很短时间内接连得了三个孩子，而且是三个不同的母亲生的，而且这三位女士的名字他听都没听说过！布罗卡特还故意搞了恶作剧，把几位有夫之妇的名字报了上去，给别人宁静的婚姻生活制造了不少风波。

在法庭上，法官传唤证人，多位年轻女士鱼贯而入，与布罗卡特对质。法庭上笑声不断，布罗卡特自己虽然做出一副悔罪的表情，但自己也忍不住想笑。

大多数被冒用名字的女性受害者都是布罗卡特的妹妹的朋友，所以布罗卡特对其多少有一些了解，然后设法查明了她们的生日、住址、工作单位等信息。另外，布罗卡特的父亲是一家公司的出纳员，能够接触到很多用户信息。布罗卡特通过这层关系了解到很多育龄女性的信息，然后冒充税务人员登门拜访，骗取更多的个人信息。

户口登记处的工作人员被他骗了一次又一次。他不仅轻车熟路，还扯了很多有幽默感的谎，比如说孩子出生时他就在现场。另外，因为"业务"太多，为了避免出错，他把自己为数众多的"儿女"的出生时间都安排在上午10点到10点半，并且每个男孩的名字都叫海因茨（Heinz），或者稍作改动，比如他有两个儿子叫海因茨－京特，一个叫海因茨－格尔哈德，还有叫阿尔伯特·弗里茨·海因茨的。女孩的名字都叫格尔达（Gerda）或伊姆嘉德（Irmgard）。

雅尼克很高兴在法庭上认识他的三个孩子的母亲，但法官满脸乌云，因为布罗卡特的运气真是不好，被他冒用信息的其中一位女士，居然就是本次庭审的法官的未婚妻！

最后的结果是，布罗卡特被判处两年徒刑。他的兄弟作为同案犯，被判处八个月徒刑。

自导自演

  普鲁士邦财政局有自己的调查机关，它的任务之一就是调查伪造印花税票的案件，查抄伪造的印花税票。因为破案之后有奖金，所以这个调查机关的探员特别积极。同时，刑警也会追踪这样的案件，因此两个单位之间就有了竞争关系。[1]

  为了办案，财政局探员有权向上级申请支付给线人的活动经费或奖金，并请财政局报销各种费用。可想而知，这里面的猫腻就很多了。探员在卧底办案时还经常需要从伪造贩子那里购买一些伪造的印花税票，从而吊起对方的胃口，并作为物证。总之，调查这种案件的探员有很多机会接触到金钱，油水很多。比如探员路德维希·普劳曼（Ludwig Plaumann）一共经手了57000马克。那么多钱去了哪里呢？

  普劳曼在办案时逮捕了一个叫西尔伯施泰因（Silberstein）的银行职员，并亲自审讯了他。普劳曼觉得，西尔伯施泰因对办案很有价值，所以就把他转变成了自己的线人，相关的审讯记录也不翼而飞。西尔伯施泰因把他的朋友科恩（Cohn）也拉了进来，开始吃财政局的公粮。这也算是常规操作。

  科恩看样子很有能耐，在汉堡帮助普劳曼破了一起大案，因此得

---

1 本节主要参考了 Schlesinger, Paul: Der Mensch, der schießt: Berichte aus dem Gerichtssaal. Lilienfeld Verlag, 2014. S. 116–118。

到 6000 马克的重奖。普劳曼还给两个伙伴申请到了丰厚的活动经费和报销费用。普劳曼自己有没有分一杯羹呢？

财政局的领导觉得，普劳曼小组的开销太大了，业绩却不够，于是向普劳曼施加压力。他必须立一个大功，才能稳住自己在财政局的地位。

立大功哪有那么容易？但普劳曼的脑子真是灵光，他想出了一个妙计。

在普劳曼的指挥下，西尔伯施泰因和科恩租了一间房子，买了一台印刷机，制作了伪造印花税票所需的印刷版。等到万事俱备，普劳曼就带人来查抄这个制假窝点。按照普劳曼的构思，这个窝点的伪造贩子是两个绰号分别为"黑哈里"和"铁维利"的人。当然，这两人并不会被现场抓获。不过因为起获了印刷机、印刷版等工具和物资，普劳曼估计这一票能够为他和两个伙伴获得 12000 马克的赏金。

这场自导自演的好戏确实是设计缜密，但普劳曼唯独忘了一点：他的竞争对手，警察局的刑警也在密切监视伪造贩子们。结果刑警突然出手，人赃俱获，逮捕了西尔伯施泰因和科恩，并扣押了印刷机和印刷版。普劳曼也东窗事发。

西尔伯施泰因和科恩在法庭上说自己是无辜的，整件事情都是普劳曼设计和撺掇的。普劳曼则说自己被这两个奸贼骗了，他当真相信有两个伪造贩子叫作"黑哈里"和"铁维利"。但是普劳曼的狡辩很容易被拆穿，因为买印刷机的钱是他从财政局的活动经费里支取的，制造印刷版所需的费用也是他提供给西尔伯施泰因和科恩的。

可惜我们不知道这三个诈骗犯受到了什么样的惩罚。

第七章 江湖骗子

二　一夜暴富

在20世纪20年代的柏林，赛马和赌马是风靡一时的娱乐活动。柏林及其周边地区有四座赛马场，分别位于马林多夫（Mariendorf）、鲁立本（Ruhleben）、卡尔斯霍斯特（Karlshorst）和霍珀加滕（Hoppegarten）。其中霍珀加滕位于柏林以东的乡村，环境宜人，设施先进，非常受赛马迷的欢迎。[1]

有一个叫马克斯·克兰特（Max Klante）的西里西亚人经常光顾这几座赛马场。他对赛马运动了如指掌，对每匹赛马、每一位骑师都细心研究；他目光敏锐、善于观察，再加上头脑灵光，手气不错，所以胜率很高。其他赌马的客人看他屡战屡胜，便经常向他讨教，或者默默地跟着他，看他押注到哪匹马上，然后效仿。克兰特在赛马场的名气越来越大，于是他干脆提供有偿服务，为不熟悉赛马运动的客人提供信息和建议，然后抽取佣金。

霍珀加滕赛马场是上流社会聚集的重要社交场所。克兰特原本只是一个来自西里西亚小镇的制刷匠和卖报小贩，出身可以说很卑微，但凭借着赌马的本事和社交钻营的功夫，他在霍珀加滕积攒了极好的人脉。

过了没多久，通过赌马和抽取佣金，克兰特居然成了富翁，拥有

1　本节主要参考了 Boegel, Nathalie: Berlin-Hauptstadt des Verbrechens: Die dunkle Seite der Goldenen Zwanziger. Deutsche Verlags-Anstalt, 2018. S. 56-65；Malzacher, Werner W.: Berliner Gaunergeschichten. Aus der Unterwelt 1918-1933. Haude & Spener, 1970. S. 10-13。

了自己的赛马。他逐渐有了一个大胆的想法：运用自己的赌马才华，发展出新的商业模式，帮助更多人发财。当然，他自己在这个过程中也要发大财。

赛马场上的富豪朋友们对克兰特的能耐十分信任，为他投资了45万或50万马克。有了启动资金，克兰特便和一位股东联手成立了马克斯·克兰特有限公司。公司的愿景是什么呢？冠冕堂皇的说法是："通过建立一家赛马马厩和养马场，提升我国养马业的水准。"

但这实际上是一家代客户下注的赌马公司。克兰特的目的是吸收民间资金用于赌马，赢利返还投资者，自己抽取佣金。生意的原理和以前差不多，只是规模大多了。

1920年冬到1921年春，克兰特公司在全国大做广告，招商引资："尊敬的先生！如今世事艰难，您想必也想拥有一笔不错的外快。如果您为我们这家世界级大公司投入资金，我们就能为您提供丰厚的回报……您可以在本公司购买100马克到5万马克的股份。如果您购买100马克，那么我们将在2月1日返还100马克，在3月1日返还100马克，在4月1日返还100马克。也就是说，除了本金100马克，您的净利润是200马克。利润率高达200%……如果您注资1万马克，连本带利您将得到3万马克。"

200%！这样的高回报率是不是令人难以置信？更夸张的还在后面，克兰特不久之后将承诺回报率提升到600%！试问什么样的生意能有如此丰厚的油水？这难道不就是很多人梦寐以求的神奇投资？

德国人也没那么傻。起初没多少人相信克兰特的夸张承诺，注资的人很少，金额也不高，参与者也只是抱着试一试的心态。但克兰特公司果然按照承诺的时间表和回报率偿付了红利。

600%的利润！稳赚不赔！克兰特真是太神奇了！这下子大家不再犹豫，蜂拥而上，争先恐后地送钱给克兰特。三教九流，什么样的人都愿意投资克兰特公司。穷人掏出了自己的积蓄，富人还想更富。银行经理、律师、医生、大学教授这样体面的专业人士也不能免俗。克兰特还大打阶级牌，说自己是穷人出身，现在他要回馈社会，帮助穷人脱贫致富。他自称"为民造福者"。

在1921年，克兰特公司掌握了数百万马克的资金。克兰特建立了自己的养马场，培育和豢养一流的赛马，聘请了最优秀的骑师。他拿着千千万万投资者的钱，去赛马场上豪赌，经常获胜。他按照承诺，定期足额地给投资者分红。不知道多少人心花怒放，对他感恩戴德。

生意越做越大，克兰特在全国各地开了办事处。人们在他的公司各个办事处门前排起长队，一心想借着这个赌马天才的东风，让自己也一夜暴富。克兰特甚至在德累斯顿警察局所在的大楼里开了一个办事处，专门为警察服务。

天上怎么会掉馅饼？怎么可能有这么高的回报率？难道没有人怀疑吗？也许有吧。但更多人的想法是，那么多人投资给克兰特，那么多人拿了好几倍的利润，这总归是千真万确的吧？那么多人都做的事情，不可能是错的吧？

很多人在克兰特的帮助下发了财，但挣钱最多的肯定是克兰特自己。他在卡尔斯霍斯特买了一座金碧辉煌的庄园，与妻儿在那里过起了上流社会的生活。当年的那个西里西亚穷小子，如今有仆人侍奉，有3辆私家车和2名专职司机，据说还有好几个情人。在一次生日派对上，他把25000马克的钞票撒向人群，出手不可谓不大方。

不过，布衣出身的大富豪没有忘本。贫穷的投资人到了他的办公室，也能得到他的热情接待，所以克兰特的人缘极好。有人为他谱了一首《马克斯·克兰特进行曲》，还有人见到他就喊："克兰特万岁！"

但是有句话说得好：眼看他起高楼，眼看他宴宾客，眼看他楼塌了。克兰特的赌马生意在1921年夏季达到巅峰，然后就开始走下坡路。他的押注也不是百发百中，公司开始蒙受损失。为了维持极高的回报率以定期偿付投资人，他不得不拆东墙补西墙，把新投资人的钱当作赌马赢利，去给老投资人分红。他的生意从此就变味了，成了诈骗。

克兰特开始手忙脚乱。为了挣钱，他胡乱投资各种生意：酒厂、小酒馆、香肠厂、疗养院、汽车销售。他在投资人大会上发表演讲，描述自己雄心勃勃的计划，给大家开出新的空头支票。但不争的事实是，他越来越拿不出钱来。投资人拿不到回报，随之对他失去信心。成千上万的人来到克兰特公司办事处，要求退还本金。

政府也开始注意克兰特。财政局发现他有偷税漏税的行为。搜查克兰特公司之后，政府没收了发现的全部现金：1000万马克。

1921年9月11日，四面受敌的克兰特带着妻儿偷偷逃跑。他将妻儿送上开往布雷斯劳的火车，自己则躲进一家肺病疗养院，用的假名是马克斯·克莱因。他告诉疗养院工作人员，他患有严重的肺结核，拜托任何人不要打扰。但就在第二天，警察就来到了疗养院，逮捕了克兰特。

根据检察院的调查，克兰特的债务高达9000万马克，这在当时是天文数字。政府拍卖了克兰特的赛马、汽车和房产，但只能挽回一小部分损失。在关押克兰特的监狱门外,人山人海的投资者举着牌子示威,要求克兰特还钱。"为民造福者"成了千夫所指的民族罪人。在法庭上,很多证人泪流满面地描述自己如何上当受骗。克兰特却厚颜无耻地说,错不在他,而在于竞争对手和财政局;他的手法是万无一失的。法官问,他的手法究竟是什么。他说那是商业机密,不便透露。法庭上大家听了哈哈大笑,一派欢乐的气氛。

1923年年初,克兰特的诈骗罪名成立,他被判处三年徒刑和10.5万马克罚金。

出狱后,克兰特重操旧业,又当上了制刷匠,在柏林警察局附近讨生活。1950年,他在家中烧炭自杀。据说他留下的唯一遗产是一张赌马的彩票。

三 女骗子安妮·萨内克

在近代的俄罗斯帝国,德意志人是重要的少数族群。特别是在波罗的海地区,德意志贵族和地主是地方精英和统治集团,享有高度自治权。

十月革命之后,俄国贵族作为剥削阶级,遭到镇压。苏俄境内的波罗的海德意志贵族也属于"阶级敌人",继续待下去肯定要吃不了兜着走。于是,很多波罗的海德意志贵族流亡到同文同种的德国。其中有一个叫亚历山大·冯·达尔肯(Alexander von Dahlken)的,曾经是帝俄近卫军的骑兵上尉,在战争中失去了一只胳膊和一只眼睛,戴着玻璃假眼。不过他仍然英俊潇洒,特别受女士们的欢迎。他在柏林西区开了一家俄式餐馆"亚历山大餐馆",可惜这位战斗英雄不擅长经营,餐馆很快就倒闭了。[1]

天无绝人之路。达尔肯有一位贤内助,其实也不是他的妻子,而只是情人。她叫瓦森贝格男爵夫人(Baronin Wassenberg),是一位德国贵族。她不仅美丽动人,而且聪明绝顶,让达尔肯对她神魂颠倒,言听计从。在她的帮助下,达尔肯很快就挣钱了,而且挣了大钱。

男爵夫人与蒙古仆人

德国警方也不是吃素的,很快注意到达尔肯和瓦森贝格男爵夫人这对情侣不太对劲。他们一个月要离境去荷兰阿姆斯特丹好几次,前往那里的钻石交易所与人接头。德国警方怀疑这对鸳鸯在做钻石走私买卖,甚至怀疑瓦森贝格男爵夫人利用自己的美貌,大搞"仙人跳",敲诈一些阔佬。而且警方也很快查明,这是个假男爵夫人,她根本不是贵族,真名叫安妮·萨内克(Anni Sanek),是一个电车售票员的女儿。

顺便说一下,魏玛共和国的宪法废除了德国的贵族制度,但允许保留贵族头衔(如伯爵、男爵等)作为姓氏的一部分。表示贵族身份的"冯"(von)和"祖"(zu)等字样,也作为姓氏的一部分,可以保留。虽然在法律意义上,德国已经没有贵族了,但实际上德国贵族仍然是

---

[1] 本节主要参考了 Frey, Erich: Ich beantrage Freispruch!: Die Erinnerungen des berühmten Berliner Strafverteidigers. Elsengold Verlag, 2019. S. 130-143。

一个相对封闭的小集体，往往仍然能够掌握足够的威望、资源和权力。另外，因为原本负责管理贵族谱系资料的权威机关"普鲁士王国纹章院"（Das königlich-preußische Heroldsamt）于1920年3月21日解散，所以如何判定某人是不是货真价实的贵族就成了令人头疼的问题。大量假冒贵族涌现在德国的社交圈，安妮·萨内克只是其中之一。

德国警方已经严重怀疑达尔肯和安妮·萨内克是钻石走私贩子，但他俩每次入境接受检查的时候都没有露出破绽。所以当时警方也只能继续监视，寻找证据。

一天，达尔肯、他的仆人米哈伊尔（一个满脸麻子的卡尔梅克蒙古人）和安妮一同在柏林动物园火车站登上开往荷兰的火车，进入预订好的卧铺包厢。看样子，他们又要去荷兰"搞业务"了。

次日早晨，火车抵达阿姆斯特丹火车站。乘客全部下车，清洁工上车打扫。令人震惊的是，达尔肯的包厢里一片狼藉，床单和被子被撕扯得破破烂烂，上面还有血迹。地板上有一个小瓶子，后来化验发现里面装的是麻醉剂乙醚。枕头下面有一只玻璃假眼，就是达尔肯常戴的那个。

荷兰警方面对的难题是：达尔肯被谋杀了吗？如果是，尸体在哪里？安妮和米哈伊尔又在何处？荷兰警察搜查了整列火车，没有找到尸体，也没有发现蛛丝马迹。难道夜间火车经过马斯河大桥的时候，尸体被丢进河里了？或者达尔肯根本没有死，只是演了一场戏，从此人间蒸发，让正在调查他的德国警方从此失去线索？

两天后，一名德国女子来到比利时奥斯坦德的德国领事馆，自称赌场失利，花光了随身携带的所有钱，现在身无分文，请求领事馆支援一张回柏林的火车票。

她就是安妮·萨内克。

柏林警方得到通知,守株待兔。安妮回到柏林后,立刻被柏林警察局的刑警阿尔伯特·德特曼逮捕。

不过安妮并不住在达尔肯家,而是自己租住了一处朴素的寓所。德特曼赶到的时候天色还早,安妮还躺在床上。警察进屋时,安妮用被子遮住自己的面庞。德特曼小心翼翼地从她脸上揭开被子,看见两只大大的绿眼睛饱含笑意地盯着他。安妮微笑道:"小心点,小心点哦,您不要烧了自己的手指头才好。我可是很漂亮的……"

到了亚历山大广场的警察局之后,德特曼审讯安妮,问达尔肯在哪里。安妮回答,达尔肯在阿姆斯特丹表现得焦躁不安,然后带着米哈伊尔不辞而别,所以她也不知道达尔肯的下落。

几天后,巴黎警方在塞纳河里找到了米哈伊尔的尸体。不过他不是被淹死的,因为他的动脉被切开了。是自杀还是谋杀?警方也说不准。难道是达尔肯杀人灭口?或者米哈伊尔惹上了其他什么事情?

这时有人从法国西南部的度假胜地比亚里茨寄了一张明信片给安妮,上面没有签名,只有一句话:"希望再见到你。"警察局的笔迹专家判断,这是达尔肯的笔迹。看来他还活着。而且警方没有任何证据将安妮与米哈伊尔的死亡联系起来,于是只得将她释放。达尔肯的下落和米哈伊尔的死亡,这两个谜团始终没有解开。

达维多夫公爵夫人闯荡江湖

安妮·萨内克是第二帝国末期和魏玛共和国时期最有名、最富传奇色彩、命运也最悲惨的诈骗犯之一。她原本是一个普普通通的制帽女工，十九岁时疯狂地爱上了一个有妇之夫，一位名叫汉斯·冯·洛本费尔德（Hans von Lobenfeld）的贵族官员。

洛本费尔德在朋友面前介绍自己的小女友时，总是说她的名字叫"冯·萨内克"，就是说她也是贵族出身。许多达官贵人在这位美丽的贵族少女面前毕恭毕敬或者大献殷勤。安妮还发现，洛本费尔德和他那些名字里带"冯"字的狐朋狗友在各种高档餐厅、夜总会总是能够赊账，大家一般还不敢催账。所以这些浪荡公子口袋里未必有钱，却总是过着纸醉金迷的生活。这让聪明的安妮得出两个结论：所有男人都很愚蠢；在德国，贵族可以为所欲为。

但是洛本费尔德并不愚蠢，还很狡猾。安妮把自己怀孕的消息告诉洛本费尔德后，这个花花公子忙不迭地把安妮介绍给自己的一位同事，为他俩牵线搭桥。最后，这位同事"接盘"，洛本费尔德连一分钱的抚养费都不肯出。

安妮的父亲得知女儿做出丑事后，将安妮和她只有几周大的孩子赶出家门。洛本费尔德的那位同事也一下子销声匿迹。

年纪轻轻、无依无靠的安妮该如何养活自己和孩子？

安妮的运气似乎不错。被父亲扫地出门的当天晚上，她就在一家啤酒馆认识了一位新的阔佬，建筑大亨威廉·甘纳茨（Wilhelm Gannaz）。甘纳茨对安妮一见倾心，把她和婴儿都接到了自己的别墅。

但安妮是出了油锅又进火坑。外表光鲜的甘纳茨实际上债台高筑，而且是个吗啡瘾君子。在甘纳茨的影响下，安妮也染上了毒瘾。接着，在甘纳茨的操纵和毒瘾的影响下，安妮绞尽脑汁地搞钱。她以"冯·萨内克夫人"的名义伪造了一些信件，从柏林一家银行骗取了1.5万马克贷款。但初出茅庐的安妮露出了破绽，第一次诈骗很快就被揭穿，她被判处了两年徒刑。

刑满释放之后，安妮也只有二十三岁。她立刻回到甘纳茨身边，并继续吸食吗啡。几天后，她故伎重演，打扮一新，风度翩翩地来到柏林最有地位的银行家的接待室。她自称是俄国大贵族格里戈里·达维多夫（Gregorij Dawidoff）公爵的遗孀。一年前，达维多夫公爵死于车祸，在遗嘱里给夫人留了大约 200 万马克的遗产。但是有个困难——他俩是在伦敦结的婚，达维多夫的亲戚拒绝承认这门婚姻有效，也就是说，想夺走她应得的遗产。怎么办呢？现在年轻的公爵夫人急需一笔钱来聘请律师，打官司夺回丈夫的遗产！

安妮的表演非常精彩，她的美貌、"贵族气质"和派头都很有说服力。她从柏林几家银行骗到了 1 万马克。但纸里包不住火，总有东窗事发的时候。1912 年，她再次因诈骗罪被判处两年半徒刑。

1915 年获释后，安妮发现甘纳茨已经死了，她的孩子也死于结核病。现在，茕茕孑立的安妮要独闯江湖了！

她忙碌地给柏林的各个银行经理、大商人、实业家打电话、写信、登门拜访，到处想方设法寻求帮助和金钱。上当的人还真不少，很多腰缠万贯的大佬愿意出手帮助这个美艳动人、能说会道又楚楚可怜的"贵族"少妇。没过多久，她搬进了富人区蒂尔加滕街的一套有 14 个房间的豪宅，拥有自己的驷马高车、豪华汽车和别墅。

一战末期，安妮因为严重诈骗和违反战时经济管理规定，再次锒铛入狱。

是十一月革命拯救了安妮。革命年代的混乱让她能够逃出监狱，然后就在全国各地游荡冒险。她有时自称达维多夫公爵夫人，有时自称北德意志–劳埃德航运公司总经理的遗孀，或者海伦娜·冯·米尔沙伊特－许勒森伯爵夫人。她从鲁尔区的工业大亨们手中骗了不少钱，风光一时。

最后让安妮栽跟头的，是她买地置业的企图。她与东普鲁士的一位贵族地主谈判，要买下一座庄园。但就在公证人面前准备签约的时候，这位地主产生怀疑，报了警。

这个时候，大律师埃里希·弗赖走进了安妮的人生，为她辩护。弗赖第一次见到安妮的时候惊为天人。他在回忆录里写道："她大约三十岁，也许多一点，也许少一点。我说不准她的确切年龄。她的深红色头发柔顺而闪闪发光，十分壮丽。鹅蛋脸上，两只大大的绿眼睛炯炯有神。她身材高挑，丰腴，轻捷，身穿紧身的丝绸裙子。她那优雅的服饰仿佛是她身体的一部分，周身散发出那种危险的女性魅力，能够在一瞬间让男人拜倒在她的石榴裙下……"

但是，这样一位大美人，似乎精神不太正常。尽管弗赖再三强调"只有您对我说实话，我才能帮助您"，她仍然一再坚称自己不是安妮·萨内克，而是达维多夫公爵夫人。她把故事讲得绘声绘色：她那已经去世的丈夫达维多夫公爵是十月革命之后流亡到西欧的白俄领导人，因此他们夫妇俩无论走到哪里（伦敦、巴黎、蒙特卡洛和柏林）都遭到苏俄特工的追踪和监视。苏俄的特务机关甚至派了一个女特务到她的牢房里监视她……

这些疯话让弗赖感到困惑。还有一点让他大为不解：安妮·萨内克与东普鲁士地主签的合同规定，要买家交付全款之后，庄园才会转手。而安妮显然没有钱，所以合同并未生效，并没有造成损失。她这样久经沙场的老江湖，怎么会这么轻易失手呢？

在法庭上，安妮时而摆出公爵夫人的派头，对法官、检察官和律师们趾高气扬，怒斥他们不懂规矩、欺凌无辜落难的贵妇；时而又显得比较清醒。弗赖聘请的精神病医生施特劳赫教授给出了专家意见：安妮·萨内克患有歇斯底里症，有吗啡瘾，并且是个病态说谎者；她认为自己比别人都要聪明；她当真相信，或者至少在某些时候当真相信，自己就是公爵夫人或伯爵夫人，完全有财力买下那座庄园。

那么，既然骗子对自己的谎言信以为真，她还是骗子吗？所以，施特劳赫教授认为，安妮是精神病患者，没有行为能力。

并且，按照弗赖的判断，合同既然没有履行，就没有造成损失。于是，安妮·萨内克被宣判无罪。

不过，几年后，安妮故伎重演，又以米尔沙伊特-许勒森伯爵夫人的名义行骗。根据弗赖听到的传闻，德国的这个有名女骗子的结局非常悲惨：她死在了纳粹的集中营里。

第八章 黑道世界

一 胡斯克谋杀案

1933年3月30日，也就是纳粹上台的两个月后，柏林发生了一起恶性刑事案件。根据一名证人的证词，这天凌晨大约0点55分，证人看到一辆豪华轿车停在了弗雷德大桥（Wredebrücke）的桥头。车上下来3个人，押着一个拼命挣扎反抗的男人。这时突然有另一辆豪华轿车驶来，在那4人附近停下，车上跳下3个人，扑向被押着的那个男人。他被打倒在地，绝望地呼喊救命，但仍然被从大桥栏杆上扔进了泰尔托运河（Teltowkanal）。这时突然有人鸣枪示警并呼喊："警察！救人！"但几个凶徒已经上了车，逃之夭夭。被投进运河的男人未得到及时救援，很快就死了。

警方发现，死者的手脚都被绳索捆得紧紧的，衣服口袋里有一张票据，上面写着"克拉夫塔格"（Kraftag），这是一家出租车公司的名字。警方很容易查到死者是该公司的司机，三十一岁的里夏德·胡斯克（Richard Husske）。他的老板已经知道他没有按时把车交付给公司，但找不到车的下落。他的父母也已经报警说胡斯克失踪。

本章开篇提到的那名证人，还观察到一个奇怪的现象：在30日中午将近12点30分，他去向警方提供线索的途中，看见又一辆豪华轿车停在泰尔托运河边，下来一位衣冠楚楚的绅士。此人看了看河水，然后登车扬长而去。

当天将近17点30分，警方找到了胡斯克的出租车。车里没有发现任何证件或文字材料，只有计价器显示29马克。车上也没有暴力冲突的迹象。克拉夫塔克公司的老板说，胡斯克"头脑清醒、办事靠谱"。有的同事说胡斯克是个老老实实、恪守本分的人。但也有同事说，胡斯克经常出入声名狼藉的酒馆，与风尘女子出双入对，甚至有人说他经常去黑帮出没的娱乐场所。

在关于胡斯克是否有仇家这方面，一位同事回忆说，胡斯克曾遇上一位用伪币付车费的乘客，他立刻报警，让警察把那个乘客抓了起来。警察还发现乘客身上携带了大量伪币。此人被警察带走时曾咒骂胡斯克，发誓赌咒要报复他。此人被怀疑是黑帮成员。

胡斯克谋杀案至今仍然是一个悬案。但对我们的故事来说最重要的是，警方也怀疑此案与柏林黑帮有关，因此在胡斯克案件的档案里留下了不少关于黑帮的资料，从中我们可以了解到柏林黑帮的一些情况。比如，当时柏林有一个叫"坚如磐石"（Felsenfest）的帮会，在1933年1月拥有31名成员，年龄从二十五岁到五十八岁不等，警方列出了其中每一个人的姓名和职业。这些黑帮分子的职业可谓五花八门：车夫、工人、锁匠、屠宰工、装配工、编篮工、马戏演员、商贩、餐厅服务员、桶匠、粉刷匠、鞋匠，还有工具制造匠等。而叫作"东南"（Südost）的帮会，在警方档案里只有4名成员，年龄在三十一岁到三十八岁之间。"永远忠诚"帮会则有68名成员被警方登记在册，他们大多居住在柏林东部，职业也是什么都有，主要集中在餐饮业和手工业。[1]

同很多贫富之间存在着不可逾越的鸿沟的大都市（比如同时期的纽约和芝加哥）一样，魏玛共和国时期的柏林也有着错综复杂的"地下世界"，即我们常说的帮会或者黑社会。20和30年代的柏林是"十

1　Stürickow, Regina: Pistolen-Franz & Muskel-Adolf: Ringvereine und organisiertes Verbrechen in Berlin. 1920-1960. Elsengold Verlag, 2018. S. 98-99.

第八章　黑道世界

里洋场",也是"冒险家的乐园",有纸醉金迷的夜生活,也有蜷缩于蜗居中的赤贫无产者。除了形形色色、从极左到极右的各种政治"活动家",这个舞台上还有猖獗的有组织犯罪和心狠手辣的职业凶徒。看过电视剧《巴比伦柏林》的朋友肯定对那位衣冠楚楚、英俊潇洒、背景神秘的黑道大哥"亚美尼亚人"埃德加·卡萨维扬印象深刻。而在《巴比伦柏林》的原著小说里,卡萨维扬的原型是亦正亦邪的"约翰·马洛博士"(Dr. Johann Marlow)。电视剧和小说对柏林的地下世界难免有一些夸张和浪漫化。那么柏林的黑道究竟是怎么样一个世界呢?我们下面就来仔细探寻。

二 以合法社团身份示人的黑帮

自中世纪晚期,德意志就存在有组织犯罪团伙,比如在乡间游荡、拦路抢劫的土匪,以及往往从事犯罪活动的"丐帮"。[1]从18世纪下半叶到19世纪(特别是在南德和莱茵兰地区),出现了一些"巨贼"和武装犯罪团伙,其中不少成为类似罗宾汉的民间英雄,最有名的要数"剥皮匠汉内斯"(Schinderhannes,真名是约翰内斯·比克勒,Johannes Bückler,1779?—1803)、马蒂亚斯·韦伯(Mathias Weber,1778—1803)和马蒂亚斯·克奈瑟尔(Mathias Kneißl,1875—1902)。柏林和勃兰登堡地区的"霍斯特匪帮"则不是侠盗,而是臭名昭著的

1　Ebd., S. 16.

暴徒。他们到处纵火，然后趁乱抢劫逃跑或救火的民众。普鲁士文豪海因里希·冯·克莱斯特（Heinrich von Kleist，1777—1811）就曾提到这个"组织严密的匪帮"。霍斯特匪帮的头目约翰·彼得·霍斯特（Johann Peter Horst, 1783—1813）及其情人和同案犯弗里德里克·路易丝·德里茨（Friederike Luise Delitz, 1791—1813）于1810年被捕，于1813年5月28日被处以火刑。[1]这是德意志历史上的最后一次火刑。纵火犯被活活烧死，真可谓报应。

在19世纪90年代，德意志第二帝国出现了最早一批现代意义上的黑帮，而且不仅仅是在柏林。这些黑帮从事博彩业、色情业和贩毒等犯罪活动，也在犯罪世界里维持秩序，驱逐没有组织的零散犯罪分子，比如外来的入室盗窃犯、皮条客，等等，但黑帮一般不会主动侵害平头百姓。[2]

与很多国家的黑帮不同的是，德国黑帮一般以合法民间社团的公开身份示人。19世纪末的最早一批德国黑帮，至少在起初是刑满释放人员回归社会时为抱团取暖而建立的组织，为很难重新融入市民社会的前犯罪分子提供一个"家"和"避风港"，为经济困难的"兄弟"提供救济、介绍工作和寻找住房。在任何社会，刑满释放人员要"洗心革面"、重新融入社会，都会遇到很多困难，要忍受许多偏见和白眼，以及警方的不断监视和骚扰，在第二帝国也是如此。有一名德国黑道"大哥"在受审时回忆自己的当年："出狱之后，因为我有前科，很难找到工作。于是我又开始做入室抢劫的老买卖。"[3]

---

1 Ebd., S. 23.
2 Ebd., S. 7.
3 Ebd., S. 40.

刑满释放人员所处的困境在文学作品中也有体现。德布林的小说《柏林，亚历山大广场》的男主角、因激情杀人而坐牢的弗兰茨·毕勃科普夫在出狱后发出了无所适从、处处碰壁的哀号，但也表达了重整旗鼓、做个"体面人"的决心："是的，因为我们犯过事，所以我们就一无是处？所有坐过牢的人都可以重新站立起来，而且能够做到他们想要做的事情。"[1]

曾经的"囚鸟"很难回归社会，因此他们重新聚集在一起、互相"帮衬"，也就顺理成章。根据20年代的著名记者阿图尔·兰茨贝格尔（Artur Landsberger，1876—1933）的研究，柏林黑帮成员并非全都是死硬的犯罪分子，其中不少人其实是因为一时糊涂犯下轻微罪行的普通人。但他们的身份仍然是刑满释放人员，很难重新融入社会，社团就给了他们一个"温暖的家"。代表大资产阶级利益的报纸《德意志汇报》（Deutsche Allgemeine Zeitung）就写道："只有极少数罪犯是完全反社会的。绝大多数人都有社交需求。"[2]

这些前犯人的组织也会安排一些社团活动，比如举办生日派对、圣诞节派对、郊游、游轮观光，等等。甚至还有"北方1891男子歌咏协会"（即著名的"北方"帮会）和"永远忠诚1921联欢协会与体育俱乐部"（即著名的"永远忠诚"帮会）这样听起来人畜无害的培养业余爱好的社团。毕竟德国人酷爱社团生活，犯罪分子（或前犯罪分子）也不例外，他们的社团甚至有正式的组织架构、章程和定期会

1　阿尔弗雷德·德布林：《柏林，亚历山大广场》，罗炜译，上海译文出版社，2018年，第23页。
2　Stürickow, Regina: Pistolen-Franz & Muskel-Adolf: Ringvereine und organisiertes Verbrechen in Berlin. 1920-1960. Elsengold Verlag, 2018. S. 54.

议。但后来这些社团逐渐演化为类似意大利（和美国的）黑手党那样的有组织犯罪团伙。

最早的一批柏林黑帮除了上面提到的几个之外，还有"王城1889""信仰、爱与希望1909""手牵手""弗里德里希城""东方娱乐协会1909"，以及所谓的体育俱乐部"德意志力量1895"和"罗森塔勒郊区"等。[1]

到了20世纪20年代，也就是魏玛共和国时期，德国的黑帮已经相当多，势力也相当强大。各个帮会逐渐团结起来，划分势力范围，讲究合作，避免冲突。这些帮会在德语中被称为Ringverein，复数为Ringvereine。其中verein是社团、协会的意思，容易理解，但Ring这个词很容易引起误会。Ring有摔跤（体育项目）的意思，也可以理解为"戒指"，还有一层意思是"团伙"。英语当中Ring也可以理解为（犯罪）团伙，比如有crime ring（犯罪团伙）这样的表达。有的历史学家认为，德国黑帮Ringverein里的Ring是团伙的意思，而不是摔跤。有人认为，Ring确实是摔跤的意思，因为早期的黑帮分子通过摔跤来锻炼身体。[2] 不过也有资料表明，Ringverein成员有时会戴特殊的戒指以表明身份[3]。据说，加入Ringverein满一年并且表现优异的话，可以从组织那里获得一枚至少30克重的金戒指；为组织"忠

---

[1] Ebd., S. 41.
[2] Hartmann, Arthur, and Klaus von Lampe. "The German underworld and the Ringvereine from the 1890s through the 1950s." *Global Crime* 9.1-2 (2008): p. 127. 另可参考：Ruland, Bernd: Das war Berlin. Die goldenen Jahre 1918-1933. Hestia Verlag, 1985. S. 207。
[3] Stürickow, Regina: Pistolen-Franz & Muskel-Adolf: Ringvereine und organisiertes Verbrechen in Berlin. 1920-1960. Elsengold Verlag, 2018. S. 58.

第八章 黑道世界

诚地服务和贡献"了两年之后，可以获得一块金表；满五年可获得一枚 1 克拉的钻石戒指；满八年可以获得一枚 2 克拉的钻石戒指。[1]

《柏林，亚历山大广场》的主人公毕勃科普夫出狱之后想要"重新站立起来"，过奉公守法的规矩生活，但是不幸又卷入了犯罪活动。小说里没有明确地说先是拉拢、后来陷害毕勃科普夫并导致他伤残的赖因霍尔德和普姆斯盗窃团伙是一个 Ringverein，但毕勃科普夫的朋友想要替他主持公道、索取赔偿时曾说："要么我们去把凶手打他个头破血流，要么，如果他是什么协会（Verein）的人的话，就要他的协会承担你的全部费用。我们会去找他的协会来了结这件事情。"[2] 作者这里大概在暗示，赖因霍尔德和普姆斯团伙的协会（Verein）很可能就是一个黑帮（Ringverein）。

在魏玛共和国时期，德国的很多城市都有这样的黑帮，汉诺威至少有 4 个帮派，莱比锡至少有 6 个，不来梅、汉堡、罗斯托克、多特蒙德、科隆、慕尼黑各有至少 1 个帮派。[3] 柏林的黑帮最有名，他们的"主营业务"是撬保险箱、入室抢劫和窝赃销赃。柏林的"大哥"们拒绝杀人，也不屑于从事性犯罪，而自认为是"体面人"。[4]

杀不杀人，是德国黑帮与同时期的纽约、芝加哥等地黑帮的一个重要区别。在柏林，如果有帮会分子杀了人，帮会甚至会主动与

1　Ruland, Bernd: Das war Berlin. Die goldenen Jahre 1918-1933. Hestia Verlag, 1985. S. 209.

2　阿尔弗雷德·德布林：《柏林，亚历山大广场》，罗炜译，上海译文出版社，2018 年，第 275 页。

3　Hartmann, Arthur, and Klaus von Lampe. "The German underworld and the Ringvereine from the 1890s through the 1950s." *Global Crime* 9.1-2 (2008): p. 111.

4　Stürickow, Regina: Pistolen-Franz & Muskel-Adolf: Ringvereine und organisiertes Verbrechen in Berlin. 1920-1960. Elsengold Verlag, 2018. S. 11.

警方联络,将杀人者绳之以法。比如甘纳特在 1932 年调查的一起谋杀案,就是得到了黑帮提供的线索才破案的。[1] 警方对黑帮的态度也是模棱两可的,有时甚至与其达成某种默契。这是因为黑帮能够在犯罪世界维持一定的"秩序",甚至可能会"替天行道",所以客观上减轻了警方的压力。弗里茨·朗执导的电影《M》里,就是柏林黑帮出手搜捕并"审判"了一个变态杀人狂,而相比之下,警方总是慢一拍[2]。电影《M》中的很多黑帮分子可能有真实的原型,据说黑帮还威胁了导演弗里茨·朗,让他雇用几十名黑帮分子在这部电影里当群众演员。如果真的是这样的话,《M》就是一部由黑帮出演、描绘黑帮的电影。[3]

柏林黑帮对"自己人"可谓关怀备至。比如一个绰号"杂耍艺人保勒"(Artisten-Paule)的帮会兄弟因为屡次抢劫被刑警盯上了,眼看就要进局子。但他有妻室儿女,如果家里的顶梁柱坐牢了,老婆孩子该怎么办呢?帮会的解决办法是请一位单身的兄弟"珠宝马克斯"(Juwelen-Max)顶缸。马克斯做了一起抢劫案并故意露出马脚,被捕之后把保勒犯的事儿也揽在自己身上。于是保勒脱离了危险,马克斯代他进了监狱。帮会聘请了律师来帮助马克斯。而且马克斯即便被判了刑,在监狱里也过得舒舒服服,定期收到食品包裹和酒。帮会还在

1　Stürickow, Regina: Kommissar Gennat ermittelt: Die Erfindung der Mordinspektion. Elsengold Verlag, 2016. S. 130-143.
2　详见本书第五章第九节"杜塞尔多夫吸血鬼"。
3　Hartmann, Arthur, and Klaus von Lampe. "The German underworld and the Ringvereine from the 1890s through the 1950s." *Global Crime* 9.1-2 (2008): p. 108.

狱警当中打通关节，确保马克斯得到优待。[1]

马克斯是一个人吃饱全家不饿。但如果是已婚的兄弟进了监狱，帮会还会给他的妻子定期提供现金支援，帮她付房租和维持生活。如果入狱的兄弟有子女的话，子女也会定期领到钱。帮会还派人悄悄地监视入狱兄弟的妻子，假如她背叛了丈夫、另寻新欢的话，帮会就会停止对她的经济支持。[2]

如果有兄弟出狱（江湖黑话的说法是"旅行归来"或者"复活"[3]），会有帮会的汽车在监狱门口接他，一群西装笔挺的"兄弟"会唱歌欢迎他[4]；兄弟们还会慷慨解囊，帮助他渡过重返自由世界初期的难关。

如果一位兄弟落难，只需要打电话给帮会，"大哥"就会派一大群打手来解围。例如1931年3月17日，威克里夫大街（Wiclefstraße）的一家酒馆突然被一大群出租车包围，几十名帮会分子跳下车，冲进酒馆，横冲直撞，砸碎窗玻璃、酒杯和柜台，殴打里面的人。碰巧在附近的几名警察虽然鸣枪示警，但无力阻拦。这是一个共产党人经常聚集的酒馆，不过这场冲突与政治无关，而是因为几天前一名帮会分子被从这里赶走，现在他的兄弟们来报仇了。[5]

葬礼对黑帮来说是特别重要的事情。"永远忠诚"帮会的"带头大哥"阿道夫·莱布［Adolf Leib，江湖人称"肌肉阿道夫"（Muskel-

---

1　Feraru, Peter: Muskel-Adolf & Co: Die Ringvereine und das organisierte Verbrechen in Berlin. Argon, 1995. S. 29.
2　Ebd., 29-30.
3　Ruland, Bernd: Das war Berlin. Die goldenen Jahre 1918-1933. Hestia Verlag, 1985. S. 209.
4　Ebd.
5　Stürickow, Regina: Pistolen-Franz & Muskel-Adolf: Ringvereine und organisiertes Verbrechen in Berlin. 1920-1960. Elsengold Verlag, 2018. S. 87.

Adolf）[1]] 解释过为什么:"我一直记着我母亲的话。我永远忘不了。她说,阿道夫,你会被草草掩埋在墓地墙边的。到时候没有人给你送葬。我永远忘不了这句话。所以对我们来说,体面的葬礼是至关重要的。"[2]

如果有一位兄弟死亡,"组织"会出钱为他举办盛大的葬礼,不仅本帮会的成员会参加,与本帮会友好的其他帮会也会派代表吊唁和参加葬礼,并聘请乐队大吹大擂,让死者风风光光地"上路"。"永远忠诚"帮会的规章制度里明确写道:"每一位成员都肩负义不容辞的责任,参加社团其他成员的葬礼。谁要是故意不参加,或者没有正当理由缺席,将被本社团开除……本社团的最高义务就是,以符合'永远忠诚'成员的荣誉与尊严的方式为其举行葬礼。"

1928年,"永远忠诚"帮会一名成员的葬礼有大约300人参加,包括其他社团的代表。大律师埃里希·弗赖也参加了这次黑帮葬礼,并描述道:人人身穿黑色大衣、戴高礼帽,身披缎带的旗手排成整整齐齐的队伍,有一支铜管乐队,墓前还有一个男子合唱团,唱的歌是德国传统的葬礼歌曲《我曾有个战友》(Ich hatt' einen Kameraden)和《永远忠诚和正直》(Üb' immer Treu' und Redlichkeit)。[3]

帮会不仅"罩着"自己的兄弟,对自己门下的"雇员"和"朋友"

---

1 他之所以有这个绰号,大概是因为他真的肌肉特别结实。据埃里希·弗莱描述,莱布个子不高,但肩膀宽阔,肩宽几乎与身高相等。这个身材看上去一定很怪异。见 Frey, Erich: Ich beantrage Freispruch!: Die Erinnerungen des berühmten Berliner Strafverteidigers. Elsengold Verlag, 2019. S. 239。
2 Ruland, Bernd: Das war Berlin. Die goldenen Jahre 1918-1933. Hestia Verlag, 1985. S. 210. 莱布的这段话用的是柏林方言,可惜翻译无法传达那种韵味。
3 Frey, Erich: Ich beantrage Freispruch!: Die Erinnerungen des berühmten Berliner Strafverteidigers. Elsengold Verlag, 2019. S. 238-239.

也很讲义气。有一个故事是，柏林一家夜总会的经理开除了一名舞女，结果第二天晚上震惊地发现，不仅其他舞女罢工，就连各种陪酒女、女招待、女厨子，甚至清洁女工都不来上班了。经理到其他地方也一个人都雇不到，原本门庭若市的夜总会一下子门可罗雀。经理一筹莫展之际，有两名衣冠楚楚的绅士登门拜访并告知，如果要生意恢复正常，首先必须重新接纳被开除的舞女，还要给她一大笔赔偿，否则后果不堪设想。经理明白自己得罪了黑帮，不得不认输。[1]

但是，如果帮会兄弟严重违反了"组织"的纪律，就会被立刻开除。而且不仅是被本帮会开除，与本帮会友好的其他帮会（包括其他城市的帮会）也会得到通知，不会接纳此人。被开除的人还会被禁止进入本帮会常去的酒馆等社交场所。最严重的违纪当然是出卖兄弟，不仅是本帮会的兄弟，就是其他帮会的兄弟也不能出卖。因此，受到警察审讯的黑帮成员往往缄口不言。但涉及杀人案或者强奸案时，黑帮成员是可以与警察合作的。[2]

不过，在针对那些因为违纪被扫地出门的兄弟时，也要适可而止，不能逼得太急，毕竟狗急跳墙，弄不好就会"伏尸二人，流血五步"。"永远忠诚"帮会的"大哥"阿道夫·莱布就因为对被开除的兄弟埃里希·普卡尔（Erich Pukall）欺辱太过，遭到普卡尔的疯狂报复，差点被普卡尔枪击致死。[3]

黑帮一般不参与政治，按照记者兰茨贝格尔的说法，黑帮根本不

---

[1] Stürickow, Regina: Pistolen-Franz & Muskel-Adolf: Ringvereine und organisiertes Verbrechen in Berlin. 1920-1960. Elsengold Verlag, 2018. S. 81.
[2] Ebd., S. 53.
[3] Ebd., S. 94.

关心希特勒或其他什么人建立怎样的独裁。[1]

根据20世纪20年代的报纸报道（也许有添油加醋、危言耸听的成分，但记者与黑道有一些联系是不足为奇的），柏林大约有50个帮会，其中最重要的一些联合起来组成"帮会联盟"，与汉堡、不来梅、科隆、慕尼黑、莱比锡、德累斯顿等地的"同道中人"保持密切联系。莱比锡是所谓"德意志中部帮会联盟"的总部所在地。各地的帮会分子每年都到莱比锡开一次大会，交流经验，商讨如何对付警方，以及研究犯罪的"新技术"。另外，还有四年一次的国际"峰会"，德国的帮会分子可以与外国"同人"互通有无。[2]

德国黑帮的国际化还不只是"峰会"交流。据说，在第一次世界大战之前，柏林一个叫作"罗兰"的主要经营色情业的帮会，与英国一个叫"蛤蟆"的帮会有密切联系，互相交流信息、交换妓女、互相支持，最终甚至合并，选举了一位主席，每年在伦敦或柏林开会。另外，传说柏林黑帮通过一个去美国发展的德国帮会分子，与芝加哥的黑道大佬阿尔·卡彭建立了跨大西洋的联系。这个德国人甚至担任了卡彭的保镖。甚至有资料表明，德国黑帮在20年代与上海青帮也有联系。[3]

柏林的"帮会联盟"有好几个，其中地位最高的是"柏林大联盟"（Großer Ring Berlin），它由10个帮会组成，名额有限，只有其

---

[1] Ebd., S. 50.
[2] Ebd., S. 49.
[3] Hartmann, Arthur, and Klaus von Lampe. "The German underworld and the Ringvereine from the 1890s through the 1950s." *Global Crime* 9.1−2 (2008): p. 120.

中一个帮会解体，新的帮会才有可能加入。因为"柏林大联盟"的威望极高，所以它的名额是大家争抢的对象。甚至进入"柏林大联盟"的"候补名单"也是莫大的荣耀。另一个帮会联盟是"柏林自由联盟"（Freier Bund Berlin）。第三个帮会联盟叫"大柏林自由联合会"（Freie Vereinigung Groß-Berlin），它因为组织和纪律不严，受到"柏林大联盟"的鄙视，被轻蔑地称为"耗子帮会"。[1] 互相友好的帮会之间要互相帮衬，比如某帮会的成员如果到了另外一座城市，当地的帮会有义务热情接待、帮助和保护。[2]

因为有合法社团（歌咏爱好者协会、体育俱乐部等）的身份掩护，柏林的很多黑帮可以大张旗鼓地公开活动，甚至搞声势浩大的节庆活动。1929年，柏林警察局副局长魏斯描写了"王城1889"帮会的一次"盛会"："按照这种节庆的习惯，首先按照'体育协会的惯例'举行游行，然后是正儿八经的欢庆。有一个四重奏在演唱《这是主的日子》（Das ist der Tag des Herrn）。然后是演讲，演讲者互相赞扬对方的'忠诚'，并表达'团结与兄弟之情'。最后郑重地授予纪念旗帜。"[3] "永远忠诚"帮会于1931年4月27日在柏林市弗里德里希斯海因（Friedrichshain）啤酒厂举行的帮会创始纪念日庆祝活动，堪称"盛事"，全国各地的帮会都派了代表来庆贺。4000名宾客齐聚一堂，男士身穿礼服，女士珠光宝气，还有一些著名演员和

---

1 Stürickow, Regina: Pistolen-Franz & Muskel-Adolf: Ringvereine und organisiertes Verbrechen in Berlin. 1920–1960. Elsengold Verlag, 2018. S. 52.
2 Ebd., S. 53.
3 Ebd., S. 54.

律师应邀参加。[1]

明星保罗·格雷茨（Paul Graetz，1890—1937）就参加过一次黑帮的盛会。该帮会的主席在公开发表的演讲中几乎承认了自己的组织是黑帮："您，亲爱的格雷茨先生，是柏林的一部分。我们也是柏林的一部分。您有您的方式，我们有我们的……我还要说一句，我相信我的所有朋友都会赞同：亲爱的保罗·格雷茨！从今天起，您就处于我们的特殊保护之下。您将来会不会需要我们的保护，我们事先没法说。但是假如您遇到什么事情，比如有人跑到您家里盗窃或者您遇到扒手之类的，您只消和我们打个招呼，事情就会自然解决。并且，格雷茨先生，这种保护不需要您花一分钱。"[2]

其实警察也会参加黑帮的盛会。据说甘纳特几乎从不缺席，甚至亲自挥舞指挥棒，担当乐队指挥。刑警恩格尔布雷希特在回忆录中写道："我还是个年轻侦探的时候，也参加过一些这样的黑帮舞会。我必须得说，总的来讲，我在那里玩得很开心。我能够趁机进行心理学研究，这对我后来的文学创作非常有帮助。"[3]

另一位文学工作者、在魏玛共和国时期担任《柏林日报》（Berliner Tageblatt）副刊主编十年之久的弗里德·希尔登布兰特（Fred Hildenbrandt，1892—1963）这样描绘自己参加过的一次黑帮"盛会"："在我周围站着或者坐着的，都是些彬彬有礼、风度翩翩、正派、亲切、各种年龄段的男子，个个身穿最优雅的晚礼服，举止堪称楷模。没有一

1　Ebd., S. 89.
2　Ruland, Bernd: Das war Berlin. Die goldenen Jahre 1918-1933. Hestia Verlag, 1985. S. 211.
3　Hartmann, Arthur, and Klaus von Lampe. "The German underworld and the Ringvereine from the 1890s through the 1950s." *Global Crime* 9.1-2 (2008), pp. 123-124.

张面孔让我想到犯罪或者恶习。听不见一个粗鲁的词。没有一个人说一句下流话。我绝对没有看见任何粗暴,或哪怕是笨拙的行为。他们个个都像是出身高贵的贵族,在光滑的木地板上游刃有余地活动。"[1]

不过"团结与兄弟之情"总是一种理想,现实往往不是那么美好。吃里爬外、中饱私囊的兄弟也是有的。"弗里德里希城"帮会的财务总管是一个江湖人称"金牙布鲁诺"的胖子。1930年6月,弟兄们准备集体去奥地利蒂罗尔旅游,布鲁诺负责给大家买车票和提供旅费。大家在火车站集合,等待布鲁诺送旅费来,结果不见他的踪影。弟兄们虽然身边的钱不多,但还是硬着头皮上了车。同时,留在柏林的一些兄弟去查布鲁诺的下落,并检查帮会的账目,结果发现账户上有13000马克人间蒸发了。

去蒂罗尔旅游的弟兄们一路十分窘困,尤其是途中有一位诨名为"杜塞尔多夫汉斯"的"大哥"不幸去世。按照规矩,兄弟们必须为他安排体体面面的葬礼。但是仅仅将遗体运回柏林就需要1600马克。如果不是另一个帮会出手相救的话,就要尴尬了。

现在大家确定,布鲁诺卷款逃跑了。帮会的事情当然不会向警察求助。"弗里德里希城"组建了一个50人的"专案组",在全城打探消息,寻找可耻的叛徒布鲁诺。功夫不负有心人,他们获得情报,布鲁诺将于7月7日夜间在柏林北部某地与其女友相会。弟兄们像警察一样分工明确,有的负责封锁道路,有的负责抓捕,终于将布

---

1 Ruland, Bernd: Das war Berlin. Die goldenen Jahre 1918–1933. Hestia Verlag, 1985. S. 206.

鲁诺擒获，把他打得半死，最后把他用窃取的公款买的汽车卖掉，换得5000马克。

但这不足以挽回帮会的损失。于是带头大哥命令大家每人拿出100马克。第二天钱就凑齐了，没有一个人缩手缩脚。有了钱，大家决定一起去瑞士旅游。[1]

布鲁诺仅仅是被揍得半死、送进医院而已，另一名侵吞公款的帮会分子埃里希·沃古尔（Erich Worgull）就更惨了，他于1930年10月在一家酒馆被突然闯入的多名武装分子枪击，身负重伤。刚出院没多久，12月4日，他又被自己在"老柏林"（Alt-Berlin）帮会曾经的兄弟们枪击，身中数弹。警方随后大规模搜查了周边地区的酒馆等场所，逮捕了30人，但只能证明其中3人属于"老柏林"。[2]

到了20世纪30年代，德国街头暴力冲突屡见不鲜，有的是带有政治色彩的，比如共产党与纳粹党之间的厮杀，也有的是纯粹的刑事犯罪，比如柏林黑帮的打打杀杀。黑帮在20年代还主要使用棍棒等非致命武器，而且小心翼翼地避免杀人，但到了30年代，他们的手段也升级了，并且比以往更加肆无忌惮、更加凶残。

1932年7月7日，"阿尔科纳"（Arcona）帮会的老板、三十四岁的格奥尔格·舒伯特（George Schubert）在阿尔萨斯大街的一家酒馆喝得烂醉，开始骚扰其他客人。酒馆老板请他出去，结果得罪了这位江湖"大哥"。舒伯特立刻打电话给自己的弟兄们。没过多

---

[1] Stürickow, Regina: Pistolen-Franz & Muskel-Adolf: Ringvereine und organisiertes Verbrechen in Berlin. 1920-1960. Elsengold Verlag, 2018. S. 82-85.
[2] Ebd., S. 86.

久，就有2辆汽车载着8名帮会分子抵达，个个都带着枪。舒伯特已经在大街上等待了，见部下气势汹汹地抵达，就拉开酒馆大门，发号施令："开火！"8支枪同时开火。酒馆内2名无辜群众被打成重伤。警方后来搜查了"阿尔科纳"成员的住宅，搜到了大量枪支弹药。[1]

但另一个名叫"大西洋"的帮会的武器就不是那么容易被警察查抄了。1932年，不知因为什么原因，"大西洋"帮会与一个园艺爱好者协会发生了暴力冲突，导致2名帮会分子负伤。帮会向园艺爱好者协会索要医药费和赔偿金，并下了最后通牒，但对方不理不睬。最后通牒规定的期限到了之后，"大西洋"弟兄们带着枪冲到了园艺爱好者协会聚集的埃尔宾大街一家酒馆，二话不说，开始扫射。警察闻讯赶到，用猛烈的火力还击。但是警察更关心的是自保，所以帮会分子得以在夜色掩护下安全撤退。

随后几天里，警方同时搜查了多名"大西洋"成员的住宅，但没有搜到任何武器弹药。被捕的帮会分子也坚决否认自己拥有枪械。这下子就出现了一个难题："大西洋"的枪支弹药藏在哪里？

我们不太清楚警方是如何查清真相的，但真相相当有趣：原来，一个与"大西洋"帮会过从甚密的女子将自家（位于兰茨贝格广场）改装成了军火库。一个绰号"小杰克"的帮会分子负责管理和分配武器，他随时待命，一有消息就骑着摩托车去那位女子家中取枪，然后将枪运到弟兄们的集合地点，分给大家。他会藏在枪战地点附近，等战斗平息之后，就取回武器弹药，再运回军火库。所以等警察赶到

1　Ebd., S. 92.

时，帮会分子身上已经没有任何武器了，他们自己的家里也没有任何枪械。[1]

三　西里西亚火车站大战

1928年年底，柏林的地铁正在扩建，有不少来自汉堡的木匠参加了工程。人在异乡，自然会和老乡抱团取暖。柏林人很难听懂汉堡方言，再加上这群汉堡木匠经常喝酒吵闹，所以他们在柏林很不讨喜。[2]

12月27日，一名汉堡木匠在柏林丢失了自己的丝绒夹克。不过他的运气不错，第二天就找到了，于是老乡和同事们聚集到西里西亚火车站附近的"修道院酒窖"酒馆，为他庆祝。汉堡人喝得醉醺醺的，吵闹起来，严重干扰了其他客人。其中一个木匠，十八岁的胡贝特·舒尔尼斯（Hubert Schulnies）在牛饮之后癫狂起来，打碎了许多酒杯，还和其他客人吵架，于是酒馆老板要求这个捣蛋鬼离开。

舒尔尼斯不肯走。其他客人站起身来，帮助老板，要把舒尔尼斯赶走。舒尔尼斯的老乡们也挽起袖子，寸步不让，于是双方爆发了斗殴。舒尔尼斯掏出刀子，胡乱戳刺。最终，柏林本地人把汉堡人赶走

---

[1] Ebd., S. 93-94.
[2] 本节主要参考了 Stürickow, Regina: Pistolen-Franz & Muskel-Adolf: Ringvereine und organisiertes Verbrechen in Berlin. 1920-1960. Elsengold Verlag, 2018. S. 59-66; 以及 Ubbens, Irmtraud (Hg): Moritz Goldstein, »Künden, was geschieht ···« Berlin in der Weimarer Republik, Feuilletons, Reportagen und Gerichtsberichte. De Gruyter Saur, 2012. S. 413-429。

之后，才发现酒馆地板上有一个人躺在血泊中。这个倒霉蛋名叫彼得·马尔辛（Peter Malchin），是这家酒馆的常客。大家赶紧把马尔辛送到医院，但他在不久之后不治身亡。

这下子闹大了。这个马尔辛可不是寻常角色。他是"北方"帮会的成员。"北方"帮会是最强大的帮会联盟"柏林大联盟"的成员，还是另一个重量级帮会"永远忠诚"的盟友。

汉堡木匠竟敢杀了柏林黑帮的人，本身就"罪不容诛"了，何况双方还有更深的过节。时局动荡、治安很差，因此很多酒馆、客栈等要向黑帮交保护费，有的甚至是主动上贡，以求黑帮的保护。但自从那群汉堡人来了之后，有的酒馆居然"不识时务"，转而寻求汉堡人的保护，这就坏了柏林黑帮的生意。所以，柏林黑帮决定给汉堡人一个教训。

29日晚，"永远忠诚"帮会的一群弟兄，包括28岁的"大哥"阿道夫·莱布，以及"北方"帮会的代表，齐聚一堂，准备动手。其中"北方"帮会的成员因为刚刚参加了马尔辛的葬礼，还穿着丧服：黑色西装或礼服、深色大衣、漆皮靴子、高筒礼帽。也有几个人戴着水手帽。

汉堡木匠在柏林已经待了一段时间了，大家都知道去哪里找他们：布雷斯劳大街1号的"瑙布尔"酒馆。大约23点，6名身穿黑衣的帮会分子进入酒馆，其他几个人在门外等候。此时酒馆内有30到40名木匠在饮酒作乐。阿道夫·莱布经人指点认出舒尔尼斯之后，揪住他的衣领，说："跟我走一趟！"舒尔尼斯及其伙伴误以为对方是警察，所以舒尔尼斯基本上是配合的，但走到门外，看到外面的阵势，他就明白对方不是警察，于是大声呼救。

但已经晚了，帮会分子们高呼："打死这条狗！"随即对舒尔尼斯拳打脚踢。室内的木匠们看到情况不妙，立即赶来营救。于是双方恶战起来。帮会分子用台球杆、椅子腿当武器，木匠们拿出自己的工具当武器。酒馆里顿时乱作一团。在酒馆里兜售鳗鱼的小贩黑德（Hehde）因为戴着水手帽，木匠误以为他是帮会分子，将其打倒在地。

木匠人多势众，"永远忠诚"帮会的弟兄们不是对手，只能搀扶着伤者败退。有人喊道："打电话叫人！"莱布撤退时对木匠们威胁道："你们小心点，事情还没完！""过几分钟，我们就有100人到这里！"

此时已有周围的群众报警。3名警察赶到后发现酒馆里的战斗已经平息，帮会分子都已经销声匿迹，也没有目击者愿意向警察描述实情。多名伤员被送往医院。木匠们还聚在酒馆内，警察劝他们把卷帘门放下来。

莱布说到做到，打了一个电话，召唤弟兄们到"瑙布尔"酒馆斜对面的"利奥霍夫"客栈集合。据围观群众说，几分钟后，就从四面八方开来了许多辆出租车。上百名五大三粗的汉子走进了"利奥霍夫"客栈。

汉堡木匠们不甘示弱，也召唤了援兵，请泥瓦匠工会帮忙。6名泥瓦匠立刻赶来增援，但其中4人被黑帮分子拦住并各个击破，被打得头破血流。在"瑙布尔"酒馆及其附近，第二轮战斗开始了，估计双方一共有200人参加，开了60到100枪，战况十分激烈。泥瓦匠学徒哈格尔（Hagel）被打倒在地，苏醒之后逃走，跳上电车，但还是被黑帮的人从电车上拖了下来，又遭到毒打。另一名泥瓦匠学徒身负重伤，在送医途中死亡。木匠佐尔格（Sorge）也负了重伤，在医院染上肺炎后死亡。

这场所谓的"西里西亚火车站大战"引起了轩然大波。各大报纸纷纷开始调查和报道柏林有组织犯罪的情况，并谴责警方的不作为。公众因此对黑帮的问题产生了浓厚的兴趣，展开了许多讨论。这一事件还产生了国际影响。1929年1月2日的《纽约时报》详细报道了此事，并敏锐地注意到，德国司法机关对黑帮极其宽容：20名"永远忠诚"帮会成员被捕，其中18人很快被释放，因为法官认为这不是严重的治安事件，也不是人身伤害犯罪，而仅仅是恶作剧。在1月13日的《纽约时报》上，美国记者保罗·D. 米勒（Paul. D. Miller）认为，"德国黑帮是世界上组织最严密的。他们的组织就像工会一样……"，这样的"赞扬"也许有些夸张，但柏林黑帮的名声传到了大洋彼岸是真的。

很多人认识到了黑帮与警方之间关系的复杂。在一定程度上，警方其实是需要黑帮的合作的，需要黑帮去维持犯罪世界的秩序，并在发生重大案件时为警方提供情报和线索，所以警方对黑帮的很多活动睁一只眼闭一只眼。而且警察和法官也有妻儿老小，所以在收到黑帮的威胁信时，也不得不三思。

不过，在舆论压力下，1929年1月2日，柏林警察局局长卡尔·策尔吉贝尔（Karl Zörgiebel，1878—1961）宣布查禁"永远忠诚"和"北方"这两个社团。[1]1月15日至16日夜间，1000名治安警察和300名刑警大举出动，突击搜查了西里西亚火车站周边地区，逮捕

---

[1] Stürickow, Regina: Pistolen-Franz & Muskel-Adolf: Ringvereine und organisiertes Verbrechen in Berlin. 1920-1960. Elsengold Verlag, 2018. S. 67.

了 200 人。[1]

不过，这样的措施很有争议。曾任柏林刑警总长的马克斯·哈格曼和时任柏林市警察局副局长的伯恩哈德·魏斯都对查禁社团的措施提出了批评。这两位批评者的一个观点是，如果过于严厉地镇压黑帮，反而会使其过激化，造成更严重的犯罪。并且，结社自由是得到宪法保护的，社团成员或许有犯罪行为，但社团本身并非是专门为了犯罪而组织起来的，在法律上很难将这些社团认定为犯罪组织。也就是说，查禁社团是没有法律基础的。[2] 所以，策尔吉贝尔不得不在 2 月 5 日撤销了禁令。[3]

在 2 月 4 日到 9 日针对"永远忠诚"若干成员的审判当中，法庭也认定"永远忠诚"社团里虽然有许多人是刑满释放人员，但无法证明它本身就是犯罪组织。值得注意的是，没有一名参加斗殴的汉堡木匠受到起诉，就连始作俑者舒尔尼斯也仅仅作为证人出庭。[4] 很少有人愿意做证指认黑帮成员（"他们什么都不知道，什么都没看见，自己不在场，什么都记不起来"[5]），黑帮又得到名律师埃里希·弗赖和马克斯·阿尔斯贝格的辩护，所以最后莱布仅仅被判处十个月徒刑，他的一名同伙被判处五个月徒刑。另外几名被告均因证据不足而获释。[6] 汉

1　Wagner, Patrick: Hitlers Kriminalisten. Die deutsche KriminalPolizei und der Nationalsozialismus. C. H. Beck Verlag, 2002. S. 36.
2　Stürickow, Regina: Pistolen-Franz & Muskel-Adolf: Ringvereine und organisiertes Verbrechen in Berlin. 1920-1960. Elsengold Verlag, 2018. S. 70-71.
3　Ebd., S. 78.
4　Ebd., S. 75.
5　Wagner, Patrick: Hitlers Kriminalisten. Die deutsche KriminalPolizei und der Nationalsozialismus. C. H. Beck Verlag, 2002. S. 36.
6　Stürickow, Regina: Pistolen-Franz & Muskel-Adolf: Ringvereine und organisiertes Verbrechen in Berlin. 1920-1960. Elsengold Verlag, 2018. S. 80.

堡的木匠们也通过谈判与柏林黑帮达成了和解。[1] 轰动一时的"永远忠诚"审判就这样草草了事,似乎什么都没有改变。

庭审期间发生了一场小风波。律师弗赖的一件贵重的皮大衣在法院大楼里失窃。弗赖对法官说:"我相信,我这件大衣一定会失而复得,正如这个所谓的犯罪组织'永远忠诚'的成员一定会遏制柏林最黑暗的街区里的流氓恶棍。"这样看来,弗赖似乎也相信柏林的黑帮对于维护社会治安有一定的积极作用。

这年圣诞节,弗赖意外地收到一个包裹,打开之后发现是一件高档皮大衣,与他丢失的那件很像。包裹里有一张纸条,上面写着:"丢得干净,来得正派。股票米策。"[2]

"股票米策"(Aktien-Mieze)是"肌肉阿道夫"的女朋友。

表二　1933年之前的柏林黑帮[3]

柏林大联盟

德文全名	中译全名	中译简称
Geselligkeitsverein Königsstadt 1889	王城1889联欢协会	王城1889
Vergnügungsverein Glaube, Liebe, Hoffnung 1890	信仰、爱与希望1890娱乐协会	信仰、爱与希望

1　Ubbens, Irmtraud (Hg): Moritz Goldstein, »Künden, was geschieht …« Berlin in der Weimarer Republik, Feuilletons, Reportagen und Gerichtsberichte. De Gruyter Saur, 2012. S. 417.

2　Frey, Erich: Ich beantrage Freispruch!: Die Erinnerungen des berühmten Berliner Strafverteidigers. Elsengold Verlag, 2019. S. 256-257.

3　表二资料源自Stürickow, Regina: Pistolen-Franz & Muskel-Adolf. Ringvereine und organisiertes Verbrechen in Berlin. 1920-1960. Elsengold Verlag, 2018. S. 204-205.

续表

德文全名	中译全名	中译简称
Männergesangverein Norden 1891	北方1891男子歌咏协会	北方
Vergnügungsverein Luisenstadt	路易丝城娱乐协会	路易丝城
Geselligkeitsverein und Sportclub Immertreu 1921	永远忠诚1921联欢协会与体育俱乐部	永远忠诚
Spar-und Geselligkeitsverein Libelle 1922	蜻蜓1922储蓄与联欢协会	蜻蜓
Lotterie-und Männergesangverein Felsenfest 1924	坚如磐石1924彩票与男子歌咏协会	坚如磐石
Spar-Club Centrum	中央储蓄协会	中央
Geselligkeitsverein Friedrichstadt	弗里德里希城联欢协会	弗里德里希城
Geselligkeitsverein Berolina	贝罗丽娜联欢协会	贝罗丽娜
候补		
Geselligkeitsverein Gesundbrunnen	健康泉联欢协会	健康泉

柏林自由联盟

Geselligkeitsverein Fidele Brüder	菲德勒兄弟联欢协会	菲德勒兄弟
Sportclub Rosenthaler Vorstadt	罗森塔勒郊区体育俱乐部	罗森塔勒郊区
Geselligkeitsverein Südost	东南联欢协会	东南
Geselligkeitsverein Einigkeit	团结联欢协会	团结
Geselligkeitsverein Friedrichshain	弗里德里希斯海因联欢协会	弗里德里希斯海因
Geselligkeitsverein Heimatklänge	乡音联欢协会	乡音

续表

Geselligkeitsverein Alt Rixdorf	老雷克斯多夫联欢协会	老雷克斯多夫
Geselligkeitsverein Lustige Brüder	快活兄弟联欢协会	快活兄弟
Geselligkeitsverein Alte Freunde	老朋友联欢协会	老朋友
Sportclub Deutsche Kraft	德意志力量体育俱乐部	德意志力量

大柏林自由联合会

Geselligkeitsverein Hand in Hand	手拉手联欢协会	手拉手
Geselligkeitsverein Bruderhand	兄弟之手联欢协会	兄弟之手
Geselligkeitsverein Nordring	北环联欢协会	北环
Geselligkeitsverein Nordpiraten 1926–Santa Fé	北方海盗 1926 圣菲联欢协会	北方海盗
Geselligkeitsverein Treue Freunde	忠诚朋友联欢协会	忠诚朋友
Loge Deutsche Eiche	德意志橡树俱乐部	德意志橡树
Loge Lichtenberger Freunde	利希滕贝格朋友俱乐部	利希滕贝格朋友
Vergnügungsverein Osten 1909	东方 1909 娱乐协会	东方
Geselligkeitsverein Westen	西方联欢协会	西方
Wanderclub Apachenblut	阿帕契人远足俱乐部	阿帕契人
Geselligkeitsverein Goldene 13	黄金 13 联欢协会	黄金
Geselligkeitsverein Edelweiß	雪绒花联欢协会	雪绒花
Geselligkeitsverein Freiheit	自由联欢协会	自由
Wanderclub Lustig Blut	快活之血远足俱乐部	快活之血
Geselligkeitsverein Zukunft	未来联欢协会	未来
Geselligkeitsverein Atlantic	大西洋联欢协会	大西洋
Geselligkeitsverein Harmonie	和谐联欢协会	和谐
Geselligkeitsverein Oleander	夹竹桃联欢协会	夹竹桃

续表

Geselligkeitsverein Roland-Eiche	罗兰橡树联欢协会	罗兰橡树
Geselligkeitsverein Alt-Berlin	老柏林联欢协会	老柏林
Geselligkeitsverein Nordost	东北联欢协会	东北
Geselligkeitsverein Lose Nord	彩票北方联欢协会	彩票北方
Geselligkeitsverein Glücksstern	幸运星联欢协会	幸运星
Geselligkeitsverein Arcona	阿尔科纳联欢协会	阿尔科纳
Geselligkeitsverein Frisch auf	清新联欢协会	清新

第九章 左与右

一　三起腐败案

魏玛共和国时期发生了三起臭名昭著的诈骗与腐败案，引发了激烈的政治丑闻，导致多名共和国高官和政党领导人蒙羞下台。这三起案子的共同点是罪犯都是犹太人。三起案件造成的经济损失其实不算很大，但在极右翼和反犹分子的大肆鼓吹下，这些案件对共和国的威望和声誉造成了严重的损害。

库提斯克与巴尔马特案

伊万·巴鲁赫·库提斯克（Iwan Baruch Kutisker）是出生于俄属立陶宛的犹太人[1]，从1919年起在柏林生活，做军用物资生意。

1924年12月10日，他被柏林刑警逮捕。根据随后的调查，库提斯克在没有拿出任何担保或抵押的情况下，从普鲁士邦银行获得了高达1420万马克的贷款。[2] 调查发现，他贿赂了银行和政府的很多官员。

库提斯克案件的庭审是到当时为止耗时最久的一次，共花了一百九十八个工作日。他于1926年6月30日被判定犯有诈骗罪和行贿罪，被判处五年徒刑[3]，最终于1927年死在狱中。

1　库斯提克案件和巴尔马特案件的基本案情，出自Bjoern Weigel: Barmat-Skandal (1925). In: Wolfgang Benz (Hrsg.): Handbuch des Antisemitismus. Judenfeindschaft in Geschichte und Gegenwart. Band 4: Ereignisse, Dekrete, Kontroversen. Berlin 2011. S. 37-39。
2　Huber, Ernst Rudolf: Deutsche Verfassungsgeschichte seit 1789. Bd. VII. Kohlhammer, 1984. S. 536.
3　Ebd., S. 537.

巴尔马特案几乎与库提斯克案同时发生，两者之间没有直接关系，但有很多共同点（主犯都是犹太人、受贿的都有社会民主党高官等），所以当时的报界把这两起案件联系在一次。

尤利乌斯·巴尔马特（Julius Barmat）于1889年出生于俄罗斯帝国统治下的乌克兰，1906年去了荷兰，1908年加入了荷兰社会民主党，通过这层关系结识了德国社会民主党的许多高层干部。比如，1919年，他把自己在阿姆斯特丹的住宅提供给"第二国际"使用，借这个机会认识了德国社会民主党的领导人奥托·韦尔斯和赫尔曼·米勒（Hermann Müller，1876—1931，曾任外交部部长和总理）。韦尔斯帮助巴尔马特搞到了德国的长期签证。另外两位社会民主党大佬，柏林警察局局长威廉·里希特和曾任国家总理的古斯塔夫·鲍尔，则帮助巴尔马特的家人入境。

在一战期间，巴尔马特向德国提供粮食，大发战争财。战后，巴尔马特及其兄弟的公司阿麦克西马康采恩（Amexima-Konzern）利用德国的通货膨胀搞投机，挣了不少钱，到1924年发展为拥有14000名员工的大企业。该公司主要做粮食进口生意，旗下也有造纸厂、煤矿、钢铁厂、机械设备厂等。

但是阿麦克西马康采恩在1924年因为负债过多而破产，总损失高达3900万马克，其中3460万是公立机构提供的贷款。也就是说，亏的绝大多数是别人的钱。最夸张的是，就在公司垮台不久前，德国邮政总局还贷款1400万马克给巴尔马特[1]，普鲁士邦银行也慷慨提供

---

1 Ebd., S. 536.

了 1030 万马克的贷款。

德国邮政总局和普鲁士邦银行这样的国家机构，难道看不清市场行情，难道没有对申请贷款的巴尔马特的财务状况做过调查？给巴尔马特提供贷款，不等于是肉包子打狗，有去无回吗？

调查表明，巴尔马特曾向邮政部部长安东·赫夫勒（Anton Höfle，1882—1925，属于天主教中央党）大肆行贿。社会民主党领导人和前任总理古斯塔夫·鲍尔在议会的调查委员会面前发誓赌咒，说自己绝对没有收过巴尔马特的好处，但调查表明鲍尔在撒谎。[1] 当时的国家总统弗里德里希·埃伯特（也属于社会民主党）也受到类似的指控，不过被证明是完全清白的。但是，国家总统和前任总理被扯进这个丑闻，足以让敌视社会民主党的右翼弹冠相庆，他们把巴尔马特案件当作"反对共和国及其最高代表的审判庭"[2]。

赫夫勒于 1925 年 1 月 15 日引咎辞职，随即受到调查，于 4 月 20 日死于狱中。鲍尔一度被开除出党。里希特被迫提前退休，由阿尔伯特·格热辛斯基（Albert Grzesinski，1879—1947，还曾担任普鲁士内政部部长）接任柏林市警察局局长。

巴尔马特于 1928 年 3 月 30 日被判定行贿罪成立，被判处十一个月监禁，他的兄弟被判了六个月。出狱之后，巴尔马特就离开了德国，移民到比利时，也在立陶宛和拉脱维亚做生意[3]。但他仍然不老

1　Ebd., S. 537.
2　Winkler, Heinrich August: Weimar 1918-1933: Die Geschichte der ersten deutschen Demokratie. C. H. Beck, 2018. S. 277.
3　Huber, Ernst Rudolf: Deutsche Verfassungsgeschichte seit 1789. Bd. VII. Kohlhammer, 1984. S. 536.

实,在比利时又闹出了诈骗和贿赂丑闻。和德国的情况类似,比利时的极右翼利用这起新的丑闻来攻击当时的左派政府,迫使总理辞职。巴尔马特于1938年在布鲁塞尔候审时死于狱中。1940年德军占领荷兰之后,巴尔马特的妻儿、父母、4个兄弟和2个姊妹及其家人都被纳粹杀害。

斯科拉雷克案

在魏玛共和国时期,有不少东欧犹太人移民到德国。大作家约瑟夫·罗特在1920年的一篇报纸文章里写道:"他们来自乌克兰、加利西亚、匈牙利。在他们的家乡,数十万犹太人遭到反犹迫害。幸存者逃往柏林……自战争结束以来,一共有大约50万东欧犹太人来到德国。我得说,看上去仿佛有数百万……德国公司不愿意雇用这些人,尽管他们只有在被禁止工作的情况下才会(对德国社会)构成威胁。如果被禁止工作,他们当然会变成黑市商人、走私犯,甚至罪犯。"[1]

在魏玛共和国的反犹主义者眼中,犹太人可恨,而"东欧犹太人"(Ostjude)尤其可恨。因为德国犹太人或许还略微"文明"一些,而来自落后的东欧"野蛮"国家的犹太人就更是可憎。这些东欧犹太人往往遭到德国反犹主义者特别凶残的歧视和迫害。

库提斯克和巴尔马特都出生在东欧,确实是"东欧犹太人"。但是,在反犹主义者口中,"东欧犹太人"已经成了一句特别难听的骂人话,

---

[1] Roth, Joseph. *What I Saw: Reports from Berlin, 1920-1933*. Edited by Michael Bienert. Translated by Michael Hofmann. W. W. Norton, 2003. pp. 37–38.

所以斯科拉雷克（Sklarek）三兄弟（马克斯、莱奥和威利）即便是土生土长的柏林人，也被怒斥为"东欧犹太人"。[1] 纳粹党的党报《人民观察家报》（Völkischer Beobachter）阴险地骂斯科拉雷克兄弟是"来自加利西亚的贵族"，加利西亚是波兰的一部分；但其实说他们来自俄国还更靠谱一些，因为他们的父亲是1877年从俄国移民到德国的。

这三兄弟于1925年买下了柏林的一家制衣公司。这家公司的来头可不小，一直为柏林市的公立机构提供制服。1929年4月，斯科拉雷克兄弟搞到了一件美差，与柏林市政府签了合约，垄断了为柏林市公立机构提供被服（包括为市立慈善机构救济的人员提供被服）的业务。

大家可以想象，在缺乏法治和监管的社会里，政府采购往往会成为腐败的重灾区。这三兄弟也不是清清白白的生意人，他们和一些政府官员勾结，用假账单骗取公款，却不向政府供货，或者以次充好。三兄弟还拿着他们与市政府的合同作为担保，从柏林市银行贷款。

这种官商勾结的揩油犯罪并不高明，几个月后就东窗事发。柏林－施潘道地区政府慈善机构的审计员发现，他们单位与斯科拉雷克公司的合同有69000马克的账款存在问题。按理说这么多钱应当可以买7000件西装，但施潘道地区政府没有这么大的需求，为什么要打款给斯科拉雷克公司呢？

1929年9月26日，斯科拉雷克兄弟被逮捕，此时他们已经给柏

---

[1] 斯科拉雷克案主要参考了Bjoern Weigel: Sklarek-Skandal (1929). In: Wolfgang Benz (Hrsg.): Handbuch des Antisemitismus. Judenfeindschaft in Geschichte und Gegenwart. Band 4: Ereignisse, Dekrete, Kontroversen. de Gruyter, Berlin 2011. S. 381-384；Malzacher, Werner W.: Berliner Gaunergeschichten. Aus der Unterwelt 1918-1933. Haude & Spener, 1970. S. 29-43。

林市银行造成了超过1000万马克的损失。

斯科拉雷克诈骗案掀起了轩然大波，因为许多政府高官和政党大佬都被卷入其中。马克斯·斯科拉雷克是德国民主党（DDP）的成员，资产阶级自由派的犹太人大多支持这个党，当时的柏林市市长古斯塔夫·伯斯就是该党成员。而莱奥和威利则是社会民主党的成员，社会民主党在当时的柏林和整个普鲁士邦是非常有实力的大党。

德国民主党算是中间偏左，社会民主党是正儿八经的左翼，但斯科拉雷克兄弟居然和极右翼、反犹的德意志民族人民党（DNVP）也有关系，于1926年向该党捐款200马克。三兄弟与德意志民族人民党的国会议员威廉·布鲁恩（Wilhelm Bruhn, 1869—1951）私交甚笃，这太出人意料了，因为布鲁恩是有名的反犹主义者，还是种族主义报纸《真相报》的出版人。三兄弟请布鲁恩去旅游和疗养，还在布鲁恩的报纸上买了长期的大幅广告版面。与此同时，他们还向极左翼的德国共产党的下属组织捐赠衣物。[1]

除了纳粹党，几乎每一个党的领导人都从三兄弟那里收了形形色色的好处：现金、皮大衣、烟酒、宴会、赌马、去意大利或巴黎旅游、股份等。三兄弟真可以说是多面下注、左右逢源。

借用当时一位记者的挖苦说法："斯科拉雷克三兄弟和威廉二世一样，眼中不再有政党的区分……共和主义者在他们那里用晚餐，民族主义者在他们那里喝酒，共产党人在他们那里玩烟花爆竹……"[2]

伯斯市长也陷入丑闻，不能自拔。报界得知，斯科拉雷克兄弟用

---

[1] Heid, Ludger und Arnold Paucker (Hg): Juden und deutsche Arbeiterbewegung bis 1933: Soziale Utopien und religiös-kulturelle Traditionen. Mohr Siebeck, 1992. S. 195-196.
[2] Ebd., S. 195.

特别低的价钱卖了一件奢侈的毛皮大衣给市长夫人,这当然是赤裸裸的行贿。

丑闻爆出之后,舆论哗然,各种政治派别都纷纷炮轰斯科拉雷克兄弟和伯斯等人,其中纳粹党骂得最起劲。在纳粹党眼里,斯科拉雷克兄弟是犹太人,就已经该死了;他们居然犯下这样丑恶的罪行,更是罪该万死;而共和国官员与犹太奸商勾结,足以证明共和国体制腐败不堪。电视剧《巴比伦柏林》里就有伯斯市长在火车站遭受纳粹党人辱骂后昏厥的情节。

因为斯科拉雷克案的影响太大,普鲁士邦议会组建了一个专门的调查委员会来调查此案。伯斯市长于1929年11月7日引咎辞职。他从1921年起担任柏林市市长,领导柏林市经历了风风雨雨,对柏林的市政建设有很大贡献,可惜一世英名毁于一旦。

在11月17日的柏林市议会选举中,各党派互相指责对方是斯科拉雷克兄弟的同党。唯一没有卷入此案的政党——纳粹党得意扬扬地站在"道德高地",在市议会选举中取得不小的进展,获得了5.8%的席位,第一次在市议会有了自己的议会党团。

对斯科拉雷克兄弟的审判从1931年10月13日一直持续到1932年6月23日,莱奥和威利分别被判处四年徒刑,马克斯因为重病随时可能死亡而没有受到起诉。除了伯斯,还有许多官员与政治家引退或被免职,甚至入狱。纳粹上台后再次审理此案,逮捕了伯斯,但把他监禁九个月后又释放了。

威利·斯科拉雷克于1938年在布拉格去世,他的兄弟莱奥和马克斯的命运更悲惨,被纳粹投入集中营,分别于1942年和1944年被纳粹杀害。

这三起诈骗和腐败案，把形形色色的反共和国和反民主情绪都集中了起来，而反共和主义和反犹主义往往是手拉手的。魏玛共和国被污名化为"犹太人和黑市贩子的共和国"以及"犹太化的卖国政府"。有人害怕（或者假装害怕）德国人民和德国经济遭到"东欧犹太人"的剥削，相信德国社会原本是纯洁的，是"东欧犹太人"把腐败带到了德国，还垄断了德国经济。这当然都是无稽之谈。而在左翼分子眼中，这三起案件突显了资本主义制度的腐朽和堕落，而参与腐败的社会民主党"背叛"了无产阶级。

但是，我们可以换个角度看问题。这三起案件被迅速侦破并把一大批高官拉下马，"这些丑闻能够爆发出来并被公众广泛讨论，恰恰说明当时有一个积极参与政治的健全的公众团体能够不受阻挠地针砭时弊——这与帝国时期和纳粹统治时期迥然不同"。[1]

二 马格德堡冤案

一战结束之后，因为贫困等社会问题激化，偷猎犯罪猛增。偷猎者往往有枪，常与护林员和猎区管理员发生流血冲突，护林员和管理员遇害的案件时有发生，仅在 1926 年就有 24 名林务人员被杀害，23 人负伤。

---

[1] 弗兰克·巴约尔：《纳粹德国的腐败与反腐》，陆大鹏译，译林出版社，2017 年，第 3 页。

警方需要专门人才来应对这样的案件。在战前因为万里追凶而闻名的奥托·布斯多夫很快成为偷猎及相关犯罪领域的调查专家。1927年，布斯多夫被任命为柏林警察局内"护林员谋杀、偷猎和特殊盗窃案件"部门的主管。他根据自己在该领域的经验和专长，制作了一套幻灯片，在德国各地做讲座，帮助培训护林员和猎区管理员。在1927年到1931年之间，他做了一百多场讲座。他还出了一本书，专门谈这个领域的犯罪和侦查。

柏林警察局的档案对布斯多夫的工作能力和成绩评价极高："布斯多夫在大约十五年的时间里一直负责解决柏林之外特别棘手的案件。他冒着极大的生命危险，表现出了堪称楷模的勇气、大无畏的精神，成绩很好。他在近战和自卫中击毙了多名偷猎者和凶犯。"

布斯多夫住在柏林市克珀尼克区（Köpenick）一座位置偏僻的房子里，那个地方在当时处于原生态大自然的环境里，但乘坐电车只需要三十分钟就能到达位于亚历山大广场的柏林警察局。布斯多夫酷爱狩猎，家中随处可见狩猎的战利品。

不过，布斯多夫在魏玛时期经手的最有名的一起案件，却与他的"老本行"无关，而是一场众所周知的冤案。

1925年，在马格德堡附近的一座小镇，一个名叫赫尔曼·黑林（Hermann Helling）的会计遭到解雇之后突然失踪。他的家人报了案。过了一段时间，黑林仍然踪迹全无，但有人使用了以他的名义签发的支票。警方逮捕了一个被发现使用黑林支票的年轻人，名叫里夏德·施罗德（Richard Schröder）。审讯之下，施罗德说，一个陌生的富翁雇他把一具尸体处理掉，支票是施罗德从尸体上拿走的。看来黑林已经遇害，只是还找不到尸体。警方调查显示，黑林在失踪之前对自己被解雇一事十分怨恨，准备去举报自己的前雇主、亲社会民主党的犹太企业家鲁道夫·哈斯（Rudolf Haas）偷税漏税。马格德堡的调查法官约翰内斯·克林（Johannes Kölling）推断，是哈斯杀人灭口，然后雇用施罗德处理了尸体。克林和施罗德都属于反犹的极右翼分子；而哈斯的两个身份——社会民主党人和犹太人，都让当地的右翼势力如获至宝，趁机大搞反犹和反民主宣传。因此，很多人先入为主地认定，凶手肯定就是哈斯。

其实有一些对哈斯有利的证据，但克林不肯追踪下去。于是，哈斯的辩护律师求助于马格德堡所在的普鲁士邦萨克森省的省长。这位省长是社会民主党人，他又向本党领导下的柏林警察局求助。柏林警察局派了布斯多夫来调查此案。

布斯多夫在马格德堡人生地不熟，而且势单力孤，当地的警方和司法机关都敌视哈斯、袒护施罗德，不肯配合布斯多夫，所以他的工作很困难。但案件越是困难，越是能考验侦探的能力。布斯多夫在没有得到当地法官批准的情况下搜查了施罗德的住房，发现了黑林的尸体，施罗德一下子变得非常可疑，但克林法官仍然坚持认为凶手是哈斯，施罗德顶多是从犯。直到布斯多夫证明了杀死黑林的子弹出自施罗德的枪，施罗德才终于服软，供认不讳。原来施罗德用报纸上的广告诱骗正在求职的黑林，抢劫了他，并将他杀害。整个事情和哈斯没有任何关系，他在拘留所被关押了七周之后终于被释放。施罗德被判死刑，后来改为终身监禁。

在极端反犹和反民主的气氛里，克林和其他一些官员无视证据，顽固地抵制布斯多夫对此案的调查和判断。这件事情越闹越大，在全

第九章　左与右

国引起了激烈的争议，普鲁士邦议会还对此作了辩论。这起案子后来被拍成电影，叫作《布鲁姆案件》（Affaire Blum）。哈斯虽然被布斯多夫证明是无辜的，但在右翼分子和反犹分子眼中，哈斯始终是凶手和恶人。纳粹上台之后，哈斯夫妇被迫自杀，炮制冤假错案的克林在纳粹时期反而得到提拔。布斯多夫秉公办事，但因为此案也遭到很多攻击和牵连。

三 "血腥五月"

电视剧《巴比伦柏林》及其原著小说《湿鱼》中都用不少篇幅描写了刚到柏林任职的年轻刑警格里安·拉特亲眼目睹自己的同袍暴力镇压游行群众、滥杀无辜的恶行。这就是著名的"血腥五月"（Blutmai）事件，警察局局长卡尔·策尔吉贝尔因此倒台。这起事件对柏林警察来说非常重要，所以我们在此稍作介绍。

策尔吉贝尔出生于美因茨的工人阶级家庭，年轻的时候学了箍桶匠的手艺，曾在海军服役，1900年加入工会组织，后来加入社会民主党。第一次世界大战期间，社会民主党支持德皇的战争政策，策尔吉贝尔也不例外，再次加入海军，为国效力。

魏玛共和国时期，策尔吉贝尔在党内不断攀升，于1922年成为科隆市警察局局长，1926年成为柏林市警察局局长。他以前一直是工会干部和党的干部，对警务和司法工作当然是一窍不通，之所以能够成为两个大城市的警察局局长，主要是因为社会民主党在普鲁士邦的强势地位。不过，一把手不懂一线业务，这在古今中外都是常事。很多右派嘲笑策尔吉贝尔是外行管内行，但这样的攻击大可不必，因为其他政党的人事任命也好不到哪里去。何况，一把手不一定需要懂业务，他们只要能发挥政治作用、搞好本部门与上下级和兄弟单位的关系、多多保护自己人、再为本单位拉资源谋福利即可。至于具体业务，完全可以交给精明强干的下属。比如策尔吉贝尔特别幸运，拥有伯恩哈德·魏斯这样一位优秀的副局长。

公平地讲，策尔吉贝尔是一位有想法、有能耐的领导。他在柏林市改革交通规则，推广使用红绿灯，同时积极应对极左翼和极右翼的暴力，应当说为维护柏林治安贡献良多。但是很不幸，策尔吉贝尔局长的名字永远和一起震惊全国的大丑闻联系在了一起，那就是1929年的"血腥五月"事件。

策尔吉贝尔和他背后的社会民主党领导层在普鲁士邦的一贯政策是维护共和国制度，既反对德国共产党的"暴力革命"和"无产阶级专政"的要求，也反对纳粹党等极右翼势力颠覆共和国的企图。所以，社会民主党领导下的柏林警察局要左右两面出击，实际上也遭到左右夹攻。不过，警察系统里还是同情右翼的人多一些。

1929年的五一劳动节快到了，策尔吉贝尔、警察局和社会民主党政府担心共产党会借机举行大规模游行，而纳粹党会浑水摸鱼，两党之间可能爆发大规模的暴力冲突。于是，策尔吉贝尔命令，在五一节那天，任何人都不准上街游行。

但在德国共产党的呼吁下，还是有成千上万工人群众违反了"游行禁令"，走上街头。柏林警察局就出动了大量警力，对其进行暴力

第九章　左与右

镇压和清场，在这过程中有 30 多名平民死亡，其中有一些是游行者，但也有无辜的旁观者和过路人。另外有 194 人负伤，1228 人被捕。在共产党人聚居的"赤色"韦丁区（Wedding），共产党人甚至筑起了街垒，与警察对射。在克斯林大街（KöslinerStraße），有人从屋顶和阁楼向下方的警察射击。警察则投入了装甲车，用机枪向工人居住区胡乱扫射。[1]

德共原本应当没有在五一节发动武装起义的计划，所以并没有做好战斗准备。莫斯科方面倒是发来了电报，要求德共趁机发动大规模的革命。但遗憾的是，这份电报被普鲁士的社会民主党政府截获了，没有送到德共手里。社会民主党政府认为这是共产党勾结"境外势力"企图发动革命的证据，于是宣布禁止德共的准军事组织"红色阵线战士同盟"。就这样，两个左派政党之间的仇恨进一步升级，德共怒斥社会民主党为"社会法西斯"。[2]

"血腥五月"这样严重的警察施暴事件，自然是怎么洗都洗不干净的。在各界的强大压力下，策尔吉贝尔于 1930 年 11 月被迫提前退休，1931 年又被任命为多特蒙德市警察局局长。到了这个时候，策尔吉贝尔已经是左右不讨好。纳粹党恨他，因为他命令警察扫荡了纳粹党在多特蒙德的办公室；共产党也恨他，因为他双手沾有共产党人的鲜血。

希特勒上台不久之后，策尔吉贝尔就被免职，不久被投入集中营，还坐过牢，出狱后受到盖世太保的监视。不过他活了下来，战后还在

---

[1] Winkler, Heinrich August: Weimar 1918–1933: Die Geschichte der ersten deutschen Demokratie. C. H. Beck, 2018. S. 350.
[2] Ebd., S. 351.

西德的警察系统担任过官职。

四　冲锋队员谋杀案

1930年1月14日夜间大约22时，柏林的大法兰克福街（Große Frankfurter Straße，在东德时期曾经叫斯大林大街，今名卡尔·马克思大街）62号突然传出一声枪响。一个叫马克斯·泽洛（Max Selo）的医生闻讯赶到，他发现一个小伙子倒在自家门口的血泊中。不久之后，伤员的朋友里夏德·菲德勒（Richard Fiedler）也赶到了。看到泽洛准备给伤员实施急救，菲德勒居然大发雷霆，坚决阻止。[1]

为什么呢？

因为泽洛是犹太人，而菲德勒和伤员都是坚定的纳粹党人和冲锋队员。他们认为，高贵的雅利安人的身体，怎么能让猪狗一样的犹太人触碰呢？

22时15分左右，也就是枪击发生大约十五分钟之后，有街坊邻居打电话给纳粹党在当地的机关。22时30分，纳粹党机关派来了一辆急救车，将伤员送往医院。22时50分到0时45分，医生对伤员进行了紧急手术。但是伤情太重，医生无力回天。在痛苦挣扎了一个多月后，伤员于2月23日在医院去世，年仅二十三岁。

---

[1] 本节主要参考了 Siemens, Daniel. *The Making of a Nazi Hero: The Murder and Myth of Horst Wessel*. Translated by David Burnett. I. B. Tauris, 2013。

这个小伙子中枪和死亡的时候，也许不会想到，他将闻名世界，或者说是遗臭万年。他的名字叫霍斯特·威塞尔（Horst Wessel）。纳粹党的党歌就是他写的，所以叫《霍斯特·威塞尔之歌》。

"前途无量"的年轻冲锋队员

威塞尔是纳粹党的"老同志"和最出名的为"革命事业牺牲"的"烈士"之一，在第三帝国家喻户晓。那么，他是怎么样一个人？他的惨死，究竟是不是为了党的事业而"壮烈牺牲"？究竟是谁杀了他，又是为什么呢？

我们从头讲起。

威塞尔于1907年出生于德国西部的比勒费尔德（Bielefeld，今属北莱茵-威斯特法伦州），父亲是新教牧师，在柏林任职，在1918年帝制灭亡之后仍然是"尊皇"的君主主义者。想必是受了家庭环境的影响，威塞尔在少年时代就思想右倾，在1922至1925年是右翼政党德意志民族人民党的青年运动"俾斯麦青年团"的成员，常与共产党和社会民主党的青年组织的成员打架斗殴。这些斗殴当然可以看作是男孩子之间惯常的活动，但不可否认的是它们也带有政治色彩。

1924年年初，威塞尔参加了"黑色国防军"的军事训练：《凡尔赛和约》规定德国只能拥有"十万国防军"，但是德国的右翼一直在秘密地开展军事训练，为将来扩军做准备。正规国防军秘密地支持和培训了一些非法的地下准军事组织，也就是"黑色国防军"。威塞尔还参加了另外两个右翼组织，一个是"维京联盟"（Bund Wiking），一个是叫作"奥林匹亚"的体育协会。

1926年，威塞尔进入弗里德里希·威廉大学（今柏林洪堡大学）学习法律，但在1928年退学，之后开始当出租车司机，要么就是打零工。我们不知道按理说前程似锦的名校学子威塞尔为什么退学。也许是因为他陶醉于右翼政治运动，无心学习，要"投笔从戎"去"干革命"吧。

1926年，还是大学生的威塞尔就加入了纳粹党和冲锋队，到1928年已经成为柏林冲锋队里名头响当当的人物。1929年年初，他成为柏林弗里德里希斯海因地区的冲锋队第5小队的领导人。在这个地方"干革命"不太容易，因为弗里德里希斯海因是工人阶级的居住区，也是共产党的天下。上级把威塞尔派到这个"龙潭虎穴"，也许是为了考验这个小伙子。

第5小队在这个时候只有30人，虽然名声在外，被认为"特别能打"，但还是很容易被淹没在共产党人的汪洋大海里。但是威塞尔作为领导人，不能做缩头乌龟，因此他故意带着部下，穿着冲锋队制服，骑着自行车在弗里德里希斯海因招摇过市。这当然是对共产党的严重挑衅。他还效仿共产党的做法，组建了一支管乐队，大鸣大放，用震耳欲聋的音乐来骚扰对手。

威塞尔很受戈培尔（当时是纳粹党在柏林的党部书记）赏识，于1928年被派往维也纳，学习那里的纳粹党青年运动。[1]1929年，威塞尔在纳粹党的报纸《进攻报》（Der Angriff）上发表了一首诗《旗帜高举！队伍紧排！》（Die Fahne hoch! Die Reihen fest geschlossen!），这首诗后来被配上曲子，成为纳粹党党歌。

1　理查德·J. 埃文斯：《第三帝国的到来》，赖丽薇译，九州出版社，2020年，第287页。

这个时候，威塞尔可以说是柏林纳粹党和冲锋队当中冉冉升起的新星。他在纳粹党"前途无量"。那么，他怎么会死于非命呢？

是房东与房客的纠纷，还是政治谋杀？

因为有目击证人，所以威塞尔案件并不难破。警方对案情的还原是这样的：

案发当晚，威塞尔和女友埃尔娜·耶尼兴（Erna Jaenichen, 1905—1961）待在家中。突然有人敲门，威塞尔开了门。门外站着好几个人，其中一个名叫阿尔布雷希特·赫勒尔（Albrecht Höhler）的，二话不说，举起手枪，对着威塞尔的脑袋就"招呼"起来。

赫勒尔是当地是有名的地痞，曾因作伪证、拉皮条等罪名坐过牢，与柏林的犯罪集团也有联系。[1]耶尼兴认识赫勒尔，把这个情况报告给了警方。警方很轻松地抓获了赫勒尔等人。不过，耶尼兴坚决否认威塞尔和菲德勒曾经拒绝犹太医生的救治（这是一名记者的说法，今天已经无从判断真伪）。

案子本身很简单，但牵扯的政治因素太多。受害者威塞尔是纳粹党人，主犯赫勒尔是共产党人，几个从犯也都是共产党的准军事组织的成员。共产党官方坚决否认与此案有关，说赫勒尔杀人是因为私人恩怨，还散播了一些谣言，说威塞尔死于两个皮条客团伙之间的枪战。

耶尼兴曾经是妓女，不过和威塞尔似乎是真爱。据说他俩是这样认识的：耶尼兴在街头遭到自己的皮条客殴打时，正好路过的威塞

1　理查德·J. 埃文斯：《第三帝国的到来》，赖丽薇译，九州出版社，2020年，第288页。

尔见义勇为，"英雄救美"。他们成了恋人，还订了婚。他俩租住在大法兰克福街62号，女房东（严格地讲是二房东）伊丽莎白·扎尔姆（Elisabeth Salm）也许是看不惯耶尼兴的黑历史，经常与她吵架。争吵的另一个原因是，威塞尔不肯支付耶尼兴那一份的房租，还以暴力威胁房东。也有说法是扎尔姆太太企图涨房租，因此与威塞尔发生了矛盾。[1]

不管原因是什么，扎尔姆太太虽是寡妇，却不是无依无靠、任人欺负。因为她的亡夫是共产党人，所以她能够得到扎尔姆先生生前的同志们的帮助。在与耶尼兴发生一次特别激烈的口角之后，扎尔姆太太就去找亡夫的朋友赫勒尔帮忙。

凑巧的是，就在这一天，一个叫卡米洛·罗斯（Camillo Roß）的十七岁共产党人被冲锋队员枪杀了。也许，共产党的同志们正在考虑向纳粹党报复。正好扎尔姆太太来求助，于是赫勒尔等人决定公事私仇一起解决。

余波

赫勒尔后来被判处六年零一个月徒刑，另外还有12人被判刑。共产党的公益组织"红色救援"（Rote Hilfe）积极奔走，为被告辩护，但共产党官方仍然与此案保持距离。

纳粹党方面则对威塞尔被杀的事件大肆渲染，把威塞尔塑造成一位政治烈士。戈培尔亲自采访了威塞尔的母亲，从她对儿子的描述

---

[1] 理查德·J. 埃文斯：《第三帝国的到来》，赖丽薇译，九州出版社，2020年，第288页。

中提炼出一个理想主义者的形象："他把女友从皮肉生涯中解救出来，并且满怀豪情地投身于祖国的事业，最终牺牲了生命。戈培尔宣扬说，共产党则相反，招募赫勒尔这样的惯犯加入他们的队伍，这恰恰显示了该党的本来面目。"[1]

威塞尔死后可以说是享尽"荣光"。他的"殉道"直接促使他的《旗帜高举！队伍紧排！》成为纳粹党的党歌。从1933年起，这首歌又成为德国国歌非正式的第二部分，紧接着《德意志高于一切》之后演唱。

影响是全方位的。威塞尔的"英雄事迹"被拍成电影。整个弗里德里希斯海因地区被更名为"霍斯特·威塞尔城"。他死的那家医院更名为"霍斯特·威塞尔医院"。曾经的共产党总部所在地比洛广场（Bülowplatz）被更名为"霍斯特·威塞尔广场"（不过，后来这个广场被更名为"罗莎·卢森堡广场"）。1936年11月，在"霍斯特·威塞尔广场"上建起了巨大的"在自由斗争中牺牲的民族社会主义者纪念碑"，那是一尊将近5吨重的青铜雄鹰塑像，上面当然有霍斯特·威塞尔的名字。全国不知有多少街道、广场、建筑物、党政军单位、船只等都被冠以他的名字。达豪集中营的囚犯被强迫修建了他的纪念碑，每次走过时还要脱帽致敬。

杀死纳粹党"英雄"的赫勒尔在魏玛共和国时期仅仅被判处六年零一个月徒刑。纳粹党人恨不得对他寝皮食肉，怎么会满足这么轻微的惩罚呢？果然，1933年纳粹上台后，赫勒尔就被冲锋队员和盖世太保杀死。威塞尔的伙伴菲德勒参加了对赫勒尔的谋杀，算是为哥们

---

[1] 理查德·J. 埃文斯：《第三帝国的到来》，赖丽薇译，九州出版社，2020年，第288页。

儿报了仇。另外2名参与谋杀威塞尔的共产党人被纳粹法庭判处死刑，后被处决。

威塞尔与父亲路德维希（1879—1922）合葬。1945年之后，他们的墓位于苏占区，苏联红军摧毁了他们的墓，但留下了墓碑上有威塞尔父亲名字的那一部分。但后来这个墓地成为新纳粹的"朝圣地"，因此德国政府在2013年将剩余部分的墓碑也拆除了。[1]

威塞尔的伙伴菲德勒在纳粹德国混得不错，加入了党卫队，担任过负责黑山地区的党卫队与警察指挥官，最终衔级是党卫队旅队长与警察少将。战后他在西德做生意，多次因为自己过去的种种罪行受到起诉，但都逃脱了制裁，于1974年去世。

挑起整个事件的女房东扎尔姆太太在纳粹统治下肯定没有好果子吃。她被投入多个集中营，于1945年死于贝尔根-贝尔森集中营，年仅四十四岁。[2]

威塞尔成了纳粹德国妇孺皆知的"英雄"，但他的女友耶尼兴在纳粹时期几乎完全被遗忘。纳粹宣传机构当然要把威塞尔捧成洁白无瑕的完人，尽量与有着黑历史的耶尼兴拉开距离。耶尼兴结过三次婚，过着普通人的生活，于1961年去世。

---

1 Bericht berliner-kurier.de vom 30. August 2013: Horst-Wessel-Grab eingeebnet, Information des Hauptstadtportals Berlin.de. URL: https://www.berlin.de/aktuelles/berlin/3175162-958092-bericht-grab-von-samann-wessel-vollstaen.html.
2 Ubbens, Irmtraud (Hg): Moritz Goldstein, »Künden, was geschieht …« Berlin in der Weimarer Republik, Feuilletons, Reportagen und Gerichtsberichte. De Gruyter Saur, 2012. S. 441.

五　大萧条时期的连环火车爆炸案

1931年8月9日，德国举行了一次全民公决。

此时的德国，正处于大萧条时期，社会和经济层面一地鸡毛，政治上也是风雨飘摇。此时执政的是兴登堡总统支持下的中央党政治家海因里希·布吕宁（Heinrich Brüning，1885—1970）。布吕宁不是通过正常议会程序产生的民选总理，而是总统根据"紧急状态法"（即《魏玛宪法》第48条）任命的，所以此时的德国已经不再是一个真正意义上的议会民主制国家。

作为魏玛共和国的倒数第三任总理（任职时间为1930—1932），布吕宁是德国历史上的争议人物。他的经济政策不受欢迎，给工人阶级和中产阶级带来很多困苦。他反对德国共产党，也反对纳粹党。他查禁共产党的准军事组织"红色阵线战士同盟"，也禁止纳粹党的冲锋队。但共产党和纳粹党都致力于旨在推翻现行共和制度的群众性政治运动，且运动的声势已经非常浩大。在极左和极右两面炮轰之下，共和国已经时日无多。

这个时候仍然在坚持捍卫民主共和的有实力的党派，基本上只剩下了社会民主党。如前文所述，在魏玛共和国的普鲁士邦，社会民主党长期掌权。虽然大家对普鲁士的刻板印象是保守、反动、军国主义，但在魏玛共和国时期，普鲁士其实是民主共和的堡垒，是最"左"的一个邦。

正因如此，形形色色的右翼都对社会民主党领导下的普鲁士恨得咬牙切齿，一心想要搞垮普鲁士邦的社会民主党政府。

1931年2月，右翼退伍军人组织"钢盔团"提出了举行全民公决的提案，要求解散普鲁士邦议会。他们的意图是，一旦解散议会，就要重新选举，而此时无论是极左翼还是各种右翼，都仇视社会民主党，加起来的票数肯定能把社会民主党赶下台。所以，这次全民公决，是对社会民主党的攻击，也是对民主共和的攻击。[1]

因此，不仅纳粹党和德意志民族人民党支持全民公决，就连共产党居然也和右翼携起手来了。有一次，纳粹党的宣传部门负责人戈培尔居然和共产党的领导人瓦尔特·乌布利希（Walter Ulbricht, 1893—1973）分享一个演讲台，共同鼓动全民公决。[2] 社会民主党以及它代表的民主共和精神，遭到了左右夹攻。

但我们这里要讲的，不是这次全民公决的经过，而是与之几乎同时发生、一起与全民公决有着某种神秘联系的惊天大案。

于特博格火车爆炸案

8月8日（也就是全民公决投票的前一天）21时45分，距离首都柏林约65公里的小城于特博格（Jüterbog）附近，从瑞士巴塞尔经法兰克福开往柏林的D43号列车发生出轨事故。

列车瞬间断成两截，9节车厢（其中7节客车，1节餐车，1节行李车）从轨道上飞了出去。出事前列车的时速约为100公里，在当

---

[1] Winkler, Heinrich August: Weimar 1918-1933: Die Geschichte der ersten deutschen Demokratie. C. H. Beck, 2018. S. 422-423.
[2] Koehler, John O. Stasi: *The untold story of the East German secret police.* Westview Press, 1999. pp. 39-40.

第九章　左与右　　363

时算很快了。好在铁轨两边是松散柔软的沙地，所以撞击不算特别猛烈，这也是不幸中的万幸。无人死亡，但有109名乘客负伤，其中不少人伤情较重。[1]

这不是一次普通的事故，因为车长和其他一些司乘人员说，在列车出轨的一刹那，他们听见了一声巨响，还看到了火光。所以他们认为，列车遭到了炸弹袭击。

事关重大，柏林警察局的名侦探恩斯特·甘纳特带队来到了现场。甘纳特认为，出轨地点恰好是一个转弯，所以凶手应当是事先勘察过地形，特意选择了这个地方。但是警方在周边村庄的排查一无所获，无人注意到有可疑迹象。

一起政治犯罪？

犯罪分子袭击列车的案件，在德国并不新鲜。几年前的1926年8月19日，在德国北部的莱费尔德（Leiferde，今属下萨克森州）就有人破坏铁轨和枕木，导致一列从华沙经柏林开往巴黎的列车出轨，造成22人死亡，多人受伤。凶手的动机是抢劫乘客。2名凶手（都是二十出头的小伙子）被判处死刑，后减为终身监禁。

但于特博格案件的性质更严重，因为凶手动用了炸药。警方在距离出事地点170米的灌木丛中找到了一截电线，凶手就是用它远距离引爆炸药的。看来这是一种相当"山寨"的自制简易炸弹。不

---

[1] 本节主要参考了 Stürickow, Regina: Kommissar Gennat ermittelt: Die Erfindung der Mordinspektion. Elsengold Verlag, 2016. S. 110-129。

过炸弹虽然简易，威力却不小，有一段铁轨甚至被炸飞到 160 米之外的农田。

于特博格案件与莱费尔德案件的另一个不同点是，乘客并未遭到凶徒抢劫，贵重财物没有丢失。另外，警方调查了每一位乘客和司乘人员，看有没有人在事故前不久买了高额的人身保险或意外保险，仍然一无所获。所以凶手动机不是谋财。

当时的政治局势高度紧张，警方自然而然地想到，这也许是一起政治犯罪。果然，在事发地点的一根电报杆上，有人钉了 8 月 7 日纳粹党报纸《进攻报》的头版，上面正是关于全民公决的内容。有人在报纸上写了"暗杀！！！！""革命！！！！""胜利！！！！"字样，还画了歪歪扭扭的纳粹万字符。

也许，这是纳粹党的又一次暴行？但他们为什么要炸火车呢？或者，也许是共产党实施了爆炸，然后故意放了这张报纸，企图混淆视听？

或者，也许凶手的目标是布吕宁总理，但搞错了火车班次和时间？毕竟布吕宁正在从法国乘火车返回柏林。

甘纳特的推断是："列车上的乘客来自社会的各阶层。任何一个政党都不会通过消灭或危及这些乘客的生命来为自己的政治宣传服务！"布吕宁的行程并没有公开，而且他直到 8 月 10 日才返回德国。所以，暂时可以排除政治因素。

神秘的爱尔兰或奥地利顾客

8 月 10 日，警方又一次搜查现场时，发现了新的线索：在一处洼地里，找到了一个用树叶和泥土遮盖起来的包裹，里面是一个用来绕电线的木线轴、一份少了头版的《进攻报》、一卷绝缘带、两个空的香烟盒，还有一张包装纸。

木线轴肯定是用来绕引爆炸弹所需的电线的，报纸和电报杆上钉着的是同一份。最重要的线索在包装纸上，因为上面有这样的字样：柏林弗里德里希大街9号，A.鲁伯特太太。

甘纳特正要派人去弗里德里希大街，这时，鲁伯特夫妇自己找上了柏林警察局。原来，他们看了报纸上关于列车爆炸案的报道，主动来报告线索了。

鲁伯特夫妇是开五金器材店的。他们辨认之后发现，木线轴、绝缘带和电线都是他们家店里的商品，也确实有一个可疑人物曾到他们家店里购物。8月6日上午将近11点，一位陌生顾客来到鲁伯特家的商店，说要买金属水管。此人衣冠楚楚，彬彬有礼，浑身烟味，德语说得很差，让人很难听懂。

鲁伯特店里暂时没有水管，于是鲁伯特先生去取货，留下太太看店。客人在店里等待，与鲁伯特太太闲聊，说自己是爱尔兰退役军官，名叫弗朗西斯·卡耐尔，在波茨坦附近已经住了四年，靠退休金生活；他的妻子是德国人，但与他分居了。

卡耐尔竟然不知羞耻地勾引鲁伯特太太，她没搭理他。8月8日，也就是火车出轨的那天上午，卡耐尔又来到鲁伯特店里，这次只有鲁伯特的女儿看店。卡耐尔企图勾引这个姑娘，也遭到拒绝。他买了500米的电线，用木线轴绕着，还买了一些绝缘带。

有意思的是，警方发现，卡耐尔还去过鲁伯特家对面的另一家五金店，要买电线，但没有来取货。那家店主对卡耐尔外形的描述与鲁伯特家的说法差不多：黑发，身高1.75米，身穿黑西装，身材敦实。

波茨坦附近确实住着一个叫弗朗西斯·德雷克－卡耐尔的英国公民，他也确实过着退休生活。但警方很快就确定，这个德雷克－卡耐尔与爆炸案毫无关系。不过德雷克－卡耐尔回忆道，今年4月他在咖啡馆里遇见过一个自称是奥地利人的家伙，相谈甚欢，交换了双方在战争期间的经历。而德雷克－卡耐尔描述的奥地利人，与鲁伯特等人描述的爱尔兰人差不多。

这样看来，应当是那个所谓的奥地利人假借德雷克－卡耐尔的身份作为掩护，去采购了作案工具。但除了粗略的外貌描述，警方对这个人一无所知，就连他的国籍也无法确定。

既然没有更多线索，警方就按照常规的操作流程，发布了通缉令，还在国际专业期刊上刊登了通缉令，并向奥地利、英国等国的刑警机关通报消息，请求合作，尤其是询问各国有无类似的列车袭击案件，以及有无炸药失窃。

比奥托尔巴吉火车爆炸案

柏林警方暂时只能苦苦地等待消息。

但他们无需等太久。

一个月后的9月12日至13日深夜12点左右，又发生了一起悲剧。从布达佩斯驶往维也纳的10号夜间快速列车在匈牙利小城比奥托尔巴吉（Biatorbágy）高架铁路桥上发生出轨事故。25节车厢中有9节从25米高的高架桥上坠落！

匈牙利警方很快查明，这也不是事故，而是有人蓄意用炸药袭击了列车。炸药被装在一个硫化纤维箱子里，连通了电气打火设备。箱子被放在铁轨上,列车驶过时,车身的重量引爆了炸药。匈牙利警方立刻意识到,此案的案情与德国于特博格案件酷似,于是通知了德国警方。

匈牙利警方在现场发现了一份共产党的宣传小册子,因此首先怀疑这是一起政治犯罪,很快逮捕了十几名共产党员,但都没有下文。

此时德国、奥地利和匈牙利三国警方密切合作,不断交换信息。德国警方查明,于特博格案件中凶手使用的炸药出自莱因斯多夫的一家炸药厂;而匈牙利警方查明,比奥托尔巴吉案件中的炸药出自维也纳附近的沃勒斯多夫兵工厂。炸药的来源不一样,那么凶手会不会不是同一批人?

侃侃而谈的幸存者

新闻界也第一时间得知了比奥托尔巴吉事件的消息:《维也纳星期日与星期一报》派出了年轻的记者汉斯·哈贝(Hans Habe),火速赶往现场,一个多小时就抵达了。

比奥托尔巴吉案件造成的人员伤亡比于特博格案件严重得多:25人死亡,120人负伤,其中14人重伤。现场惨不忍睹,根据哈贝的报道:"沿着铁路线,在被炸毁的高架桥附近,排着一些简易木质棺材。但是爆炸过于猛烈,以至于有些乘客粉身碎骨,无法辨认。一具棺材里的尸块不一定属于同一个人。有一具棺材里有三条腿,另一具里有两个血淋淋的人头。"

哈贝很想采访一些幸存者,但是大多数人还处于惊恐和恍惚的状态,无法回答他的问题。这时有一个身材中等、壮实的男人告诉哈贝，他是乘客之一，爆炸时他正在上厕所，奇迹般地只负了一点皮外伤。他自称是居住在维也纳的匈牙利商人，名叫西尔维斯特·马图斯卡（Sylvester Matuska）[1]。他为哈贝详细描述了当时的情况。

哈贝当然很感激这位热情的信息提供者，但也觉得有点诧异，这人为什么死里逃生之后如此镇静自若、侃侃而谈？也许，他的性格就是这样吧。

马图斯卡也要去维也纳，于是哈贝与他同乘报社的汽车返回，并约了次日上午再做一次采访。

第二天，在维也纳的一家咖啡馆，马图斯卡接受了哈贝的详细采访。咖啡馆里的围观群众也听得聚精会神、津津有味。马图斯卡生动形象地描述了爆炸的情形，还描述了自己如何参与抢救伤员。大家纷纷为他鼓掌喝彩。马图斯卡的故事登报之后，他一下子成了名人。

但名气是把双刃剑。他的故事引起了很多人的注意。维也纳警察局的高级警官施魏尼策博士（Dr. Schweinitzer）就觉得马图斯卡这人很蹊跷。为什么那么多人死伤，他却几乎毫发无损？大家都吓得魂不守舍的时候，为什么他却淡定从容、面对记者口若悬河？

施魏尼策向布达佩斯警方和柏林警方通报了马图斯卡的情况，但柏林警方的档案里没有这个人。

维也纳警方发现，前不久有人在沃勒斯多夫兵工厂购买了炸药，用途据说是要爆破拆除某工厂的烟囱。但是，那座烟囱早就已经被拆除了。这个买家是谁呢？正是马图斯卡！

1　这是德语的说法。按照匈牙利人的习惯，应当说马图斯卡·西尔维斯特（Matuska Szilveszter）。

装神弄鬼的凶手

马图斯卡说不出自己购买炸药的正当用途，也说不出炸药的下落，于是维也纳警方在10月10日将他逮捕。在审讯中，马图斯卡神秘莫测地说，他曾经承诺要严守秘密三十天，所以要等到10月12日才会解释真相。

到了那一天，他果然承认自己参与了比奥托尔巴吉和于特博格的2起铁路袭击事件，但是说主谋是一个叫贝格曼的人。贝格曼是一位"大师"，建立了一个神秘组织，宗旨是要在基督教的基础上建立一个共产主义社会。为了达成这个目标，必须要干一件震惊世界的大事。具体怎么做呢？就是要用炸药袭击列车。

马图斯卡说自己帮助贝格曼搞到了炸药和相关器材，但最后自己打起了退堂鼓，想要劝贝格曼罢手，但他不听。马图斯卡还描述了自己去鲁伯特商店购物的情况，以及自己冒充爱尔兰军官的情节。

10月13日夜间，施魏尼策博士把上述情况通知给了柏林的同行甘纳特。甘纳特立刻带着两名探员前往维也纳，参与进一步调查。

10月16日，甘纳特旁听了维也纳警方对马图斯卡的审讯。这一次，马图斯卡承认自己策划和执行了比奥托尔巴吉和于特博格的2起铁路袭击事件，还曾在奥地利的安茨巴赫（Anzbach）2次袭击列车未遂。而贝格曼的故事纯属子虚乌有，是他的捏造。也就是说，他并非从犯，而是唯一的主犯。

在于特博格，纳粹党报纸是马图斯卡放置的，上面的"革命！！！！"等字样也是他写的，目的是误导警方。他还计划在其他国家发动袭击，比如炸毁阿姆斯特丹的一座桥梁、袭击从巴黎到马赛的列车，以及在意大利搞爆炸袭击，等等。

马图斯卡虽然承认贝格曼是他捏造的，但又搞出了一个"通灵师莱奥"，说他十五岁时读师范学校时，有一个叫莱奥的人和他一起做过通灵的试验。莱奥还预言马图斯卡会成为名人。从此以后，莱奥就始终在精神上与马图斯卡同在。

马图斯卡的人生经历很有意思。他是匈牙利公民，生于1892年，父亲是拖鞋匠人。据他的一位同学说，他还是个孩子的时候，就经常幻想爆炸："黑夜——火光闪亮——熊熊大火——爆炸——一片混乱——尖叫呼号！"马图斯卡后来在匈牙利一座小城市读师范学校，1907年毕业，成绩优异。但是他和女人（无论是什么年龄段和身份）打交道的时候，总是会胡言乱语，所以经常被人赶出去。无论是上学还是当兵的时候，大家都注意到他喜欢夸夸其谈。后来他靠做房地产生意发了财，1919年买了一家调味品商店，让亲戚在里面工作，自己当教师，并于当年与一位女教师结婚。1931年他租了一家采石场，说是为了给铁路和公路工程提供建材，但是采石场实际上一直没有运作起来。不过，有了采石场，他就可以合法地购买炸药。

1932年6月15日，维也纳法院开始审理马图斯卡案件。在法庭上，他装疯卖傻，也许是想通过这种方式逃脱法律的制裁。但是法庭聘请的精神科医生作证说，马图斯卡的精神完全正常。因为在奥地利的司法管辖范围内，马图斯卡只犯了在安茨巴赫2次袭击铁路未遂的罪行，所以仅仅被判处六年监禁。随后，奥地利将马图斯卡引渡到匈牙利，匈牙利法庭判处他死刑，但根据与奥地利的约定，减为终身监禁。

第九章　左与右

余波

与此同时,在本节开头讲到的那次攻击民主共和的全民公决中,支持解散普鲁士邦议会的那些派别虽然获得了980万张票,也就是合法选民总数的37.1%,但还没有达到全民公决要求的绝对多数,即1340万张票,所以全民公决失败了。[1] 普鲁士邦的社会民主党政府勉强得以生存。

但好景不长。1932年7月,属于保守派的德国总理弗朗茨·冯·巴本(Franz von Papen)强行解散了普鲁士邦政府,将属于社会民主党的普鲁士邦总理和内政部部长免职。[2] 而同样反对社会民主党的德国共产党也没有好果子吃。在1933年纳粹上台不久之后,德共就遭到了血腥镇压。

马图斯卡的故事还不算完。他在监狱里度过了第二次世界大战。在战后初期的混乱中,他不知怎么逃出了监狱,之后下落不明。一个有意思的传闻是,他辗转到了亚洲,在朝鲜战争期间为北朝鲜执行破坏任务,比如爆破桥梁,于1953年夏季被美军俘虏。如果这个传闻是真的,可以说马图斯卡是重操旧业了。

马图斯卡的老交情、让他一举成名也毁了他的奥地利记者汉斯·哈贝,因为是犹太人,并且反对法西斯主义,在1938年德奥合并之后被剥夺了国籍。他于1940年逃往法国,加入法军,抵抗德国的侵略,不幸被俘。在一些法国朋友的帮助下,他逃离战俘营,逃往

---

[1] Winkler, Heinrich August: Weimar 1918-1933: Die Geschichte der ersten deutschen Demokratie. C. H. Beck, 2018. S. 423-424.
[2] 详见本书第十章第一节"镇压普鲁士"。

西班牙和葡萄牙,从那里去了美国。他志愿加入美国军队,继续与希特勒作斗争,随美军去过北非和意大利战场。后来他跟随美军一个宣传单位去了德国。战争结束后,他也重操旧业,在美占区创办了16家德语报纸。他继续当记者和报社总编,还写了不少相当成功的小说和剧本,于1977年在瑞士病逝。

六　比洛广场袭警案

西尔维斯特·马图斯卡制造列车连环爆炸案,是为了博得大名,但他袭击于特博格列车的行动有点"生不逢时",吸引到的关注远远没有他预想的那么多。一个重要原因是,反对社会民主党的普鲁士全民公决吸引了全德国的关注,因为这决定着国家的命运;另一个或许同等重要的原因是,在全民公决失败之后,很快就发生了另一起惊天大案,吸引了全国人民的眼球,那就是比洛广场袭警案。[1]

广场上的枪声

柏林的比洛广场是当时德国共产党总部卡尔·李卜克内西大楼的所在地,其周边地区是共产党人经常集会的场所,这里经常发生共产

---

[1] 本节主要参考了 Koehler, John O. Stasi: *The untold story of the East German secret police*. Westview Press, 1999. pp. 33-43。

党人与极右翼组织（包括纳粹）的冲突，自然也是柏林警察的重点关注区域之一。用作家和诺贝尔和平奖得主卡尔·冯·奥西茨基的话说，比洛广场是"激烈的党派斗争的经典竞技场。在数百万人的大都市的正中央，上演着中世纪般的戏剧。亚历山大广场对抗比洛广场！警察局对抗共产党大本营！"[1]

1931年8月8日，为了配合全民公决的政治宣传，德共在比洛广场组织游行示威，警察强行清场，与示威者发生冲突。在混乱中，年轻的工人弗里茨·奥格（Fritz Auge）不幸被警察枪击身亡。

警察与共产党之间的暴力冲突时有发生，流血事件也不罕见。但奥格之死激化了双方的对抗情绪。当时共产党有一句口号是："一个工人被枪杀，我们就杀掉两个治安警察！"所以大家都很容易想到，共产党很可能会对警察发动报复。

报复来得非常迅速。第二天，8月9日，也就是全民公决的当晚，大约20点，两名治安警察上尉保罗·安劳夫（Paul Anlauf）和弗朗茨·伦克（Franz Lenck），以及巡警奥古斯特·维利希（August Willig）在比洛广场附近巡逻。走到广场一角的巴比伦电影院前方时，人群中突然有人向他们喊："猪脸！"

在这个共产党高度活跃的地区，安劳夫和伦克是熟面孔，共产党给他们取的绰号分别是"骷髅头"和"猪脸"[2]。

安劳夫闻声转头，这时有人在仅仅几米的距离向三名警察连续开

---

[1] Bienert, Michael und Elke Linda Buchholz: Die Zwanziger Jahre in Berlin. Ein Wegweiser durch die Stadt. Berlin-Story-Verlag, 2020. S. 31.

[2] Winkler, Heinrich August: Weimar 1918-1933: Die Geschichte der ersten deutschen Demokratie. C. H. Beck, 2018. S. 424.

枪。安劳夫颈部中了两弹，不久之后死亡。他的妻子在三周前去世，现在他们的三个女儿成了孤儿。伦克胸部中弹，当场死亡。维利希左臂和腹部中弹，但仍然拔出自己的鲁格手枪，向凶手还击。

枪声一响，原本热闹非凡的广场立刻乱成一锅粥。凶手早有接应和掩护，轻而易举地销声匿迹。广场上的其他警察一时间陷入恐慌，误以为这是共产党发动武装暴动的前奏，手忙脚乱之中胡乱开枪。这时有人从屋顶向警察抛掷砖块，还有枪手从窗口和屋顶向警察射击。等到增援的大队人马赶到，广场上除了警察已经不见一个人影，凶手早已逃之夭夭。当夜，警察对广场周围的房屋进行了大规模搜查，特别是搜查了德共总部大楼。数百人因为被怀疑持有武器而被捕。次日早晨5点，警察控制了卡尔·李卜克内西大楼，查抄了办公室内的若干文件。

魏玛与纳粹时期的调查

警方起初只找到了一个嫌疑人，名叫马克斯·图奈特（Max Thunert）。此人在事发不久之后被警察发现藏在一个接雨水的大桶里。但图奈特说自己是因为害怕被流弹击中所以躲起来的。警方找不到他行凶的证据，也没有其他方面的线索。

8月21日，警方再次搜查了卡尔·李卜克内西大楼，寻找武器和物证，随后向5名嫌疑人发出了逮捕令。其中嫌疑最大的，是一个叫埃里希·梅尔克（Erich Mielke）的共产党员。他同时是"党自卫队"（Parteiselbstschutz）的成员。[1]

1　Ebd.

第九章　左与右　　375

"党自卫队"是德共下属的准军事组织。德共从不讳言自己的目标是用暴力推翻现行制度、建立苏联式的无产阶级专政。"党自卫队"就是德共为地下武装斗争做准备而建立的组织,训练其成员使用枪械和手榴弹、修建街垒等。不过,与纳粹党的冲锋队相比,德共的准军事组织还是小巫见大巫了,始终没有足够的力量与国家机器对抗。按照历史学家海因里希·奥古斯特·温克勒的说法,这些活动唯一的结果就是让广大民众高估了他们对社会的威胁,而低估了右翼极端主义对社会的威胁。[1]

但是,在司空见惯的街头斗争当中,"党自卫队"仍然是不可小觑的力量。成员们经常携带伸缩式的铁棍。这是一种可怕的武器,在近战中能够轻易把纳粹党人、各种右翼分子,以及社会民主党人打得头破血流。"党自卫队"的成员也经常配备手枪。

此时,警方还没有掌握确凿证据表明凶手就是共产党人,对梅尔克也只是怀疑而已。但梅尔克下落不明。[2] 抓不到嫌疑人,又找不到新证据,这个案子就成了悬案。

1933年1月纳粹上台之后,开始大力调查所谓的"赤色谋杀",即有共产党参与的谋杀案。纳粹政府将比洛广场悬案交给甘纳特调查。他领导下的调查组找到了凶手丢弃的手枪。甘纳特亲自审讯了图奈特。面对传奇神探甘纳特,图奈特招架不住,终于承认知情,招供出同志马克斯·马特恩(Max Matern)的名字,但否认自己开了枪。

1　Ebd.

2　Ebd.

调查有了突破，顺藤摸瓜就比较容易了。马特恩是什么人呢？他是个工人，也是共产党员和"党自卫队"的成员。根据马特恩的口供，4月23日，柏林地方法院发出了针对梅尔克和另一名"党自卫队"成员埃里希·齐默（Erich Ziemer）的逮捕令，但这两人下落不明。

7月17日，德共干部米夏埃尔·克劳泽（Michael Klause）被纳粹党冲锋队抓获。克劳泽不是那种铁骨铮铮的共产党员。他遭受殴打之后就"服软"，表示自己对比洛广场谋杀案知情，要当证人！

获得克劳泽的供词之后，警方查到了更多参与此案的共产党员，也确认了梅尔克和齐默是主凶。1934年6月19日，柏林地方法院判处克劳泽、马特恩等3人死刑。后来克劳泽向希特勒请求开恩，被改判终身监禁，但于1942年在狱中自杀。马特恩于1935年被处决。另一人在狱中自杀。

因为在这起案件中的贡献，时任普鲁士邦总理和内政部部长的戈林提升甘纳特为刑警总监。对甘纳特来说，调查比洛广场谋杀案是为了寻找真相和给死去的同袍一个交代，而不是为了讨好纳粹。在纳粹眼里，甘纳特当然也只是一个"专家"，是可资利用的工具，而不是"自己人"。

德共的官方解释

但这起案子仍然不能算水落石出，因为最大嫌疑人梅尔克和齐默仍然在逃。按照克劳泽等证人的说法，梅尔克和齐默是扣动扳机的枪手。逃出德国之后，这两人先是去了苏联，后来西班牙内战爆发，梅尔克和齐默作为共产主义志愿者去了西班牙，起初不在一个单位，后来调到一起。但是，齐默调到梅尔克的单位两个月后就死了，死因不明。难道梅尔克在消灭自己当年杀人的证人吗？[1] 毕竟当年参与行动的同志们，还活着的已经不多了。

第二次世界大战结束之后，1947年1月，柏林的两个老警察认出了梅尔克，并报告了西柏林的刑警机关，要求逮捕他，让他为十几年前的凶案负责。令人惊讶的是，1934年审判的档案居然躲过了二战期间的无数轮轰炸，保存完好。1947年2月7日，柏林地方法院再次发布针对梅尔克的逮捕令。但是由于苏联占领当局的阻挠，针对梅尔克的逮捕不了了之。[2]

后来，梅尔克在民主德国官运亨通，成为国家安全部（即"史塔西"）部长，掌握这个要害部门三十多年。

二战之后，德共在吸收了社会民主党的部分组织之后，改称统一社会党（SED），也就是民主德国的执政党。统一社会党官方对比洛广场谋杀案也作了一个盖棺论定。官方出版了8卷本《德国工人运动史》（Geschichte der deutschen Arbeiterbewegung），编委会主席不是别人，正是党的第一书记、民主德国的最高领导人瓦尔特·乌布利希。在这部巨著的第4卷中，官方给出了对于比洛广场谋杀案的"权威"解释：责任人是当时的德共国会议员汉斯·基彭贝格尔（Hans Kippenberger）和海因茨·诺伊曼（Heinz Neumann），他俩不顾党的纪律，发动了党中央坚决反对的"独狼恐怖主义"袭击，打死了2名警察；基彭贝格尔和诺伊曼的行为与马列主义关于阶级斗争的思想是南辕北辙的，是反党行为，当时德共的领导层对此毫不知情。

1　Koehler, John O. Stasi: *The untold story of the East German secret police*. Westview Press, 1999. pp. 48-49.
2　Ibid., pp. 53-54.

也就是说，谋杀警察的行为，是2名党员的个人行为，与党无关。

把罪责归于基彭贝格尔和诺伊曼，这很有意思，因为他俩早就死了，都死于1937年苏联的"大清洗"。[1] 总之，按照民主德国官方的说法，有罪的是2个已经不能说话的人。

果真如此吗？有人提出了反驳意见，而且这人还曾经是德共的高层首长。

政治家赫伯特·魏纳（Herbert Wehner，1906—1990）曾经是德共中央委员会成员，但在二战后加入西德的社会民主党，在西德担任过议员和部长。他于1946年表示，在比洛广场袭警的指令是当时德共中央委员会成员诺伊曼下达的，意图是"通过该行动，以及它必然引起的（政府）镇压，将公众的注意力从全民公决的结果转移，并制造一个新的形势"。魏纳指出，袭警行动是德共"冷酷无情地预先谋划的"[2]。

也就是说，德共对自己在全民公决当中与纳粹"并肩作战"，大概也感到不好意思，所以急于转移公众的注意力。而后来把罪责全部推给2名党员，说明德共也觉得这件事情是不光彩的。

但是，魏纳是德共的"叛徒"，我们能相信他的说法吗？

案情还原

根据研究"史塔西"的德裔美国记者和政治家约翰·O. 克勒

1　Ibid., p. 47.
2　Winkler, Heinrich August: Weimar 1918-1933: Die Geschichte der ersten deutschen Demokratie. C. H. Beck, 2018. S. 424.

（John O. Koehler, 1930—2012）对案情的研究与还原，事情的原委大致是这样的：

1931年8月8日，在工人弗里茨·奥格被警察打死之后，基彭贝格尔和诺伊曼在一家小酒馆里，与德共柏林"党自卫队"的干部米夏埃尔·克劳泽商议报复，准备打死德共党员特别讨厌的两个警察安劳夫和伦克。

基彭贝格尔在共产党里可不是普通的干部。他参加过第一次世界大战，因为作战英勇获得过一级铁十字勋章，在汉堡大学读过哲学系，参加了1923年德共在汉堡领导的起义（不过失败了），因此被警方通缉。他逃往莫斯科，在苏联接受了情报工作的训练。德国政府大赦汉堡共产党起义的参与者之后，基彭贝格尔回到德国，成为德共的几个秘密小组（负责军事的M小组、负责情报的N小组、负责破坏活动的Z小组和负责恐怖主义活动的T小组）的领导人。

诺伊曼也不是等闲人物。他与斯大林关系密切，经常与最高领袖通信。在比洛广场谋杀案发生的时候，诺伊曼在德共是仅次于党主席恩斯特·台尔曼（Ernst Thälmann）的二号人物。基彭贝格尔和诺伊曼2人就是"党自卫队"的领导人。

所以《德国工人运动史》的说法是很难令人信服的。基彭贝格尔和诺伊曼都是德共的高级首长，怎么可以说他们做事仅仅是个人行为，不能代表党呢？

按照基彭贝格尔的指示，克劳泽找到了两名志愿者去执行任务，他们就是梅尔克和齐默。当时梅尔克只有二十三岁，但已经是久经战阵的老共产党员。他十四岁就加入德共的青年组织，1927年正式成为党员。梅尔克是基彭贝格尔的好学生，热情洋溢地接受秘密军事训练,而且擅长秘密行动。梅尔克非常乐意执行此次任务,但他不认识安劳夫。于是,熟悉安劳夫的同志图奈特奉命配合,在大街上向梅尔克指认谁是安劳夫。另外还有两个四人小组(包括马特恩),负责转移警方的注意力、接应和掩护梅尔克与齐默撤退。

此次行动得到了德共高层的批准。后来成为民主德国领导人的乌布利希在8月2日就训斥过基彭贝格尔和诺伊曼,指示他们要"用枪打警察的脑袋"。梅尔克和齐默杀人之后在党组织的帮助下逃往比利时,然后逃往苏联。马特恩等人则在国内落网。

苏联解体、德国重新统一之后,仍然有人记得比洛广场谋杀案。1992年,德国法庭重审此案。警方在梅尔克家中搜出了他隐藏多年的材料,包括他在苏联时亲笔写的文件,承认参与"比洛广场行动"[1]。此时的梅尔克至少看上去已经老年痴呆(也可能是装的),对着玩具电话咆哮,仿佛他还是那个叱咤风云的特务头子,在向部下发号施令;精神病医生来为他做检查时,他就躲到床底下。但后来在庭审中,他似乎又恢复了理智,把一切都推到曾经的东德领导人埃里希·昂纳克(Erich Honecker,1912—1994)身上。[2]1993年,德国法庭判处梅尔克六年徒刑。[3]时隔六十多年,这个案子才算真正了结。审判他的法官说,梅尔克将"作为20世纪历史上最令人生畏的独裁者和警察

---

[1] Whitney, Craig R. "Berlin Journal; Silent Still, the Old Man Who Trafficked in Secrets". *New York Times*, March 11, 1993. URL: https://www.nytimes.com/1993/03/11/world/berlin-journal-silent-still-the-old-man-who-trafficked-in-secrets.html.

[2] Large, David Clay. *Berlin*. Basic Books, 2001. p. 570.

[3] Koehler, John O. Stasi: *The untold story of the East German secret police*. Westview Press, 1999. p. 410.

部长之一，载入史册"。因为年事已高，梅尔克于1995年获释，2000年在柏林一家养老院去世，享年九十二岁。[1]

七　犹太裔警察高官与纳粹斗法

电视剧《巴比伦柏林》前两季里最令我难忘的角色，是柏林警察局政治部负责人奥古斯特·本达。他是犹太人，但思想开明，喜欢天主教音乐，甚至亲自在天主教堂里弹管风琴。他是坚定的民主派和共和主义者，坚决反对来自政治光谱左右两边企图推翻民主共和的势力。他兢兢业业，是优秀的警察，也是得到下属爱戴的好领导。他家庭和睦，是模范丈夫和好父亲。他是爱国者，曾经在第一次世界大战中参军报国。当右翼将军泽格斯（Seegers）[2]用威廉二世时期的流行语咒骂本达是"没有祖国的家伙"（Vaterlandslose Geselle）时，本达微微一笑，亮出身份："退役陆军中校本达，一级铁十字勋章获得者。"

德国右翼经常诬陷犹太人不爱国、不肯参军。但实际上，在一战期间，德国犹太人普遍是非常爱国的，并且踊跃参军。当时，德国犹

---

[1] Binder, David. "Erich Mielke, Powerful Head of Stasi, East Germany's Vast Spy Network, Dies at 92." *The New York Times*, May 26, 2000. URL: https://www.nytimes.com/2000/05/26/world/erich-mielke-powerful-head-of-stasi-east-germany-s-vast-spy-network-dies-at-92.html.
[2] 我估计泽格斯的历史原型是汉斯·冯·泽克特（Hans von Seeckt，1866—1936）将军，他一度是魏玛国防军的一号人物，还曾担任蒋介石的军事顾问。

太人的总人口大约 55 万，其中有约 10 万人参军，比例将近五分之一；而德国总人口中参军的比例约为六分之一。德国犹太人有 8 万人上了前线，其中 12000 人阵亡（比例为 15%，而整个德国陆军的阵亡比例是 11%）。35000 名犹太军人获得勋章，23000 人获得晋升。从这些数据来看，甚至可以说犹太人比德意志人更爱国。[1]

本达是编剧着力塑造的理想化人物。剧情也真实反映了本达这样的民主派在 20 世纪 20 年代的德国乱世当中"里外不是人"。他遭到左右两边的仇恨：共产党人恨他是资本主义制度的鹰犬，右翼分子恨他阻碍了德国的"伟大复兴"。最后，纳粹党人用炸弹刺杀了本达，还嫁祸给共产党。

值得一提的是，电视剧中本达的扮演者、德国演员马蒂亚斯·勃兰特（Matthias Brandt）是以"华沙之跪"而闻名的西德前总理威利·勃兰特（Willy Brandt）的儿子。

本达的故事很好地表现了魏玛共和国时期民主共和派左右为难、遭受左右夹攻的困境。想在左和右之间走出一条中庸温和的道路，想在严重缺乏民主传统的国家坚持民主，实在是太难了。历史上像本达一样为民主共和而奋斗的德国人有很多，比如本达的历史原型，曾任柏林市警察局副局长的犹太裔法学家伯恩哈德·魏斯。

魏斯于 1880 年出生在柏林，和剧中的本达一样，出身于比较富裕的自由派犹太人家庭。他曾在柏林、慕尼黑、弗赖堡等地求学，获

---

[1] Wehler, Hans-Ulrich: Deutsche Gesellschaftsgeschichte. Bd. 4: Vom Beginn des Ersten Weltkrieges bis zur Gründung der beiden deutschen Staaten 1914-1949. C. H. Beck, 2008. S. 132.

得法学博士学位。1904年,他志愿报名参军,成为"一年志愿兵"。不过,因为当时普鲁士军队的反犹主义风气太严重,所以魏斯这个普鲁士犹太人选择加入了略显开明的巴伐利亚军队[1],于1906年获得预备军官资格,1908年成为预备役少尉。在一战期间,他转入现役参战,晋升为骑兵上尉,并且和本达一样,荣获一级铁十字勋章。1918年夏季,在当时的普鲁士内政部部长威廉·德鲁兹(Wilhelm Drews,1870—1938)的关照下,法学博士魏斯被调离巴伐利亚军队,回到柏林,被任命为柏林刑警的副总长。

战争结束后,魏斯继续在柏林警察局工作,1920年奉命组织和领导政治警察部门,1924年升任刑警总长,参与了刑警机关的建设和整个刑警体制的现代化改革,1927年成为警察局副局长[2]。

在第二帝国时期,魏斯是为了普鲁士和霍亨索伦王朝上战场的爱国者,那么,在魏玛共和国时期,他的政治立场是怎样的呢?

和许多资产阶级自由派的犹太人一样,魏斯是德国民主党的党员。这个资产阶级自由派政党组建于1918年11月,创始人当中有知识分子和学者(比如马克斯·韦伯的弟弟阿尔弗雷德·韦伯,也是社会学家),主张民主共和,得到电气工业界、商贸界和一些银行的支持。[3]

德国民主党是一个资产阶级政党,但在当时的普鲁士,实力最强的政党是代表工人阶级的社会主义政党——社会民主党。如前所述,

---

[1] Rott, Joachim: „Ich gehe meinen Weg ungehindert geradeaus". Dr. Bernhard Weiß (1880-1951). Polizeivizepräsident in Berlin. Leben und Wirken. Frank & Timme, Berlin, 2010. S. 165.

[2] Liang, Hsi-Huey: Die Berliner Polizei in der Weimarer Republik. Übersetzt von Brigitte Behn und Wolfgang Behn. De Gruyter, 2013. S. 177.

[3] Winkler, Heinrich August: Weimar 1918-1933: Die Geschichte der ersten deutschen Demokratie. C. H. Beck, 2018. S. 62-63.

社会民主党是左派当中的温和派，比更激进、主张"无产阶级专政"的德国共产党温和得多，愿意为了民主共和与资产阶级政党合作，甚至还曾与保守派军人集团合作镇压共产党。在魏玛共和国时期的普鲁士，社会民主党长期掌权，柏林警察局局长也长期由社会民主党人担任。魏斯的两任最重要的上司、先后担任柏林警察局局长的卡尔·策尔吉贝尔和阿尔伯特·格热辛斯基都是社会民主党人，他们一手要镇压形形色色的右翼，另一手也毫不犹豫地命令武装"扫荡"共产党的"根据地"。

魏斯作为资产阶级自由派，政治立场肯定和社会民主党是不一样的，但他和社会民主党有一项共识，那就是忠于共和国、捍卫民主制度。

这里解释一下魏斯和本达都曾任职的普鲁士政治警察（在柏林警察局的代号为 IA 处）。这个机构在 1918 年推翻帝制的十一月革命不久之后就组建起来，使命是保卫共和国，打击左右两边的敌人。政治警察活跃在首都的每一个角落，搜查私藏的武器，审查邮件，刺探各种民间社团和组织。总的来讲，警察对社会的监控在魏玛共和国时期比帝制时期更普遍和严密。魏斯在 1928 年写了一本书《警察与政治》，来向公众介绍政治警察的工作。[1] 政治警察的训练和工作方式与刑警类似，所以有的时候政治警察也被算作刑警[2]，但是不归刑

1　Liang, Hsi-Huey: Die Berliner Polizei in der Weimarer Republik. Übersetzt von Brigitte Behn und Wolfgang Behn. De Gruyter, 2013. S. 8-9.
2　Wehner, Bernd: Dem Täter auf der Spur. Die Geschichte der deutschen Kriminalpolizei. Lübbe, Bergisch Gladbach 1983. S. 59.

警领导[1]。

根据1928年政治警察的规章制度，他们的任务包括：调查和侦破叛国罪行、政治暗杀，保卫边境，"紧急状态下加强工作"，"持续"监视各政党与组织，调查敌对议会民主制国家的各种活动，监视所有"合法与非法持有武器的人或组织"，监视各种社团、集会、宣传海报等，监视劳动力市场局势与劳资关系，调查经济犯罪，监视工会活动，负责技术抢险，以及监视媒体等。[2]柏林警察局一共有大约23000名工作人员，其中大约300人属于政治警察。[3]

政治警察和刑警之间的关系不是很融洽。一般来讲，刑警试图保持自己的独立性，尽量与政治警察拉开距离。刑警认为，他们的工作需要客观性，而政治警察的目标却是随着政治领导者的立场变动而变动的，所以两个部门是不兼容的。刑警探员托格策斯（Togotzes）认为，两个部门之间的关系就像是两个互相竞争的企业，而如果一名刑警主动为政治警察部门做事，那么刑警部门就不会再要他，就像一家公司的老板不会重新接纳一个跳过槽、为竞争对手工作过的前雇员。[4]

刑警当中恐怕也有人（和许多民众一样）认为政治警察干的是一种"脏活儿"，而刑警作为精英和专家，是不屑弄脏自己的手的。但很多犯罪事件很难厘清究竟属于政治犯罪还是普通刑事犯罪，并且政

---

1 Ebd., S. 60.
2 Ebd., S. 60-61.
3 Leßmann-Faust, Peter: Weimarer Republik. Polizei im demokratischen Rechtsstaat am Beispiel Preußens. In: Lange, HANS-JÜRGEN (Hrsg.): Staat, Demokratie und Innere Sicherheit in Deutschland (2000). Springer Fachmedien Wiesbaden GmbH 2000. S. 48.
4 Liang, Hsi-Huey: Die Berliner Polizei in der Weimarer Republik. Übersetzt von Brigitte Behn und Wolfgang Behn. De Gruyter, 2013. S. 142-143.

治警察的人手太少，需要帮助，所以两个部门深度合作的情况司空见惯。而伴随着共和国末期局势越来越动荡，刑警也越来越多地参与针对政治敌人的行动，比如1930年2月18日突击搜查德共总部的行动，就有140名刑警参加。[1]

另外有一句后话：在魏玛共和国时期，普鲁士政治警察是共和国的忠仆，但到了纳粹时期，普鲁士政治警察发展为秘密国家警察，即臭名昭著的盖世太保。

作为警察局的主要领导者之一，魏斯以勤奋和精明强干而著称，并且具有多方面的才华。他努力认识自己属下的每一位警探，经常参加他们的活动。他经常视察一线的刑侦工作，哪怕是"不重要"的案子（比如1926年1月一名老鞋匠被谋杀后，魏斯以刑警总长的身份亲自前往现场[2]），并亲自观察治安警察如何应对政治游行。

魏斯还笔耕不辍，经常撰文和写书，代表警方与公众沟通，努力改善警方的形象。如果报纸上有攻击警方的文章，魏斯会礼貌而实事求是地反驳。但是如果有政府内部的人质疑他领导下的柏林警察局的权威和正派，魏斯往往会给予尖刻的回击。比如1932年有一位名叫希尔兹贝格的法官质疑柏林刑警的能力，魏斯报之以冷嘲热讽："据我所知，希尔兹贝格已经六十岁了，将近三十年里，他一直在萨克森的一个小城市担任刑事法官。在那里，他把当地刑警队伍里最无能的人都拉拢到自己身边，当作自己最亲密的伙伴。希尔兹贝格没有写过

1　Ebd., S. 143.
2　Ebd., S. 155.

一篇文章，也没有做过一次讲座。"魏斯的刀子嘴让他得罪了不少人。[1]

魏斯参与调查的最重要的一起案子，可能要算外交部部长瓦尔特·拉特瑙遇刺案。[2] 魏斯在此案的侦破中发挥了主导作用，[3] 他因此更加受到右翼的仇视。

魏斯是犹太人，还是纳粹党恨之入骨的魏玛共和国的代表，所以他经常遭到纳粹党的疯狂攻击。纳粹党的柏林党部书记戈培尔就经常在报纸上辱骂魏斯。魏斯毫不畏惧，曾经成功起诉戈培尔60次。戈培尔在1932年7月24日的日记中这样评价魏斯："必须干掉他。我和他斗争了漫长的六年。对于每一位柏林的民族社会主义者来说，他是（民主共和）'体制'的代表。他垮台的时候，这个体制就撑不了多久了。"[4]

魏斯还与纳粹党发生过一次正面冲突。1932年5月12日上午，多名纳粹党的国会议员在国会大厦的餐厅内殴打了记者和退役海军上尉赫尔穆特·克洛茨（Helmuth Klotz，1894—1943）。克洛茨这人比较有意思，是参加过"啤酒馆政变"的老纳粹党员，但后来加入了社会民主党，坚决反对纳粹。前不久，他向公众披露了涉及纳粹冲锋队首脑恩斯特·罗姆同性恋关系的信息，因此遭到纳粹的敌视。议长保罗·勒贝（Paul Löbe，1875—1967，社会民主党人）随即命令柏林警察局调查此案，并将4名动手打人的纳粹议员逐出国会大厦三十

---

1 Ebd., S. 177-178.
2 详见本书第三章第三节"'十一月罪人'遇刺案"。
3 Wehner, Bernd: Dem Täter auf der Spur. Die Geschichte der deutschen Kriminalpolizei. Lübbe, Bergisch Gladbach 1983. S. 58.
4 Liang, Hsi-Huey: Die Berliner Polizei in der Weimarer Republik. Übersetzt von Brigitte Behn und Wolfgang Behn. De Gruyter, 2013. S. 172.

天。但是纳粹党人十分猖獗,拒绝离开大厦。几分钟后,魏斯亲自率领大批警察冲进国会大厦,逮捕了2名纳粹议员,另外2人束手就擒。[1]这件事情在柏林轰动一时。

但对魏斯来说,这样的胜利只是暂时的。黑云压城城欲摧,民主共和已经走到了悬崖边缘,德国即将再次变天。风暴最初刮起来的地方,自然是首都柏林。

---

[1] Winkler, Heinrich August: Weimar 1918-1933: Die Geschichte der ersten deutschen Demokratie. C. H. Beck, 2018. S. 465.

第十章

第三帝国的到来

一　镇压普鲁士

社会民主党对柏林警察局的控制，依赖于该党对普鲁士邦政府的控制。所以普鲁士邦政府的震荡直接造成了柏林警察局的变天。这就是1932年7月的"镇压普鲁士"（Zerschlagung Preußens）事件。

当时，属于右翼的德国总理弗朗茨·冯·巴本为了打击社会民主党、夺取普鲁士邦的控制权，以普鲁士邦政府无力控制猖獗的政治暴力（主要是共产党与纳粹党之间的打打杀杀）为借口，宣布紧急状态，实施军管，运用军队的力量强行解散了普鲁士邦政府，将属于社会民主党的普鲁士邦总理和内政部部长免职。[1]巴本的举动是违反宪法的，实际上是一场右翼政变，客观上为后来希特勒的夺权铺平了道路。

正如在十一月革命期间柏林警察没有武装保卫旧政权，在社会民主党的普鲁士政府被颠覆的关头，柏林警察也没有起来反抗，没有挺身而出、保卫民主制度。当然，警察也根本没有足够的武力与巴本领导的军队对抗。最后一任社会民主党的柏林警察局局长格热辛斯基在1939年说："如果认为国防军不会向他们的同袍——警察开枪，那纯粹是一厢情愿。"[2]

副局长魏斯是柏林警察局里少数慷慨直言反对巴本政变、为民主奔走疾呼的高级警官之一（他的同事、治安警察总长海曼斯贝格是另

---

[1]　Winkler, Heinrich August: Weimar 1918-1933: Die Geschichte der ersten deutschen Demokratie. C. H. Beck, 2018. S. 495-496.

[2]　Liang, Hsi-Huey: Die Berliner Polizei in der Weimarer Republik. Übersetzt von Brigitte Behn und Wolfgang Behn. De Gruyter, 2013. S. 173.

一位）。魏斯随即被强行撤职，甚至和格热辛斯基局长与海曼斯贝格一起被国防军短暂地羁押。魏斯等人被强迫签下书面声明，表示不再担任任何公职，这才获释。[1]

巴本控制了普鲁士，但他没有办法解决当时德国严重的经济和政治问题。1929—1933 年的全球性经济大萧条给德国也带来了沉重的打击。银行纷纷破产，经济一落千丈，失业人口有数百万之多。根据 1931 年 11 月的《福斯报》统计，德国有 40 万人流离失所，其中每天只有 35000 人能在政府组织的收容所找到临时过夜的地方。[2] 大量青少年流落街头，为了生存，往往会走上犯罪道路。凯斯勒伯爵在 1932 年 5 月描写了这样的青少年流浪团伙："现在柏林已经有 2 万到 3 万这样无人看管的流浪儿，他们拉帮结派，组织成许多个小团体。要想加入这样的小团体，需要经过非常复杂的仪式，有时是虐待狂的仪式。这样的小团体的头目如果是男孩的话，被称为'公牛'，女孩被称为'母牛'。他们完全没有道德，随时能做出任何犯罪行为，大部分染上了梅毒或者吸食可卡因成瘾。"[3] 电视剧《巴比伦柏林》里，女主人公夏洛特的妹妹就成了这样一个流浪儿。

许多德国人不仅没有栖身之所，而且饥肠辘辘。同年 7 月，医生和营养学家赫尔穆特·莱曼（Helmut Lehmann, 1882—1959）在一篇文章中指出，此时的德国"正在经历极其严重的隐形饥荒，这将对人民的身

---

1 Winkler, Heinrich August: Weimar 1918-1933: Die Geschichte der ersten deutschen Demokratie. C. H. Beck, 2018. S. 497.
2 Ebd., S. 482.
3 Kessler, Harry Graf: Die Tagebücher 1918-1937, LIWI Verlag, 2020. S. 515-516.

体和灵魂造成不堪设想的后果。我们的下一代遭遇了严重的威胁。在整个德国，在广泛的各阶层当中，营养标准已经下降了一半以上。"[1]

曾获普利策奖的美国记者休伯特·伦弗罗·尼克博克（Hubert Renfro Knickerbocker，1898—1949）于1932年访问了柏林。他富有同情心地描绘了这座大城市在大萧条时期的苦难和可怕的贫富差距："在这座城市，街道灯火通明，剧院和夜生活场所人头攒动，与之相比巴黎的夜生活也要黯然失色……但（柏林）越来越多地展现出它黑暗的一面。在经济危机期间，普遍的苦难愈发严重。在柏林，有很多人挨饿。失业者连便宜的马肉也买不起。城市东部的贫穷困苦比西部严重得多。柏林66万失业者当中有很大一部分只能穿着破衣烂衫。"[2]

经济危机对极右翼的纳粹党和极左翼的德国共产党有利，而社会民主党和其他民主党派则受到沉重打击。纳粹党冲锋队肆无忌惮地在街头游行，毫无顾忌地殴打共产党人、社会民主党人、犹太人和任何敢于反对他们的人。共产党人也不示弱，以暴制暴。街头流血冲突此起彼伏，警察疲于奔命，难以应付。柏林的气氛极其紧张。英国诗人斯蒂芬·斯彭德（Stephen Spender，1909—1995）于1929—1930年在柏林生活了六个月，他这样描述当时的柏林：

> 我们在大街上和咖啡馆里见证的煽动与宣传，似乎越来越多地代表这座城市的整个生活，仿佛关闭的门后几乎完全没有隐

---

[1] Winkler, Heinrich August: Weimar 1918-1933: Die Geschichte der ersten deutschen Demokratie. C. H. Beck, 2018. S. 483.
[2] Stürickow, Regina: Mörderische Metropole Berlin: Authentische Fälle 1914–1933. Militzke, 2015. S. 221.

私。柏林是紧张，是贫困，是愤怒，是卖淫，是被抛弃在街头的希望与绝望。富人在高档餐厅趾高气扬，穿着长筒皮靴的妓女在街角徘徊，面色阴森而严酷的共产党人在游行示威，凶暴的青年人突然不知从哪里蹦出来，跳到维滕贝格广场上高呼："德意志觉醒！"（纳粹的口号）[1]

二　波滕帕私刑案

今天的波兰南部有一个村庄叫波滕帕（Potępa），这个地方在第二次世界大战结束之前属于德国的西里西亚省，德语名字是 Potempa。在 19 世纪到 20 世纪初，和德国东部的许多地方一样，波滕帕也是德意志族和波兰族杂居。在第一次世界大战结束之后，两个族群之间关系紧张，部分原因是这里距离新成立的波兰共和国的边境只有 3 公里。[2] 德国境内的波兰人和波兰共和国之间有着千丝万缕的联系。很多德国民族主义者总是怀疑，德国的波兰族是波兰共和国的"第五纵队"。

1932 年 8 月 9—10 日的夜间，一群大呼小叫、凶神恶煞的醉鬼，带着橡皮棍、手枪和折断的台球杆，来到当时人口不到 1000 的波滕帕村，盛气凌人地闯入三十五岁的波兰族农民康拉德·皮祖赫（Konrad Pietzuch）的家。皮祖赫已经上床睡觉，歹徒将他从床上拖

---

[1] Large, David Clay. *Berlin*. Basic Books, 2001. p. 232.
[2] Siemens, Daniel. *Stormtroopers: A New History of Hitler's Brownshirts*. Yale University Press, 2017. p. xiv.

下来,"用台球杆抽他的脸,打得他失去知觉倒在地上,又用靴子狠踢他,最后用左轮手枪结果了他的性命"[1]。

死者的老母亲玛丽亚就在旁边,呼天抢地,但无法挽救自己的儿子。死者的弟弟阿尔方斯被强迫面壁,也遭到殴打。据他说,歹徒对康拉德惨无人道的毒打持续了半个钟头。[2]歹徒杀人之后毫无忌惮,扬长而去。

这个案子很容易破。因为歹徒都穿着纳粹党冲锋队的制服。

纳粹党上台前的政治暴力

虽然此时的德国人还不知道仅仅几个月之后纳粹就会掌权,但明眼人都可以看出,魏玛共和国命不久矣。1929—1933年的全球性经济大萧条使得德国经济惨不忍睹,社会和政治日益激进化。左边的激进派是德国共产党,右边的激进派是纳粹党,两党都是魏玛共和国民主制度的死敌。在共产党和纳粹党之间还有形形色色的反对共和国与民主制度的派系。像社会民主党这样支持民主制度的政治派系已经成了少数,其地位岌岌可危。

共和国议会早已经没有办法在共识和妥协的基础之上建立民选政府。总理也不再通过议会选举选出,因为任何一个党派都无法取得多数,也无法组建起几个政党联合执政的"同盟政府",而反对民主的纳粹党和共产党加起来倒是占了绝对多数。

---

[1] 理查德·J. 埃文斯:《第三帝国的到来》,赖丽薇译,九州出版社,2020年,第317页。
[2] Siemens, Daniel. *Stormtroopers: A New History of Hitler's Brownshirts*. Yale University Press, 2017. p. xv.

本身属于右翼的兴登堡总统从内心里反对民主，希望回到类似第二帝国的威权政府或专制政府的模式。共和国的最后三任总理，布吕宁、巴本和库尔特·冯·施莱歇尔（Kurt von Schleicher，1882—1934），都是由兴登堡总统根据"紧急状态法"任命的。这三个内阁被称为"总统内阁"，因为它们的权力来自总统授予，而不是出自正常的民主选举。

这三任总理都属于右翼，敌视共产党和社会民主党，只是这三任总理"右"的程度不同。但纳粹党比他们更"右"，并且毫无顾忌地将德国政治暴力化。纳粹党有自己的武装，即冲锋队；共产党也不示弱，组建了自己的准军事组织"红色阵线战士同盟"。这两党经常在街头发生暴力冲突，一时间血雨腥风。共和国政府实际上无力控制这种可怕的街头政治暴力。

有人描述了"红色阵线战士同盟"和纳粹党冲锋队之间的一次斗殴：

> 当红色阵线战士同盟一支百人小分队的负责人、水手里夏德·克雷布斯受命前往不来梅，去干扰由赫尔曼·戈林发表演说的纳粹党集会时，他周到地给"每个人都配备了金属棍或者指节金属套"。克雷布斯起身发言，刚开口说话，戈林就下令把他扔出去。
>
> 大厅里连成警戒线的褐衫军冲入中心区，于是可怕的混乱随之而来。金属警棍、指节金属套、棍棒、嵌着沉甸甸搭扣的皮带、酒杯和酒瓶都被用作武器。玻璃碎片和椅子在听众的头顶横飞。双方人马掰下椅子腿当棒子用。女士们在混战的冲撞和尖叫声中

吓昏过去。打斗者在恐惧却无助的观众中间左闪右躲，已有数十人头破血流、衣衫撕裂。冲锋队员狮子般地战斗着。他们有条不紊地把我们挤到主出口。乐队奏响了一首军乐。赫尔曼·戈林平静地站在台上，双拳叉在腰上。[1]

根据一项统计，"1932年，在普鲁士死于政治冲突的155人中，至少有105人死于6月和7月的选举期间；在选战开始后的7个星期里，据警方统计，发生了461起政治骚乱，共造成400人受伤、82人死亡"。[2]

警察常常处于左右两边的夹攻之中，既要镇压共产党，又要镇压纳粹党。不过，共产党视警察为"资产阶级"和"帝国主义"的走狗，对其十分敌视，甚至对警察也打打杀杀[3]；而纳粹党渐渐地学会避免与警察冲突。不少警察自己也有右翼思想，所以在思想上很容易倾向于纳粹。

国家乱成这样，身为政府首脑的巴本总理是怎么看的呢？他乐得看见纳粹党与共产党之间互相打杀，正好以此为借口，去攻击他仇视的普鲁士社会民主党政府，借口就是社会民主党政府无力控制猖獗的政治暴力。

但等到解散了普鲁士社会民主党政府[4]之后，治安并未好转。相

---

[1] 理查德·J. 埃文斯：《第三帝国的到来》，赖丽薇译，九州出版社，2020年，第291—292页。
[2] 同上，第292页。
[3] 详见本书第九章第六节"比洛广场袭警案"。
[4] 详见本书第十章第一节"镇压普鲁士"。

反，因为失去了能够抗衡左右两边极端势力的中间力量，形势更加恶化。1932 年 8 月 9 日，手忙脚乱的巴本颁布一项紧急法令，宣布"对任何因愤怒或仇恨而在政治斗争中杀死对手的人可以适用死刑。他颁布此令的意图是将之主要施用于共产党"[1]。而纳粹党和他同属于右翼，还是可以争取的对象。并且此时巴本正在与希特勒秘密谈判，准备邀请纳粹党入阁。事实上，后来正是在巴本的帮助下，希特勒才当上了德国总理。

从杀人犯到民族英雄

然而，巴本万万没想到，就在 8 月 9 日这一夜，发生了波滕帕谋杀案。

皮徂赫是波兰人，属于被纳粹歧视的"劣等种族"；他是波兰民族主义者，可能参加过波兰人为脱离德国统治而发动的起义[2]；而且他是工会成员和共产党的支持者。所以无论是从种族主义、民族主义还是意识形态的角度，他都是波滕帕地区纳粹党的眼中钉、肉中刺。他成为攻击目标，并不奇怪。

巴本的法令原本是对付共产党的，但波滕帕谋杀案显然符合"因愤怒或仇恨而在政治斗争中杀死对手"的范畴。于是，8 月 22 日，参与谋杀皮徂赫的五名冲锋队员在附近的小镇博伊滕（Beuthen）被判处死刑。法庭认定，凶手为了袭击皮徂赫，专门驱车 20 公里，所

---

[1] 理查德·J. 埃文斯：《第三帝国的到来》，赖丽薇译，九州出版社，2020 年，第 317 页。
[2] Kluke, Paul: Der Fall Potempa. In: Vierteljahrshefte für Zeitgeschichte, München, 5 (1957), S. 285.

以他们是早有预谋。根据巴本的法令，这属于政治谋杀，应当对凶手处以死刑。[1]

在法庭上，法官的判决一下，旁听席上的纳粹党人就立刻暴跳如雷地鼓噪起来。因为在他们眼里，那5名冲锋队员不仅不是杀人犯，还是伟大的爱国者；他们不谈可怜的皮祖赫如何无辜惨死，却大谈特谈5名冲锋队员遭受了"凶残血腥的裁决"[2]，说法庭的判决是不公正的。

当地的冲锋队领导人埃德蒙·海内斯（Edmund Heines, 1897—1934）当场起来辱骂法官，说德意志人民将来会给出不一样的判决，并威胁道："博伊滕的判决将成为德意志自由的烽火。"[3]纳粹口中的"自由"指的是什么，我们都知道。

冲锋队员"在博伊滕的街上横冲直撞，打砸犹太人的商店，捣毁自由派和左翼的报馆"。戈林给这几位死刑犯发出公开的声援信，表示"对施加于你们的恐怖判决感到无尽的痛苦和愤怒"。[4]

希特勒也写信给被判刑的5名杀人犯："同志们！由于如此恐怖的血腥裁决，无限的忠诚将我与你们紧紧联系了起来。从此刻起，你们的自由就是关系到我们荣誉的头等大事。因为在这样的政府统治下，我们没有自由，所以反抗这样的政府就成为我们的义务。"[5]希特勒还表示："在民族社会主义的国家，绝不会有5个德国人因为1个

1　Winkler, Heinrich August: Weimar 1918-1933: Die Geschichte der ersten deutschen Demokratie. C. H. Beck, 2018. S. 512.
2　理查德·J. 埃文斯：《第三帝国的到来》，赖丽薇译，九州出版社，2020年，第318页。
3　Winkler, Heinrich August: Weimar 1918-1933: Die Geschichte der ersten deutschen Demokratie. C. H. Beck, 2018. S. 513.
4　理查德·J. 埃文斯：《第三帝国的到来》，赖丽薇译，九州出版社，2020年，第318页。
5　Winkler, Heinrich August: Weimar 1918-1933: Die Geschichte der ersten deutschen Demokratie. C. H. Beck, 2018. S. 513.

波兰人的缘故被判刑。"[1]

恰巧就在这个时候,希特勒与巴本的谈判谈崩了,因为巴本背后的人物兴登堡总统瞧不起希特勒这样的盲流,不肯接受他当总理,并且兴登堡对波滕帕谋杀案也感到震惊。他表示:"对于可能发生的恐怖和暴力行为,比如冲锋队员所干的那种令人遗憾的事情,我会尽我所能从严处理。"[2]

既然谈崩了,希特勒就没什么顾忌了,开始火力全开地炮轰政府:

> 日耳曼种族的同志们!你们当中任何一位志在为民族的荣誉和自由而奋斗的人,都会理解我为什么要拒绝进入本届政府。冯·巴本先生的法官最终也许将判处数千名民族社会主义党人死刑。你们有没有想到,他们可能还会把我的名字列入这个盲目挑衅的行动、这个向全体人民发出的挑战?正人君子们被误导了!冯·巴本先生,现在我知道你那沾满血污的"客观立场"指的是什么了!我希望一个民族主义的德国取得胜利,我希望消灭马克思主义破坏者和腐败分子。我不适合充当绞杀德国人民的民族主义自由战士的刽子手。[3]

希特勒未能进入政府,实际上是因为兴登堡的反对,但希特勒却

---

[1] Kluke, Paul: Der Fall Potempa. In: Vierteljahrshefte für Zeitgeschichte, München, 5 (1957), S. 285.
[2] 理查德·J. 埃文斯:《第三帝国的到来》,赖丽薇译,九州出版社,2020 年,第 318 页。
[3] 同上,第 318 页。

为自己贴金，说是因为他不愿意与巴本这样的"刽子手"同流合污。

面对纳粹党的疯狂叫嚣，巴本政府害怕发生内战或动乱，承受不住压力，于9月2日将波滕帕案件5名凶手的判决减为终身监禁。兴登堡总统表示同意，但不是因为政治原因，而是因为法律上的技术原因：波滕帕谋杀案发生在巴本新法令生效的仅仅一个半小时之后，并且发生在深夜，所以那5名冲锋队员在当时不可能知道，根据新法令，对他们罪行的量刑会加重到死刑。因此将他们判死刑是不公平的。[1]

纳粹上台不久之后，就在1933年4月将波滕帕谋杀案的5名凶手释放。在新的德国，他们得到欢呼和颂扬，被誉为"民族英雄"。

三　魏斯与格热辛斯基的流亡

巴本总理没有办法稳住局势，他的内阁毫无建树，只能眼睁睁看着纳粹党等反民主势力在议会坐大。被迫下台之后，巴本居然搞起了阴谋诡计，企图与希特勒联手。在巴本的精心运作之下，年迈的兴登堡总统于1933年1月30日任命希特勒为总理。巴本和兴登堡是敌视共和国、敌视民主制的保守派，这类人在事实上为希特勒开辟了道路。他们未完成的，将由希特勒来完成。用历史学家汉斯－乌尔里希·韦勒（Hans-Ulrich Wehler）的话说："传统的权力精英们能够为希特勒

---

[1] Winkler, Heinrich August: Weimar 1918-1933: Die Geschichte der ersten deutschen Demokratie. C. H. Beck, 2018. S. 514.

上台效犬马之劳……在当时的实际状况下,如果没有人扶一把,纳粹党的'领袖'是绝对不可能成功上台的。"[1]

巴本自以为手段高明,相信自己能够利用和操纵希特勒。他在希特勒内阁里安排了足够多的保守派,企图以人数优势控制希特勒。[2]1933年1月30日,希特勒上台之初的第一届政府内阁除了希特勒本人之外,只有两名部长是纳粹党人[3],倒是有多名贵族[4]与保守派。部长们绝大多数是巴本的朋友,并且巴本与兴登堡总统关系不错,所以他自信能够轻松把希特勒与纳粹党玩弄于股掌之间。他傲慢地说,希特勒是"我们雇来用的","两个月之内我们就能把希特勒挤压到角落里,让他嗷嗷叫"。[5]当然,我们都知道,希特勒的手腕比巴本那样的贵族政治家不知高明多少。

1933年3月,已经被纳粹掌控的柏林警察局发出了针对自己的老领导魏斯的逮捕令和悬赏缉拿的通知。柏林警察突袭并搜查了魏斯的家,不过魏斯从后门逃走,藏了起来,后来在一些朋友的帮助下逃往布拉格。

这还不算完,魏斯等人的命运还要坎坷得多。8月,纳粹政府公布了第一批被剥夺德国国籍的人员名单。上了这个名单的人,当然都是纳

---

[1] 汉斯－乌尔里希・韦勒:《德意志帝国(1871—1918)》,邢来顺译,青海人民出版社,2009年,第207—208页。

[2] Evans, Richard. *The Coming of the Third Reich: How the Nazis Destroyed Democracy and Seized Power in Germany*, Penguin Books, 2004. p. 306.

[3] 内政部部长威廉・弗利克(Wilhelm Frick)、不管部部长赫尔曼・戈林(Hermann Göring)。

[4] 巴本为副总理,康斯坦丁・冯・纽赖特男爵为外交部部长,鲁茨・什未林・冯・科洛希克伯爵为财政部部长,维尔纳・冯・勃洛姆堡为陆军部部长,保罗・冯・埃尔茨－吕伯纳赫男爵(Paul von Eltz-Rübenach)为邮政部部长兼交通部部长。

[5] Evans, Richard. *The Coming of the Third Reich: How the Nazis Destroyed Democracy and Seized Power in Germany*, Penguin Books, 2004. p. 307.

第十章 第三帝国的到来

粹的眼中钉、肉中刺，柏林警察局的正副局长格热辛斯基和魏斯便在其中。此外还有作家亨利希·曼和威廉·皮克（Wilhelm Pieck，德国共产党领导人，后成为民主德国唯一一任总统）等。[1]

电视剧中的本达死于纳粹党的刺杀，而魏斯的运气比他好多了。他于1934年携妻子，持捷克斯洛伐克护照来到伦敦，后来获得英国国籍。1946年，他终于再次回到家乡柏林。当时的西柏林市市长恩斯特·罗伊特（Ernst Reuter, 1889—1953）表示可以聘请魏斯当柏林警察局的顾问，但魏斯已经罹患癌症。1951年，在获得西德国籍不久之后，他在伦敦病逝。

至于格热辛斯基，他素来是纳粹党的死敌，曾在公开演讲中说应当用鞭子把希特勒赶出德国。[2] 所以1933年纳粹上台之后，格热辛斯基就知道自己不能待在德国了，先逃往瑞士，然后逃往法国，不久被纳粹剥夺德国国籍。流亡期间，格热辛斯基著书立说，对自己没有做更多努力与魏玛共和国的敌人作斗争而懊悔。1937年，他移民美国。1947年，这位曾经的普鲁士内政部部长和柏林市警察局局长因病去世，享年六十岁，最后的身份是新泽西州一家小型首饰工厂的员工。[3] 今天，格热辛斯基被历史学界普遍认为是魏玛民主最坚定的捍卫者之一[4]。

---

1 Hepp, Michael (Hrsg.): Die Ausbürgerung deutscher Staatsangehöriger 1933-45 nach den im Reichsanzeiger veröffentlichten Listen. Band 1: Listen in chronologischer Reihenfolge. De Gruyter Saur, München 1985. S. 3.
2 Glees, Anthony. "Albert C. Grzesinski and the Politics of Prussia, 1926-1930." *The English Historical Review*, Vol. 89, No. 353, 1974. p. 815.
3 Ibid.
4 Ibid., p. 814.

四　职业罪犯与预防性监禁

在警察群体中，魏斯和格热辛斯基这样有觉悟的民主人士毕竟是少数派。那么，本书主要关注的群体——刑警（尤其是柏林刑警）对于纳粹的态度是什么呢？

首先，有不少刑警的立场在很大程度上受到一个专业问题的影响，那就是对于所谓职业罪犯（Berufsverbrecher）的态度。

著名的法学家和犯罪学家罗伯特·海因德尔于1911年担任德累斯顿刑警总长，1917年开始主编刑侦科学期刊《犯罪学档案》。他在1926年写了一本书《职业罪犯：论刑法改革》（Der Berufsverbrecher. Ein Beitrag zur Strafrechtsreform），轰动一时。在这本书里，海因德尔提出，绝大部分犯罪活动是所谓的"职业罪犯"做的，因此要想防范犯罪，不妨对已知的"职业罪犯"施加"预防性监禁"（Vorbeugungshaft）。也就是说，如果某人是"职业罪犯"或者"惯犯"（Gewohnheitsverbrecher），那么他是不可能改过自新的，所以即便没有证据，也应当抓捕，免得他危害社会。[1]

很多刑警都有这样的经历：费了很大力气逮捕一名罪犯，好不容易搜集到足够证据将其送上法庭、投入监狱，也许他几个月之后就出狱了，重新开始作案，所以刑警的工作就像西西弗斯不断重复、永无止境地推石头上山一样。很多刑警因此在工作中备感挫折，将他们眼

---

[1] Wagner, Patrick: Hitlers Kriminalisten. Die deutsche KriminalPolizei und der Nationalsozialismus. C.H. Beck Verlag, 2002. S. 21-22.

中"狷獗"的犯罪问题归咎于魏玛共和国这个法治国家的"软弱无能"。在法治社会里，警察的权力是受到很多限制的，比如对嫌疑人的拘留时间有一个上限、嫌疑人有权保持沉默、疑罪从无、自由度很高的新闻界对警方工作造成"干扰"，等等。今天我们当然深知，这些是最根本的人权问题，是正常社会必需的。但当时的很多刑警认为，正是这些条条框框束缚住了警方的手脚，让犯罪分子（在讼棍的帮助下）能够使法律为己所用，让代表正义的警察不仅做无用功，还要受到犯罪分子与广大民众的嘲笑和侮辱。

那么，在很多刑警眼中，"一切都要怪共和国体制！"就是顺理成章的结论了。柏林警察局负责赌博相关案件的部门主管菲利普·格赖纳（Philip Greiner）就是这么想的：魏玛共和国的法庭对罪犯的态度"温和到了令人难以忍受的地步"，这就"越来越损害了国家的权威"，导致刑警不得不面对"犯罪分子的恐怖恶行"，并成为"犯罪世界的笑柄"。[1]

所以海因德尔的理论得到了很多刑警的欢迎和支持。柏林警察局鉴定科科长汉斯·施奈克特博士（Dr. Hans Schneickert，1876—1944）就在1927年高度赞扬了海因德尔"针对社会堕落的……猛烈的主动进攻"。夏洛滕堡警察学院的讲师弗里德里希·克莱因施密特（Friedrich Kleinschmidt）则在1930年表示，"将社会从根深蒂固、不可救药的惯犯手中解放出来"是"生活的绝对必需"。[2]

像格赖纳这样想的刑警很多，这样的人就比较容易被纳粹吸引过

1　Ebd., S. 52.
2　Wagner, Patrick: Hitlers Kriminalisten. Die deutsche KriminalPolizei und der Nationalsozialismus. C. H. Beck Verlag, 2002. S. 22.

去，因为他们是纳粹在"思想上的同路人"。施奈克特 1931 年就退休了[1]，但他在 1935 年发表文章，赞扬纳粹对所谓职业罪犯的"预防性监禁"、投入集中营等措施，并鄙夷地谈到魏玛共和国时期刑警的"怯懦"，因为他们只能在合法范围内活动。[2] 施奈克特始终没有加入纳粹党。[3] 他的上述思想不能说是专属于纳粹的，但的确和纳粹"一拍即合"。

而更为纳粹化的老刑警埃里希·利伯曼·冯·松嫩贝格（Erich Liebermann von Sonnenberg，1885—1941）也明确表示："柏林的萨斯兄弟（连环银行抢劫犯）[4] 一而再再而三地入室抢劫，但每一次都因为证据不足而逃脱了法律制裁，这就使当局成为笑柄。这样的事情在民族社会主义的国家不会发生了。"[5] 松嫩贝格对社会工程有一些非常规的想法，比如他主张对酗酒者、癫痫病患者和智力残障者进行强制节育。这些想法并不专属于纳粹，但显然很对纳粹的胃口。松嫩贝格在 1933 年成为柏林警察局 IV 处处长（即刑警总长）。他于 1936 年退休时向当时德国秩序警察的总长库尔特·达吕格（Kurt Daluege，1897—1946）表示："在过去三年里，我得以使用一些特殊手段来打击犯罪。我早就坚信这些手段是正确的，但若是没有民族崛起（指的是纳粹上台）和您，这些手段就永远不能用于实践。"[6] 在民主时代不

1　Liang, Hsi-Huey: Die Berliner Polizei in der Weimarer Republik. Übersetzt von Brigitte Behn und Wolfgang Behn. De Gruyter, 2013. S. 160.
2　Ebd., S. 161.
3　Ebd., S. 162.
4　详见本书第六章第八节"萨斯兄弟"。
5　Wagner, Patrick: Hitlers Kriminalisten. Die deutsche KriminalPolizei und der Nationalsozialismus. C. H. Beck Verlag, 2002. S. 61.
6　Liang, Hsi-Huey: Die Berliner Polizei in der Weimarer Republik. Übersetzt von Brigitte Behn und Wolfgang Behn. De Gruyter, 2013. S. 167.

第十章　第三帝国的到来

能使用而在纳粹时期可以随便用的手段是什么，可想而知。

甘纳特当然不会同意海因德尔的理论，因为他深知，犯罪是有深刻的社会原因的，并不是说罪犯就是天生的坏人。同时他坚信，预防犯罪最好的办法不是把尚未犯罪的人抓起来，而是"优秀的刑侦工作"，也就是说，尽快破案。[1]

纳粹对海因德尔的理论很支持，后来还将其"发扬光大"，认为犯罪不仅是职业性的，也是遗传性的，罪犯会把自己的"犯罪特性"遗传给后代，所以罪犯的后代犯罪的可能性非常大[2]。换句话说，就是老子英雄儿好汉，老子反动儿混蛋。因此，不仅要对罪犯进行"预防性监禁"，还要对其强制节育，断绝"犯罪基因"。在纳粹理论里，刑事犯罪分子（以及犹太人、共产党、所谓的"反社会分子"等）是"国民躯体"上的病灶；正如有时为了治病救人必须割去腐坏的肌体，刑警的工作如同外科医生，就是要将国民躯体上的病灶切割掉。[3]

纳粹上台之后，很快就把海因德尔的理论付诸实践，对犯罪施加"先发制人"的打击。1933年11月13日，普鲁士内政部发布一道秘密命令，要求对职业罪犯实施"预防性监禁"。有多次前科、很可能靠犯罪所得生活的人，随时可能被施加没有时间限制的"预防性监禁"。1934年，纳粹政府颁布了《惩治危险惯犯法》，规定对于"危

---

[1] Stürickow, Regina: Kommissar Gennat ermittelt: Die Erfindung der Mordinspektion. Elsengold Verlag, 2016. S. 162.
[2] Wagner, Patrick: Hitlers Kriminalisten. Die deutsche KriminalPolizei und der Nationalsozialismus. C. H. Beck Verlag, 2002. S. 92-95, 97-98.
[3] Ebd., S. 12.

险的惯犯"，可以施加没有时间限制的拘留。

什么样的人算是"危险的惯犯"，这个标准是非常松散和含糊的。另外，即便没有被警方认定为是"危险的惯犯"的人，只要警方认为有必要，也可以对其实施"预防性监禁"。用纳粹自己的话说，就是，"那些虽然暂时还没有犯罪行为，但根据警方的经验来看将来会成为犯罪分子的人"，也要关押起来。[1]这就十分荒诞了。"预防性监禁"不是在司法部下属的监狱或拘留所进行，而是在集中营这样的法外之地进行。这些做法当然是对法治赤裸裸的践踏。[2]

根据一项统计，截至1938年12月31日，德国共有12921人处于"预防性监禁"之中，其中有3421名职业罪犯、608名性犯罪者和8892名所谓的"反社会分子"（Asozial）。[3]什么叫"反社会分子"呢？一位高级警官在1940年承认："对于'反社会分子'，无法给出准确的定义。"[4]但这种无法准确定义的、弹性极大的"口袋罪"，对于极权统治是特别有用的，任何不符合极权统治集团的意识形态的行为，都可以划入"反社会"的范畴。纳粹术语"反社会分子"可以理解成"（被社会）边缘化的群体"，即脱离了主流社会规范的人。流浪汉、乞丐、低保户、失业者、瘾君子（包括酒鬼）、妓女和少数族裔都可以被包含在内，更不要说政治异议分子了。阿图尔·内贝还提出，因为犯罪是"遗传"的，所以对于犯罪分子的后代，"预防性监禁"

---

[1] Ebd., S. 91.
[2] Stürickow, Regina: Kommissar Gennat ermittelt: Die Erfindung der Mordinspektion. Elsengold Verlag, 2016. S. 167.
[3] Wagner, Patrick: Hitlers Kriminalisten. Die deutsche KriminalPolizei und der Nationalsozialismus. C. H. Beck Verlag, 2002. S. 106.
[4] Ebd., S. 91.

的实施越早越好。[1]

那么，问题来了：对于打击犯罪，"预防性监禁"真的像海因德尔想的和纳粹政府宣传的那样灵验吗？从政府公布的数据来看，效果还真是"立竿见影"：1932年，在普鲁士人口超过5万的城市中，登记在案的盗窃案数量为215000起，到了1936年，下降到132000起；1932年，这些城市的入室抢劫案数量为99000起，到了1936年下降到47000起。纳粹的报纸大做文章，宣传"新社会"在治安方面的伟大成就，顺便谴责魏玛共和国的犯罪多么猖獗、治安多么败坏。[2]

但是，权且不论纳粹政府的这些统计数据有多准确，他们选择的参照对象是很值得琢磨的。1932年是全球性大萧条、德国经济极差、社会特别动荡的一年。那么，在德国社会比较安定的1927年情况如何呢？可参考的数据是，普鲁士的这些大城市的盗窃案数量为121000起，入室抢劫案为48000起。也就是说，与魏玛共和国时期比较好的一个年份相比，纳粹统治下1936年的盗窃案数量更多，入室抢劫案略少。[3] 所以，在纳粹那里，统计只不过是数字游戏而已。

1　Wehner, Bernd: Dem Täter auf der Spur. Die Geschichte der deutschen Kriminalpolizei. Lübbe, Bergisch Gladbach 1983. S. 210.
2　Wagner, Patrick: Hitlers Kriminalisten. Die deutsche KriminalPolizei und der Nationalsozialismus. C. H. Beck Verlag, 2002. S. 65.
3　Ebd., S. 65.

五　投机分子和老纳粹

如前所述，有些刑警在魏玛共和国时期就因为认同"职业罪犯""预防性监禁"等理论，所以在思想上比较容易接受纳粹。另一方面，纳粹与共产党面对警察的不同立场，也让警察更容易倾向于纳粹，因为纳粹渐渐地改变了策略，以秩序维护者自居，避免与警察发生冲突，而共产党始终将警察视为敌人。很多警察有旧军人或者自由团等右翼背景，在思想上也比较容易接受纳粹。也有一些警察倒向纳粹是因为个人原因，比如长期得不到升迁，因而归咎于共和国"体制"。这些"职业生涯受挫、升迁无望的失望者和心怀不满的分子"[1]往往会出于投机而投奔纳粹，希望在"新社会"混得更好。下文会详细介绍的布斯多夫就是其中之一，他在社会民主党掌控警察局的时候加入了社会民主党，等到纳粹党得势之后又赶紧加入了纳粹党。这样的投机分子不在少数。

还有一些刑警，在魏玛共和国时期就已经是纳粹分子了。这些纳粹党的"老同志"往往在新政权下如鱼得水。其中最有名、后来最"有出息"的，要数阿图尔·内贝。他参加过第一次世界大战，以中尉军衔退役，战后参加了右翼的准军事组织自由团。1920年，他成为柏林警察局的候补刑警。内贝在思想上偏右，按照他自己的说法，他和警察局的一些右翼同志（比如松嫩贝格）一起，组建了

---

[1] Ebd., S. 53.

一个小团体，从事反犹宣传。[1]他于 1931 年 7 月 1 日加入纳粹党和党卫队，成为在纳粹掌权之前就入党的"老同志"，也成为纳粹党在柏林警察局内部的联络人。他还不惜违反警察的纪律，将警察局内部信息提供给纳粹党。不过，内贝是不错的刑警，从甘纳特那里学到了不少，甘纳特也很乐意委派他去调查谋杀案。[2]身为犹太人和民主派的副局长伯恩哈德·魏斯在政治上肯定不会认同内贝，但也承认内贝"成绩突出"[3]。

纳粹上台后，雄心勃勃的内贝于 1933 年 4 月 1 日加入了新建的秘密国家警察（盖世太保）。1935 年 1 月 1 日，他被提升为普鲁士邦刑警总局的局长。这就是甘纳特求之不得的那种全国性的、中央领导地方的刑警机关。1936 年 9 月起，普鲁士邦刑警总局负责全国刑警的协调与领导。1937 年，这个机关改组为"帝国刑警总局"（Reichskriminalpolizeiamt，缩写 RKPA），局长就是内贝。1939 年 9 月 27 日，经过纳粹内部错综复杂的权力斗争，多个安全和情报机关被合并为"帝国保安总局"（Reichssicherheitshauptamt，缩写为 RSHA），而帝国刑警总局成为帝国保安总局下属的第五局。[4]

在第五局，内贝继续担当德国刑警的一号人物。坐在这个位置上，

1　Stürickow, Regina: Kommissar Gennat ermittelt: Die Erfindung der Mordinspektion. Elsengold Verlag, 2016. S. 163.
2　Ebd., S. 164.
3　Ebd., S. 54.
4　Wehner, Bernd: Dem Täter auf der Spur. Die Geschichte der deutschen Kriminalpolizei. Lübbe, Bergisch Gladbach 1983. S. 208. 在建立之初，帝国保安总局的架构为：第一局，负责人事、培训和组织；第二局负责行政与司法；第三局是党卫队保安处（SD）的负责国内事务的组织；第四局是盖世太保；第五局为帝国刑警总局；第六局为党卫队保安处负责国外事务的组织；第七局为所谓的意识形态研究机构，后来还负责军事情报研究。Ebd., S. 306。

他参与了纳粹的累累罪行。二战爆发后，他领导 B 特别行动队，跟随德军野战部队，在战线后方屠杀犹太人、吉卜赛人、共产党员和其他平民。在苏联前线，到 1941 年年底，B 特别行动队报告称枪决了 45467 名犹太人[1]，这只是官方的数据，实际受害者可能更多。内贝因为这些"业绩"而晋升为党卫队地区总队长兼警察中将。[2]

但是另一方面，内贝又与反希特勒的军人抵抗集团有着千丝万缕的联系。著名的反纳粹抵抗分子法比安·冯·施拉布伦多夫（Fabian von Schlabrendorff, 1907—1980）在战后记述德国抵抗运动的著作《军官反对希特勒》中写道："（内贝）是党卫队内部极少数认同我们（抵抗运动）立场的人之一，坚决地反对希特勒……在这个党卫队干部的面具之下，隐藏着一个坚定的反纳粹志士……他制造了成千上万个借口，去破坏希特勒（屠杀犹太人和苏联战俘）的谋杀命令……"[3]

在 1944 年克劳斯·冯·施陶芬贝格伯爵（Claus Graf von Stauffenberg, 1907—1944）刺杀希特勒的"七月二十日事件"中，按照抵抗集团的计划，刺杀希特勒成功后，内贝应当派遣警察去逮捕一些重要的纳粹高官。但在那一天，内贝什么也没做，据说是因为他"从不相信行动能成功"。尽管他并没有直接参与"七月二十日事件"，但他还是在几天后开始逃亡。

在随后一个月里，德国刑警的一把手成了逃犯。以前用来对付别人的各种监控和追踪手段，如今被用在了他自己的身上。这个拥有丰

---

1 Ebd., S. 266.
2 Wagner, Patrick: Hitlers Kriminalisten. Die deutsche KriminalPolizei und der Nationalsozialismus. C. H. Beck Verlag, 2002. S. 115.
3 Schlabrendorff, Fabian von: Offiziere gegen Hitler. Siedler Verlag, 1984. S. 50.

第十章　第三帝国的到来

富的反侦查经验的老刑警不断转移，隐藏自己的行踪，甚至两次伪装投湖自杀。内贝的最后逃亡也许会让中国读者想起商鞅的"作法自毙"。最终，内贝被一位女性朋友出卖了，[1]于1945年3月3日在柏林普勒岑湖监狱（也就是甘纳特的父亲曾任职的地方）被绞死。虽然伯恩哈德·魏纳这样的老同事极力为内贝辩护[2]，但今天我们已经很难说清楚，内贝究竟是真诚的抵抗志士，还是在搞"两面下注"和"风险对冲"。

六　纳粹对警察系统的改造

我们回过头去，看看希特勒掌权之后柏林警察是如何纳粹化的。

治安警察是警察的武装力量，是国内秩序的维护者，纳粹上台之后最先关注和清洗的是治安警察，而不是刑事警察。1933年2月，普鲁士内政部部长赫尔曼·戈林委派老纳粹党人库尔特·达吕格去改组治安警察，也就是将其纳粹化。[3]治安警察很快就成了一支"政治可靠"的武装力量，后来有不少单位参加了二战。

再来看看刑警。起初，刑警的纳粹化程度没有治安警察那么深。

1　内贝的最后逃亡，详见 Wehner, Bernd: Dem Täter auf der Spur. Die Geschichte der deutschen Kriminalpolizei. Lübbe, 1983. S. 257-268。
2　Wehner, Bernd: Dem Täter auf der Spur. Die Geschichte der deutschen Kriminalpolizei. Lübbe, 1983. S. 257-268.
3　Stürickow, Regina: Kommissar Gennat ermittelt: Die Erfindung der Mordinspektion. Elsengold Verlag, 2016. S. 161.

刑警里当然有很多让纳粹看不惯的人，还有一些对纳粹持批评态度的人，但因为刑警的专业化程度高，很难被替代，所以由于政治原因被解职的刑警其实只有十几人。不过与纳粹关系紧张的刑警往往会被调离重要岗位。比如甘纳特手下最优秀的刑警之一鲁道夫·利斯希凯特，因为支持社会民主党，就被从柏林调到了外地。不过也有一些刑警被调入了新成立的秘密国家警察，因为这个特务机构也需要专业人才。[1] 比如恩斯特·尚巴赫尔（Ernst Schambacher，1899—1945）和霍斯特·科普科（Horst Kopkow，1910—1996）就从刑警转入了盖世太保。

1936年6月17日，希特勒任命希姆莱为内政部下属的警察总长。从此，警察系统就在很大程度上与希姆莱领导下的党卫队融为一体了。6月26日，莱因哈德·海德里希（Reinhard Heydrich，1904—1942）被任命为安全警察的主管，而安全警察分成两个部分，一个是盖世太保，另一个就是刑警。[2] 同时，海德里希还控制着党卫队的情报机构"保安处"。而原先的治安警察等单位被改组为"秩序警察"（Ordnungspolizei，缩写为Orpo），由达吕格领导。[3] 秩序警察名义上受内政部节制，但因为达吕格自己就是党卫队的高层干部，所以秩序警察实际上也基本是被党卫队控制的。

1　Ebd., S. 161.
2　Ebd., S. 167.
3　Wehner, Bernd: Dem Täter auf der Spur. Die Geschichte der deutschen Kriminalpolizei. Lübbe, Bergisch Gladbach 1983. S. 157.

七　黑帮在第三帝国

在纳粹掌权初期，柏林黑帮似乎对"改朝换代"不以为意，继续打打杀杀。1933 年 2 月 28 日，也就是纳粹刚刚上台、开始血腥镇压共产党、社会民主党等政敌的时候，"永远忠诚"和另一个帮会发生火拼。战场仍然是一家酒馆，参战人数大约有 200 人。警方的一个快速反应突击队闻讯赶到，但寡不敌众，一时间一筹莫展。等到第二支突击队抵达后，警察才开始干预。为了避免误伤平民，警察没有开枪，而是使用橡胶警棍，最后平息了"战局"。一些主要的斗殴者被逮捕，包括前文提到的曾经侵吞公款的帮会分子埃里希·沃古尔。他举枪要向警察射击，但一名警察眼疾手快，用警棍狠揍他的胳膊，迫使他丢下了手枪。沃古尔的妻子、二十八岁的埃尔莎，也是帮会分子，同样在这场斗殴中被捕。[1]

黑帮恣意妄为的"好日子"快到头了。在魏玛共和国时期，纳粹喜欢说共和国腐败无能，无力处置暴力犯罪。如今在纳粹建立的"新社会"里，一切都比"旧社会"要好，治安也不例外。毕竟纳粹的社会是"没有犯罪的民族共同体"[2]。当然了，要实现良好的治安，纳粹的手段就是抛弃法治社会的"条条框框"，无视司法的正当程序，无所不尽其极。

在纳粹时期，罗伯特·海因德尔关于对职业罪犯和惯犯实行无限

1　Stürickow, Regina: Pistolen-Franz & Muskel-Adolf: Ringvereine und organisiertes Verbrechen in Berlin. 1920-1960. Elsengold Verlag, 2018. S. 97.
2　Ebd., S. 106.

期"预防性监禁"的理论大行其道。松嫩贝格、内贝等早就纳粹化的高级警官成为这种理论的坚定践行者。而纳粹的秩序警察总长库尔特·达吕格专门对有组织犯罪问题做了"重要指示"。他批判"旧制度"（指魏玛共和国）容忍有组织犯罪集团的建立，"甚至当这些犯罪集团在光天化日之下大摇大摆的时候也睁一只眼闭一只眼"。他指的就是柏林黑帮光明正大地搞的那些节庆活动。

消灭黑帮成了纳粹司法与执法机关工作的重中之重。曾经叱咤风云的"带头大哥"们纷纷入狱。"永远忠诚"帮会原计划于1933年6月2日举办一次音乐会，但场地业主和受雇用的乐队成员都遭到纳粹政府的威胁，于是音乐会被迫取消。达吕格就此吹嘘道，"从此犯罪集团就完全从公共生活中消失了"。在"新社会"里，黑帮再也不能公开活动了。[1] "永远忠诚"的"大哥"阿道夫·莱布于1934年年初被捕，毕竟他不是另一个叫阿道夫的人的对手。

在过去，黑帮的力量就在于团结，弟兄们面对警察的审讯绝不招供，绝不出卖兄弟。但如今，"预防性监禁"和集中营的威胁，如同达摩克利斯之剑一般悬在黑帮分子的头上。纳粹化的警察得意扬扬地说，如今通过这些手段，他们能够"彻底粉碎犯罪分子内部的团结"："在过去，职业犯罪分子内部最高的律法就是绝不招供，绝不向刑警指认同伙……罪犯的沉默法则给刑警的工作带来了极大困难……如今刑警拥有了'预防性监禁'这件厉害的武器，可以直击犯罪团伙，这

---

1 Ebd., S. 109.

样的话刑警就有了权威。"[1]但是我们下面会看到，这些豪言壮语并不完全符合事实。

很多所谓的职业罪犯和惯犯被投入了弗洛森比格（Flossenbürg）集中营或萨克森豪森集中营。这些刑事犯在囚服左胸佩戴绿色三角布质徽章，以标示其身份，[2]其中就有一些曾经的黑帮成员。例如，我们知道，1902年出生于但泽的黑帮分子汉斯·博特克（Hans Bodkte）从1935年3月到1943年1月被关押在萨克森豪森集中营，战后继续在黑帮里活动。[3]

根据历史学家达格玛·利斯克（Dagmar Lieske）的研究，从1936年到1945年，萨克森豪森集中营共关押了超过20万人，其中有超过9000人佩戴绿色三角，这些人当中的绝大多数都死于集中营。极少数佩戴绿色三角的幸存者在战后也因为羞耻而不敢承认自己曾经是"职业罪犯"和"惯犯"。这些人也从未被战后德国的官方认定为

1　Wagner, Patrick: Hitlers Kriminalisten. Die deutsche KriminalPolizei und der Nationalsozialismus. C. H. Beck Verlag, 2002. S. 63.
2　Stürickow, Regina: Pistolen-Franz & Muskel-Adolf: Ringvereine und organisiertes Verbrechen in Berlin. 1920-1960. Elsengold Verlag, 2018. S. 109.
　　纳粹集中营里用不同颜色的三角布质徽章标示犯人的类型：红色（政治犯）、黄色（犹太人）、紫色（耶和华见证会信徒）、黑色（反社会分子）、绿色（刑事罪犯）、粉红色（同性恋者）、棕色（吉卜赛人）等。见尼古拉斯·瓦克斯曼：《纳粹集中营史》，柴茁译，社会科学文献出版社，2021年，第1072—1073页。
　　另，"有绿三角的人不太可能得到其他囚犯的帮助，因为其他囚犯对'BVer'有敌意（德文Berufsverbrecher的缩写，意思是职业罪犯），有时'绿三角'的仇视甚至可与党卫队看守相提并论。如关押在古拉格的苏联政治犯一样，集中营中的许多政治犯都鄙视所谓的（刑事）罪犯，认为他们粗暴、残忍、堕落……"但实际上，"即使在20世纪30年代末，绝大多数所谓的职业罪犯只是财产性犯罪者，而不是暴力刑事犯罪者"。同上，第252页。
3　Stürickow, Regina: Pistolen-Franz & Muskel-Adolf: Ringvereine und organisiertes Verbrechen in Berlin. 1920-1960. Elsengold Verlag, 2018. S. 175.

纳粹体制的受害者。[1]

不过也有一些黑帮分子见风使舵，进入"新社会"时火速地"改过自新""弃暗投明"。比如出生于 1891 年的黑帮分子保罗.D（姓氏不详）在 1932 年之前多次因盗窃入狱，但于 1932 年加入了纳粹党和冲锋队，甚至成为纳粹党的社区干部。[2] 但他这样的人是极少数。

纳粹对有组织犯罪的"赶尽杀绝"立场，与另一个极权国家，即法西斯意大利的情况极其相似。这也很容易理解，因为极权统治者是绝对不会允许除了自己还存在别的权力来源的，除了政府之外不会允许出现别的组织或"共同体"。我们甚至可以说，纳粹党和法西斯党本身就是"黑社会"，一个黑社会怎么会允许自己的卧榻旁出现别的黑社会呢？"一山容不下墨索里尼和黑手党这二虎。"

对付黑手党，墨索里尼能有什么神奇妙方呢？无外乎就是完全无视法治社会的规则，"毫不犹豫地采用黑手党的手段……觉得有必要的时候就毫无顾忌地命令拷打犯人，并且常常将妇女儿童扣为人质以迫使其男性亲属投降"。在法西斯政府镇压黑手党的过程中，"一共逮捕了超过 1.1 万人，给司法部门留下了艰巨的任务。随后对黑手党的审判一直持续到 1932 年，其中一场审判就有 450 名被告。与此同时……（法西斯政府）宣称黑手党已经被彻底消灭，西西里已经战胜了有组织犯罪"。[3]

---

1 Ebd., S. 111.
2 Ebd., S. 175.
3 约翰·朱利叶斯·诺利奇：《西西里史：从希腊人到黑手党》，陆大鹏译，译林出版社，2019 年，第 339—341 页。

这当然只是吹牛。黑手党熬过了法西斯的镇压，活跃至今。而在德国，在纳粹恐怖统治和第二次世界大战期间，德国的黑帮也并没有彻底消失。1935 年，警方就认为"曾经的黑帮成员仍然维持着纪律"。1936 年，柏林一个皮条客被以谋杀罪起诉，但多名妓女作伪证为他辩护，这显然是有人组织的。警方相信，围绕卖淫业的有组织犯罪仍然很"有活力"。[1]1941 年，也就是德国入侵苏联的那一年，警方在审讯曾经的黑帮成员时还会常规地询问："你现在还和帮会的哪些成员来往？你的帮会的哪些人现在还聚会？你是否知道，你的帮会或其他帮会还在活动？"[2]

甚至到了 1944 年 6 月盟军在诺曼底登陆之后，希姆莱在向一批国防军将领的讲话中还提到："某个罪犯从监狱获释之后，已经有一个组织在等待他。这个组织的领导者是一个两三个月前获释的罪犯。这些家伙会达成一致：我们必须大干一笔，因为我们必须再挣钱。"[3] 看来，到了第三帝国摇摇欲坠的时候，黑帮仍然是足以让党卫队全国领袖兼德国警察总长希姆莱关注的事情。

苏联红军占领柏林不久之后，在旧秩序已经崩溃、新秩序尚未确立的时期，柏林的各种犯罪又重新猖獗起来。物资匮乏自然而然地导致黑市生意十分"红火"。战争期间遗留下来的武器弹药太多，获取

---

[1] Wagner, Patrick: Hitlers Kriminalisten. Die deutsche KriminalPolizei und der Nationalsozialismus. C. H. Beck Verlag, 2002. S. 68.
[2] Ebd., S. 67.
[3] Goeschel, Christian. "The Criminal Underworld in Weimar and Nazi Berlin." *History Workshop Journal*, No. 75, Oxford University Press, 2013. p. 58.

枪械太容易。各种犯罪分子纷纷涌向柏林。隐姓埋名逃亡的党卫队、盖世太保等战犯,往往也隐藏在"地下世界",与犯罪集团过从甚密。英、美、法三国进驻柏林之后,柏林的动物园火车站周边成为各路形迹可疑分子的聚集点。这里有兴旺的黑市,武器、假证件和毒品在这里交易转手,男女娼妓在这里招揽生意。动物园火车站成了柏林最危险的地方。很多曾经的警察属于纳粹分子,在战后不敢回归警队,有时新政府也不愿雇用这些人,因此警务工作十分薄弱,战后柏林一时间成了罪犯的天堂。仅从1945年8月到12月,柏林就有296起谋杀被记录在案;1946年全年发生了311起;1947年发生了148起。[1]

在这样的环境里,柏林的黑帮也死灰复燃。1949年11月,有迹象表明,沉寂多年的黑帮开始蠢蠢欲动了。当年的老弟兄们(如果熬过了集中营和战争),又开始串联活动,去监狱拜访仍然在押的兄弟,给他们寄送食物包裹。[2] "永远忠诚"帮会的"大哥"阿道夫·莱布也奇迹般地熬过了集中营的磨难,重新出现在战后的柏林。1946年6月,莱布在柏林北部一家酒吧因为聚赌而被捕。警察没收了数额惊人的11000马克、5副牌、一些在当时的德国非常昂贵的咖啡豆、半磅三文鱼和1罐鱼子酱。看样子,莱布通过做黑市买卖,日子过得还不错。而且黑帮关于不告发兄弟的规矩仍然很有效力。因为没有人指证莱布,所以警方不得不撤销此案。[3]

1　Stürickow, Regina: Pistolen-Franz & Muskel-Adolf: Ringvereine und organisiertes Verbrechen in Berlin. 1920-1960. Elsengold Verlag, 2018. S. 115-117.
2　Ebd., S. 126.
3　Goeschel, Christian. "The Criminal Underworld in Weimar and Nazi Berlin." *History Workshop Journal*, No. 75, Oxford University Press, 2013. p. 75.

第一个"凤凰涅槃"的黑帮是"西方储蓄与彩票协会"（简称"西方"），实际上是一个控制红灯区的帮会，于 1950 年 1 月 12 日正式组建，不少成员来自 20 年代的帮会"蜻蜓"和"德意志力量"。[1]

1951 年 5 月 7 日或 17 日，格哈德·希施费尔德（Gerhard Hirschfeld）在"西方"帮会的帮助下组建了"东南储蓄协会"（简称"东南"），其成员大多有前科。根据警方的档案，"东南"帮会的 63 名成员一共坐过一百九十三年零五个月的牢。在希施费尔德领导下，"东南"帮会迅速青出于蓝而胜于蓝，成为 50 年代柏林最强大、最令人生畏的帮会。还有另外两个存在时间较短的帮会是"路易丝城"和"北方"。[2] 除了控制色情业，这些黑帮的主要"业务"是向餐馆、酒吧、夜总会等娱乐场所征收保护费，强迫这些场所雇用他们的兄弟，并到这些场所"白吃白嫖"。

西德的其他一些城市也兴起了黑帮，比如"黄金九人"（Goldene Neun）帮会于 1948 年在不伦瑞克市组建，它名义上是一个保龄球俱乐部，帮会头目在纳粹镇压黑帮的时候只有二十多岁，如今重出江湖。[3]

到了 50 年代，曾经在魏玛共和国时期对付黑帮的老警察已经所剩无几。其中最重要的是阿道夫·鲍尔（Adolf Bauer），他对过去的柏林"地下世界"了如指掌。1955 年年初，西柏林的刑警总长沃尔夫拉姆·桑迈斯特（Wolfram Sangmeister，约 1912—1978）专门组建

1　Stürickow, Regina: Pistolen-Franz & Muskel-Adolf: Ringvereine und organisiertes Verbrechen in Berlin. 1920-1960. Elsengold Verlag, 2018. S. 127-128.
2　Ebd., S. 130-135.
3　Hartmann, Arthur, and Klaus von Lampe. "The German underworld and the Ringvereine from the 1890s through the 1950s." *Global Crime* 9.1-2 (2008): p. 132.

了一个扫黑部门，任命鲍尔为部门长官。[1] 经过警方与黑帮多年的斗智斗勇，1957 年西柏林法庭判定"东南储蓄协会"是犯罪集团，将其查禁和解散，希施费尔德被判处七年徒刑。"黄金九人"帮会也于 1957 年被不伦瑞克地方法院查禁。"西方"帮会则于 1960 年自行解散。德国传统黑帮的"辉煌年代"结束了，尽管还有残余势力，但也在逐步地退出历史舞台。希施费尔德出狱之后仍然劣迹斑斑，因为长期酗酒和吸毒而身体健康很差，于 1972 年病死，死前一贫如洗。[2]

这并不是说在 60 年代之后德国就河清海晏、杜绝了有组织犯罪，而是那之后的有组织犯罪是崭新的篇章，与帝国和魏玛时期的黑帮没有什么延续性了。

八　甘纳特在第三帝国

与魏玛时期不同，纳粹时期的报界受到严格管控，不能再随便报道犯罪案件。纳粹想制造一种印象，那就是他们领导下的德国社会是一个和谐的、安全的、没有犯罪的"民族共同体"。报纸上固然是河清海晏了，但现实并非如此，各种犯罪并未随着纳粹掌权而神奇地自动消失。媒体的噤声反倒让警方无法像过去那样得到媒体和大众的配合。警方也不能像过去那样发布自己的新闻、召开新闻发布会，他们

---

[1] Stürickow, Regina: Pistolen-Franz & Muskel-Adolf: Ringvereine und organisiertes Verbrechen in Berlin. 1920-1960. Elsengold Verlag, 2018. S. 125.
[2] Ebd., S. 197-203.

每一条对外的消息通报都要经过戈培尔的宣传部的审核。[1]

1933 年纳粹上台之后，甘纳特仍然留在原职。他肯定有自己的政治立场，他的同事们认为他是"彻头彻尾的民主主义者"，但他对政治没什么兴趣，据说从来不读报纸上的政治版面。[2] 他是一位"专家"，满足于自己的工作，不像内贝那样野心勃勃、一心想着攀龙附凤。因此，甘纳特的晋升非常慢，内贝那样的晚辈很快就超过了他。1934 年，纳粹政府提升甘纳特为政府参事（Regierungsrat），这是他在级别上的最后一次晋升[3]。而比他小五岁的松嫩贝格因为在政治上更活跃、更亲近纳粹党，早在 1933 年就晋升到这一衔级，1935 年还成为柏林刑警总长。[4]

在纳粹统治的早期，柏林警察局 IV 处 A 科的职能有所增加，规模也在扩大。1936 年，A 科拥有 9 个调查组。同年，柏林刑警在编制上脱离了柏林警察局，直接归中央政府领导。与此同时，柏林刑警作了一些组织架构上的调整。以前的 A 到 G 科被改组为 3 个刑事调查处（Kriminalgruppe），其中 B 处负责诈骗案；E 处负责职业性的入室抢劫和盗窃案；M 处负责暴力犯罪，由以前的 A 科（谋杀与人身伤害）、E 科（风纪）和 G 科（女警）组成。凭借着出色的业务能力，甘纳特被任命为 M 处处长。[5]

但甘纳特因为体重问题，不良于行，在第三帝国时期已经很少亲

1　Stürickow, Regina: Kommissar Gennat ermittelt: Die Erfindung der Mordinspektion. Elsengold Verlag, 2016. S. 167.
2　Ebd., S. 163.
3　Ebd., S. 196.
4　Ebd., S. 163.
5　Ebd., S. 161.

临一线，而是坐在办公室里领导案件调查。他还培养和提拔年轻人，组织和安排调查工作，审核部下的工作，并撰写论文和报告，总结自己几十年的经验。值得注意的是，他从来不使用纳粹的术语。

甘纳特当了大半辈子的单身汉，但是出人意料地在1939年与年轻的女警察埃尔弗丽德·丁格（Elfriede Dinger, ?—1982）结婚[1]。然而，婚后不久，他就于8月21日去世。他患有肠癌，但死亡原因可能是中风。很多人猜测，他之所以在暮年结婚，是为了给这位年轻女子留下丰厚的抚恤金。也有人说，他之所以娶丁格，是因为她不愿意继续在纳粹领导的警队中工作，而她与经济条件很好的甘纳特结婚之后就可以辞职。

甘纳特的老同事伯恩哈德·魏纳博士这样描写甘纳特的葬礼："在他的灵柩后方，跟随着他曾经的学生们，那些已经成熟起来的年轻刑警，他们大多穿着党卫队制服，仿佛在嘲讽这个具有人道主义精神的人。送葬队伍的最后方是他手下的探员们和他们的领导维尔纳堡。他们全都戴着大礼帽。他们当中没有一个人被上级认为有资格穿党卫队制服。"[2]

甘纳特是一个跨越时代的人，亲身经历了现代警察在组织和刑侦技术上的突飞猛进。他不是福尔摩斯和波洛那样的推理天才，而是依靠有条不紊的调查和组织工作来断案。毕竟天才是罕见的，真实生活中若想破案，更多依靠高效的组织和一丝不苟的工作。因此，甘纳特的破案过程没有什么浪漫色彩甚至神话色彩。现代警察就是这样的。

1　Ebd., S. 199.
2　Ebd., S. 199.

用甘纳特自己的话说："刑警，尤其是谋杀调查科的工作，绝大多数都不是有趣的、激动人心的。绝大部分是无穷无尽的文牍工作，寻找真相，以及一丝不苟的、令人疲倦的琐碎活儿。相信我，如果对刑侦工作进行真实的描述，那么电影和小说都会很无聊。"[1]

甘纳特死在第二次世界大战爆发之前，没有亲眼目睹和经历战争的劫难、德国人的癫狂丑态和他心爱的柏林城化为瓦砾的悲惨命运。在他死后，就连很多调查普通刑事案件的刑警也穿上了党卫队制服，伯恩哈德·魏纳那样的专业侦探也免不了为虎作伥。在这个层面上，甘纳特是幸运的。

九　名侦探沦为罪犯

而柏林警察局另一位老资格的大侦探，据说水平足以挑战甘纳特[2]的奥托·布斯多夫，却阴差阳错地走上了完全不同的人生道路，在民主派和纳粹两边不讨好，最终身败名裂，以罪犯的身份死在监狱里，令人唏嘘不已。[3]

1　Ebd., S. 148.
2　Liang, Hsi-Huey: Die Berliner Polizei in der Weimarer Republik. Übersetzt von Brigitte Behn und Wolfgang Behn. De Gruyter, 2013. S. 159.
3　本节主要参考Hillebrand, Peter: Der Kommissar aus Köpenick. Otto Busdorf-eine Polizistenkarriere vom Kaiserreich bis zur DDR. SWR2 Feature am Sonntag. Sendung: Sonntag, 8. Februar 2015, 14.05 Uhr (Manuskript). URL: https://www.swr.de/-/id=14793456/property=download/nid=659934/pc2cbs/swr2-feature-am-sonntag-20150208.pdf。

布斯多夫和甘纳特的一个不同点是，甘纳特对攀爬职场阶梯和办公室政治没有兴趣，是一个纯粹的刑侦专家，而布斯多夫野心勃勃。为了晋升，他不惜散播谣言，诋毁自己的同事和下属，甚至搞起了阴谋，经常出入于政治警察的办公室。他于 1928 年加入社会民主党，或许并不是因为政治信念，而是出于投机，因为柏林警察局和普鲁士邦政府长期处于社会民主党的控制之下。[1]

20 年代末的时候布斯多夫已经很有名气，报纸上经常有关于他的文章，甚至会庆贺他的生日。纳粹党的报纸《进攻报》在 1929 年刊载了一篇文章，指责布斯多夫接受一些右派庄园主的邀请去参加狩猎，却借此机会秘密地调查庄园里有没有藏匿武器。布斯多夫在警察局局长和倾向于社会民主党的普鲁士警官联合会的支持下，以诽谤罪名起诉了《进攻报》的出版人戈培尔。戈培尔拒绝出庭，结果被逮捕，被关押了一段时间。在法庭上，戈培尔被判处罚金 900 马克。这样看来，布斯多夫这下子大大地得罪了纳粹党，但根据他自己的说法，就在这次审判期间，1931 年 2 月，戈培尔的秘书海因里希·贝克尔（Heinrich Becker）来找布斯多夫，说服他以"同情者"的身份向纳粹党捐款。

这是怎么回事呢？此时的布斯多夫还是社会民主党党员，他为什么要向纳粹党捐款呢？难道他在脚踩两只船？不管怎么说，布斯多夫大概是没有坚定的政治信念，而且似乎对共和国颇有怨言，比如他曾

---

[1] Liang, Hsi-Huey: Die Berliner Polizei in der Weimarer Republik. Übersetzt von Brigitte Behn und Wolfgang Behn. De Gruyter, 2013. S. 160.

抱怨,"他经常为了共和国出生入死",却从未得到认可。[1]

1933年6月发生了臭名昭著的"克珀尼克喋血周"事件(Köpenicker Blutwoche)。事件起于一群正在到处搞破坏的冲锋队员,他们在柏林郊区遇到了一名年轻社民党人的抵抗。这名社民党人射杀了3名冲锋队员。随后冲锋队员全面出动,抓捕了500名当地人,将其中91人残忍地殴打致死,死者包括许多著名的社民党政治家,比如梅克伦堡(Mecklenburg)的邦政府前总理约翰内斯·施特林(Johannes Stelling)。[2]

在"克珀尼克喋血周"事件当中,布斯多夫正在休假,但冲锋队员们还是找到他,让他审讯社会民主党人和工会干部保罗·冯·埃森(Paul von Essen,1886—1933)。冲锋队员在埃森那里找到了枪支弹药。按照布斯多夫后来的说法,他在当时确认,埃森是猎区管理员,有权持有这些枪支弹药。但布斯多夫确认另一支枪为偷猎者惯用的武器。布斯多夫后来说,他对埃森的审讯持续了二十分钟,然后他就离开了。但其他在场的人说,布斯多夫一定目睹了冲锋队员对埃森的毒打。最后,埃森惨遭杀害。

纳粹为什么要迫使布斯多夫参与对社会民主党人的迫害呢?也许是为了"考验"他对新政权的忠诚度吧。也可以看出,纳粹对投机分子是很蔑视的,当然也不会真正信赖他。

1934年3月,布斯多夫被已经完全纳粹化的柏林警察局认定为

1　Ebd., S. 152.
2　理查德·J. 埃文斯:《当权的第三帝国》,哲理庐译,九州出版社,2020年,第20页。

"不可靠"，被开除了。也许是因为他社会民主党老党员的身份，也许是因为他之前得罪了戈培尔，也许是其他的原因。布斯多夫写了200多份文件为自己辩护，抱怨警察局对他的不公。他说，自己始终是对事不对人，始终在履行作为警察的职责而已。他还说自己在1933年4月1日加入了纳粹党，还加入了冲锋队。因为不断"上访"和"寻衅滋事"，他在1936年被投入盖世太保的监狱，待了三周；1937年又被投入萨克斯豪森集中营，待了四个月。

苏联红军占领柏林之后，布斯多夫投靠苏联控制的民政当局。因为他曾被关进集中营，所以被认定为"反法西斯人士"和纳粹政权的受害者，在苏占区相当"吃香"。他成了勃兰登堡警校的教官。但好景不长，他遭到老相识海因里希·贝克尔的检举，丢了职位。和当年一样，他在新政权的统治下也不断"上访"，抱怨自己受到的不公。

1948年2月，布斯多夫第一次因为被怀疑参与了"克珀尼克喋血周"事件而被捕。1949年，逮捕令被撤销，他被无罪释放。家人劝他逃往西柏林，但他坚持认为自己无罪，并且不愿失去房子，所以没有走。他享受自由仅仅三周之后，就再次被捕。1950年，他被判处二十五年苦役和五年监禁。他的多名同案犯陆续得到赦免或减刑，于是他的辩护律师在1956年为他申请赦免。

但是民主德国的检察院驳回了这个请求，理由是：布斯多夫自己没有殴打犯人，但他对犯人的审讯成为冲锋队和党卫队殴打和谋杀犯人的依据，所以布斯多夫的罪行比那些动手打人的冲锋队员更严重。最终，七十九岁的布斯多夫于1957年8月19日在狱中去世。

如果说甘纳特代表了德国刑警在20世纪上半叶的成功与胜利，那么布斯多夫就是德国刑警失败与悲剧的象征。

余音

观赏电视剧《巴比伦柏林》的时候，看着那些丰富多彩的夜生活、摩登的歌舞艺术、千奇百怪又自由奔放的亚文化，以及男女主人公坎坷的爱情故事，我的心里一直潜藏着一个忧虑：这些有趣的人是在悬崖边上狂欢，在蓄势待发的火山口跳舞。虽然一再努力压抑这种"大事不妙、好景不长"的紧张感，心里一直揣着"就让他们幸福吧，但愿最后结局一切都好"的幻想，但我和其他观众一样清楚，纳粹的狂潮没过多久就会吞噬这个充满内在矛盾但精彩纷呈的魏玛社会，这个社会是没有希望的。但正是因为我们知道后来发生的纳粹治下的"十二年悲剧"，知道社会不再多元和五彩缤纷，而是会变得僵化、呆板和同一，知道那些追求自由与幸福的人不再有自己的一席之地，知道那些表面上似乎并不违逆纳粹统治的艺术形式也将遭到镇压，所以我们竟不知不觉地对并不完美的魏玛时代产生了浓浓的乡愁。

极端势力上台的时候，普通人有选择吗？一个小小的刑警该往何处去？魏玛时期的德国刑警大多自诩为专业人士，不屑与政治产生联系，生怕政治污了自己的手。也正是这种表面上的中立立场，让这些专业人士很容易被纳粹利用，甚至心甘情愿为虎作伥。从魏玛到纳粹时期，社会上的很多精英团体——企业家、科学家、艺术家、职业军人、贵族——都是这样轻易被纳粹吸纳。所以，魏玛刑警当中有觉悟和勇气来反抗纳粹的人，少之又少。布斯多夫和伯恩哈德·魏纳这样的人才是大多数。对他们来说，换了政府和自己有什么关系？铁拳毕竟砸在别人身上，甚或他们也许还会幻想自己就是挥动铁拳的人。即便是甘纳特这样在同事眼中的民主派，我也不敢想象，假如他活得久一些，在纳粹政权的威逼利诱之下，最终会变成什么样子。但另一方面，魏玛刑警当中也很少有铁杆的纳粹狂徒，大多数人都只是在纳粹上台之后顺水推舟，继续过自己的小日子，干活领工资，或者甚至通过投机攀升到高层。

这就是汉娜·阿伦特（Hannah Arendt）说的"平庸之恶"。大多数魏玛刑警和社会中其他群体的大多数人一样，只是普通人而已，或者说是"庸人"。庸人自己没有思考，没有明显的政治立场，甚至对自己的"中立"沾沾自喜，仿佛这是什么美德。他对上级交给的任务和命令没有作善恶是非的判断，而是盲从于上级的发号施令。那么如果上级或者权威是邪恶的呢？那么最平凡的人，也会造成最极端的邪恶。阿道夫·艾希曼（Adolf Eichmann）不认为自己是参与灭绝犹太人的蓄意策划者和组织者，他认为自己是纳粹这部庞大机器的一个零件，是"时代风暴中的一片叶子"，"只不过是阿道夫·希特勒的毁灭机器上的一颗小齿轮罢了"，他只是机械地接受上级的命令罢了，他不是恶人，一切全都得怪希特勒、希姆莱这样的罪魁祸首。但阿伦特认为，正是像艾希曼这样在道德和政治上不思考、无判断的平常人，以平庸的方式实现了纳粹极权统治的根本之恶。

第三帝国时期的德国刑警在技术上仍然保持着相当高的水准，甘纳特的许多弟子和同事仍然在刑侦工作中发挥重要的作用。第三帝国也在德国历史上第一次将全国的刑警工作加以中央集权化，从而更好地调动资源和共享信息。与刑警工作过去长期的去中心化相比，这种中央集权化有好的一面，结束了过去各地警方各自为政、缺乏交流和协调的局面；但也有坏的一面，那就是警队更容易被犯罪政权利用。在纳粹统治，尤其是第二次世界大战期间，德国刑警彻底沦为纳粹政权的强力工具，参与了累累罪行，双手沾满犹太人、罗姆人、共产党员、其他政治异见分子、反侵略的游击队员，乃至残疾人、流浪汉等"反社会分子"的鲜血。

战争结束后，在联邦德国，很多老刑警，比如伯恩哈德·魏纳，重新活跃起来，为建立联邦德国的警队及警务工作做出了重要的贡献。而这些老刑警也抱团取暖，积极帮助老同事们重出江湖。加之战后的西德百废待兴，刑侦专业人才少之又少，所以即便他们身上沾染了一些纳粹党的臭气，阿登纳时代的保守派政府也愿意启用他们。因此联邦德国警察队伍吸收了很多老纳粹。有时警察干部们的会议仿佛是"老战友们"的聚会，大家心知肚明，你当年是党卫队二级突击队大队长，他曾经是党卫队一级突击队中队长。魏纳等人则摇动笔杆子，为纳粹时期的德国刑警辩护，尤其是为他们的老领导内贝辩护。

二战结束后，魏纳被盟军关押了一段时间，1946年获释后曾为英国占领当局服务，当司机。1948年，他结识了《明镜》周刊（Der Spiegel）的老板鲁道夫·奥格斯坦（Rudolf Augstein, 1923—2002）。奥格斯坦对内贝这个人很感兴趣，想请人写一本他的传记。奥格斯坦和当时的很多德国人一样，认为内贝是德国刑警里唯一参加了反希特勒抵抗运动的刑警高级领导人和高级党卫队干部。

魏纳对内贝更熟悉，告诉奥格斯坦，内贝参与了纳粹的累累罪行；他如果真的参与抵抗运动的话，也只是一种务实的"两面下注"的策略；他不是反希特勒义士，而是一个受到个人野心驱使、逐渐深陷于泥沼的普通人。

奥格斯坦很感兴趣，于是委托魏纳写一本以内贝的人生沉浮为线索的纳粹德国刑警记事。魏纳自己就是这段历史的主角，由他来记载这段历史，可谓再恰当不过了。

魏纳的这本书《游戏结束了。阿图尔·内贝：德国刑警的荣耀与悲惨》(Das Spiel ist aus–Arthur Nebe. Glanz und Elend der deutschen Kriminalpolizei) 在《明镜》周刊上连载（不过有人说，实际执笔的是奥格斯坦），反响很大，争议也很大。

魏纳虽然没有讳言德国刑警在纳粹体制下的罪行，但也尽力为自己的老同事辩护，比如描述内贝是"希特勒统治下德国的集体灵魂：正派，但胆怯和雄心勃勃……（内贝）虽然有时表现出（对希特勒的）恭顺和唯唯诺诺，但他也保护了德国刑警，减轻了盖世太保和党卫队对刑警的影响"。换句话说，和很多曾经的德国军人一样，作为刑警的魏纳也竭力为自己曾经为之服务的机构"洗白"，辩解称刑警只是普通人，并不是恶棍，只是被恶棍利用的工具。

这又回到了那个经典的问题：德国人是否对纳粹罪行负有"集体罪责"？千百万军人、警察和公务员，无可否认，大多是"普通人"，但普通人是否应当对国家机器的罪行负责？普通人是否可以用"我只是服从上级的命令"来为自己辩护？究竟是"因为有希特勒，才有这样的德国"，还是"因为有这样的德国，才有希特勒"？这些问题不仅关涉德国，也值得我们每一个人深思。

西文参考文献

Angolia, John R and Hugh Page Taylor. *Uniforms, Organizations and History of the German Police*, Volume 1. R James Bender Publishing, 2009.

Beachy, Robert. *Gay Berlin: Birthplace of a Modern Identity*. Alfred A. Knopf, 2015.

Benz, Wolfgang (Hrsg.): Handbuch des Antisemitismus. Judenfeindschaft in Geschichte und Gegenwart. Band 4: Ereignisse, Dekrete, Kontroversen. Berlin 2011.

Boegel, Nathalie: Berlin – Hauptstadt des Verbrechens: Die dunkle Seite der Goldenen Zwanziger. Deutsche Verlags-Anstalt, 2018.

Bienert, Michael und Elke Linda Buchholz: Die Zwanziger Jahre in Berlin. Ein Wegweiser durch die Stadt. Berlin-Story-Verlag, 2020.

Conze, Eckart: Von deutschem Adel. Die Grafen von Bernstorff im 20. Jahrhundert. Deutsche Verlags-Anstalt DVA, 2000.

Conze, Eckart, Norbert Frei , et al.: Das Amt und die Vergangenheit: Deutsche Diplomaten im Dritten Reich und in der Bundesrepublik. Karl Blessing Verlag, 2010.

Demel, Walter; Sylvia Schraut: Der deutsche Adel: Lebensformen und Geschichte, C. H. Beck, 2014.

Dobler, Jens (Hg). Das Polizeipräsidium am Molkenmarkt. Berliner Kriminalgeschichten aus dem 19. Jahrhundert. be.bra verlag GmbH, 2019.

Domela, Harry. *A Sham Prince: The Life and Adventures of Harry Domela*. Wildside Press, 2021.

Dose, Ralf. *Magnus Hirschfeld: The Origins of the Gay Liberation Movement*. Translated by Edward H. Willis, Monthly Review Press, 2014

Elder, Sace. *Murder Scenes: Normality, Deviance, and Criminal Violence in Weimar Berlin*. University of Michigan Press, 2010.

Evans, Richard J.. *Rituals of Retribution: Capital Punishment in Germany, 1600-1987*. Penguin, 1997.

Evans, Richard. *The Coming of the Third Reich: How the Nazis Destroyed Democracy and Seized Power in Germany*, Penguin Books, 2004.

Feraru, Peter: Muskel–Adolf & Co: Die Ringvereine und das organisierte Verbrechen in Berlin. Argon, 1995.

Frey, Erich: Ich beantrage Freispruch!: Die Erinnerungen des berühmten Berliner Strafverteidigers. Elsengold Verlag, 2019.

Gay, Peter. *Weimar Culture: The Outsider as Insider*. W. W. Norton & Company, 2001.

Gordon, Mel. *Voluptuous Panic: The Erotic World of Weimar Berlin*. Feral House, 2006.

Heid, Ludger und Arnold Paucker (Hg): Juden und deutsche

Arbeiterbewegung bis 1933: Soziale Utopien und religiös-kulturelle Traditionen. Mohr Siebeck, 1992.

Herzog, Todd. *Crime stories: criminalistic fantasy and the culture of crisis in Weimar Germany*. Berghahn Books, 2009.

Huber, Ernst Rudolf: Deutsche Verfassungsgeschichte seit 1789. Bd. VII. Kohlhammer, 1984.

Kershaw, Ian. *Hitler: A Biography*: W.W. Norton & Company, 2008.

Kessler, Harry Graf: Die Tagebücher 1918–1937. LIWI Verlag, 2020.

Kieser, Hans-Lukas. *Talaat Pasha: Father of Modern Turkey, Architect of Genocide*. Princeton University Press, 2018.

Klee, Ernst: Das Personenlexikon zum Dritten Reich. Wer war was vor und nach 1945? S. Fischer, Frankfurt/Main, 2003.

Koehler, John O. Stasi: *The untold story of the East German secret police*. Westview Press, 1999

Lange, Hans-Jürgen (Hrsg.): Die Polizei der Gesellschaft. VS Verlag für Sozialwissenschaften, Wiesbaden, 2003.

——: Staat, Demokratie und Innere Sicherheit in Deutschland (2000). Springer Fachmedien Wiesbaden GmbH, 2000.

Large, David Clay. *Berlin*. Basic Books, 2001.

Lessing, Theodor: Haarmann. Die Geschichte eines Werwolfs. Hofenberg, 2019.

Liang, Hsi-Huey: Die Berliner Polizei in der Weimarer Republik. Übersetzt von Brigitte Behn und Wolfgang Behn. De Gruyter, 2013.

Machtan, Lothar: Hitlers Geheimnis. Das Doppelleben des Diktators.

Fischer Taschenbuch Verlag, 2003.

Malinowski, Stephan: Vom König zum Führer. Sozialer Niedergang und politische Radikalisierung im deutschen Adel zwischen Kaiserreich und NS-Staat. Oldenbourg Akademieverlag, 2003.

Malzacher, Werner W.: Berliner Gaunergeschichten. Aus der Unterwelt 1918-1933. Haude & Spener, 1970.

Mitcham, Samuel W., Jr. *Why Hitler? The Genesis of the Nazi Reich*, Westport, Connecticut: Praeger, 1996.

Mohr, Joachim (Hg): Deutschland in den Goldenen Zwanzigern: Von schillernden Nächten und dunklen Tagen. Penguin Verlag, 2021.

Morat, Daniel, Tobias Becker, et al.: Weltstadtvergnügen: Berlin 1880-1930. Brill Deutschland GmbH, 2016.

Münchner Blaulicht e. V. (Hg): Chronik der Münchner Polizei, Hirschkäfer, 2015.

Ostrowski, Marius S. *Eduard Bernstein on the German Revolution: Selected Historical Writings*. Springer Nature, 2019.

Roth, Joseph: Das journalistische Werk, Band 1: 1915-1923. Kiepenheuer & Witsch, 1989.

--: Das journalistische Werk, Band 2: 1924-1928. Kiepenheuer & Witsch, 1990.

--. *What I Saw: Reports from Berlin, 1920-1933*. Edited by Michael Bienert. Translated by Michael Hofmann. W.W. Norton, 2003.

Rott, Joachim: "Ich gehe meinen Weg ungehindert geradeaus". Dr. Bernhard Weiß (1880-1951). Polizeivizepräsident in Berlin. Leben und

Wirken. Frank & Timme, Berlin, 2010.

Ruland, Bernd. Das war Berlin. Die goldenen Jahre 1918–1933. Hestia Verlag, 1985.

Sabrow, Martin: Der Rathenaumord. Rekonstruktion einer Verschwörung gegen die Republik von Weimar. R. Oldenbourg Verlag, 1994.

Schlabrendorff, Fabian von: Offiziere gegen Hitler. Siedler Verlag, 1984.

Schlesinger, Paul: Der Mensch, der schießt: Berichte aus dem Gerichtssaal. Lilienfeld Verlag, 2014.

Siemens, Daniel: Metropole und Verbrechen: Die Gerichtsreportage in Berlin, Paris und Chicago 1919–1933. Franz Steiner Verlag, 2007.

— — . *Stormtroopers: A New History of Hitler's Brownshirts*. Yale University Press, 2017

— — . *The Making of a Nazi Hero: The Murder and Myth of Horst Wessel*. Translated by David Burnett. I. B. Tauris, 2013.

Streit, Christian: Keine Kameraden: Die Wehrmacht und die sowjetischen Kriegsgefangenen 1941–1945. DVA, 1978.

Stürickow, Regina: Kommissar Gennat ermittelt: Die Erfindung der Mordinspektion. Elsengold Verlag, 2016.

— — : Mörderische Metropole Berlin: Authentische Fälle 1914–1933. Militzke, 2015.

— — : Pistolen-Franz & Muskel-Adolf: Ringvereine und organisiertes Verbrechen in Berlin. 1920–1960. Elsengold Verlag, 2018.

--: Verbrechen in Berlin: 32 historische Kriminalfälle 1890-1960. Elsengold Verlag, 2014.

Tatar, Maria. Lustmord: *Sexual Murder in Weimar Germany*. Princeton University Press, 1995

Thorwald, Jürgen: Die Stunde der Detektive. Werden und Welten der Kriminalistik. Droemer, 1966.

Ubbens, Irmtraud (Hg): Moritz Goldstein, »Künden, was geschieht ···《Berlin in der Weimarer Republik, Feuilletons, Reportagen und Gerichtsberichte. De Gruyter Saur, 2012.

Urbach, Karina. *Go-Betweens for Hitler*. Oxford University Press, 2015.

Vera, Antonio: Von der, Polizei der Demokratie 'zum, Glied und Werkzeug der nationalsozialistischen Gemeinschaft'. Die Polizei als Instrument staatlicher Herrschaft im Deutschland der Zwischenkriegszeit (1918 –1939). Nomos Verlagsgesellschaft, 2019.

Wagner, Patrick: Hitlers Kriminalisten. Die deutsche Kriminalpolizei und der Nationalsozialismus. C. H. Beck Verlag, 2002.

Wehler, Hans-Ulrich: Deutsche Gesellschaftsgeschichte. Bd. 4: Vom Beginn des Ersten Weltkrieges bis zur Gründung der beiden deutschen Staaten 1914-1949. C. H. Beck, 2008.

Wehner, Bernd: Dem Täter auf der Spur. Die Geschichte der deutschen Kriminalpolizei. Lübbe, 1983.

Wetzell, Richard (ed.), *Crime and Criminal Justice in Modern Germany*. Berghahn, 2014.

Wildt, Michael. *An Uncompromising Generation: The Nazi Leadership of the Reich Security Main Office*. Translated by Tom Lampert. The University of Wisconsin Press, 2009.

Winkler, Heinrich August: Weimar 1918–1933: Die Geschichte der ersten deutschen Demokratie. C. H. Beck, 2018.

中文参考文献

埃文斯，理查德·J.:《当权的第三帝国》，哲理庐译，九州出版社，2020年。

——:《第三帝国的到来》，赖丽薇译，九州出版社，2020年。

奥斯特哈默，于尔根:《世界的演变:19世纪史》，强朝晖、刘风译，社会科学文献出版社，2016年。

巴约尔，弗兰克:《纳粹德国的腐败与反腐》，陆大鹏译，译林出版社，2017年。

贝内克，马克:《谋杀手段:用刑侦科学破解致命罪案》，李响译，生活·读书·新知三联书店，2012年。

德布林，阿尔弗雷德:《柏林，亚历山大广场》，罗炜译，上海译文出版社，2018年。

芬克，卡萝尔:《为历史而生:马克·布洛赫传》，郑春光等译，北京师范大学出版社，2019年。

哈特曼，彼得·克劳斯:《神圣罗马帝国文化史（1648—1806年）:帝国法、宗教和文化》，刘新利、陈晓春、赵杰译，东方出版社，2005年。

韩耀成:《德国文学史》（第4卷），译林出版社，2008年。

罗根，尤金：《奥斯曼帝国的衰亡：一战中东，1914—1920》，王阳阳译，广西师范大学出版社，2017年。

诺里奇，约翰·朱利叶斯：《西西里史：从希腊人到黑手党》，陆大鹏译，译林出版社，2019年。

安德森，斯科特：《阿拉伯的劳伦斯：战争、谎言、帝国愚行与现代中东的形成》，陆大鹏译，社会科学文献出版社，2014年。

瓦克斯曼，尼古拉斯：《纳粹集中营史》，柴茁译，社会科学文献出版社，2021年。

魏斐德：《上海警察，1927—1937》，章红、陈雁、金燕、张晓阳译，上海古籍出版社，2004年。

韦勒，汉斯-乌尔里希：《德意志帝国》，邢来顺译，青海人民出版社，2009年。

伊舍伍德，克里斯托弗：《别了，柏林》，孙法理译，上海译文出版社，2016年。

--：《诺里斯先生换火车》，孙法理译，上海译文出版社，2016年

茨威格，斯蒂芬：《昨日的世界：一个欧洲人的回忆》，舒昌善译，生活·读书·新知三联书店，2018年。

译名对照表

A

Aaronsohn, Sarah 萨拉·亚伦森

Achtgroschenjunge 八毛

Adlon, Hotel 阿德龙饭店

Adlon, Lorenz 洛伦茨·阿德龙

Affaire Blum《布鲁姆案件》

Ali Sai 阿里·塞伊

Albermann, Gertrud 格特鲁德·阿尔贝曼

Albers, Hans 汉斯·阿尔贝斯

Alexanderplatz 亚历山大广场

Alsberg, Max 马克斯·阿尔斯贝格

Alt-Berilin 老柏林（帮会）

Amexima-Konzern 阿麦克西马康采恩

Andonian, Aram 阿拉姆·安东尼安

Anlauf, Paul 保罗·安劳夫

Antoinette 安托瓦妮特

Apelian 阿佩利昂

Archiv für Kriminologie《犯罪学档案》

Arco auf Valley, Anton Graf von 安东·冯·阿尔科-瓦莱伯爵

Arcona 阿尔科纳（帮会）

Arendt, Hannah 汉娜·阿伦特

Arendt, Henriette 亨丽埃特·阿伦特

Armenische Revolutionäre Föderation 亚美尼亚革命联盟

Arnim, Hans-Jürgen von 汉斯-于尔根·冯·阿尼姆

Asozial 反社会分子

Aubing 奥宾

Auburtin, Victor 维克多·奥布尔廷

Auge, Fritz 弗里茨·奥格

Augstein, Rudolf 鲁道夫·奥格斯坦

Außenseiter der Gesellschaft. Die Verbrechen der Gegenwart "社会边缘人：今日的犯罪"系列

B

Babylon Berlin《巴比伦柏林》

Bahl, Helene 海伦妮·巴尔

Balakian, Grigoris 格里高利斯·巴拉基昂

Barmat, Julius 尤利乌斯·巴尔马特

Bassermann, Albert 阿尔伯特·巴塞曼

Bauer, Adolf 阿道夫·鲍尔

Bauer, Gustav 古斯塔夫·鲍尔

Baumgartner, Maria 玛丽亚·鲍姆加特纳

Becker, Heinrich 海因里希·贝克尔

Bekker, Ernst Immanuel 恩斯特·伊曼纽尔·贝克尔

Berlin, Lucie 露西·柏林

Berliner Schloss 柏林王宫

Berliner Tageblatt《柏林日报》

Berchtold, Hermann 赫尔曼·贝希托尔德

Berger, Theodor 特奥多尔·贝格尔

Berlin Alexanderplatz《柏林，亚历山大广场》

Bernotat, Karl Friedrich 卡尔·弗里德里希·贝尔诺塔特

Bernstein, Eduard 爱德华·伯恩施坦

Bertillon, Alphonse 阿方斯·贝蒂荣

Beuthen 博伊滕

Beyer 拜尔

Biatorbágy 比奥托尔巴吉

Biedermann, Charlotte 夏洛特·比德尔曼

Birkenstraße 桦树街

Bischoff, Eva 埃娃·比朔夫

Blücher 布吕歇尔

Blume, Wilhelm 威廉·布卢默

Bodkte, Hans 汉斯·博特克

Böhm, Emma 埃玛·博姆

Böhm, Marie 玛丽·博姆

Boos 博斯

Böß, Gustav 古斯塔夫·伯斯

Brandt, Matthias 马蒂亚斯·勃兰特

Brandt, Willy 威利·勃兰特

Braunschweig, Friedrich Wilhelm von 不伦瑞克公爵弗里德里希·威廉

Bristol, Hotel 布里斯托尔饭店

Brokat, Kurt 库尔特·布罗卡特

Bromberg 布龙贝格（Bydgoszcz 比得哥什）

Bruhn, Wilhelm 威廉·布鲁恩

Brüning, August 奥古斯特·布吕宁

Brüning, Heinrich 海因里希·布吕宁

Bückler, Johannes 约翰内斯·比克勒

Buer 布尔

Bund Wiking 维京联盟

Busch, Rolf vom 罗尔夫·冯·布施

Busdorf, Otto 奥托·布斯多夫

Butlies, Maria 玛丽亚·布特利斯

C

Calmette, Albert 阿尔贝·卡尔梅特

Capone, Al 阿尔·卡彭

Cemal Pascha 杰马勒帕夏

D

Dahlken, Alexander von 亚历山大·冯·达尔肯

Dalldorf 达尔多尔夫

Daluege, Kurt 库尔特·达吕格

Danielowski, Kurt 库尔特·达尼洛夫斯基

Danzig 但泽（Deese 德泽）

Das königlich-preußische Heroldsamt 普鲁士王国纹章院

Das Spiel ist aus–Arthur Nebe. Glanz und Elend der deutschen Kriminalpolizei《游戏结束了。阿图尔·内贝：德国刑警的荣耀与悲惨》

Daube, Adolf 阿道夫·道贝

Dawidoff, Gregorij 格里戈里·达维多夫

DDP 德国民主党

Delitz, Friederike Luise 弗里德里克·路易丝·德里茨

Denke, Karl 卡尔·登克

Der Angriff《进攻报》

Der Berufsverbrecher. Ein Beitrag zur Strafrechtsreform《职业罪犯：论刑法改革》

Der Fall Vukobrankovics《乌科布朗科维奇案件》

Der nasse Fisch《湿鱼》

Der Sexualverbrecher《性犯罪者》

Der Spiegel《明镜》周刊

Der Würgler《扼杀者》

Dettmann, Albert 阿尔伯特·德特曼

Deutsche Allgemeine Zeitung《德意志汇报》

Deutschnationale Volkspartei 德意志民族人民党

Die beiden Freundinnen und ihr Giftmord《两个女朋友和她们的投毒谋杀案》

Die Fahne hoch! Die Reihen fest geschlossen!《旗帜高举！队伍紧排！》

Die Mietskaserne《廉租公寓》

Die Rote Fahne《红旗报》

Die Schmiede 铁匠铺出版社

Diederich, Luise 路易丝·迪德里希

Die Transvestiten:Eine Untersuchung über den erotischen Verkleidungstrieb《异装癖：伪装的性欲调查》

Diez, Carl 卡尔·迪茨

Dinger, Elfriede 埃尔弗丽德·丁格

Disconto-Gesellschaft 贴现银行

DNVP 德意志民族人民党

Domela, Harry 哈里·多梅拉

Döblin, Alfred 阿尔弗雷德·德布林

Dopfer, Therese 特蕾泽·多普弗

Dörrier, Elisabeth 伊丽莎白·德里尔

Drechsler 德莱克斯勒

Drost, August 奥古斯特·德罗斯特

Druckerei Wallbauer 瓦尔鲍尔印刷厂

E

Ebert, Friedrich 弗里德里希·埃伯特

Ehrhardt, Hermann 赫尔曼·埃尔哈特

Eichhorn, Emil 埃米尔·艾希霍恩

Eichhorn, Johann 约翰·艾希霍恩

Eichmann, Adolf 阿道夫·艾希曼

Eigelein, Rosa 罗莎·艾格莱因

Einwohnerwehr 公民卫队

Eisner, Kurt 库尔特·艾斯纳

Elsner, Johanna 约翰娜·埃尔斯纳

Engel, Arthur 阿图尔·恩格尔

Engelbrecht, Ernst 恩斯特·恩格尔布雷希特

Enver Pascha 恩维尔帕夏

Epp, Franz Ritter von 弗朗茨·冯·埃普骑士

Erdmann 埃德曼

Erfolg《成功》

Erkens, Josephine 约瑟菲娜·埃尔肯斯

Ernst, Eugen 欧根·恩斯特

Erzberger, Matthias 马蒂亚斯·埃茨贝格尔

Erzincan 埃尔津詹

Essen, Paul von 保罗·冯·艾森

Evans, Sir Richard 理查德·埃文斯爵士

F

Fabian《法比安》

Falk, Maria 玛丽亚·法尔克

Falkenhagen 法尔肯哈根

Fallada, Hans 汉斯·法拉达

Fehse 费泽

Felsenfest 坚如磐石（帮会）

Feuchtwanger, Lion 利翁·福伊希特万格

Fiedler, Richard 理夏德·菲德勒

Fischer, Hermann 赫尔曼·菲舍尔

Fischer, Maria 玛丽亚·菲舍尔

Flake, Luise 路易丝·弗拉克

Flensburg 弗伦斯堡

Flossenbürg 弗洛森比格

Fontane, Theodor 特奥多尔·冯塔纳

Forst, Katharina 卡塔琳娜·福斯特

Forstenrieder Park 福斯滕里德公园

Fouché, Joseph 约瑟夫·富歇

François-Poncet, André 安德烈·弗朗索瓦-庞赛

Franzke, Martha 玛尔塔·弗兰茨克

Freie Vereinigung Groß-Berlin 大柏林自由联合会

Freier Bund Berlin 柏林自由联盟

Freier Volksstaat Bayern 巴伐利亚自由人民邦

Freikorps 自由团

Freisler, Roland 罗兰·弗赖斯勒

Frey, Erich 埃里希·弗赖

Friedrichshain 弗里德里希斯海因（啤酒厂）

Fröbelstraße 弗勒贝尔大街

Fröhlich, Gustav 古斯塔夫·佛力施

Frühlings Erwachen《青春的觉醒》

G

Gabriel, Viktoria 维多利亚·加布里尔

Galton, Sir Francis 弗朗西斯·高尔顿爵士

Gannaz, Wilhelm 威廉·甘纳茨

Gdańsk 格但斯克

Gehrt, Bruno Wilhelm 布鲁诺·威廉·格尔特

Geltl, Anna 安娜·格尔特尔

Gennat, August 奥古斯特·甘纳特

Gennat, Ernst 恩斯特·甘纳特

Gerhard, Fritz 弗里茨·格哈德

Geschichte der deutschen Arbeiterbewegung《德国工人运动史》

Giese, Karl 卡尔·吉泽

Gladbeck 格拉德贝克

Goldene Neun 黄金九人（帮会）

Goldhausen, Anna 安娜·戈尔德豪森

Goldstein, Moritz 莫里茨·戈尔德施泰因

Goll, Yvan 伊万·戈尔

Goodbye to Berlin《别了，柏林》

Göring, Hermann 赫尔曼·戈林

Gossen, Gustav von 古斯塔夫·冯·戈森

Graetz, Paul 保罗·格雷茨

Grans, Hans 汉斯·格兰斯

Graudenz 格劳登茨

Greiner, Philip 菲利普·格赖纳

Gröpler, Carl 卡尔·格勒普勒

Gross, Hans 汉斯·格罗斯

Groß-Admiral-von-Köster-Ufer 冯·科斯特海军元帅沿河街

Großer Ring Berlin 柏林大联盟

Großmann, Carl 卡尔·格罗斯曼

Gruber, Andreas 安德烈亚斯·格鲁贝尔

Gruner, Karl Justus 卡尔·尤斯图斯·格鲁纳

Grzesinski, Albert 阿尔伯特·格热辛斯基

Guennou 关努

Guérin, Camille 卡米尔·介兰

Guineastraße 几内亚大街

Gumbel, Emil Julius 埃米尔·尤利乌斯·贡贝尔

Günther–Gethers, Elsa 埃尔莎·京特·格特斯

H

Haarmann, Fritz 弗里茨·哈尔曼

Haas, Rudolf 鲁道夫·哈斯

Habe, Hans 汉斯·哈贝

Hagel 哈格尔

Hagemann, Max 马克斯·哈格曼

Hahn, Maria 玛丽亚·哈恩

Hamacher, Gertrud 格特鲁德·哈马赫尔

Handbuch der Kriminalistik《刑侦学手册》

Handbuch für Untersuchungsrichter, Polizeibeamte, Gendarmen《调查法官、警察与宪兵手册》

Hardenberg 哈登贝格

Hardenbergstraße 哈登贝格大街

Hehde 黑德

Heindl, Robert 罗伯特·海因德尔

Heines, Edmund 埃德蒙·海内斯

Heinze, Hermann 赫尔曼·海因策

Helgoland 黑尔戈兰岛

Heller, Leo 莱奥·黑勒

Helling, Hermann 赫尔曼·黑林

Hermannsburg, Graf 赫尔曼斯堡伯爵

Hertha 赫塔

Herzberge 赫茨贝格

Heß, Rudolf 鲁道夫·赫斯

Hessel, Marie 玛丽·海塞尔

Heuss, Theodor 特奥多尔·豪斯

Heydrich, Reinhard 莱因哈德·海德里希

Hinterkaifeck 欣特凯费克

Hirsch, Paul 保罗·希尔施

Hirschfeld, Gerhard 格哈德·希施费尔德

Hirschfeld, Magnus 马格努斯·希施费尔德

Hirschfeld, Oltwig von 奥尔特维希·冯·希施费尔德

Hoffmann, Else 埃尔莎·霍夫曼

Hoffmann, Heinrich 海因里希·霍夫曼

Höfle, Anton 安东·赫夫勒

Hohenlohe 霍恩洛厄

Höhler, Albrecht 阿尔布雷希特·赫勒尔

Holborn, Hajo 哈约·霍尔本

Höll, Herbert 赫伯特·赫尔

Honecker, Erich 埃里希·昂纳克

Höpfner, Walther 瓦尔特·赫普夫纳

Hoppe 霍佩

Hoppegarten 霍珀加滕

Horst, Johann Peter 约翰·彼得·霍斯特

Horváth, Ödön von 厄登·冯·霍瓦特

Herzog, Robert 罗伯特·赫尔佐格

Hotel Kaiserhof 皇宫酒店

Humboldt, Wilhelm von 威廉·冯·洪堡

Hungerwinter 饥饿之冬

Husske, Richard 里夏德·胡斯克

Hußmann, Karl 卡尔·胡斯曼

Huth, Gustav 古斯塔夫·胡特

I

Ich beantrage Freispruch!《我申请无罪释放！》

Iki, Kara 卡拉·伊奇

Immertreu 永远忠诚（帮会）

Institut für Sexualwissenschaft 性学研究所

Isar 伊萨尔河

Isherwood, Christopher 克里斯托弗·伊舍伍德

Itzig, Helene 海伦妮·伊茨希

J

Jaenichen, Erna 埃尔娜·耶尼兴

Jakobi, Rahel 拉埃尔·雅各比

Janick, Erich 埃里希·雅尼克

Jörg, Maria 玛丽亚·约尔格

Jüterbog 于特博格

K

Kaiser Wilhelms Glück und Ende《威廉皇帝的幸福与结局》

Kalteis《冷冰》

Karlshorst 卡尔斯霍斯特

Kästner, Erich 埃里希·凯斯特纳

Kempner, Robert 罗伯特·肯普纳

Kern, Erwin 埃尔温·克恩

Kessler, Harry Graf 哈里·凯斯勒伯爵

Kesten, Hermann 赫尔曼·克斯滕

Kiaulehn, Walther 瓦尔特·基奥伦

Killinger, Manfred von 曼弗雷德·冯·基林格

Kimme 基莫

Kippenberger, Hans 汉斯·基彭贝格尔

Kisch, Egon Erwin 埃贡·埃尔温·基施

Kiwitt, Robert 罗伯特·基维特

Klante, Max 马克斯·克兰特

Klause, Michael 米夏埃尔·克劳泽

Kleiböhmer 克莱伯默尔

Klein, Christine 克里斯蒂娜·克莱因

Klein, Ella 埃拉·克莱因

Kleiner Mann – was nun?《小人物，怎么办？》

Kleinschmidt, Friedrich 弗里德里希·克莱因施密特

Kleist, Heinrich von 海因里希·冯·克莱斯特

Klingelhöller, Emil 埃米尔·克林格尔赫勒

Kneißl, Mathias 马蒂亚斯·克奈瑟尔

Knickerbocker, Hubert Renfro 休伯特·伦弗罗·尼克博克

Koehler, John O. 约翰·O. 克勒

Kölling, Johannes 约翰内斯·克林

Kollwitz, Käthe 克特·珂勒惠支

Königliches Luisen-Gymnasium 王家路易丝文理中学

Köpenick 克珀尼克区

Köpenicker Blutwoche "克珀尼克喋血周"事件

Kopkow, Horst 霍斯特·科普科

Kornblum, Heinrich 海因里希·科恩布卢姆

Kothe, Hans 汉斯·科特

KPD 德国共产党

Kracauer, Siegfried 西格弗里德·克拉考尔

Kraepelin 克雷珀林

Kraftag 克拉夫塔格（出租车公司）

Krantz, Paul 保罗·克兰茨

Krause, Walter 瓦尔特·克劳泽

Kriminalgruppe 刑事调查处

Kriminalpolizei 刑事警察（缩写为 Kripo）

Kuhl, Erich 埃里希·库尔

Kühn, Apollonia 阿波罗尼娅·屈恩

Kühne 屈内

Künzel, Emma 埃玛·金策尔

Kutisker, Iwan Baruch 伊万·巴鲁赫·库斯提克

Küstrin 屈斯特林

Kutscher, Volker 福尔克尔·库切尔

L

Lahmann 拉曼

Landeskriminalamt,（普鲁士邦）刑警总局，缩写为 LKPA

Landsberger, Artur 阿图尔・兰茨贝格尔

Lang, Fritz 弗里茨・朗

Lange, Oskar 奥斯卡・朗格

Langestraße 朗格大街

Launer, Ida 伊达・劳纳

Lehmann, Helmut 赫尔穆特・莱曼

Leib, Adolf 阿道夫・莱布

Leiferde 莱费尔德

Leine 莱讷河

Lemkin, Raphael 拉斐尔・莱姆金

Lenck, Franz 弗朗茨・伦克

Lenzen, Luise 路易丝・伦岑

Leonhard, Rudolf 鲁道夫・莱昂哈德

Lepsius, Johannes 约翰内斯・莱普修斯

Lessing, Theodor 特奥多尔・莱辛

Li Shiu Tong 李兆堂

Liang, Lone 梁龙

Liang, Hsi-Huey 梁锡辉

Liebau, Berta 贝尔塔・利鲍

Liebknecht, Karl 卡尔・李卜克内西

Lissigkeit, Rudolf 鲁道夫・利斯希凯特

Löbe, Paul 保罗・勒贝

Lobenfeld, Hans von 汉斯・冯・洛本费尔德

Lobkowitz 洛布科维茨

译名对照表 457

Lobbes, Hans 汉斯·洛贝斯

Loeser & Wolff 勒泽尔与沃尔夫（雪茄店）

Lublinski, Samuel 萨穆埃尔·卢布林斯基

Luisenstadt 路易丝城（帮会）

Luitpold von Bayern 巴伐利亚摄政王柳特波德

Lüneburg 吕讷堡

Luxemburg, Rosa 罗莎·卢森堡

M

Mahlowsee 马洛湖

Malchin, Peter 彼得·马尔辛

Mann, Heinrich 亨利希·曼

Mann, Klaus 克劳斯·曼

Mann, Thomas 托马斯·曼

Mantel, Olga 奥尔加·曼特尔

Mariendorf 马林多夫

Marlow, Dr. Johann 约翰·马洛博士

Matern, Max 马克斯·马特恩

Matuska, Sylvester 西尔维斯特·马图斯卡

Mayer, Johann 约翰·迈尔

Mecklenburg 梅克伦堡

Mediatisierung 陪臣化

Meineid《伪证》

Michels & Co. 米歇尔斯百货商店

Mielke, Erich 埃里希·梅尔克

Mietskaserne 兵营式廉租公寓楼

Miller, Paul D. 保罗·D. 米勒

Mittellandkanal 中德运河

Moabit 莫阿比特区

Mohrenstraße 摩尔大街

Molkenmarkt 摩尔肯广场

Momberg 莫蒙贝格

Mönke, Isolde 伊索尔德·门克

Mr Norris Changes Trains《诺里斯先生换火车》

Müller, Hermann 赫尔曼·米勒

Müller-Heß, Victor 维克多·米勒–赫斯

Münsterberg 明斯特贝格

Musil, Robert 罗伯特·穆齐尔

Myslowitz 米斯洛维茨

N

Nebbe, Margarete 玛格丽特·内贝

Nebe, Arthur 阿图尔·内贝

Nehring 内林

Nemesis 复仇女神（秘密组织）

Neue Straße, die 新大街

Neumann, Heinz 海因茨·诺伊曼

Neurath 诺伊赖特

Neuruppin 新鲁平

Nielbock, Wilhelm 威廉·尼尔博克

Nielsen, Asta 阿斯泰·尼尔森
Nienhaus, Ursula 乌苏拉·宁豪斯
Novalisstraße 诺瓦利斯大街

O

Ohlinger, Rosa 罗莎·奥林格
Olivier, Vincenz 文岑茨·奥利维尔
Opitz, Fritz 弗里茨·奥皮茨
Oppen, Heinrich von 海因里希·冯·奥彭
Ordnungspolizei 秩序警察，缩写为 Orpo
Organisation Consul 领事组织
Ostjude 东欧犹太人
Ossietzky, Carl von 卡尔·冯·奥西茨基
Ostwald, Hans 汉斯·奥斯特瓦尔德

P

Pakaritsch 帕卡里奇
Papen, Franz von 弗朗茨·冯·巴本
Parteiselbstschutz 党自卫队（德国共产党）
Peel, Sir Robert 罗伯特·皮尔爵士
Penning, Erna 埃尔娜·彭宁
Pieck, Wilhelm 威廉·皮克
Pietrusky, Friedrich 弗里德里希·彼得鲁斯基
Pietzuch, Konrad 康拉德·皮祖赫
Pinthus, Kurt 库尔特·品图斯

Plötzensee 普勒岑湖

Pöhner, Ernst 恩斯特·珀纳

Potempa 波滕帕

Preuß, Hugo 胡戈·普罗伊斯

Prinz, Erich 埃里希·普林茨

Pröger, Willy 威利·普勒格尔

Pukall, Erich 埃里希·普卡尔

Q

Quoos 阔斯

R

Rathenau, Walther 瓦尔特·拉特瑙

Rätz, Heinrich 海因里希·雷茨

Regierungsrat 政府参事

Reich, Bertha 贝尔塔·赖希

Reichsbanner 国旗队

Reichskriminalpolizeiamt 帝国刑警总局，缩写为 RKPA

Reichssicherheitshauptamt 帝国保安总局，缩写为 RSHA

Reingruber, Georg 格奥尔格·赖因格鲁贝尔

Rentz, Ernst 恩斯特·伦茨

Reuter, Ernst 恩斯特·罗伊特

Reuter, Ida 伊达·罗伊特

Reuter, Lorenz 洛伦茨·罗伊特

Richter, Wilhelm 威廉·里希特

Riedmann 里德曼

Riemann 里曼

Rietdorf, Walter 瓦尔特·里特多夫

Ringverein 帮会

Röber, Dora 多拉·勒贝尔

Roß, Camillo 卡米洛·罗斯

ROSTA 苏俄电报新闻社

Rote Frontkämpferbund 红色阵线战士同盟

Rote Hilfe 红色救援

Rote Reihe 红巷

Roth, Joseph 约瑟夫·罗特

Ruhleben 鲁立本

Ruland, Bernd 贝恩德·鲁兰

S

Salm, Elisabeth 伊丽莎白·扎尔姆

Sandmayr, Maria 玛丽亚·桑德迈尔

Sanek, Anni 安妮·萨内克

Sangmeister, Wolfram 沃尔夫拉姆·桑迈斯特

Sass, Erich 埃里希·萨斯

Sass, Franz 弗朗茨·萨斯

Sauerbeck, Berta 贝尔塔·绍尔贝克

Schalluk, Hermann 赫尔曼·沙卢克

Schambacher, Ernst 恩斯特·尚巴赫尔

Scharnhorst 沙恩霍斯特

Schätzl, Katharina 卡塔琳娜·舍茨尔

Scheer, Rudolf 鲁道夫·舍尔

Scheidemann, Philipp 菲利普·谢德曼

Scheller, Günther 京特·舍勒

Schenkel, Andrea Maria 安德烈娅·玛丽亚·申克尔

Scheu, Hilde 希尔德·朔伊

Schlabrendorff, Fabian von 法比安·冯·施拉布伦多夫

Schlanbusch, Friedrich 弗里德里希·施兰布施

Schleicher, Kurt von 库尔特·冯·施莱歇尔

Schlesinger, Paul 保罗·施莱辛格

Schlesischer Bahnhof 西里西亚火车站

Schlimm, Franz 弗朗茨·施利姆

Schlittenbauer, Lorenz 洛伦茨·施利滕鲍尔

Schmidt, Franz von 弗朗茨·冯·施密特

Schneickert, Hans 汉斯·施奈克特

Schöning, Kurt 库尔特·舍宁

Schraepel, Georg 格奥尔格·施雷普尔

Schreck, Julius 尤利乌斯·施雷克

Schröder, Richard 里夏德·施罗德

Schubert, George 格奥尔格·舒伯特

Schüller, Nikolaus 尼古劳斯·许勒尔

Schumann, Friedrich 弗里德里希·舒曼

Schulnies, Hubert 胡贝特·舒尔尼斯

Schulte, Gertrud 格特鲁德·舒尔特

Schultze, Ernst 恩斯特·舒尔策

Schulz, Heinrich 海因里希·舒尔茨

Schutzpolizei 治安警察（缩写为 Schupo）

Schwarze Reichswehr 黑色国防军

Schweighart, Hans 汉斯·施魏格哈特

Schweinitzer 施魏尼策

SD 党卫队保安处

SED 统一社会党

Selo, Max 马克斯·泽洛

Sendlinger Straße 森德林格大街

Severing, Carl 卡尔·泽韦林

Sexualpathologie《性的病理学》

Seydlitz, Friedrich von 弗里德里希·冯·塞德利茨男爵

Sicherheitspolizei 安全警察，缩写为 Sipo

Sicherheitstruppe Groß-Berlin 大柏林保安队

Sicherheitswehr 保安队

Sickerath 锡克拉特

Siemens, Daniel 丹尼尔·西门子

Sklarek 斯科拉雷克

Sladek, der schwarze Reichswehrmann《黑色国防军士兵斯拉德克》

Sling 斯灵

Sonnenberg, Anna 安娜·松嫩贝格

Sonnenberg, Erich Liebermann von 埃里希·利伯曼·冯·松嫩贝格

Sonnenburg 太阳堡

Sorge 佐尔格

Spandauer Straße 施潘道大街

Spartakusbund 斯巴达克同盟

SPD 社会民主党

Spender, Stephen 斯蒂芬·斯彭德

Stadtschloss 城市宫

Stahlhelm 钢盔团

Stauffenberg, Claus Graf von 克劳斯·冯·施陶芬贝格伯爵

Stausberg, Johann 约翰·施陶斯贝格

Steckrübenwinter 芜菁之冬

Stein, Baron vom und zum 施泰因男爵

Stelling, Johannes 约翰内斯·施特林

Stephan, Hans 汉斯·斯特凡

Sternstein 施特恩施泰因

Stinnes, Hugo 胡戈·施廷内斯

Strauß, Emil 埃米尔·施特劳斯

Stubenrauch 施图本劳赫

Stürickow, Regina 雷吉娜·斯蒂里科

Sucholowsky 苏霍洛夫斯基

Südost 东南(帮会)

T

Talât Pascha 塔拉特帕夏

Tehlirian, Soghomon 索戈蒙·泰赫利里安

Teltowkanal 泰尔托运河

Teuchert, Franz von 弗朗茨·冯·托伊歇特男爵

Thälmann, Ernst 恩斯特·台尔曼

Thieme, Ella 埃拉·提莫

Thule-Gesellschaft 图勒协会

Thunert, Max 马克斯·图奈特

Thurn und Taxis, Gustav von 古斯塔夫·冯·图尔恩与塔克西斯

Tillessen, Heinrich 海因里希·蒂勒森

Tillessen, Karl 卡尔·蒂勒森

Trautmann, Eduard 爱德华·特劳特曼

Trautmann, Emma 埃玛·特劳特曼

Tresckow, Hans von 汉斯·冯·特雷斯科

Trettin, Otto 奥托·特雷廷

Treuberg, Ernst Ludwig Graf Fischler von 恩斯特·路德维希·菲施勒·冯·特罗伊贝格伯爵

U

Uersfeld 于尔斯费尔德

Uhlenhuth, Paul 保罗·乌冷呼特

Ullstein Verlag 乌尔施泰因出版社

Unter den Linden 菩提树下大街

USPD 独立社会民主党

V

Vertrag von Rapallo《拉帕洛条约》

Vidocq, Eugène François 欧仁·弗朗索瓦·维多克

Völkischer Beobachter《人民观察家报》

Volksmarinedivision 人民海军师

Voruntersuchung《初步调查》

Vorwärts《前进报》

Vossische Zeitung《福斯报》

W

Wagner, Johann 约翰·瓦格纳

Wallace, Edgar 埃德加·华莱士

Wassenberg, Baronin 瓦森贝格男爵夫人

Weber, Albert 阿尔贝特·韦伯

Weber, Mathias 马蒂亚斯·韦伯

Wedekind, Frank 弗兰克·韦德金德

Wehler, Hans-Ulrich 汉斯－乌尔里希·韦勒

Wehner, Benedikt 本尼迪克特·魏纳

Wehner, Bernhard 伯恩哈德·魏纳

Wehner, Herbert 赫伯特·魏纳

Weiß, Bernhard 伯恩哈德·魏斯

Weiß, Ernst 恩斯特·魏斯

Wels, Otto 奥托·韦尔斯

Wer einmal aus dem Blechnapf frisst《用洋铁罐吃饭的人》

Werneburg, Ludwig 路德维希·维尔纳堡

Wertheim 韦特海姆（百货公司）

Weschke, Eugen 欧根·韦施克

Wessel, Horst 霍斯特·威塞尔

Westarp, Haila Gräfin von 海拉·冯·韦斯塔普伯爵小姐

Wetzel, Marie-Charlotte 玛丽－夏洛特·韦策尔

Wiclefstraße 威克里夫大街

Willig, August 奥古斯特·维利希

Wilms, Dietrich von 迪特里希·冯·维尔姆斯

Windheim, Ludwig von 路德维希·冯·温德海姆

Winterfeldt, Hans von 汉斯·冯·温特费尔特

Wirth, Joseph 约瑟夫·维尔特

Wissenschaftlich-humanitäres Komitee 科学人道委员会

Witthaupt, Maria 玛丽亚·维特豪普特

Worgull, Erich 埃里希·沃古尔

Wredebrücke 弗雷德大桥

Wulff, Paul 保罗·武尔夫（雪茄厂）

Wulffen, Erich 埃里希·武尔芬

Z

Zeitschrift für Sexualwissenschaft《性学杂志》

Zeller, Alfred 阿尔弗雷德·策勒

Zentral-Einkaufsgesellschaft 中央采购公司

Zerschlagung Preußens 镇压普鲁士

Ziębice 津比采

Ziemer, Erich 埃里希·齐默

Zimmermann, Carl Wilhelm 卡尔·威廉·齐默尔曼

Zimmerstraße 齐默尔大街

Zörgiebel, Karl 卡尔·策尔吉贝尔

Zuckmayer, Carl 卡尔·楚克迈尔

Zweig, Stefan 斯蒂芬·茨威格

图书在版编目（CIP）数据

巴比伦怪物：魏玛共和国犯罪鉴证实录 / 陆大鹏著.
上海：上海译文出版社，2024.7. —ISBN 978-7-5327-9639-7

Ⅰ.K516.43

中国国家版本馆 CIP 数据核字第 2024PD5348 号

巴比伦怪物：魏玛共和国犯罪鉴证实录
陆大鹏 著
选题策划 / 火·舆·風　　责任编辑 / 李欣祯　　装帧设计 / 王左左
上海译文出版社有限公司出版、发行
网址：www.yiwen.com.cn
201101　上海市闵行区号景路 159 弄 B 座
山东临沂新华印刷物流集团有限责任公司印刷

开本 890×1240　1/32　印张 15.75　插页 4　字数 375,000
2024 年 7 月第 1 版　2024 年 7 月第 1 次印刷
印数：0,001—8,000 册

ISBN 978-7-5327-9639-7/K·336
定价：88.00 元

本书中文简体字专有出版权归本社独家所有，非经本社同意不得转载、摘编或复制
如有质量问题，请与承印厂质量科联系。T：0539-2925659